pliegos de ensayo

LA OBRA DE CARLOS FUENTES:
UNA VISIÓN MÚLTIPLE

LA OBRA DE CARLOS FUENTES: UNA VISION MULTIPLE

Edición: Ana María Hernández de López

EDITORIAL PLIEGOS
MADRID

I. S. B. N.: 84-86214-43-2
Depósito Legal: M - 16.690-1989

Colección Pliegos de Ensayo
Diseño: Fabo

EDITORIAL PLIEGOS
Gobernador, 29 - 4.º A - 28014 Madrid
Apartado 50.358
Printed in Spain

Impreso en España
por PRUDENCIO IBÁÑEZ CAMPOS
Cerro del Viso, 16
Torrejón de Ardoz (Madrid)

ÍNDICE

El cuentista   287

Ana María Hernández de López
Mississippi State University

Introducción

En el último número de noviembre de 1987, en la edición internacional de *El País*, A. García y P. Sorela comenzaban un artículo con estas palabras: «Carlos Fuentes explicaba una cita del *Quijote* a sus alumnos de la universidad de Harvard, cuando su mujer, la periodista Silvia Lemus, le interrumpió para comunicarle que había ganado el Premio Cervantes de Literatura. 'Se lo creerá usted o no', dijo Fuentes por teléfono a este periódico, 'pero acababa de aludir al pasaje en que el Quijote le dice a Sancho': 'Los milagros, Sancho, son cosas que ocurren rara vez'».

En la misma página de *El País,* otro articulista, Rafael Conte, empezaba también su artículo: «El Premio Cervantes ha optado en esta ocasión por la más absoluta actualidad: apenas hace un mes que la última y voluminosa novela de Carlos Fuentes *Cristóbal Nonato* aparecía en nuestras librerías... y el pasado día 15 de este mismo mes tuve la oportunidad de comentar esa novela en este otoño en el que la presencia latinoamericana ha sido predominante en el mercado literario español». Esa presencia de Carlos Fuentes, sin embargo, no es algo coyuntural, sino permanente y desde hace ya más de treinta años. Realmente el Premio Cervantes de Literatura fue un premio bien otorgado, aunque los milagros como en el pasaje que el propio autor cita del *Quijote,* ocurran de tarde en tarde.

Respecto a la última novela de Fuentes, en abril de 1987 ya la aludía Juan Loveluck, «... y en cuanto a *Cristóbal Nonato* que tiene un mes de nato...», y la desmenuzaba así la mexicana Georgina García Gutiérrez: «*Cristóbal Nonato:* profecía apocalíptica, experimentación lúdica, crítica certera». *Cristóbal Nonato* había visto la primera luz en México a comienzos de 1987, pero no extraña nada que llegara a España tan tarde. En todo caso, el Premio Cervantes era un galardón que reconocía la obra del novelista mexicano escrita desde muchos años atrás, pues no es nada nuevo resaltar que Fuentes destaca entre los más conocidos y reconocidos autores de nuestra época. Está entregado a la pasión de escribir, que lleva a cabo por donde quiera que vaya, incorporando siempre las últimas vivencias, lo que él mismo observa del mundo en torno.

La cantidad asombrosa de ponencias leídas en los tres días que duró el Simposio Internacional sobre su obra en la Mississippi State University, fue un exponente evidentísimo de la atracción que el novelista de México ejerce sobre la crítica.

Esta novelística de Fuentes, cargada de fantasía y realidad, de imaginación e historia, de mitos y de símbolos, ha ido formando una pirámide que día a día está alcanzando mayores alturas.

Las culturas indígenas están presentes en su narrativa desde sus primeras creaciones. En *Los días enmascarados,* de los años cincuenta, la presencia india hace ya su aparición y desde entonces ha venido siendo tema recurrente en su novelística. En algunas de sus narraciones más importantes, como *La región más transparente* y *Terra nostra,* los dioses aztecas tienen características de seres vivos. Los temas del descubrimiento de América, la conquista y la colonización, han ido formando igualmente escalones que han desembocado en el siglo xx. La casi totalidad de su narrativa está íntimamente ligada a la Revolución Mexicana, con la que a veces se puede conformar un espacio escenográfico, ya sea en la vertiente política o en la social, con la particularidad de que en ambas reflejan un mundo real, si bien anclado en la fantasía que le proporciona su vena de artista.

Si Fuentes empezó a escribir en Hispanoamérica hace ya más de treinta años, y su obra formó parte del famoso «boom» de la literatura hispanoamericana, sería difícil que su novelística careciera de fantasía. El mismo Fuentes incluye *Los días enmascarados* dentro de la literatura fantástica, que para Tzvetan Todorov está notoriamente unida con lo extraño maravilloso, con el realismo mágico; por eso no sorprende que el surrealismo haga también su aparición tantas veces, y esto a pesar de que el escritor mexicano en alguna ocasión ha negado el surrealismo de Breton en su obra.

Son evidentes también los puntos de contacto que Carlos Fuentes tiene con Rulfo y García Márquez. No sería difícil comparar aspectos de los personajes Pedro Páramo y Artemio Cruz, o la simultaneidad de historias empapadas en mitos que aflora en las narrativas de García Márquez y de Fuentes.

El escritor mexicano tiene una gran pericia para infundir en los lectores una táctica que les permita definir el perfil socio-político-cultural de México, es decir, tiene la gran facilidad de acercar la cultura mexicana a quienquiera que lea su novelística. Y esto desde el sincretismo azteca a la disgregación de la revolución. En sus obras se palpan los serios intentos del autor por dar respuesta a tantas preguntas como surgen entre los críticos que buscan o dialogan sobre los rumbos que ha ido tomando en los últimos tiempos la creación literaria hispanoamericana, que tratan de discernir las nuevas tendencias o el futuro que espera a la novela, al ensayo o a la misma crítica.

Raya en lo exhaustivo el estudio que se hizo de varias de sus obras durante los días del simposio, que en la publicación está encabezado con la presentación de Fuentes: «La tradición literaria latinoamericana».

De *La región más transparente,* novela que da a conocer a su autor en 1958, se estudiaron voces narrativas, la función del acto lingüístico, fragmentos de modernidad y la modernidad en fragmentos; se habló de la importancia de Ixca en la narración, de la metáfora del ocultamiento, de la imagen de la ciudad como una lectura del código cultural.

Las buenas conciencias (1959), que el mismo Fuentes consideró como novela tradicional, fue comparada con la novela española del siglo XIX; otro ponente expuso con minuciosidad *Las buenas conciencias* o la astucia de Kronos, y otro más habló de la crisis de la adolescencia en la novela.

De *La muerte de Artemio Cruz* (1962) se trataron multitud de aspectos: simetría y centralidad, temas recurrentes, la búsqueda de valores en un mundo degradado, la presencia de la mujer, que para Fuentes vive en «distintas edades», la mujer y la revolución, el arte de la alusión; se entretejió un diálogo especular, símbolo presente en toda la obra de Fuentes; se disertó sobre la corrupción, la revolución, la imposición, la interpolación de géneros literarios, la soledad; se estudió a Calderón como una fuente de Fuentes en la mencionada novela; releyéndola se hizo una crítica de la perspectiva de los años sesenta, y por último se desveló el testamento de *La muerte de Artemio Cruz,* una baraja de artículos atrayentes por demás.

La novela corta *Aura,* también de 1962, fue discutida y porme-

norizada con unas ideas variadísimas; se habló de sus «puertas» como
si fuera necesario abrir paso a la pluralidad de análisis que suscitó
la breve y para muchos perfecta novela, una de las ejemplares del
autor. Se trató de lo mítico y lo sagrado, del deseo en narrativa, de
los símbolos del destino y el erotismo. Hubo quien consideró a la novela
como diáfana invitación a la fantasía, como la llamada de la madriguera; se expuso la correspondencia entre su tema y su estilo, se
recalcó la numerología como principio estructurante, y la significación
de los números; se fue desenmascarando el proceso del descubrimiento, el discurso sensorio; se habló del México de *Aura* como realidad o
sueño, se especificaron, por último, los niveles de esa realidad.

A *Terra nostra,* novela en la que se debaten los poderes o fuerzas
de la vida y de la muerte, se llegó también a través de diversas aproxi-
maciones; intertextualidad, pintura, crítica del tiempo despótico, visión
del descubrimiento y la conquista, la ficción como interpretación de
la historia.

Fueron comentados múltiples e interesantes aspectos de *Gringo
viejo,* ya relacionándola con la Revolución Mexicana, con la imaginación, con el destino por el que luchan sus personajes; ya pormenori-
zando los mecanismos de mitificación en la novela, la dinámica de
distintas culturas, el mito de Prometeo como problemática de la intervención norteamericana, el mito del héroe; se abordó el tema de
las fronteras casi hasta la saciedad: la frontera salvaje, la frontera humana, las fronteras del amor y de la muerte.

Los temas relacionados con Cervantes o su obra maestra atrajeron
la atención de forma especial: Cervantes en la perspectiva de Fuentes,
Fuentes y España o «la otra mitad de nosotros» que es Cervantes, o
más específicamente, refiriéndose a *Gringo viejo,* se consideró al personaje como un «quijote» en el país de los espejos, o se estudió al
viejo como héroe quijotesco.

En la sesión destinada a la narrativa de Fuentes y la teoría de
Bahktin, se disertó sobre la teoría y la práctica en ambos, se presentó
Gringo viejo para un diálogo entre dos culturas, y el estudio «gringo
viejo, ruso joven, o la recepción genérica y bahktiana de una obra de
Fuentes».

Pero ahí no terminaron los temas de literatura comparada. Un estudioso se ocupó de lo mexicano en Paz y en Fuentes; también se hizo
un paralelo entre la obra del autor de \Aura y la de Joyce, entre
Una familia lejana y *Casa de campo,* de Donoso; se estudió al escritor

mexicano en relación con Robbe-Grillet y Eco. Se habló del diálogo cultural de dos maestros hispanoamericanos: Fuentes y Arguedas, y se dedicó un exhaustivo estudio comparativo a dos personajes: Ivan Ilyich de Tolstoy y Artemio Cruz.

Hubo aportaciones renovadoras sobre *Una familia lejana,* se habló de visiones íntimas, de entrelazamiento narrativo y lectura de la realidad.

Se enfatizó el uso del tiempo en diversas narraciones de Fuentes, pues en casi toda su cuentística se mantiene la secuencia temporal; igualmente parece como si el tiempo se cruzara, y de ahí las transposiciones de la mitología y la historia. Realmente los cuentos de Fuentes son como enclaves naturales y humanos, recorridos por la herencia cultural, que alcanza unas dimensiones y una riqueza difíciles de superar. Es importante el análisis que se hace de muchos de ellos en este libro, dado que casi siempre la narrativa corta es el germen que sustenta la obra mayor de Fuentes.

La dramaturgia estuvo bien representada, con teatralidad e ilusión, en *El tuerto es rey* y *Orquídeas a la luz de la luna* en relación con la identidad mexicana; se mencionó la historia y el teatro mítico, por una parte, y la concepción y crítica del poder, por otra, en *Todos los gatos son pardos.*

La ensayística tuvo igualmente sus exponentes; se estudiaron los ensayos de Fuentes como escritura lateral, abundaron los temas generales: ensayo y novela en la ficción temprana de Carlos Fuentes, pensamiento y forma en los ensayos; lógicamente se habló del escritor en relación con la política.

Por último, se hizo una evaluación crítica de la obra del novelista de México. La editorial Beramar sacará a la luz también otro libro: *Interpretaciones a la obra de Carlos Fuentes; un gigante de las letras hispanoamericanas,* recuerdo igualmente del inolvidable simposio.

En fin, que este, digamos, «aluvión» de escritos sobre el autor mexicano revela lo que pretende sintetizar el título de este libro: la visión múltiple que de la obra de Carlos Fuentes se tuvo.

América, América _____

Carlos Fuentes
University of Cambridge, Inglaterra

La tradición literaria latinoamericana

AMÉRICA, escribe el historiador mexicano Edmundo O'Gorman, no fue descubierta: fue inventada.

Fue inventada porque fue necesitada: fue imaginada por un deseo de extensión originado en la pérdida del espacio central, jerárquico, de la Edad Media: la invención de América, dice José Antonio Maravall, es una hazaña de la imaginación renacentista.

El mundo descubre que tiene otra mitad.

Primero concibe este *alter ego* como espacio, pero no un espacio cualquiera, sino, precisamente, el espacio de la Utopía, el paradójico lugar-que-no-es, donde Europa puede, desde ahora, redimir sus pecados históricos, rodeada de buenos salvajes.

Edad de Oro, paraíso terrestre: El sueño del Renacimiento encuentra un lugar y en seguida lo destruye: La épica histórica esclaviza y corrompe el sueño mítico:

El inmenso vacío entre la realidad y el sueño es llenado por el barroco americano, Nuestro Señor el Barroco, como lo llama José Lezama Lima:

El estilo de la abundancia nacido de la abundancia de la necesidad: La gran concesión de la Contra-Reforma Católica al mundo de los sentidos —como la música es, quizás, la gran concesión de la Reforma Protestante a la austeridad de sus iglesias desnudas.

En América Latina, el barroco crea el espacio donde los antiguos dioses pueden encontrarse con el nuevo Dios cristiano, y donde el sexo puede reconocerse en la muerte.

El Renacimiento es uno de los puntos de partida de la tradición hispanoamericana, no el único, puesto que comparte la tradición occidental con la matriz medieval —agustiniana y tomista— de nuestra política y confronta la originalidad americana del mundo indígena. Pero la cultura de la América Latina tiene una de sus fuentes más hondas y constantes en las febriles navegaciones geográficas que no sólo descubrieron nuevos continentes, sino que nos obligaron a nombrarlos; en las navegaciones astronómicas que añadieron nuevos cielos al cielo de Dante, pero despojaron al Hombre, simultáneamente, de su lugar central, recién adquirido, en el universo, y en las excursiones —y alarmas— personales que descubrieron la turbulencia de las pasiones escondidas por el orden medieval; en el descubrimiento político, en fin, de los valores y los peligros del estado secular: ilusiones utópicas y realidades maquiavélicas.

Y, gracias al Renacimiento, nuestra tradición aprende a re-descubrir el pasado: sometiendo los clásicos de la antigüedad a nuevas lecturas no canónicas, el Renacimiento hace del pasado, presente, e inaugura la idea moderna de la tradición: no hay nueva creación sin el apoyo de una tradición previa, pero ninguna tradición se mantiene sin una nueva creación que la alimente.

De todas las obras literarias del Renacimiento, hay una que, para mí, define mi propia experiencia como escritor hispano-americano, y esa obra es el *Quijote.*

Hay un momento en que la variedad de nuestras tradiciones culturales parecen coincidir en un punto donde lo antiguo y lo moderno adquieren la vida del presente.

Ese momento ocurre cuando el bachiller Sansón Carrasco le informa a Sancho Panza, y éste a Don Quijote, a la mitad de sus aventuras, de que un libro ha sido impreso, titulado *Don Quixote de la Mancha,* en el que ocurre cuanto les está ocurriendo al escudero y al hidalgo.

El escudero cree que está siendo observado por Dios. No: él y su amo son, simplemente, los primeros personajes en la historia de la literatura que son escritos y leídos a medida que actúan su libro: el Dios de Quijote y Sancho es el lector de Quijote y Sancho, quienes, escritos, se saben, además, leídos.

En este momento, el canon de la lectura, de la escritura y de lo que une a ambas —la imaginación— cambia para siempre: Don Quijote es arrancado de sus lecturas de los modelos del pasado y es avasallado por la multitud de sus lectores. Es creado, no por la épica caballeresca del pasado —la épica que él leyó y actuó—, sino por los puntos de vista plurales del presente —que lo leen y actúan a él—.

De la Contra-Reforma española surge la gran novela del pluralismo moderno. ¿Por qué? En parte, creo, porque *Don Quijote* es una novela escrita contra su tiempo —un contratiempo para la Contra-Reforma— en tanto que *Robinson Crusoe* o *La princesa de Cleves* son novelas de y para sus tiempos: en consonancia con la modernidad europea a la que reflejan fielmente, en tanto que la adversidad quijotesca no sólo refleja: inventa, imagina, contraría.

Desde entonces, ha sido más arduo e imperativo crear tiempos y contratiempos en español que en francés o en inglés.

Permítanme añadir, mucho más personalmente, que cuando Cervantes era estudiado en los niveles de enseñanza media en la ciudad de México durante los cuarenta, nos era presentado a los adolescentes (intencional o no-intencionalmente, aún no lo sé) como una momia literaria, envuelta en vendajes de respeto idólatra, embalsamada con las técnicas más remotas. Leer el libro, se nos decía, era desagradable, pero bueno para el organismo: como el aceite de ricino.

No se trataba de leer el *Quijote,* sino de venerarlo, cursándolo con aburrición durante un semestre, olvidándolo en seguida. El *Quijote* era una referencia necesaria en la vida de un futuro abogado y caballero mexicano. Pero leer a Cervantes no era, al cabo, asunto serio.

Creo que, en cierto modo, empecé a escribir porque rechacé entonces este concepto de la literatura. Intuitivamente, algo me dijo que *Don Quijote* era un libro que ocupaba el centro de mi herencia, de mi cultura, de mi vida, y si no podía tomar en serio este libro, yo mismo no escribiría nunca nada en serio.

Esto, como les digo, fue un sentimiento más bien nebuloso que tuve a los 17 años. Pero me resultó muy importante para orientar mi propia vocación literaria. Yo había crecido en los Estados Unidos y, sin embargo, un extraño llamado me pedía escribir en español, la lengua de mis padres, y no en inglés, la de mis maestros.

Pensé todo esto porque me di cuenta, en Chile, en Argentina, en México durante mi adolescencia, que necesitábamos enriquecer y fortalecer nuestra tradición, entre otras cosas mediante un re-descubrimiento constante de la riqueza y el poder de esa tradición a cada instante olvidada por nosotros en el Nuevo Mundo, o interrumpida por España en el viejo mundo, o interrumpida y olvidada por ambos, españoles e hispanoamericanos, en tanto que la tradición de la lengua inglesa, que no ha conocido hiatos, no necesitaba un escritor más:

la lengua inglesa ha estado viva y coleando al menos desde Chaucer y, cuando se adormece, no falta nunca un irlandés que llegue y la despierte, si es necesario con un puntapié: de Swift a Joyce.

Los irlandeses han seguido llegando a Inglaterra, pero ahora de más allá de la Última Tule, de las antiguas fronteras del imperio británico, donde el sol jamás se ponía. El sol se puso —pero la lengua no, y la infecundidad de la narrativa británica de las últimas décadas ha sido enormemente compensada por Chinua Acheebe de Kenya y Wole Soyinka de Nigeria, por los escritores sudafricanos Nadine Gordimer, Athol Fugard y J. M. Coetzee, por los antillanos V. S. Naipaul y Derek Walcott, por N. K. Narayan y Anita Desai de la India y por Salman Rushdie de Pakistán. Sería difícil valorar el estado de la lengua inglesa, hoy, sin ellos.

La literatura de los Estados Unidos también ha conocido legiones de irlandeses literarios a medida que se expandió desde la tradición gentil, aunque a veces fantasmal y perversa, de la Nueva Inglaterra. Hay una gran distancia entre Hester Pryne en Massachusetts y Joan Didion en California.

Richard Wright, Ralph Elison, James Baldwin, Maya Angelou, Toni Morison: los escritores negros norteamericanos han renovado la tradición, salvándola de la picura anémica de una avispa WASP (*White Anglo Saxon Protestant*).

Hoy, es posible que los escritores hispano-norteamericanos sean los nuevos irlandeses (e irlandesas) que no le permitirán a la literatura de los Estados Unidos dormirse en los laureles de la televisión.

Estoy pensando en escritores chicanos como Rolando Hinojosa (*El valle*), Ron Arias (*El camino a Tamazunchale*), Arturo Islas (*El dios de la lluvia*), Rudolf Anaya (*Bendíceme última*), Ernesto Galarza (*Barrio Boy*), Tomás Rivera (*Y no se los tragó la tierra*), el poeta Alurista y las escritoras Alma Gómez y Mariana Romo.

Todos ellos pueden escribir en inglés para un público lector de lengua inglesa, pero su motivación no será demasiado distinta de la nuestra en América Latina: articular una tradición, encontrar un tiempo y un espacio para nuestras palabras y ensanchar el horizonte de la posibilidad humana en la historia.

Lo que mi generación encontró desarticulada, interrumpida por demasiados vacíos, muchas veces inexpresada, fue la realidad del continente latinoamericano.

Yo había vivido en los Estados Unidos del Nuevo Trato de Roosevelt, en el México revolucionario de Lázaro Cárdenas y en Chile durante el gobierno del Frente Popular: Sabía que la América Latina, para ser, requería voluntad política y reforma estructural. Pero también sabía que necesitábamos un lenguaje, y que éste es una creación individual (en el poema, la novela, el ensayo), pero también una creación social: el lenguaje se comparte o no es.

¿Cuánto lenguaje compartíamos en la América Española? Mi generación sintió que debíamos tener un claro concepto de nuestra tradición si queríamos añadirle algo, o romper con ella, o hacer ambas cosas: crearla quebratándola.

Lo que nos preocupaba era un cierto sentimiento de silencio y desposesión de la lengua española en Hispanoamérica: el silencio impuesto a Sor Juana Inés de la Cruz por las autoridades eclesiásticas no era peor al silencio que Sor Juana se impuso a sí misma: eran cinco siglos coloniales los que, por extensión, dejaban de hablarnos. ¿Cuántas voces más habrían, ignoradas, callado?

Lo que nos preocupaba era el silencio póstumo impuesto por el Virreinato del Perú a las *Crónicas Reales* del Inca Garcilaso, tras la rebelión de Tupac Amaru. ¿Cuánta *otra historia* yacía, ajena a nuestra posesión, ignorándose e ignorándonos, inerte?

Lo que nos preocupaba, frente a la continuidad narrativa y poética del inglés y el francés, era el largo desierto de la novela española entre Cervantes y *Clarín*/Galdós, y la tardía aparición de la primera novela latinoamericana, *El Periquillo Sarniento,* en 1821 apenas. Cuánto vacío, cuánto silencio, también, entre Quevedo, Góngora y Calderón, y Prados, Alberti, Guillén —aunque Gustavo Adolfo Bécquer siempre ha tenido sus admiradores.

Lo que nos preocupaba era, en medio de todas estas rupturas, el excesivo sentimiento de posesión española del idioma español, como si no hubiese problemas mientras hubiese retórica oficial, y el excesivo sentimiento (o resentimiento) de des-posesión, en la América Española, de una lengua hablada a veces como pidiendo con permisito, lengua de diminutivos y subjuntivos y excusas. Pensamos que había mucho que hacer para desposeer un poco a la lengua de España, haciéndola más vulnerable, y para poseer un poco más a la lengua de la América Española, haciéndola menos ajena.

Lo que nos animaba, en cambio, era la prueba de que, aislados, nos estancábamos y, relacionados, nos enriquecíamos sin perder un ápice de nuestra personalidad: al contrario, las identidades se acendran en el contacto con lo otro: la literatura española recibió a Darío y a Neruda, nosotros recibimos a Cernuda y Lorca, a Unamuno, Valle y Ortega, ganando también, y juntos españoles e hispanoamericanos, rompimos el silencio secular, iniciamos la orquestación de los silencios de un pasado común.

Cuando empecé a escribir durante los cincuenta, estas consideraciones eran para mí centrales. Yo era un mexicano escribiendo en español y dentro de la cultura de la América Latina. ¿Eran suficientes estas fronteras, o resultaban estrechas? Sólo podía dar respuesta a esta pregunta a través de otra interrogación constante: ¿Cómo afecta la historia al lenguaje? ¿Y cómo afecta el lenguaje a la historia?

La respuesta, una vez más, debía buscarla en la invención de América:

Búsqueda del espacio primero, de la utopía en seguida, la caída del espacio colonizado y la re-creación del espacio barroco revelan, también, una insospechada hambre de tiempo para contener y mantener la creación humana más allá de los accidentes del espacio: más allá de la geografía desmesurada del Nuevo Mundo.

En este orden de cosas, la razón escéptica de Juan Bodino, el filósofo de la sociedad política francesa en el siglo XVI, nos es más útil que los sueños de los dos crédulos Tomases, Moro y Campanella.

América no es Utopía, dice Bodino, pues es dudoso que la Utopía pueda tener lugar en un mundo tan primitivo y cruel.

Lo extraordinario de América es lo más ordinario de América, y ello es que América es. Esto, escribe el autor de los *Seis Libros de la República,* es lo que es extraordinario: Gracias a América, el mundo está completo.

Hoy nos haríamos eco de las palabras de Bodino sólo para extenderlas:

América es un área multicultural cuya misión eterna es la de completar al mundo. Nacida como una hazaña de la imaginación renacentista, el Nuevo Mundo debe imaginar y re-imaginar al mundo, deseándolo de vuelta, una y otra vez.

Imaginar América: Contar el Nuevo Mundo, no sólo como extensión, sino como historia: Decir que el mundo no ha terminado porque no es solamente un espacio limitado, sino una historia sin límite.

Es esto lo que le da su tono particular a la literatura de la América Española, nacida de los mitos aborígenes, las crónicas de la conquista y las utopías del Renacimiento:

La literatura contemporánea de la América Española aparece sobre este paisaje, es nutrida por él, lo olvida, lo redescubre y toma el vuelo con la fuerza del lenguaje recobrado, en sus grandes poetas pararrayo —Rubén Darío, Leopoldo Lugones, César Vallejo, Pablo Neruda, Octavio Paz.

Son ellos quienes dan a los novelistas las armas para la contra-conquista de las letras hispanoamericanas: poseemos el lenguaje, conocemos el espacio, ahora reconquistemos los tiempos: recobremos los pasados mudos del continente; hagamos presente al pasado a fin de que nuestra modernidad tenga un sentido.

Desde Cervantes, la novela es un género sin género, un género que se está haciendo constantemente, un diálogo de géneros: un género que no puede consagrarse sin traicionarse y traicionar su apertura hacia lo inesperado y lo plural. La novela es la manera preferida de lo que es abierto, indefinido, inacabado e interrogante en un mundo policultural.

Nada, como su novela, ha definido mejor la presente conciencia de la tradición latinoamericana en el mundo moderno. Y nada, por cierto, define mejor al mundo moderno en términos literarios: La poesía y la novela son el acercamiento más claro a la universalidad que hoy tenemos en la América Latina.

Somos un continente en búsqueda desesperada de su modernidad. Demasiadas veces la América Latina ha reaccionado violentamente contra semejante búsqueda, prefiriendo preservar el lastre de sociedades patrimonialistas, como las llamaría Max Weber: sociedades anacrónicas donde la voluntad del jefe, los intereses de su clan y las recompensas debidas a sus ejércitos de parásitos y pistoleros, crean un mundo irracional de capricho y de «violencia impune» (como la llamase Rómulo Gallegos).

Este patrimonialismo básico, descrito en muchas de nuestras novelas, es revestido de una racionalización: somos los hijos de la Contra-Reforma española, la muralla levantada contra la expansión del protestantismo y las definiciones de la modernidad: ¿Cómo podemos ser modernos?

Somos —aún más profundamente— los herederos intelectuales, morales y políticos de las filosofías de San Agustín y Santo Tomás, más que de las ideas de John Locke y Martín Lutero. Nos cuesta trabajo creer que Dios se comunica directamente con el individuo o que el propósito del gobierno civil es la protección de la propiedad privada.

Creemos, más bien, en la jerarquía y en la mediación; creemos que el bien común y la unidad requerida para asegurarlo, son superiores a las metas individuales y a los intereses privados.

Pero a menudo, también, la América Española ha reaccionado violentamente contra su pasado, adoptando, simplemente, la última versión de la modernidad occidental, nos convenga o no nos convenga. El anticlerical Voltaire y el romántico Rousseau, el liberal Adam Smith, Auguste Comte el positivista, Karl Marx el socialista: la materia del capitalismo norteamericano, el comunismo soviético, el corporativismo italiano, han circulado por la vida, la literatura y la política de la América Latina marcándonos a todos, pero subrayando, al cabo, la profunda división del continente entre el país legal, descrito en las constituciones, y el país real, ulcerado detrás de las leyes, y burlándose de ellas.

La literatura de la América Latina es incomprensible sin esta referencia social e histórica, sin los conflictos y tensiones inherentes a esta historia, y a estas sociedades.

Todo escritor nombra al mundo; pero el escritor latinoamericano está poseído del pánico urgente del descubridor: si yo no nombro, nadie lo hará; si yo no escribo, todo será olvidado; si todo es olvidado, dejaremos de ser.

El escritor contemporáneo de nuestros países ha trabajado cerca de estas exigencias:

Escribe todo lo que la historia no ha dicho o jamás será dicho.

Recuerda que *somos todo lo que hemos sido*: somos responsables del pasado y si olvidamos este deber, tampoco seremos responsables del presente hoy o del futuro un día.

De esta manera, hemos de encontrar nuestra identidad en el presente, pues es en el presente donde realmente existen el pasado y el futuro:

aquí es dónde
ahora es cuándo
recordamos y deseamos
aquí y ahora.

El escritor de la América Latina, a fin de atender estas exigencias, ha sido llamado a actuar como legislador, dirigente obrero, estadista, periodista, portavoz o redentor de sus sociedades.

Esto se ha debido a la ausencia, constante o crónica, en nuestros países de todas las funciones arriba citadas.

Nuestras sociedades civiles han sido sumamente débiles: el escritor es elegido en silencio para darles voz.

Sin embargo, esta función política ha sido efectiva no en términos puramente políticos, sino en la medida en 'la que el escritor puede afectar los valores sociales y aumentar la comunicabilidad del lenguaje.

Estamos en la mitad de nuestra modernidad.

Somos aún sociedades duales: algunos latinoamericanos viven en el siglo XXI; otros, en la edad de piedra. Sí: somos dos naciones, como dijo Disraeli en la Inglaterra industrial. Los extremos del bienestar y la miseria son atroces. Nuestra modernidad es una modernidad conflictiva, pero sólo en ella y a partir de ella podemos seguir escribiendo en la tarea interminable de unir, en vez de separar, los componentes políticos y estéticos de nuestros libros.

Esta es, ahora, nuestra tradición:

Mantener unida la condición de la ciudad y la condición del arte.

El novelista ⸻

Lucía F. Lockert
Michigan State University

La metáfora del ocultamiento en *La región más transparente*

Después de que terminó la revolución mexicana quedó una gran inquietud entre los intelectuales por encontrar aquello que se podía considerar básico para identificar al mexicano, como individuo naturalmente representativo. Samuel Ramos, en su obra *Profile of ·Man and Culture in Mexico* [1], aplicó las teorías de Adler en su análisis y dijo: «El mexicano adopta máscaras que producen un cambio superficial en su carácter mientras preserva su inalterable cimiento [2]. Octavio Paz, en *El laberinto de la soledad* [3], en el capítulo titulado «Máscaras mexicanas», dio algunos detalles sobre la vulnerabilidad del mexicano. Paz dice: «Mentir es un juego trágico en el cual parte de nosotros muere» [4]. También habla de la brillantez y fertilidad de las mentiras con las cuales se intenta no únicamente engañar a otros, sino a uno mismo. La novela de Carlos Fuentes *La región más transparente* [5] incorpora en su trama las mentiras que causan la ruina financiera de Federico Robles. Hay otra forma de ocultamiento de la verdad que es el disimulo, mediante el cual una máscara reemplaza a otra como en una metáfora de la subsitución. Fuentes y Paz son los

[1] SAMUEL RAMOS, *Profile of Man and Culture in México* (Austin: University of Texas Press, 1962). La primera edición apareció en 1934 en México.

[2] OCTAVIO PAZ, *El laberinto de la soledad* (México: Fondo de Cultura Económica, 1959).

[3] MARTIN STABB, *In Quest of Identity* (Chapel Hill: The University of North Carolina Press, 1967), p. 190.

[4] *El laberinto de la soledad*, p. 40.

[5] CARLOS FUENTES, *La región más transparente* (México: Fondo de Cultura Económica, 1958). Todas mis citas son de la edición de 1982.

intérpretes de la metáfora. Ellos revelan el delicado balance en las motivaciones del mexicano. También proveen nuevos ángulos del discurso para ir exponiendo las diferentes facetas de la realidad en la enmarañada sustitución de los actores; uno toma el lugar del otro, como Roberto Regules apenas acabada la actuación del previo personaje: Robles. Hablar de la realidad que sigue a la Revolución significa enfrentarse a la caótica sociedad que se está rehaciendo con los disfraces de otras clases sociales. El fluir es constante y el ocultamiento tiene éxito en cuanto la gente prefiere no tener que escarbar demasiado en lo que más los atormenta: su propia verdad.

Las décadas que siguen a la Revolución [6] son fundamentales para decidir el rumbo que México va a tomar en el siglo xx. ¿Es que los postulados revolucionarios sirvieron de algo para corregir los errores del pasado régimen? Alistair Hennery hizo la siguiente observación: «Para muchos intelectuales la Revolución significó que las masas de indios serían redimidas. Pero, para el nuevo caudillaje era simplemente una manera de hacerse ricos rápidamente» [7]. El dilema de los protagonistas en la novela de Fuentes revela las motivaciones de algunos hombres para encubrirse con la máscara más apropiada a su rol en la lucha por el poder.

Cuando *La región más transparente* apareció en 1958, causó mucho asombro por las técnicas experimentales que Fuentes utilizó [8]. Tan interesados estaban los críticos en analizar esas técnicas que se usaban por primera vez en México que pasaron por alto el propósito complejo pero franco de Fuentes. Él quería capturar el fluir del tiempo y el espacio en un área de la capital de México. Su afán totalizador hace que la novela se desplace «desde la base indígena de la pirámide con sus ritos ceremoniales hasta la cúspide hecha de una oligarquía cosmopolita y 'snobbish', cuyos apetitos, modas e imprudencias venían prestadas de Nueva York y de París» [9]. Fuentes mismo declaró que

---

[6] La revolución mexicana ocurrió entre 1910 y 1924.

[7] ALISTAIR HENNESY en «The Mexican Revolution», *Encounter,* Vol. XXV, N.º 3, septiembre 1965, p. 53.

[8] AIDA ELSA RAMÍREZ MATTEI en *La narrativa de Carlos Fuentes* (Río Piedras: Universidad de Puerto Rico, 1983) habla de la recepción de la crítica mexicana, pp. 41-42.

[9] MARIO VARGAS LLOSA en «Novela primitiva y novela creacionista en América», *Revista de la Universidad de México,* 23, N.º 10, junio 1969, p. 32.

su intención en la novela era hacerse *testigo* de lo que ocurría en el México posrevolucionario [10].

Las diversas influencias que gravitan en México son caracterizadas. También los diversos protagonistas que representan diversos sectores socio-económicos de la capital. Asimismo aparecen los satélites extranjeros, principalmente de Europa, que circulan entre las altas esferas de la burguesía. En un fluir histórico aparecen los oligarcas arruinados de la época porfiriana. Pero entre los últimos personajes que asisten al festín del reparto de riqueza surgen los financieros de los Estados Unidos, y los nuevos financieros que son los oportunistas de la Revolución. Todos muestran un encubrimiento de intenciones, pero también de justificaciones; de manera artificiosa se mezclan para aprovecharse de las oportunidades. Todos se sitúan en «el tiempo mexicano», que tiene un rol importante en la novela. Fuentes aclaró: «No hay un solo tiempo en México, todos los tiempos están vivos, todos los pasados se hacen presentes» [11]. Los tiempos previos deben ser presente porque no se han conseguido cumplir. Otro propósito de Fuentes es mostrar las alternativas entre lo que México es y lo que podía haber llegado a ser. De esta manera sus diferentes personajes le sirven para personificar esa metáfora gigante del engaño y la posibilidad de autenticidad.

En la metáfora del encubrimiento, uno de los protagonistas, Ixca Cienfuegos, cuyo nombre es indio, encubre a Xiuhtecuhtli, el dios del fuego en cuyo honor se quemaba a los hombres en ceremonias muy crueles [12]. Su madre, Teódula, encubre a la diosa Tonazin, madre de dioses y de hombres [13]. Simultáneamente, ambos son dioses de creación y destrucción. Los dos encubren a su vez el substrátum indígena de la ciudad. Este Ixca mítico obedece a su madre hecha de piedra con serpientes y sin corazón.

---

[10] Carlos Fuentes, en la entrevista con Enmanuel Carballo, *19 protagonistas de la literatura mexicana del siglo XX* (México: Empresas Editoriales, 1965), p. 433. Hace esta aclaración sobre la novela: «Parte de una observación elemental de la ciudad de México y de una necesidad de ser testigo de lo que pasa en ella».

[11] Citado por WENDY FARIS en *Carlos Fuentes* (New York: Frederik Ungar Publishing, 1983), p. 102.

[12] ALFONSO CASO, *El pueblo del sol* (México: Fondo de Cultura Económica, 1953), p. 73.

[13] Aparece en la carta de Fuentes a G. Durán en *La magia y las brujas en la obra de Carlos Fuentes* (México: UNAM, 1976), p. 76.

Ixca aparece y desaparece en la novela como si fuera humo en diversas capas de la sociedad. En su capacidad divina tiene un poder irresistible que arrastra a Norma, la mujer de Federico Robles, a la destrucción por el fuego. Ella, a su vez, le muestra a Ixca únicamente su capacidad de querer ser destruida por una fuerza apasionada que la quiere dominar sádicamente. La mujer rubia de origen hispánico y el dios mitológico indígena se atraen, pero es ella la que muere, como si el fuego la purificara de su habitual encubrimiento. Pero Ixca, como personaje ambiguo, también desespeña un papel mucho más humilde al final del libro y le oímos decir que su madre lo ha condenado a vivir con una sirvienta y con sus hijos en la oscuridad. Ese nivel de anonimato y de marginalidad también le corresponde en el tiempo presente. En este rol él es «meramente humano», el hijo de esa fuerza colosal que todo lo devora.

Federico Robles es un personaje que se encubre constantemente con la máscara del poder. Se siente omnipotente en su papel de financiero que se ha beneficiado en las transacciones comerciales que ha manipulado en calidad de abogado. Y tiene razones para justificar el robo y la adquisición del *capital,* que puede comprar hasta las vidas de esos niños que murieron en Río Blanco. Su matrimonio es un ocultamiento de sus verdaderas pasiones. Norma, la «procuradora de los altos lugares» [14], es una mujer con la que él no puede revelarse, pero Norma le permite la entrada al mundo sofisticado que ella conoce muy bien. Acepta que está poniendo los cimientos del capitalismo nuevo en México. Pero a costa de su propia integridad:

> Las revoluciones las hacen hombres de carne y hueso, no santos, y todas terminan por crear una nueva casta privilegiada. Yo le aseguro que si no hubiera sabido aprovechar las circunstancias y todavía estuviera labrando tierra en Michoacan igual que mi padre, no me quejaría. Pero el hecho es que aquí estoy, y le soy más útil a México como hombre de empresa que como campesino.
> ....
> Entonces nos la jugábamos cada día. Y así inventamos el poder, Cienfuegos, el verdadero poder mexicano sometido por la tiranía (pp. 120-121).

---

[14] Ver «La búsqueda de la identidad», en *Homenaje a Carlos Fuentes* (Nueva York: Las Américas, 1971).

Solamente después de su quiebra financiera y cuando lo abandonan todos los oportunistas Federico Robles vuelve a quitarse la máscara del poder para regresar, en primer lugar, a la mujer mestiza como él, Hortensia [15]. Con ella tendrá un hijo y volverá a esa campo de Michoacán en el que había comenzado. Ixca Cienfuegos, al escoger a Norma como su víctima, ha afectado también a Robles para que pierda su lugar en la zona de ocultamiento. Hay que mencionar que hay otra mujer que lo precipita a su caída: Pimpinela Obando. También ella, con la calumnia y con la cooperación de otros financieros, le quita el apoyo a Robles. Es Roberto Regules el financiero que se va a beneficiar para empezar el ascenso hacia el nivel del poder que Robles tenía. Es como si en esta metáfora del encubrimiento unos ocuparan el lugar de los otros: Pimpinela ocupará el lugar de Norma y Roberto Regules el de Robles. ¿Es que Fuentes ofrece en el desenlace «la síntesis pacífica de las oposiciones»? [16].

Fuentes está empeñado en personificar la *psique nacional*. En la estructura de la novela hay personajes que representan alternativas ideológicas. Tales son Rodrigo Pola y Manuel Zamacona. Los dos son hijos de revolucionarios; Rodrigo, de un idealista que traicionó a sus compañeros, y Manuel es el hijo ilegítimo de Robles. Pero ni siquiera sabe que Robles es su padre: el revolucionario que sacó partido y triunfó. Las vidas de Rodrigo y Manuel llevan en sí la marca de su nacimiento y también la posibilidad de que en ellos se redima tanta culpa y crimen. Fuentes ilustra que para que Rodrigo Pola pueda olvidarse de los años de privaciones con su madre [17] lo que le hace falta es el dinero, y con el éxito no de escritor, sino de fabricante de argumentos prostituidos para el cine. Pero en su vida emocional también va a haber un encubrimiento de su verdadera pasión: Norma, para dar el paso definitivo a su corrupción con su matrimonio con la clase social oligárquica contra la cual lucharon los revolucionarios. Se casa con Pimpinela Obando para entrar al lugar de los antiguos aristócratas. El caso de Manuel Zamacona es mucho más definido porque el joven tiene una actitud 'redentorista' [18] hacia México. La metáfora

---

[15] Véase *El laberinto de la soledad*, p. 64.

[16] CARLOS FUENTES, «El argumento de la América Latina», *Universidad de La Habana,* N.º 157, 1962, p. 202.

[17] Véase de GLORIA DURÁN, *The Archetypes of Carlos Fuentes* (Connecticut: The Archor Books, 1980).

[18] Ver de ROBERT BRODY y CHARLES ROSSMANN, *Carlos Fuentes* (Austin: University of Texas Press, 1982), p. 44.

de Manuel es que él personifica la respuesta a la mexicanidad que en esa época algunos intelectuales buscaban, como los pertenecientes al grupo Hiperión. Esta respuesta es, a nivel universal y nacional, lo que el país necesita en «el dilema que enfrenta» [19]. Fuentes desarrolla una discusión entre Robles y Manuel Zamacona para ilustrar dos posiciones: si Robles le teme al comunismo, Manuel Zamacona le teme a la plutocracia. Manuel Zamacona muere en Acapulco absurdamente asesinado por un borracho que ni lo conocía. Pero como Fuentes dijo en una entrevista: «El bien no puede ser identificado con la victoria y el mal con la derrota» [20].

Octavio Paz ha dicho que «el erotismo y la política son las dos notas extremas en la obra de Carlos Fuentes que remiten a la fascinación por los sentimientos humanos del deseo, el poder, el amor y la revolución» [21]. En *La región más transparente* el erotismo se puede ver en términos del *poder*. Las dos mujeres en la vida de Robles le sirven para exhibir su control. Con Norma, por el dinero, su cuerpo le otorga ciertas libertades. En el caso de Hortensia, la ex-secretaria que ahora es ciega, Robles puede también tener el poder erótico que le hace falta con su esposa. Esa mujer que se le entrega sin condiciones permite que él a su vez se convierta en un «jeroglífico sensible» para que ella lo descifre. Hortensia confía en que él reconocerá alguna vez esa otra persona fuera de sí mismo y que recién entonces comenzará a ser. Octavio Paz, en *El laberinto de la soledad* [22], dijo que la mujer, sujetándose a las deformaciones que el interés del hombre dicta, es al mismo tiempo que un instrumento de placer una forma de obtener sobrevivencia. Yo añadiría: poder.

La dinámica del poder es muy evidente en *La región más transparente*. La política, el dinero, el prestigio, la conquista de mujeres, la humillación de los subordinados, la manipulación de los otros seres poderosos son evidentes en la novela. El cimiento del poder requiere la ocultación de «ser uno mismo». Por ello todos los personajes tienen algo que ocultan del resto. La mentira y el disimulo surgen como me-

---

[19] Ver de ERNEST LEWALD, «El pensamiento cultural mexicano en *La región más transparente*», en *Razón y Fábula*, N.º 6, abril 1968, pp. 7-17.

[20] WENDY FARÍAS, *Carlos Fuentes*, p. 31.

[21] OCTAVIO PAZ, «La pregunta de Carlos Fuentes», *Plural*, N.º 14, 1972, p. 8.

[22] *El laberinto de la soledad*, p. 197.

táforas del ocultamiento, que también ha sido llamado «tapadismo» [23]. Desde el título de la novela Fuentes oculta la verdad. En una entrevista, al hablar de la calidad del aire en México, dijo que debería llamarse la región *más turbia* con la contaminación muy grande [24].

Al hablar de la realidad mexicana, Fuentes dijo: «sesenta años después que se levantó Zapata en armas, casi la mitad de la población de México es analfabeta, casi una tercera parte jamás come pan, una cuarta desconoce el consumo de la carne, la leche, el pescado» [25]. Este comentario aclara la denuncia que el *autor-testigo* hizo en su novela de 1958, en su misma estructura ya se busca mostrar planos de gentes que pertenecen a diferentes estratos sociales. Igualmente el autor utiliza la superposición de tiempos desde el mítico hasta el del presente, porque como el propio Fuentes ha declarado: «México es un país del instante. El mañana es improbable, peligroso, te pueden matar en una cantina, a la vuelta de una esquina porque miraste feo, porque comiste un taco. Vives el hoy porque el mañana es improbable» [26]. Fuentes muestra las dualidades primigenias de las deidades en la violencia y en el sacrificio. Con cierto humor ha dicho: «La verdadera venganza de Moctezuma no es la disentería, es el sentido de sacrificio para mantener el orden del cosmos. Esta ha sido la venganza final del mundo indígena en México» [26]. Para terminar con una nota dramática la novela, Fuentes presente a Ixca desapareciendo en una neblina «que iba envolviendo su cuerpo, limando sus cortornos, penetrando en su carne hasta convertirla en otra neblina, menos real y transparente que la que ascendía, con la respiración helada de la tierra» (p. 453). Es así cómo la metáfora del ocultamiento Ixca deambula, pero como una cara más sin facciones, la cara de ese indio que nadie ve.

---

[23] Carlos Fuentes habla del «tapadismo» en *Tiempo mexicano* (México: Cuadernos de Joaquín Mortiz, 1972), pp. 70-71.

[24] Referencia a la intertextualidad del título se encuentra en *Simposio Carlos Fuentes Actas, Hispanic Studies,* N.º 2, abril 1978, p. 219.

[25] *Tiempo mexicano,* p. 142.

[26] Véase la «Entrevista con Emir Rodríguez Monegal», en *Homenaje a Carlos Fuentes,* p. 31.

Jorge Valdivieso
American Graduate School of International Management
Arizona State University

Voces narrativas en *La región más transparente*

A pesar de que la crítica reconoce que la obra maestra de Carlos Fuentes es *La muerte de Artemio Cruz,* no cabe duda de que *La región más transparente* sigue atrayendo el interés de los lectores y la atención de los críticos. David Foster, en su bibliografía de la literatura mexicana, por ejemplo, incluye 293 asientos sobre la obra de Carlos Fuentes (134-155); 24 de ellos se refieren específicamente a la última novela. Richard M. Reeve, en su «bibliografía escogida», por su parte, nos ofrece 265 títulos; de éstos, 50 se refieren directamente a *La región más transparente* (473-494). Estas referencias demuestran el interés de la crítica por la obra de Carlos Fuentes en general, y la importancia que la primera novela del autor tiene aun después de que han transcurrido casi treinta años desde su publicación.

Ya en 1958 *La región más transparente* fue la piedra de escándalo en la que tropezaron tirios y troyanos. Richard M. Reeve señala cómo Arturo Martínez Cáceres, Rubén Salazar Mallén y hasta Elena Garro rechazaron la novela, calificándola de indigesta asimilación faulkneriana; de mal disimulada imitación de Proust, Joyce, Baroja, Cela y otros; de escandaloso plagio de *El laberinto de la soledad,* y hasta de trágico hazmereír literario que muestra un autor desorientado que apenas si ha llegado a encontrarse a sí mismo y que se esfuerza desesperadamente por entender a los otros (34-63). Julio Cortázar, Lezama Lima, Mario Benedetti, en cambio, emitieron opiniones contrarias, juzgando favorablemente a Carlos Fuentes y calificando a *La región más transparente* como un logro admirable de la novelística hispanoamericana (Reeve, «The Making...», 55).

La crítica magisterial, por último, aborda a *La región más transparente* desde diferentes ángulos, enriqueciendo así la visión de la obra. Algunos eruditos la estudian con un espíritu perspectivista, distanciado, que les permite abarcar mejor el valor total de la obra; que hace posible evitar la tentación de «de-construir» su andamiaje con ánimo de captar la estructura profunda del libro, y que logra que se divorcien de la crítica canónica, regida por una preceptiva genérica ya superada. Otros críticos, por el contrario, se aferran aún a conceptos tradicionales y echan de menos en esta obra la estructura ortodoxa de la novela realista, las relaciones precisas de los personajes de las novelas naturalistas, las diáfanas manifestaciones de los procesos psíquicos presentados por los behavioristas, la militancia del realimo social o la cruda denuncia de la novela indigenista.

Sin embargo, el mayor impacto que causó esta novela, sobre todo en México, fue el hecho de que esta esperada quintaesencia de la novela de la Revolución no constituyese la secuela suprema de lo que los novelistas consagrados habían establecido como paradigma del género. Lo que ocurrió fue que Carlos Fuentes abrió con *La región más transparente* un nuevo cauce para la novelística hispanoamericana que, desde entonces, habría de ser evaluada con criterios más amplios y con conceptos más universales.

Revisemos brevemente los elementos constitutivos de la obra narrativa. Con gran clarividencia traza Georg Lukács la tipología de la obra narrativa. En su *Teoría de la novela,* refiriéndose al héroe novelesco, dice que está «determinado, en su estructura, por una problemática, privada de todo aspecto de interioridad, que excluye, por consiguiente, todo sentimiento trascendental de distancia, toda aptitud a vivir las distancias como realidades efectivas» (104). Ahora bien, de acuerdo a los protocolos del género narrativo, el lector cuenta sólo con la materia textual que el autor le provee para que pueda aprehender esa problemática del protagonista y de los otros personajes, la cual se vuelve aprehensible gracias a la voz narrativa, por las contradicciones de la realidad imaginativa y la realidad tangible —la intriga— y por la acción de los personajes que se lleva a cabo en el marco temporal y espacial en el que se circunscribe la obra.

El presente trabajo se limitará, pues, a despejar una sola incógnita: ¿cuál es la voz narrativa en *La región más transparente*? En primer lugar, la novela es un ente autosuficiente si el autor elimina su presencia, o, como dice Percy Lubbock, si muestra y exhibe la materia, de modo que la problemática a la que antes se hizo referencia se cuente por sí misma (62). Leamos las primeras líneas de la obra:

> Mi nombre es Ixca Cienfuegos. Nací en México, D. F. Esto no es grave. En México no hay tragedia: todo se vuelve afrenta. Afrenta, esta sangre que me punza como filo de maguey. Afrenta, mi parálisis desenfrenada que todas las auroras tiñe de coágulos. Y mi eterno salto mortal hacia mañana (9)[1].

Ante este principio, la reacción inmediata del crítico es pensar que la voz narrativa utilizada por Fuentes corresponde al «yo-testigo» descrito por Norman Friedman en «Point of View in Fiction» (1160-1148). Octavio Paz, por su parte, asevera que «el centro secreto de la novela es un personaje ambiguo, Ixca Cienfuegos; aunque no participa en la acción, de alguna manera la precipita» (45). Centro, porque el autor se ha convertido en la voz narrativa, adquiriendo la responsabilidad que el emisor tiene de hacer que el lector acepte la realidad textual como si fuese tangible.

Dos páginas y media más adelante, sin embargo, Carlos Fuentes abandona esa técnica y empieza a utilizar una voz narrativa de «omnisciencia neutra» que lo coloca a distancia y le impide dar fuerza dramática a lo novelado porque los sucesos son «mostrados» por el autor y no son «vividos» y «justipreciados» como experiencias vivenciales por los mismos personajes. Hace falta que transcurran 50 páginas de texto para que *La región más transparente* alcance la intensidad narrativa que la convirtió en una novela diferente. El secreto: la atrevida utilización simultánea de diversos recursos, los cuales constituyen voces narrativas estratégicamente disimuladas, técnica nunca hasta entonces utilizada en la novela mexicana.

Los periodistas Martínez Cáceres, Salazar Mallén y hasta Elena Garro —a cuya crítica se hizo mención al principio de este estudio— descubrieron de inmediato en el texto la presencia de pedazos de canciones, recortes de periódicos, referencias a fotografías autógrafas de personajes dispares. Desconcertados, calificaron a esos recursos de «pastiche». Joseph Sommers, con la gran penetración crítica que le caracteriza, explica el significado y valor narrativo de esta técnica en los siguientes términos:

---

[1] Todas las citas referentes a *La región más transparente* corresponden a la cuarta reimpresión de la Colección Popular. México: Fondo de Cultura Económica.

Principalmente la estructura de *collage* es primordial en esta novela, yuxtaponiendo fragmentos no secuenciales en un orden aparentemente ilógico... Al conservar la forma de *collage* en la novela, las formas en que la narración es presentada al lector, son variables y discordes. El mundo ambiental adquiere su propia personalidad, ya que es revelado a veces independientemente de la relación directa con las distintas líneas argumentales (283-290)[2].

Es decir, los elementos del *collage* son realmente voces narrativas variables y discordes, utilizadas para presentar o para «representar» el mundo ambiental —la Ciudad de México—, esa hidra monstruosa que constituye para muchos críticos el verdadero protagonista de la obra.

Tampoco han faltado críticos que han tachado en *La región más transparente* un exceso de digresiones filosóficas y de opiniones político-sociales. Son los críticos que se empecinan en exigir que cada novela sea un poema ceñido a las normas de lo que la retórica tradicional califica como poema épico. No se dan cuenta estos eruditos que *La región más transparente* es una nueva novela; es una crítica ideológica del México moderno; es crítica del lenguaje; es revelación de los más recónditos componentes del alma mexicana.

Como dice Octavio Paz, Fuentes reveló a los mexicanos lo que nadie se había atrevido hasta entonces a hacerlo. Por eso Joseph Sommers afirma que esta obra «es búsqueda y profundidad progresivas de esa realidad íntima e intemporal de México» (373). Sin duda, Carlos Fuentes noveló ensayísticamente porque, como él mismo lo explicó, hacer literatura es buscar el absoluto y para ello hay que traspasar los límites estrechos de la preceptiva para poder convertir todos los elementos discordes e inconexos del *collage,* así como los conceptos profundos del ensayo en voces narrativas que coadyuven para lograr el poema ideal, bien sea lírico, dramático, épico o narrativo, al que Jorge Luis Borges denominaba el «Aleph».

---

[2] Esta cita es tomada del artículo titulado «La búsqueda de la identidad: *La región más transparente,* por Carlos Fuentes», que aparece en el libro *Homenaje a Carlos Fuentes...,* editado por Helmy F. Giacoman.

OBRAS CITADAS

FOSTER, DAVID WILLIAM: *Mexican Literature: A Bibliography of Secondary Sources.* Metuchen, New Jersey: The Scare crow Press, Inc., 1981.

FRIEDMAN, NORMAN: «Point of View in Fiction». *PMLA,* 70 (1955): 1160-1184.

FUENTES, CARLOS: *La muerte de Artemio Cruz.* México: Fondo de Cultura Económica, 1967.

— *La región más transparente.* México: Fondo de Cultura Económica, 1969.

LUBBOCK, PERCY: *The Craft of Fiction.* New York: The Viking Press, 1964.

LUKACS, GEORG: *Teoría de la novela.* Barcelona: Ediciones Siglo Veinte, 1971.

PAZ, OCTAVIO: *Corriente Alterna.* México: Siglo Veintiuno Editores, 1971.

— *El laberinto de la soledad.* México: Fondo de Cultura Económica, 1973.

REEVE, RICHARD M.: «Carlos Fuentes y la novela: una bibliografía escogida». *Homenaje a Carlos Fuentes: variaciones interpretativas en torno a su obra.* Helmy F. Giacoman, ed. New York: Las Américas, 1971.

— «The Making of *La región más transparente:* 1949-1974». *Carlos Fuentes: A Critical View.* Brody, Robert and Charles Rossman, eds. Austin: University of Texas Press, 1982.

SOMMERS, JOSEPH: «La búsqueda de la identidad: *La región más transparente,* por Carlos Fuentes». *Homenaje a Carlos Fuentes: variaciones interpretativas en torno a su obra.* Helmy F. Giacoman, ed. New York: Las Américas, 1971.

Óscar Daniel Salomón
Universidad de Buenos Aires, Argentina

Crucifixión en Guanajuato, resurrección en Dublín

Alguien camina hasta el pórtico de la novela y se detiene, apoya su espalda contra el marco y observa: es el personaje que conoce todas las claves, el único protagonista que puede llegar a comprender la obra en su totalidad y juzgarla. Ya no se trata de Ixca Cienfuegos, el guardián de la región región más transparente del aire, escupiéndonos con su violencia sin gritos las contradicciones del fresco mexicano. Ahora es un adolescente, Jaime Ceballos, quien repasa las contradicciones de las buenas conciencias y decide resolverlas asumiendo su destino burgués. Y, sin embargo, Jaime Ceballos es también Ixca Cienfuegos que ha resignado su vuelo, Ícaro con alas de serpiente emplumada; es también un Cristo que rechaza la Gloria para mimetizarse con la turba que lo condena, y es también Stephen Dedalus, el *Retrato del artista adolescente,* de Joyce, que tras recorrer caminos similares ha torcido a último momento el suyo extraviando en Guanajuato la salida del laberinto que se abre en Dublín.

Todos los adolescentes, el adolescente es un personaje recurrente en la novela moderna, un personaje que se deslumbra con los mismos descubrimientos y sufre decepciones semejantes. Jaime-Stephen desarrollarán así su predisposición al misticismo, pero sin caer en la sobreactuación esotérica de un Siddharta. Stephen-Jaime desarrollarán un credo ético, pero sin llegar a la exposición dialéctica de una lógica racional, como lo hace el Hans Castorp de Mann. Joyce-Fuentes utilizarán sus propios pasados, pero sin bucear morosamente en un subconsciente proustiano, capaz de ser sometido a reduccionismos psicologistas. Imaginación, razón y emoción, una trilogía que más allá de las más caras con las que se confunden a sí mismos los adolescentes, exhibirán la humanidad fundamental de los protagonistas.

En la temática explícita y en los aspectos formales ambas novelas difieren. El centro de gravedad de las buenas conciencias conduce del sujeto individual al colectivo mediante el planteo de la responsabilidad social. En el retrato de un joven artista la realidad se enfoca en y desde el personaje, recreándola a medida que evoluciona su estética del lenguaje. Descubriendo su cuerpo y el de los otros, mesiánicos y solemnes, egoístas y generosos, Stephen y Jaime se ajustarán a los proyectos de sus autores caminando por itinerarios distintos, pero por su misma realidad adolescente se cruzarán miradas de inteligencia.

El eje compartido por los dos jóvenes es fundamentalmente la experiencia religiosa y su metamorfosis en el tiempo. Se inicia con los planteos nacional-religiosos de los adultos, el primer deletreo de la realidad, la primera contradicción como referente externo en el incuestionado mundo infantil. La adolescencia evolucionará transfiriendo a personajes del entorno las propiedades de los personajes del mundo interior religioso, la pasión redentora Mariana, Dios en sus dos facetas de Padre severo y bondadoso, y el Hijo que carga con las culpas y los pecados de la humanidad. Ya en plena pubertad, modelados por los conceptos de pecado y condenación, la religión será caída y salvación, lenguaje para explicar las contradicciones de una sociedad hipócrita, cilicio para ocultar en la introversión las contradicciones de su propio cuerpo. Finalmente, en la juventud, la posición que adoptarán frente al mundo, sólo se puede explicar en referencia a su proceso religioso anterior.

Y va a ser justamente al iniciar la juventud, abandonados los puentes de la amistad, que Stephen y Jaime se separarán como viejos camaradas; no hay resentimiento, ni acusaciones mutuas, ni siquiera lástima, pues a pesar de sus caminos diferentes y aún divergentes, saben que sus autores continuarán la marcha juntos, y en ellos depositan su esperanza.

LA INFANCIA

En las buenas conciencias se nos presenta la casa de la familia Ceballos como se encuentra en la infancia de Jaime. Los colores, el polvo, el viento, el tílbury sin ruedas, el abandono, todo es el reflejo de una opulencia pasada. Este primer enfoque en época y personaje nos sirve para saber que la historia que sigue se justifica al proyectarse sobre Jaime. México, Guanajuato, la familia histórica, la familia concreta con la cual interactúa el personaje serán otras tantas instituciones que desde el macrocosmos al microcosmos individual intentarán encorsetar el futuro de Jaime Ceballos.

Guanajuato, visto por el solemne tío Balcárcel, es la sociedad del orgullo de castas, «la raíz de los estilos políticos mejicanos», del reconocimiento social y del jesuitismo, la sociedad de «la clase media (que) para sentirse aristócrata, requiere de la nostalgia». Una realidad opresora y estática que decide el futuro de sus hijos, pues «hay cosas que se maman», como le dice la tía Asunción a Adelina, la madre de Jaime.

La historia familiar no difiere de otras de encumbradas familias del resto del continente hispanoamericano. Las ambigüedades de clase y el maquiavelismo político, casamientos interesados donde se enfrenta la sal española con la solemnidad mexicana, comercio-tierras-minas-especulación financiera y finalmente rentas, incomprensión y decadencia frente a las revoluciones donde «no entendíamos qué había pasado, cómo se había acabado aquella época de paz». Los manes de la familia exigiendo a Jaime que reivindique el nombre de la casa.

La familia concreta, una trilogía laica que sujetaba religiosamente su vida. Una trilogía donde él mismo era el Hijo unigénito, el Padre autoritario era el tío Barcárcel que gobernaba la casa con severidad y el Padre concesor era el padre real, y la Madre, la estéril y a su modo virgen tía Asunción, que había logrado expulsar a su verdadera madre de la casa con el pretexto de su condición plebeya, Madre que pedía por él ante el Juez Supremo que era el tío, Madre que concedía los favores.

Varias contradicciones flotan en el mundo infantil de Jaime sin llegar a rebelarse dada la incuestionabilidad de los adultos. Criollos y españoles, imperiales y liberales, porfiristas comerciantes e industriales, nacionalistas y socios de empresas extranjeras, advenedizos y aristócratas, terratenientes y mineros, un largo pasado de contradicciones históricas otorgan coherencia a la actitud pública del tío apoyando el anticlericalismo oficial de Calles, «era cosa de asombro escuchar un día al licenciado Balcárcel despotricando en pleno Jardín de la Unión contra la conspiración de los curas, y ver, al día siguiente, a doña Asunción metiendo imágenes de la Purísima en la gran casa de cantería». Contradicción que se evidenciará al poder asumir el tío su imagen pública de hombre piadoso, al enviarlo al colegio religioso donde concurrían los hijos de las mejores familias de Guanajuato, pero rechazar con violencia cualquier indicio de vocación religiosa en el sobrino. Contradicciones silenciosas de lo que no se nombra (la madre expulsada de la casa, la esterilidad), pues para la familia «la regla máxima de la vida consiste en evaporar los dramas reales».

El retrato del joven artista también enfoca desde el comienzo la acción en el personaje a través del lenguaje. Irlanda, Dublín, la familia Dedalus, también para Stephen los demás proyectan un destino manifiesto. En toda la novela la pasión por la causa irlandesa le exige al joven tomar posición; los padres, los compañeros, desean que se transforme en otro campeón, como todos ellos se ven a sí mismos, de la lucha nacional.

También la familia Dedalus asiste al derrumbe económico. Así llegarán a la ciudad de Dublín y continuarán con mudanzas permanentes. Así, Stephen llegará a la idea que «su padre tenía enemigos y de que un combate iba a tener lugar. También sintió la idea que le habían alistado para la batalla y que le habían echado sobre los hombros ciertas obligaciones».

Como en la sociedad de Guanajuato, la nostalgia aristocratizante también desea imprimirle el orgullo de clase, «esa es la gente con la que quiero que te juntes... verdaderos caballeros».

Stephen es enviado desde muy temprano a una escuela jesuita donde se encuentra con los hijos de importantes familias de la burocracia estatal. Y así comparte la figura del Padre entre los sacerdotes severos y el padre juguetón, y la figura de la Madre que se confunde con la de su adoración Mariana.

Por último, las contradicciones también acechan al joven Dedalus. En la primera cena de Nochebuena que se le permite estar con los adultos estalla una discusión sobre el papel de la Iglesia en la revolución irlandesa y en la «traición» a Parnell, donde el sector liderado por su padre llega a exclamar, pues «¡que no haya Dios para Irlanda!», el mismo padre que pondera la educación con los jesuitas, «esa gente que puede labrar un porvenir a cualquiera». Y la contradicción silenciosa y siempre presente de una pobreza que no se acepta pero se evidencia cada vez más.

LA ADOLESCENCIA

a) *El descubrimiento*

Nacer a la adolescencia, a ese cuerpo nuevo, a ese mundo nuevo, implica para Jaime-Stephen una conversión. Aquí sí, el marco nacional es esencial para comprender la actitud de los adolescentes, no pueden existir compromisos religiosos tibios en México o Irlanda. Como en el cine de Buñuel o Bergman, la religión, sus conceptos de pecado y condenación modelan la conducta de los jóvenes, el desafío entonces se transforma en herejía, el egocentrismo en convencimiento teleológico de misión mesiánica, y el nacer al sexo se vive como caída, pérdida de la gracia.

Para Jaime en Semana Santa se produce el deslumbramiento. Se desviste del pasado familiar por un mensaje que a él, y sólo a él, le encomienda Jesús. Pero su cuerpo bulle, se inunda de los colores, de los olores del mundo ajeno a la casa, brotando por primera vez al deseo, donde la juventud parece otro aviso de la gloria. Aprende a cuestionar a los adultos al descubrir sus contradicciones. En una conversación se encuentra con un «ella» refiriéndose a su verdadera madre. Esa misma Semana Santa ayuda a Ezequiel Zuno, el minero fugitivo que finalmente es entregado a la policía por el tío. Una Madre que puede no ser la madre, un Juez que puede ser injusto, caen los ídolos y carga con una primera culpa ajena sobre sí. También afronta sus propias contradicciones al levantarse el faldón a la imagen de Jesús, beatitud y tentación, curiosidad adolescente.

Stephen es castigado durante su infancia por un sacerdote a pesar de ser uno de los mejores alumnos, es castigado injustamente. Stephen se queja ante el superior y es reivindicado, demostrando al niño una vez más que la Orden responde a un orden natural, severo pero justo. Va a ser cuando se descubra adolescente, que escuchará al padre comentar cómo él y el superior de estudios se han reído y burlado de esa actitud que para el joven Stephen representa a la misma justicia hasta entonces inapelable de los adultos. Cuando el joven Dedalus descubra que la vida de pobreza le resulta mezquina, que su propio padre lo aburre. Que las contradicciones del mundo real las puede resolver enquistándose en un mundo ideal, imaginario y piadoso que sólo es combatido por la sexualidad naciente.

b) *La caída*

Perdido el sobredorado de sus íconos infantiles, Jaime transfiere la
trilogía Padre-tío, Madre-tía, Hijo-Jaime hacia tres personajes que son
la misma negación de los Ceballos. Ezequiel, el fugitivo delatado, el
que lucha por los oprimidos, es el nuevo Padre. Adelina, la madre
real, cobra una nueva dimensión como prenda de redención, ella que
se ha perdido por culpa de la tía. «No, no eran las palabras de la
Biblia las que explicaban la fe: eran esos dos nombres, esas dos personas que habían sufrido un mal concreto a manos de personas concretas que formaban su familia». Y, por último, su amistad con Juan
Manuel Lorenzo, un «indiecito» becado en el colegio, una amistad en
contra de la buena sociedad de Guanajuato, que se encargará de de-
mostrarle que la mística no alcanza ante el sufrimiento de los otros,
que la caridad pública es otra mentira de las buenas conciencias. Esta
nueva trilogía le impone una nueva realidad, le impone la rebeldía,
el rechazo del mundo objetivo ante el mundo superior que sueña.

Toda distancia de su familia, llama tía por primera vez a Asunción. Siente un asco profundo por lo cotidiano, por la hipocresía.
Combate contra todos y contra sí mismo levantando el pendón de la
religión verdadera, «Jaime se levantó en plena clase a decir... que
todos los católicos éramos unos hipócritas». Desafía a la autoridad
del tío, «es así como me habla, con mentiras».

Jaime se siente distinto, el único capaz de interpretar la verdad
del mundo y la religión; también Stephen sentía que «era diferente
de los otros... Lo que él necesitaba era encontrar en el mundo real
la imagen irreal que su alma contemplaba constantemente». Se distancia de los ídolos infantiles, rechaza a la familia y el entorno de pobreza
en que se mueven, «apenas si se sentía ligado a ellos más por una
especie de parentesco adoptivo: hijo adoptivo y hermano adoptivo».
Stephen aún en el pecado siente que sólo él es capaz de conocer la
religión verdadera, ante algún sacerdote siente «la certeza de algo
como una profanación del oficio de jesuita».

Finalmente, Jaime y Stephen asumen todos los pecados y todas las
culpas, propias y ajenas. Los impulsa un hambre escatológico por la
perdición y la herejía, una autoflagelación moral sobredramatizada
por su misma actitud adolescente y de formación cristiana. Jaime agre-
de físicamente al tío, lucha contra su cuerpo, carece de una actitud
concreta cuando se encuentra con su madre; Stephen se castiga hun-

diéndose en el pecado carnal frente a la imagen idealizada de su amor, lo persigue su propio infierno que en su natural egocentrismo hasta lo sueña infierno exclusivo. Incapaces ambos aún de observar las verdaderas dimensiones de la realidad, encontrando en la actitud mesiánica un lenguaje alternativo que conforma su ansiedad, se transforman en místicos orillando el fanatismo.

c) *La conversión*

Es el momento de la autoflagelación física, Jaime va al campo donde se hiere, Stephen obliga a sus sentidos a diferentes castigos. Magnificadas las tendencias naturales de sus cuerpos, intentan recuperar la gracia. Los hombres y mujeres reales ya sólo les muestran sus propias limitaciones, la última forma de evitar la realidad es invocando la misión divina, recuperándose a sí mismos como el Hijo.

A Jaime y Stephen les proponen la vocación sacerdotal, pero sus orgullos les impiden ver la misericordia sino como claudicación. Ambos viven una religión individual donde no existen los demás. El sacerdote le dice a Jaime, como le hubiese podido decir a Stephen, «Imitar a Jesús... si fracasas te morirías de desesperación», y como una constante contra su orgullo le repite lo que alguna vez le dijeran Ezequiel y Jaime, «uno sólo no puede». El joven Dedalus busca la expiación para la fiesta de San Francisco Xavier, imagina que la Virgen desciende para salvarlo junto a su virginal amiga.

«Porque no he venido a llamar a los justos, sino a los pecadores». Llegamos entonces al momento en que ambos personajes han vivido la pasión, el vía crucis y aún la crucifixión, ahora está en ellos ser capaces de la resurrección y la gloria o claudicar.

La juventud

Cuando se levantan los velos de la adolescencia la realidad exige nuevas soluciones.

Jaime decide que cada uno cargue con sus propias culpas, se reconcilia socialmente al aceptar las condolencias por la muerte de su padre, acepta que el misticismo fue su orgullo disfrazado, pues era incapaz de ayudar a su madre en el mundo real, acepta que la lucha de Ezequiel y Juan Manuel no es su lucha y al tío que ha odiado «lo aceptaría como era, hipócrita, débil, farisaico, humano». Mata su adolescencia en un gato, un último y gratuito acto de rebeldía y claudica. «Rogó a otro Dios, nuevo, desprendido del primer Dios de su primera juventud que lo salvase de las palabras extremas del amor y la soberbia... rogó ser como todos los demás».

El joven de Dublín reconoce toda la mezquindad de lo que antes valoró, el decano de estudios, la muchacha con la que soñó, las preocupaciones de sus compañeros y aún su forma de luchar por la religión o por Irlanda le parecen miserables, inmediatas. Su orgullo lo lleva a alejarse aún más, «no queremos entre nosotros intelectuales excéntricos», le dicen, «siempre aparte de los demás»; pero también nace en él la preocupación por el lenguaje como herramienta transformadora. Stephen desarrollará una teoría estética tomista aún solemne y escolástica por adolescente, pero ya con intención juvenil de modificar la realidad.

El peligro es el mismo que en la opción mística, «quedar solo, completamente solo», pero ahora sus relaciones con el mundo están sinceradas, no son máscaras, no son excusas a sus propios miedos y limitaciones, pues está dispuesto a no servir «por más tiempo a aquello en lo que no creo... y trataré de expresarme de algún modo en vida y arte, tan libremente como me sea posible, tan plenamente como me sea posible».

Para José Donoso la formalidad tradicional de *Las buenas conciencias* frente a la riqueza de otros libros de Fuentes la hace padecer de asfixia, pero es que justamente se trata de una novela de la asfixia. Jaime Ceballos se deja arrastrar, Stephen Dedalus rompe las redes, asume la primera persona en su narración y parte hacia el auto-exilio «saturado de una religión en la que dices no creer».

Fuentes y Joyce siguen a Juan Manuel, sigue a Stephen, *Terra nostra* o el *Ulises* demuestran que la opción fue la libertad, pero una libertad que en lo universal reconoce su propia naturaleza como hombres y como integrantes de un pueblo. Su invocación parece haber sido la misma de Stephen Dedalus al emprender la construcción de su laberinto como expresión de divina potencialidad, al emprender su vuelo de Ícaro: «Salgo a buscar por millonésima vez la realidad de la experiencia y a forjar en la fragua de mi espíritu la conciencia increada de mi raza... Antepasado mío, antiguo artífice, ampárame ahora y siempre con tu ayuda».

Ramón Magráns
Austin Peay State University

La llamada de la madriguera: *Aura*

De la temática polifásica que se manifiesta en la literatura hispano-americana, se nota la preocupación de la falta de conocimiento de los personajes y del pueblo en general, de la mitología tanto nativa como universal. Estos personajes, al mismo tiempo, presuntos educa-dos como plebeyos, deambulan a través de las páginas novelísticas sin darse cuenta del valor de los símbolos que son puestos ante ellos como augurios y presagios. Eximio de esta preocupación es Carlos Fuentes, quien, en su novela corta *Aura* (1962), expone esta igno-rancia.

Acierta Gómez Gil al decir que la novelística de Fuentes se en-cuentra llena de «... una prosa muy poética, llena de símbolos, natu-ral y capaz de comunicarle a los relatos la tensión buscada por el autor» [1]. En *Aura,* Fuentes se vale de símbolos mitológicos y de la numerología para brindarle al protagonista la oportunidad de evitar su inesperado desenlace. Sin embargo, éste no los reconoce y, por lo tanto, queda envuelto en el aura de su autoengaño y cae incautamente en la astuta trampa de la madriguera. Esta caída se acelera a través de una serie de intringantes y seductivas llamadas.

La preponderancia de los personajes hispanoamericanos a caer no es sorprendente; sin embargo, la razón tras ésta lo es. Vaticinan los noveladores, específicamente Fuentes, que los hispanoamericanos caen por la atractividad de la llamada manifestada y por la inhabilidad de reconocer lo llamante y sus símbolos. El hispanoamericano, ya sea educado o no, presenta una preponderancia a caer víctima de la atrac-

---

[1] ORLANDO GÓMEZ GIL, *Historia crítica de la literatura hispanoameri-cana* (New York: Holt, 1968), p. 727.

ción económica y sexual. Ésta se acentúa por la precaria situación
monetaria en que se encuentran los jóvenes de la clase media y por
la facilidad que se les expone de saciar sus frustraciones a través del
estímulo sexual. La llamada de la madriguera lo atrae por la promesa
económica y por el deleite carnal. Ingenuamente, el protagonista se
deja arrastrar por ambos y cae presa a pesar de haber sido prevenido
constantemente por el autor.

Engañado por la mejoría monetaria y promesas excitantes, el protagonista ignora los augurios del novelador. Esta acción, típica de los
personajes de Fuentes, se manifiesta por la necesidad del autor de
atacar «... de frente y con todos los cañones, el tema de la identidad
personal» [2]. Tal identidad no puede lograrse hasta que el personaje
logre realizar su existencia. Es decir, pueda encontrar su puesto en la
sociedad, su manutención y su comunión con la mitología nativa y la
universal. Para lograrlo, él debe descifrar si no pergaminos, a la Gabriel García Márquez en *Cien años de soledad,* a lo menos los escritos
del general Llorente en *Aura.* Sin embargo, el versado personaje, educado en París, no logra descifrar lo que se le presenta ante él, y no
es hasta que se encuentra totalmente engolfado en la madriguera
cuando se da cuenta de la realidad. Parece decir Fuentes que la educación no le es práctica al personaje, ya que no le ayuda a reconocer
los símbolos básicos de la existencia.

Felipe Montero es el personaje central elegido por Carlos Fuentes.
El nombre en sí manifiesta símbolos importantes que, al entenderse,
revelan las características del personaje. Felipe, uno de los doce após-
toles, fue encargado por Jesús en la búsqueda de Nataniel y, al regresar con éste, el Mesías le respondió a aquél, «I could see you under
the fig tree before Phillip found you» [3]. Es decir, Felipe, a pesar de
saber a quién buscaba, no pudo verlo antes que Jesús. Por supuesto,
la visión aquí mencionada es una figurativa y no física. Sin embargo,
se presta no sólo por el nombre del personaje, sino por la misión
bíblica de su tocayo. A esto se debe añadir el apellido del protagonista, Montero. El diccionario de la Real Academia expone que tal
es representativo de una persona que busca y persigue la caza en el
monte, o la ojea hacia el sitio en que la espera para tirarle; es más,

---

[2] Luis Harss y Bárbara Dohmann, *Los nuestros* (Buenos Aires: Sud-
Americana, 1968), p. 371.
[3] Tyndale House Publishers, *The Book* (Wheaton, Ill.: Tyndale
House Publishers, 1984), p. 1053.

el montero de lebrel es «... el que tiene a su cuidado los lebreles que han de servir en los puntos de espera...»[4] de la cacería. El montero de lebrel es importante porque el Montero que presenta Carlos Fuentes no reconoce el valor del símbolo del conejo, no sabe ni siquiera el sexo del mismo, y se aturde ante su presencia. Se hará referencia al símbolo de este animal más adelante en este escrito.

El Felipe Montero que Fuentes presenta es un «... historiador cargado de datos inútiles, acostumbrado a exhumar papeles amarillentos, (y) profesor auxiliar en escuelas particulares...»[5], quien, al leer un anuncio solicitando los servicios de un «... historiador joven. Ordenado. Escrupuloso. Conocedor de la lengua francesa...»[6], vio la oportunidad de abandonar a sus alumnos y a su mísero salario y así lograr «... ahorrar por lo menos doce mil pesos ... (y) pasar cerca de un año dedicado a (su) propia obra, aplazada, casi olvidada»[7]. El empleo, se entera luego Montero, requiere la traducción y el poner en orden ciertos locumentos de un oficial francés.

Felipe Montero, a pesar de haber sido educado en París y ser un historiador; es decir, un conocedor de la historia y de la mitología universal dado a sus estudios extranjeros y, por su nacionalidad, de la nativa, no puede interpretar los símbolos mitológicos básicos que le son presentados por su novelador como signos de cautela. Es esta falta de reconocimiento de los símbolos y su falta de visión histórica los que le condenan una vez que se deja arrastrar por la llamada de la madriguera. Añadido a los símbolos presentados a Montero ha de notarse el uso de la segunda persona en la obra.

Esta persona, el *alter ego* de Montero le mantiene en contacto con sí mismo y le recita periódicamente advertencias e instrucciones diarias, «... Tienes que prepararte... Vivirás ese día idéntico a los demás y no volverás a recordarlo sino al día siguiente...»[8]. Al hablarle al protagonista, esta voz le sirve de conciencia, mas Montero no le presta atención. Es más, mientras Montero lee el anuncio del periódico que le abre el primer punto de contacto de la llamada fatal, él

---

[4] REAL ACADEMIA ESPAÑOLA, *Diccionario de la Real Academia Española* (Madrid: Espasa, 1956), p. 893.

[5] LYSANDER KEMP, trans., *Aura,* by Carlos Fuentes (New York: Farrar, Strauss and Giroux, 1984), p. 4.

[6] KEMP, pp. 2-4.

[7] KEMP, p. 64.

[8] KEMP, p. 6.

escucha el monólogo de su *alter ego* sin perturbarse de los atributos poco halagüeños del mismo. Dado a la vida nebulosa en que vive, Montero ni escucha ni observa los símbolos explícitos a su alrededor. Autoengañado por el ensueño económico prometido por el anuncio del diario, Montero no se da cuenta de las claves que el autor le presenta para despertarlo. El incauto llega a Donceles 815, la dirección anunciada. Fuentes se vale del significado de la palabra doncel para indicarle al protagonista su primera advertencia. Según el diccionario de la Real Academia, ésta significa «Hombre que no ha conocido mujer» [9]. Después sabemos el resultado de la visita de Montero.

Mas las alusiones no terminan aquí. Fuentes utiliza el simbolismo numérico para no sólo presentar cantidad, sino ideas y fuerzas, cada uno contando con un valor propio. En el sistema numérico griego, los primeros diez representan el espíritu y son entidades, arquetipos y símbolos. El resto son productos de combinaciones de los números básicos. Así, al examinar 815, se nota que el ocho, en relación a cuadrados o al octógono, es la forma intermedia entre el cuadrado o el orden terrestre y el círculo o el orden eterno y es, por lo tanto, un símbolo de regeneración. Es más, que al observar su forma, las dos esferas entrelazadas del ocho denotan el balance entre las fuerzas opuestas o la equivalencia del poder espiritual al natural.

Acierta Cirlot al decir que, por su forma, el ocho representa el eterno movimiento esférico hacia los cielos, quizás el Olimpo mítico. Continúa explicando Cirlot que, dado a las implicaciones del número a la regeneración, el ocho representó el símbolo de las aguas baptismales en la Edad Media [10].

Aumentando los valores del ocho, se nota que el quince representa acentuado valor erótico y se le asocia con el diablo. Al relacionarse los dos números; es decir, estar en la misma cifra, ambos no sólo exhiben erotismo, sino presentan el segundo símbolo de augurio, ya que presagia la alianza entre los astros y el diablo. He aquí que *Aura* ha sido clasificada novela al estilo de Poe, fantasmagórica.

El repaso de los primeros símbolos revelan que erran Harss and Dohmann al expresar que el autor «... no genera ni suspenso ni ilusión. Hasta el estilo de Fuentes se ha relajado en *Aura*, volviéndose

---

[9] REAL ACADEMIA, p. 497.
[10] JACK SAGE, trans., *A Dictionary of Symbols,* by J. E. Cirlot (New York: Philosophical Library, 1983), p. 233.

'ameno' hasta la banalidad»[11]. Este comentario es, en realidad, banal, ya que los críticos no investigan debidamente los símbolos utilizados en la obra. Tal parece que se quedan, al igual que Montero, mirando sin ver, sin reconocer el uso de los signos, sus complejos significantes y significados. El 815 no es elegido al azar, sino que sirve para ofrecerle a Montero y al lector astuto el segundo augurio antes de que el personaje, al entrar, trate de «... inútilmente retener una sola imagen de ese mundo exterior indeferenciado»[12].

Presagia Fuentes el fin de Montero no sólo a través de una numerología astuta, sino que la acentúa con una «... nueva advertencia pintada con tiza: ahora 924»[13]. Esta nueva combinación del nueve y del veinte y cuatro manifiesta en el nuevo, la triplicación del triple. Es decir, la imagen completa de tres mundos y el término de la serie numérica antes del regreso a su unidad original. Para los judíos, explica Cirlot, el nueve representa el símbolo de la verdad, ya que, al multiplicarse, se reproduce a sí mismo[14]. En los ritos medicinales, el nueve representa la síntesis triple; la disposición de los tres planos, el corporal, el intelectual y el espiritual. He aquí la relación directa con los tres planos del pensamiento. Fuentes pretende despertar a Montero de su letargia y vida nebulosa de cafetín y, por consiguiente estimularle los tres planos del pensamiento. A saber, el subconsciente (lo instintivo y lo afectivo), el consciente (lo ideológico y lo reflexivo) y el superconsciente (lo intuitivo y las verdades mayores de la existencia). Montero se presenta oscilando entre el nivel subconsciente y el consciente sin demostrar mucho desarrollo de lo instintivo y total carencia del superconsciente. Son estas faltas de desarrollo las que le condenan.

La combinación del dos y del cuatro en el veinticuatro acentúan la debilidad mental de Montero. Si se toma la fusión del dos y del cuatro, se nota que el dos representa el eco, el reflejo (la luna), y el conflicto o la quietud momentánea entre dos fuerzas en equilibrio; el cuatro es el símbolo de la tierra, de la situación humana, de lo externo, de los límites naturales, del conocimiento mínimo de la totalidad, y de la organización racional. Vaticina Fuentes, a través del 815 y del 924, lo que aguarda a Montero.

[11] HARSS y DOHMANN, p. 370.
[12] KEMP, p. 10.
[13] KEMP, p. 8.
[14] SAGE, p. 234.

La casa en sí presenta otra serie de símbolos que Montero, en su letargia, los ignora. Al llegar a la casa, él levanta la mirada y se da cuenta de que nada ni cambia ni trabaja. Todo está oscuro. La «Unidad del tezontle...»[15] que nota, no le revela nada. Esto es por su falta de conocimiento del nahuatl, un idioma nativo mexicano. Según el *Diccionario de la lengua nahuatl,* tezontle proviene de tezontli, que quiere decir, can. Es el perro un emblema de la fidelidad y aparece, en las tumbas medievales, a los pies de la mujer. En el simbolismo cristiano, el perro aparece como el guardián de los rebaños; es decir, como una alegoría del sacerdote. En la mitología clásica, una de las doce labores asignadas a Hércules es el descenso a Hades, el otro mundo o infierno, y llevarse a Cerberus, el can de Pluto. Éste le sirve de protección al rey de esta región nebulosa. También aparece el perro como guardián de casa en el *Satiricón,* de Petronius, una de las primeras novelas de la humanidad. Es interesante notar que en ninguno de los tres casos mucha atención fue prestada al símbolo.

Acentuando la idea de que el can es el guardián del infierno, Fuentes lo usa como tal de la madriguera que clama por Montero. Siendo aquél tan astuto novelador, presenta a un Montero que, por la selección del nombre debiera ser igualmente conocedor del símbolo, mas no lo es. El can es, para Fuentes, un símbolo con un significado profundo; es el compañero de los muertos en su cruce nocturno a la otra vida, y por lo tanto se le asocia con los simbolismos de la madre y de la resurrección.

Al ignorar al perro como centinela de la casa cuando lo ve en el nicho, ignora una advertencia. Fuentes, sin embargo, le provee otra oportunidad a Montero, la cual ignora igualmente. El incauto ase la «... manija (de la puerta), esa cabeza de perro en cobre, gastada, sin relieves: semejante a la cabeza de un feto canino en los museos de ciencias naturales»[16]. Se imagina que el perro le sonríe y suelta su contacto helado; es decir, de muerte, mas prosigue y entra en la casa, condenándose por su ignorancia.

Una vez dentro de la casa, presidio no sólo interno, sino externo, ya que la misma se encuentra rodeada de edificios modernos que no le permiten ni siquiera la entrada de la luz natural, salvo, como en el hueco solitario presídico, cuando los astros se encuentran verticalmen-

---

[15] KEMP, p. 8.
[16] KEMP, p. 10.

te sobre éste, una serie de augurios se le presentan a Montero, cada uno igualmente ignorados. La casa, por su oscuridad y resguardo de lo externo, asemeja una madriguera en la cual conjuros habitan.

Si la luz es aceptada como el símbolo del espíritu y, por lo tanto de la moralidad, intelecto y de las siete virtudes, la falta de la misma representa valores inversos. Ninguno de los valores puede serle achacado a Montero, ya que él es sólo un espectro buscando su identidad. Por lo tanto, busca en vano una luz que le guíe y se mueve a través del olfato, o sea, de lo afectivo. Al ser éste un elemento sensorial del subconsciente, Montero reconoce el olor, mas no el significado del «... musgo, la humedad de las plantas, las raíces podridas, el perfume adormecedor y espeso...» [17]. Es decir, el olor de la antesala de la muerte, la oscuridad del callejón que traspasa al entrar, y los símbolos de Cerberus son todos vaticinios del autor, anticipándole su intención al personaje. Éste, adormecido, sigue caminando en la oscuridad de la ignorancia.

Otros números se le presentan mientras se precipita hacia la madriguera. Hay trece pasos hacia el frente y veintidós escalones. El trece es el símbolo aceptado de la muerte y del nacimiento o renacimiento. Por lo tanto, en los trece pasos encontramos la muerte de Montero y el renacimiento de lo oculto. El veintidós, combinación del dos más dos, es el eco, el conflicto y el pasaje del tiempo de la línea que marcha del pasado hacia el futuro. El conjuro numérico guarda el significado dual de la conección de lo mortal con lo inmortal y, en su inversión, representa los dos polos del bien y del mal; de la vida y de la muerte.

Una vez dentro de la madriguera, Fuentes le presenta a Montero una riqueza de símbolos mitológicos. Bien estudiados han sido los personajes de Consuelo Llorente y de Aura. Sin embargo, un elemento que ha sido virtualmente ignorado es la presencia de Saga en la obra.

Con Saga, Fuentes funde el concepto de la liebre con el del conejo. Ambos mantienen un historial simbólico importante, desde su concepto de constelación a su presencia mitológica, histórica y literaria.

El término conejo, del latín *cuniculus,* aparece en la literatura hacia 1130 y encuentra su origen en el idioma de los iberos, manifes-

---

[17] KEMP, p. 24.

tando el sentido primitivo de galería subterránea o madriguera [18]. Su prima, la liebre, proviene del latín *lepus* y aparece hacia 1251. Su presencia literaria es abundante, mas no es hasta 1535 que aparece el término alabrastarse, el cual, según Corominas, quiere decir actuar como liebre, excitarse sexualmente [19]. Montero, al no reconocer el valor simbólico de la bestia, no se da cuenta del panorama que se le presenta. Éste se acentúa con el simbolismo chino, ya que la constelación de la liebre representa el tercer elemento. Éste es la conección entre la fuerza activa iluminada llamada *yang* y la segunda fuerza, pasiva y oscura, *yin*. La constelación, pues, provee el enlace entre el mundo superior y el inferior y mantiene unidos todos los opuestos. Por lo tanto, la bestia que le hace compañía a la viuda Consuelo, cobra un significado importante en la novela cuando se le añade a éste en concepto de Hecate.

Para los antiguos griegos, la diosa lunar, Hecate, estaba asociada con liebres. Es más, el equivalente alemán de ésta es la diosa Harec, la cual se nota acompañada de liebres. En general, tal como acierta Cirlot [20], la liebre es un símbolo de la procreación y es ambivalente en lo que puede considerarse como naturalmente moral o amoral. Si Montero hubiera reconocido el valor simbólico de la bestia, reconocería el signo mitológico chino. La liebre es el segundo de los doce emblemas del Emperador. Es decir, es el símbolo de la fuerza *yin* en la vida del monarca y se le considera como animal de augurio que habita en la luna.

El lagomorfo se presenta en la novela cuando Montero arriva a la casa y comienza a hablar con la señora Consuelo. El cuadro ahora está completo. Hecate, la diosa griega, asistente de Persófono en el otro mundo, donde tenía el poder de conjurar espíritus de los muertos y, por lo tanto, la diosa de los espíritus. Ahora está la diosa en el mundo de los vivos donde acecha cementerios y encrucijadas, lista para apresar al incauto de Montero con su anuncio de prensa. Saga, la sabia, la coneja acompañante de Hecate presta para ayudarla. Aura, ¿ave rapaz diurna, o conjuro?, y el encauto Montero, el infeliz e ingenuo hispanoamericano que sucumbe a la llamada de la madriguera, prestándose a las ambiciones del mundo europeo. Como los

---

[18] J. COROMINAS, *Breve diccionario etimológico de la lengua castellana* (Madrid: Gredos, 1983), p. 165.

[19] COROMINAS, p. 360.

[20] SAGE, p. 139.

primeros indígenas sucumbieron a su propia mitología durante la llegada de Hernán Cortés, tal continúa cayendo el mexicano moderno a las seducciones extranjeras que prometen mejorías económicas pero que son simplemente manifestaciones de aves de rapiña. Una vez saciadas éstas y rejuvenecidas con la sangre y materia dejan el cadáver a su suerte.

Montero no puede reconocer la razón de la presencia de la bestia y, cuando ésta salta, le da a él un punto de relación en cuanto a lo que le rodea. Nota que el animal come en cama con Consuelo, acentuando su comunión con ella y que la cama ha sido hecha a la ras del piso para que Saga pueda entrar y salir a su gusto.

A medida que Montero se aclimata a la casa, su contacto con Saga aumenta. Las apariciones de ésta sirven para aturdir al joven, mas no se da ni cuenta del género de la bestia hasta que Consuelo se lo ofrece en un diálogo informativo. Los animales son, le informa la señora, «... seres naturales... Seres sin tentationes... Saga... Sabia... Sigue sus instintos... Es natural y libre» [21] Montero acepta su ignorancia a lo que Consuelo le informa que era porque él no sabía distinguir todavía. He aquí la falta trágica del hispanoamericano, la ignorancia de los símbolos de augurio europeos. Mas su desgracia no termina aquí, ya que también desconoce de los símbolos nativos que le han de iluminar en entendimiento. Es decir, de su propia mitología.

En la mitología nativa mexicana, los antiguos nativos llamaron al conejo, *tochtli*. Éste se presenta en el lienzo de su calendario, el que representa el ciclo de vida azteca. De las cuatro trecenas o *tlalpilli* [22], una se encuentra dedicada a *ce tochtli,* un conejo. La figura de un conejo sirve, también, para nombrar a un príncipe, Tochin, hermano de Quinatzin, hijo y sucesor de Tlotzin al trono de Tenayocan. Fue bajo su reinado cuando los chichimecas se establecieron en Tetzcuco.

En conclusión, tomando de la mitología universal y uniendo estos elementos aquí presentados a la nativa, Carlos Fuentes presenta una visión de Consuelo representativa de la diosa Hecate y una de Saga, la que equivale a la fiel compañera. De Montero haber estado informado de los valores de los miembros de tal conjurio, no hubiera caído presa de sus engaños.

---

[21] Kemp, p. 80.
[22] Josefina Olivia de Coll, trans., *Diccionario de la lengua nahuatl,* by Rémi Siméon (México: Siglo Veintiuno, 1984), p. 603.

El ser hispanoamericano, según Fuentes, a pesar de estar supuestamente educado, desconoce los símbolos que se le presentan para informarle y, por lo tanto, deambula sin sentido en busca de una identidad que nunca ha de encontrar dado a su propia ignorancia. Sólo cuando el ser humano esté bien informado de los valores antiguos, tanto universales como nativos, podrá caminar sagazmente hacia el futuro. Si no, quedará condenado a alimentar incautamente los deseos voraces de la Madre Terrible, el lado malévolo del elemento femenino, sea está la ignorancia o las naciones imperialistas que han devorado a Hispanoamérica a través de las centurias.

Malena Quiñones Boyette
Mississippi State University

Aura: diáfana invitación a la fantasía

Aura, la novelita de Carlos Fuentes que más controversia ha suscitado, se destaca por el hecho de que su acción transcurre en un mundo irreal. La realidad y su contrario, y también el sueño, el tiempo, la identidad del narrador, y la proyección de la personalidad, dependen de la actuación de sus personajes, Consuelo Llorente, Aura, el General Llorente y Felipe Montero.

El primer atisbo está anunciado en el mismo título, puesto que la palabra aura encierra en sí muchos significados, todos ellos aplicables al personaje de la novela que lleva este nombre. En primer lugar, aura es un substantivo femenino, un viento suave y apacible, un hálito, aliento o soplo. Todo esto sugiere la presencia de la enigmática y taciturna protagonista, Aura, que aparece y desaparece de manera imperceptible, sin «ni siquiera los ruidos que no se escuchan pero que son reales porque se recuerdan inmediatamente» (Fuentes, 20) [1]. En su contorno se intuye también un aura o irradiación luminosa de carácter paranormal que algunos individuos creen percibir alrededor de los cuerpos humanos. Al mismo tiempo, Aura personifica un ave rapaz diurna, de plumaje negro con visos verdes que se alimenta con preferencia de animales muertos. Consuelo vistió de verde cuando joven, Aura viste de verde, y la dieta aparente de la casa son riñones, vísceras de animales muertos. Además, Aura se alimentará de la energía de doña Consuelo. La vida de la anciana será como un aura psíquica; una reminiscencia rápida de su vida. Por lo tanto, la riqueza interpretativa del nombre del personaje titular estará enmarcando el desarrollo de la obra y anticipando la acción.

---

[1] En adelante, todas las citas de la novela serán de la edición citada al final de este trabajo y aparecerán solamente con el número de la página.

Dejando atrás la lectura del aviso y la duda de Felipe Montero de aceptar o no el puesto, llegamos a la puerta de la calle Donceles [2], donde «las nomenclaturas han sido revisadas, superpuestas, confundidas» (p. 16) como testimonio del correr del tiempo. La puerta del número 815, destino de nuestro personaje, está adornada con la cabeza de un can de cobre que nos «recuerda al perro Cancerbero que guarda la entrada al Hades» (Ramírez, 227). Felipe imagina que el perro le sonríe y sigue adelante, penetrando en un mundo irreal de sueño-ensueño donde todo es difuso y que llega a nosotros a través de su percepción del ambiente que le rodea, un ambiente que sugiere e invita a lo sobrenatural. El personaje ha cruzado del mundo real al irreal en busca de su propio destino. Este es un nuevo mundo interior oscuro, que contrasta con el exterior, brillante, ruidoso, donde el tiempo fluye sin control. La casa de doña Consuelo refleja distorsionado el esplendor del pasado y servirá de fondo para la acción de la novela.

La entrada de Felipe al patio oscuro de la casa se puede equiparar a un descenso al infierno, o de manera menos drástica, sencillamente a un descenso o ingreso en el mundo psicológico. La creadora de esta nueva realidad psicológica es doña Consuelo de Llorente, viuda por muchos años, obsesionada con su pasado, hambrienta de amor, desesperada en su soledad y versada por mucho tiempo en ritos diabólicos con los que parece querer recuperar su belleza de juventud y al esposo perdido. Este personaje ha sido tildado de bruja y hechicera. Es cierto que comparte rasgos con algunos personajes de este tipo, participa en situaciones atribuidas a esas mujeres, y realiza acciones comunes a ellas, como la preparación y el uso de brebajes, entre otras. Sin embargo, la propia Consuelo aclara a su marido que ella no se hace ninguna ilusión de que los brebajes que toma surtan ningún efecto. Sus actos son similares a los presentados por Michelet cuando Medea manda a la mujer que vuelva a su casa, cierre la puerta y ventanas, se vista con su vestido de novia, ponga un plato en la mesa para el marido muerto, saque su saco del arcón y lo bese, tome su vino y se acueste en el lecho nupcial y, entonces, él volverá (Michelet, 67-68). Pero aquí Consuelo no es la sibila conjurando a los

---

[2] El significado del nombre de esta calle, Donceles, o doncel como paje, sirviente, hombre que no ha conocido mujer, ayuda a enmarcar el ambiente irreal y el servilismo patente en la obra.

muertos, sino, más bien, es como la vieja solitaria de este pasaje que en su soledad y desesperación recurre al único recurso que tiene para volver con el marido ausente.

El drama puede explicarse como el drama individual de una vieja y una ilusión. Consuelo idea un substituto para la realidad que le es hostil, en donde la fantasía hace volver a su marido a la vida y su juventud es eterna. Esta nueva realidad es la del sueño. El inconsciente con frecuencia se representa en la forma de corredores o laberintos con cámaras y puertas sin cerrar que sugieren posibilidades desconocidas (Von Franz, 171), por lo cual la casa de la calle Donceles será importante como símbolo de la mente del protagonista. El ambiente de esta casa constituye el escenario ideal para la irrealidad de un sueño.

El epígrafe de Michelet sugiere la idea de *Aura* como sueño. Dice:

> «El hombre caza y lucha. La mujer intriga y sueña; es la madre de la fantasía, de los dioses. Posee la segunda visión, las alas que le permiten volar hacia el infinito del deseo y de la imaginación...»

La insatisfacción sexual y emocional de Doña Consuelo la llevan a una inestabilidad psicológica que la conduce hacia los sueños fantásticos que le sirven como compensación (Jung, 67). Es por medio de la fantasía del sueño que Consuelo evade la realidad y recrea su pasada belleza y trae de vuelta a su marido. A través de la fantasía, Consuelo escapa del presente que significa la ausencia de estos dos elementos tan importantes para ella.

Los conceptos de «animus» y sombra son esenciales para llegar del sueño a la trama de la novela. A través de los sueños uno llega a conocer aspectos de la propia personalidad que por diferentes razones uno había preferido no mirar muy de cerca. La «sombra» a que se refiere Jung es una parte inconsciente de la personalidad que con frecuencia aparece personificada en los sueños. Cuando un individuo hace el esfuerzo de ver su «sombra», advierte aquellas características e impulsos que él niega en sí mismo [3]. En los sueños, como en los

---

[3] Según Jung, la «sombra» es un problema moral que desafía a la personalidad. El ser consciente de la existencia de esta sombra implica reconocer los aspectos más oscuros de la personalidad. Un examen detenido de estas características oscuras revela que éstas poseen una naturaleza emocional, una especie de autoridad y autonomía, y, por lo tanto, evidencian una tendencia a la obsesión o posesión. El inconsciente proyecta la «sombra»

mitos, la «sombra» aparece como una persona del mismo sexo que el que la sueña. No obstante, otra «figura interior» emerge. Si el que sueña es una mujer, ésta descubrirá una personificación masculina de su inconsciente. Jung llamó a esta figura «animus» o «ánima» masculina (*The Portable,* 147).

Doña Consuelo sueña y Aura es la encarnación de su juventud; la proyección de su aura, su «sombra». Consuelo Llorente nace en el siglo pasado, en una sociedad que condenaría sus costumbres sexuales tanto pasadas como presentes, así como el uso que hace de los brebajes. Su sombra busca a Felipe en la habitación de éste y luego lo invita a la suya y luego a la de la vieja. Es también Aura, y no Consuelo, la que cultiva las plantas de sombra que son utilizadas en la preparación de brebajes. A través de sus memorias, el General Llorente nos informa del odio que Consuelo siente hacia los gatos y menciona el hecho de haberla encontrado torturando a uno de estos animales. En la página 25, Aura confirma la existencia de gatos en la casa. No obstante, tres páginas más adelante, doña Consuelo niega su presencia cuando Felipe busca una explicación para la extraña escena de tortura de la que cree haber sido testigo. De igual manera, doña Consuelo niega la existencia de un jardín detrás del cuarto de Felipe. Para Jung, un jardín interior es otro aspecto de la persona que sueña; un aspecto que ha sido parte de su vida, pero que ha olvidado y perdido. Es muy posible que doña Consuelo esté negando su crueldad para con los gatos, implicando de esta manera a Aura.

Felipe, «animus» de doña Consuelo, es físicamente la proyección inconsciente que la vieja hace de su marido, el general Llorente. El joven posee ciertas características ausentes en el general, pero de suma importancia para ella. Este nuevo Llorente/Felipe demostrará todo el amor que Consuelo demande para sí por toda la eternidad, aunque envejezca o se comporte de manera cuestionable. Felipe es la perfecta creación para satisfacer este propósito; su aparente sumisión o falta de personalidad, cada vez más evidente, se hace patente a través del lenguaje. El uso del «tú» familiar, que viene de la conciencia de doña Consuelo y está dirigido a Felipe/Llorente, insinúa que Felipe no tiene alternativas; no es más que un muñeco invocado por la fantasía de la vieja. La voz dominante que se esconde detrás del

---

y ésta tendrá el efecto de aislar al sujeto de su medio ambiente, creando una relación ilusoria entre el sujeto y ese medio.

«tú» transmite un sentimiento de control y predestinación. Su destino es el de ser seducido por Aura/Consuelo, y doña Consuelo logra su propósito convirtiéndose en la consciencia de Felipe.

Para la representación del tiempo, Fuentes ha escogido la técnica cinematográfica del montaje o yuxtaposición. Este tratamiento del tiempo brinda al pasado la misma credibilidad y vitalidad que al presente; combina ambos tiempos, la fantasía y la realidad, lo sagrado y lo absurdo (Spencer, 64). Un tiempo psicológico-fantástico se impone sobre el tiempo lineal. En este tiempo sin principio ni aparente final el presente, futuro y pasado son uno solo, y, asimismo, la juventud, la vejez y la muerte convergen en ese momento eterno. La última anotación en las memorias del General Llorente es una reiteración. Consulo, en su delirio, vuelve hacia el pasado y hacia su juventud. Al mismo tiempo, ella ya está viviendo en el futuro, viendo a Felipe entrar en el jardín. En su trance implora que Llorente no la detenga. Urge: «voy hacia mi juventud, mi juventud viene hacia mí. Entra ya, está en el jardín, ya llega» (p. 49). Llorente aparece aquí por última vez, mientras que la existencia de Felipe sólo se insinúa. Consuelo crea a este último en el momento en que destruye la imagen de su marido. Felipe no tiene que terminar de redactar las memorias. Su publicación no le interesa realmente a doña Consuelo. Su verdadero interés es brindar con ellas un pasado a Felipe, su nueva creación. Él debe terminar de escribir estas memorias y lo hace transformándose en el nuevo General Llorente. Así que al final de la obra los dos extremos del tiempo concurren. Las ideas de muerte, nacimiento y reencarnación están latentes, todo en el efímero instante de un sueño. «Hay una fusión del ser y del otro. El protagonista pierde su libertad y queda cautivo del amor, fuerza extraña que lo domina» (Ramírez, 11). La pareja se reúne, implicando un proceso de la continuación del ser.

En *Aura,* Carlos Fuentes presenta una realidad idealizada, inventada, soñada y creada en la imaginación pervertida de una vieja que se niega a vivir y morir en la realidad. Los otros personajes forman parte de su mundo idealizado. Felipe ignora que Aura no es más que la proyección del inconsciente de doña Consuelo, y que existe solamente en ese sueño. Pero sin saberlo, él también es otra de sus invenciones. Asimismo, en esta novela los elementos temporales y espaciales se entrelazan perfectamente para crear el deseado efecto de una realidad fantástica.

OBRAS CITADAS

FUENTES, CARLOS: *Aura*. Caracas: Editorial Panapo, 1986.
HULL, R. F. C., trad., y JOSEPH CAMPBELL, ed.: *The Portable Jung*. New York: The Viking Press, 1971.
JUNG, CARL G.: «Approaching the unconscious». *Man and His Symbols*. New York: Doubleday & Company, 1964.
MICHELET, JULES: *Satanism and Witchcraft: A Study in Medieval Superstition*. Trad. A. R. Allinson, 6.ª edición. New York: The Citadel Press, 1967.
RAMÍREZ MATTEI, AÍDA ELSA: *La narrativa de Carlos Fuentes*. Río Piedras: Editorial de la Universidad de Puerto Rico, 1983.
SPENCER, SHARON: *Space, Time and Structure in the Modern Novel*. New York: New York UP, 1971.
VON FRANZ, M. L.: «The Process of Individualization», *Man and His Symbols*. New York: Doubleday & Company, 1964.

Lourdes Rojas
Colgate University

En torno al epígrafe de Michelet en *Aura*

En *Otras Inquisiciones* Jorge Luis Borges sostiene que si un texto literario se diferencia de otro, no es tanto por el texto en sí como por la manera en que se lee ese texto[1]. A partir de esa premisa borgiana, propongo una re-lectura de *Aura,* desde la perspectiva de la mujer como lectora del texto, para descifrar postulados esenciales a la visión de la mujer en la novela de Fuentes. Esta re-lectura le atribuye a Consuelo la función de protagonista-narradora, e intenta elucidar el concepto de lo femenino en el discurso narrativo, a partir de una descodificación del epígrafe de Jules Michelet[2].

En su capítulo de introducción, el historiador francés sostiene que todos los pueblos primitivos tuvieron comienzos similares, en cuanto a la diferenciación sexual de las funciones se refería. Para ilustrar esta distinción, Michelet utiliza la siguiente dicotomía, que Fuentes incorpora a modo de epígrafe en *Aura*:

> El hombre caza y lucha. La mujer intriga y sueña; es la madre de la fantasía, de los dioses. Posee la segunda visión, las alas que le permiten volar hacia el infinito del deseo y de la imaginación...[3]

---

[1] *Otras Inquisiciones* (Buenos Aires: Emecé, 1964), p. 218.

[2] La cita de Michelet con que empieza la lectura de *Aura* viene de su libro *La Sorcière,* que se publicó originalmente en el año 1862. La traducción al inglés que utilizo en este ensayo se titula *Satanism and Witchcraft: A Study in Medieval Superstition,* trad. A. R. Allison (New York: Citadel Press), 1975. Ana María Albán de Viqueira ya ha señalado la importancia de *La Sorcière* en su «Estudio de las fuentes de *Aura,* de Carlos Fuentes», *Comunidad* (México, Aug., 1967), pp. 396-402. Igualmente, Jaime Alazraki, en su ensayo «Theme and System in Carlos Fuentes' *Aura*», elabora aún más la relación entre los dos textos. Las citas de *Satanism and Witchcraft* serán incorporadas al texto y se identificarán con una «S».

[3] CARLOS FUENTES, *Aura* (editorial Era: México, 1962), p. 8. Las citas se harán sobre esta edición y se identificarán en el texto con una «A».

Michelet sostiene que la mujer es por naturaleza una sibila: «The genius peculiar to women and her temperament», ya que la mujer al nacer es creatura de encantamientos y por virtud del amor se convierte en maga (S, viii). La mujer, sostiene el historiador, debido a la sutileza de sus intuiciones y a su astucia (revestidas éstas a menudo de un carácter fantástico y benéfico), se convierte en hechicera, y entonces tiene la habilidad de hacer sortilegios y encantamientos, el poder de aliviar el dolor y disminuir los efectos de las calamidades. Si como sibila ella puede predecir el futuro, continúa Michelet, la mujer como hechicera (estadio más desarrollado de sus poderes) puede incluso crear ese futuro. Ella es capaz de guiar, evocar y conjurar el destino, pero sobre todo ella *inventa* el futuro. Su poder viene de la naturaleza misma, que la ayuda y le da consejos como a una hermana. Según Michelet, estas funciones de la hechicera ya existían en los orígenes (entonces indiferenciados) de la religión y de la ciencia: «... in these earliest days, woman is all in all, and plays every part» (Introductio...viii). Dentro de este concepto dual religión-ciencia, la mujer encarna la función de madre, protectora amante y fiel enfermera del hombre: «Gods are like men: they are born and die on a woman's breast» (S, Intro. ix). Frase micheletiana que completa el epígrafe de *Aura*: Los dioses son como los hombres: nacen y mueren sobre el pecho de una mujer...» (A, 8).

Los dones de esta hechicera que sigue siendo esencialmente una mujer son en primer lugar, de acuerdo con Michelet, su capacidad de *visionaria,* esa segunda visión pre-natural que le da el poder de creer en sus propias mentiras. Dentro de esta categoría entra también el poder de la palabra, de la creación poética, todo lo cual le es ajeno al hechicero. El segundo don de la hechicera es la capacidad de concebir por sí sola, es decir, *la partenogenesis.* Esta fecundidad del cuerpo no es menos valiosa, en cuanto a su poder de creación se refiere, cuando se trata de concepciones del espíritu: «All alone, she conceived and brought forth. Whom or what? Another of her own kind, so like the original as to cheat the eyes» (S, xvi).

En la novela de Fuentes, el personaje de Consuelo funciona a partir de estas dos premisas esenciales, que se dan íntimamente ligadas con el acto de la creación literaria. Consuelo representa la capacidad artística de la creación. De sí misma nace su poder creador, el cual se ve ayudado solamente por su enorme capacidad de deseo. Aura es el fruto de ese poder que ella empieza a cultivar desde joven, como consta en las memorias del General Llorente: «le advertí a Consuelo que esos brebajes no sirven para nada. Ella insiste en cultivar sus propias plantas en el jardín. Ella dice que no se engaña. Las hierbas no la fertilizarán en el cuerpo, pero sí en el alma...» (A, 55). Y más adelante, en el mismo pasaje, el propio Llorente registra el éxito de su empresa: «La encontré delirante, abrazada a la almohada. Gritaba: 'Sí, sí, sí, he podido: la he encarnado; puedo convocarla, puedo darle vida con *mi* vida'» (A, 55, mi énfasis).

Ser visionaria implica la habilidad de predecir el futuro, y en el caso de Consuelo incluye su colaboración en el diseño de ese futuro. Esta manipulación del destino ocurre en la narración al nivel de lo fantástico, de lo irreal, en el campo de la creación poética. Dentro de este marco de referencias, *Aura* se presenta como un meta-texto, al incluir dentro del discurso narrativo, un comentario sobre su propia creación [4].

Aura-personaje como creación de Consuelo, corresponde a *Aura*-texto como creación del escritor. Ambas son hijas del deseo y de la ilusión, productos mágicos que vencen, aunque sólo sea temporalmente en el proceso de la lectura, la finitud temporo-espacial: al insertarse en la zona sagrada de la creación artística. Si en *Artemio Cruz* y *Cambio de piel* los protagonistas masculinos terminan por compartir el mundo deshumanizante de los personajes femeninos [5], en *Aura* ocurre un proceso similar, cuando Felipe y Consuelo terminan unidos en la escena final en plena aceptación del vínculo en lo degradado. Sin embargo, ambos también se unen en el deseo de búsqueda de la inspiración creadora, como única salida a través de la creación conjunta. Cuando en la recámara alumbrada por la luna, Felipe se abraza con los ojos abiertos al cuerpo decrépito de la vieja, él vive la ilusión de Consuelo hasta el punto de convertirse en su cómplice y optar por

---

[4] Esta característica ha sido señalada como una constante en las obras de Fuentes, y ha sido estudiada particularmente en *Zona sagrada, Cambio de piel* y *Terra Nostra*. Véase el artículo de José Promis, «La composición narrativa en las novelas de Carlos Fuentes», Actas del Simposio sobre Carlos Fuentes (Columbia: South Carolina, April 27-28, 1978), p. 34.

[5] Lo que señala Lanyn A. Gyurko sobre *Cambio de piel* bien pudiera aplicársele a *Aura*. Véase su artículo «Women in Mexican Society: Fuentes' Portrayal of Oppression», *Revista Hispánica Moderna*, xxxviii (1974-75)... «Elizabeth and the Narrator, collaborators in fantasy, in mutual consolation, and in love, are finally reduced to only a negative unity- a union in incarceration and madness».

la aceptación de esa realidad-otra de la inspiración creadora, que aunque fugaz es la única que quizás pueda vencer al tiempo y a la muerte.

Esa inspiración creadora se da no como escape ni sublimación de las limitaciones humanas, sino como crecimiento, ya que propone una ampliación del conocimiento de la realidad, propulsada por el deseo y la imaginación. Carlos Fuentes, refiriéndose a la importancia de la creación literaria en esta forma de conocimiento, señalaba en una entrevista con E. Carballo:

> Más allá del conocimiento de la ciencia, la lógica y la política existe una forma de conocimiento que llamamos la imaginación. Este conocimiento solamente se puede adquirir a través de una estructura verbal que llamamos poema o novela. Esto último es importante que lo mantengamos vivo, para que así podamos compensar por los innumerables huecos que deja la historia [6].

Octavio Paz igualmente habla de una «zona sagrada o poética», que en esta obra de Fuentes se vislumbra en contacto con el amor y la muerte:

> Through love Fuentes perceives death; through death, he perceives that zone we once called sacred or poetic, but that now lacks a name. The modern world has now invented words to designate the other side of reality. It is not strange that Fuentes is obsessed with the wrinkled and toothless face of a tyrannical, infatuated old lady. She represents the old vampire, the witch, the white serpent of Chinese stories: the old lady of murky passions, the outcast [7].

La «brujería» de Consuelo consiste en la «magia» de engendrar y dar a luz a una obra de su imaginación llamada Aura, en proceso de gestación similar al del escritor del texto del mismo nombre. La diferenciación de las funciones de ambos sexos señalada en el epígrafe de Michelet permanece a lo largo de la obra, pero al final no ya como separación, sino como conjunción. Aunque Consuelo siga tomando la

    [6] Citado por LUIS LEAL en «History and Myth in the Narrative of Carlos Fuentes», *Carlos Fuentes, A Critical View,* Robert Brody and Charles Rossman, eds. (Austin: University of Texas Press, 1982), p. 15.

    [7] Citado por JAIME ALAZRAKI en «Theme and System in Carlos Fuentes' *Aura, Carlos Fuentes, A Critical View,* Robert Brody and Charles Rossman, eds. (Austin: University of Texas Press, 1982), p. 95.

iniciativa en el «hilar» del artificio, Felipe ya es parte del proceso creador: «—Volverá Felipe, la traeremos juntos» (A, 60).

Es importante señalar que, según Michelet, existe una afinidad natural entre la magia y la mujer. Afinidad ésta que resulta precisamente de la naturaleza misma de lo femenino... Más aún, la hechicera comparte muchas de las cualidades de la «mujer ideal». De estas premisas también se deduce que la capacidad de crear encantamientos o la función de visionarias (de ser madres creadoras del futuro y maestras de la palabra), son atributos de los que participan en mayor o menor grado todas las mujeres de todas las épocas. Este «Illuminisme de la folie lucide» puede manifestarse a través de la creación poética o en el arte de la manipulación del destino [8].

Sin embargo, a pesar de este poder visionario y creador, la mujer, según Michelet, es inferior al hombre por su espíritu, por su carácter y por su constitución misma que la somete a los ritmos de la naturaleza. La mujer ideal concebida por Michelet, tiene como misión primordial curar, alimentar, rejuvenecer y regenerar al hombre: En la mujer, lo mismo que en la naturaleza, el hombre encuentra «L'oubli profond comme la mort, qui chaque jour fait sa renaissance» [9].

La conjunción de esa doble capacidad de la especie femenina, como creadora del artificio y manipuladora del destino, nos remite a una metáfora mitcheletiana que ilustra la función Consuelo-Aura como principio femenino en el texto de Fuentes: la mujer-araña-tejedora de ilusión. Aunque la cita del epígrafe de *Aura* viene directamente de *La Sorciere,* la visión de la mujer como maestra de la intriga y de la ilusión está presente en toda la obra micheletiana, especialmente en *La femme,* en *L'Amour,* y en algunos de sus libros sobre la naturaleza.

Esta capacidad de fabricar ilusión, a la que alude el epígrafe de Aura, sugiere la facultad de crear que tiene la mujer, igual que una araña, ese tejido-trampa en el que cifra su supervivencia. En *L'Insecte,* Michelet dedica una sección completa del libro a lo que algunos de sus críticos consideran una «rehabilitación» de la araña. De hecho

---

[8] Michelet describe esta característica como «The half-sane, half-insane madness, illuminism, of the seer, which according to its degree is, Poetry, second sight, preter-natural vision, a faculty of speech at once simple and astute...» (*Satanism and Witchcraft,* Intro.), p. xv.

[9] JEAN CALO, *La création de la femme chez Michelet* (Paris: Nizet, 1975), p. 280.

el comienzo del estudio es una justificación de la soledad y el egoísmo, que él considera ineludibles por parte del animal.

«... Partout ailleurs l'araignée, par la fatalité de sa vie, de son organisme, a le caractére du chasseur, celui du sauvage qui, vivant de proie incertaine, reste envieux, défiant, exclusif et solitaire...»[10].

Linda Orr, en su estudio de L'Insecte, de Jules Michelet, demuestra convincentemente cómo la descripción de la araña como un animal solitario llega a sugerir la metáfora del cazador primitivo en espera de su presa. Dentro del mismo párrafo se desarrolla otra metáfora que se superpone a la del cazador: la araña como víctima del ciclo capitalista, cuya tela-trampa es la única inversión que le puede asegurar su supervivencia[11].

La araña de Michelet sufre una serie de transformaciones que terminan por dotarla de una serie de valores positivos al final de sus metamorfosis. Por un lado, acaba viéndose al final del proceso más como una víctima del destino y de la sociedad que una victimaria, y por otro lado, como una maestra en el arte de sobrevivir, gracias a su propia creación en la que ha invertido todo su haber: la telaraña[12].

La visión de la mujer como la gran tejedora del universo es una imagen a menudo asociada con las funciones de la mujer en la sociedad. En La Femme sostiene Michelet: «Woman is a spinner, Woman is a seamstress. It has been her business in all times: it is her universal history»[13]. Dentro de la simbología universal de la araña se encuentra una representación del animal rodeado de su telaraña, en la imagen de Maya en la India, donde simboliza «the eternal weaver of the web of illusion»[14]. El simbolismo de la araña (dado el doble carácter creador y destructor de la misma), surge también asociado con el mundo fenomenológico y así viene a significar, apunta E. Cirlot, «that continous sacrifice, which is the means of man's continual transmutation throughout the course of his life»[15]. Igualmente, añade

---

[10] Citado por LINDA ORR, en Jules Michelet: Nature, History, and Language (Ithaca: Cornell Univ. Press, 1976), p. 202.

[11] ORR, p. 118.

[12] ORR, p. 137 y siguientes.

[13] JULES MICHELET, Woman, J. W. Palmer, trad. (New York: Rudd and Carleton, 1860), p. 29.

[14] J. E. CIRLOT, A Dictionary of Symbols (New York: Philosophical Library, 1962), p. 290.

[15] CIRLOT, p. 290.

Cirlot, la araña es considerada un animal lunar, y en el nivel psicológico se la relaciona con el mundo de la imaginación y con la facultad
de tejer el destino de cada ser humano [16].

En el texto de Fuentes se observa un proceso paralelo en el desarrollo de la visión de Consuelo. La actitud inicial de la vieja es similar a la de la araña-cazadora, metida en su cueva y a la espera de
que caiga la víctima en su red. Consuelo, igual que la araña de Michelet, es la creadora del artificio. La viuda de Llorente urde la trama
con la cual atrae a Felipe a su casa: desde el anuncio en el periódico,
pasando por el incentivo de una buena remuneración hasta la promesa
de infinito que él ve en los ojos verdes de Aura. Consuelo usa a Aura
como carnada que le asegure su continuidad, tejiendo de su propia
vida (igual que la araña continuamente saca de su propio cuerpo el
líquido viscoso con que fabricará la telaraña), el diseño del deseo de
Felipe, cristalizado en la creatura que conseguirá el compromiso final
del joven historiador. En los ojos de Aura él intuye la forma de su
deseo, y prendado de esa oferta Felipe acepta quedarse: «—Sí, voy a
vivir con Ustedes» (A, 17).

La escena final de la novela registra la transformación de Consuelo. En la última parte de la sección de *L'Insecte* ocurre también la
metamorfosis final de la araña de Michelet, cuyo resultado Linda Orr
describe con términos fácilmente aplicables a la última imagen de Consuelo en la novela. «A savage monster, became an artisan, a solitary
spinning fairy, ... changing again into one of the three Fates and,
finally, into a mother. The puffed, ugly, selfish one turned into a
selfless skeleton» [17].

---

[16] CIRLOT, p. 290. JULIO CARO BAROJA, en *Las brujas y su mundo* (Madrid: Alianza Editorial, 1986), p. 46, señala la existencia de un grupo de
divinidades femeninas generalmente asociadas con la luna, entre ellas se encuentra la figura de Hécate, la soberana de las almas de los muertos. Caro
Baroja sostiene también que estas divinidades están cargadas de un peculiar
significado sexual: «son las diosas vírgenes, de un lado, o las del amor
misterioso, de otro». ... Gloria Durand, por otra parte, en su artículo «La
bruja de Carlos Fuentes», en *Homenaje a Carlos Fuentes,* H. Giacoman, ed.
(New York: Las Américas, s. d.), p. 254, subraya la importancia simbólica
de las tres lunas (nueva, llena y vieja) en varias novelas de Fuentes, especialmente cuando se trata de la representación de diosas o de brujas. Estas
representaciones, añade Durand, también están cargadas de una clara con-
notación sexual. En *Aura* la presencia de la luna apunta definitivamente a
esta asociación erótico-mágica de la unión de los amantes.

[17] ORR, p. 151.

En la transformación de Consuelo ocurre un proceso similar que despierta la simpatía del lector: la tramadora inicial de ojos «claros, líquidos e inmensos», cuya mirada escondía «en el fondo de su cueva seca», es ahora la mujer endeble, exhausta por el esfuerzo realizado, totalmente a la merced del que la sostiene en sus brazos. La luz de las velas ahora es reemplazada por la luz de la luna, sugiriendo el ciclo de continuidad que subraya el verbo «volverá». La mujer de cuerpo antiguo que se abraza a Felipe, protegiéndose en la penumbra de las nubes que ocultan a la luna, aunque no es igual al esqueleto que describe Michelet, sí es ahora un ser cuya condición exánime la denuncian su impotencia física y su falta de fuerzas: «Estoy agotada. Ella ya se agotó. Nunca he podido mantenerla a mi lado más de tres días» (A, 59). El tono de Consuelo también ha cambiado; de la voz segura que al comienzo guía los pasos de Felipe en la entrada e indaga sobre su capacidad profesional —esa voz inicial que le advierte a Felipe, «... Camine trece pasos... Suba, ...», y luego, «¿Se siente calificado? —Avez vous fait des études?»— (A, 14), a la voz casi inaudible y suplicante de la mujer que desea prolongar la ilusión de amor eterno: «—Sí, me amas. Me amarás siempre, dijiste ayer...» (A, 59). El/la lector-a de *Aura,* igual que el/la lector-a de Michelet también sucumbe al atractivo de la creación y admira el enorme esfuerzo y la habilidad de ese poder de Consuelo (llámesele magia, ilusión o fantasía) que a costa de su energía vital se erige (igual que la imagen del lago en el texto de Michelet, que sugiere «an eternally renewable sea for the spider») [18] como fuerza de renovación constante para los dos: «... la traeremos juntos» (A, 60) [19].

---

[18] ORR, p. 151.

[19] El concepto de la mujer en Michelet, sostiene Jean Calo, está íntimamente ligado con sus ideas sobre el amor como fuerza regeneradora de la historia. En última instancia el amor para Michelet, añade Calo, tiene la función esencial de preparar la ciudad del futuro. En sus obras *L'Amour* y *La Femme,* Michelet propone una especie de «moral social», a partir de una renovación de las costumbres y una depuración del amor. Véase el libro citado de Jean Calo sobre Michelet, p. 485.

[20] La entrada a la casa de Consuelo simboliza la entrada al mundo de lo irreal. Por ejemplo, los símbolos de la cabeza de perro en la puerta de entrada (alusión a la entrada al sub-mundo de la diosa Hécate), la mirada de despedida de Felipe al mundo de afuera, y la atmósfera y el poder halucinatorios de las plantas de sombra en el patio delantero, entre otros, sugieren esa transición.

Otra característica de lo femenino, que surge del estudio del texto de Fuentes a la luz de las teorías micheletianas, es la correspondencia mujer-espacio en la novela de Fuentes. En Michelet esta ecuación se da a través de su descripción de la hechicera. Uno de los elementos más importantes en la vida de la hechicera es su medio ambiente, el sitio donde vive. En su libro sobre satanismo y brujería, el autor francés señala que el medio por excelencia de la hechicera es la casa, y dentro de la casa la alcoba es su lugar de refugio (S, 5). En *Aura,* el/la lector-a llega con Felipe al encuentro de Consuelo, a través de su espacio. La descripción del espacio en *Aura* va unido a la descripción de la mujer y viceversa.

El espacio-Consuelo está revestido de las mismas características que van a definir el concepto y la función-Consuelo en la novela. El paso de una realidad exterior marcada por la luz, la rutina diaria del profesor de historia, conduce a una realidad interior otra, definida por la casi ausencia de luz y el encuentro con lo insólito en la habitación de la señora Llorente.

Las nuevas experiencias sensoriales con las que se da de cara Felipe al iniciar la entrada al mundo de Consuelo, marcan por una parte su paso del exterior al interior y a la vez el cambio de su realidad anterior de historiador a su nueva realidad de «creador» [20]. La atmósfera del dormitorio de Consuelo se manifiesta a través de detalles que le otorgan un carácter de encierro y sofocación: las migajas, la semi-oscuridad, el olor a humedad y a materia podrida... Los sustantivos pero sobre todo los adjetivos llevan la fuerza descriptiva del deterioro, que puede aplicársele por igual a la mujer y al lugar:

... plantas *podridas,* madera *crujiente,* pino *viejo y húmedo,* tapete *delgado,* luz *grisácea*... (A, 12).

De igual manera, a Consuelo se la describe con calificativos que denuncian esa misma sensación de falta, de desgaste... dedos *sin* temperatura, palma *húmeda,* manos *pálidas*... (A, 14).

El espacio-Consuelo, que pudiera describirse como un espacio degradado, tiene además una característica que sugiere la entrada al mundo de lo irreal: la nueva luz que ilumina los aposentos de Consuelo, «darte cuenta de la nueva luz, grisácea y filtrada que ilumina ciertos contornos» (A, 12).

El espacio Aura va a representar para Felipe la entrada al mundo de lo erótico. La luz grisácea de la habitación de Consuelo ahora se torna opalina, dándole a este cuarto una atmósfera dorada. La preparación para el acto sexual de los dos (en su segundo encuentro) participa del ceremonial de un ritual religioso: la lavada de los pies a Felipe, la toma de la oblea, los cánticos bajo la imagen del cristo negro, hasta la entrega de Aura que «se abrirá» (A, 47), culminando así la sacralización del acto amoroso.

Otro rasgo de esencia micheletiana es la función de Consuelo como forjadora del deseo: Consuelo concibe a Aura como esencia del deseo de Felipe. Deseo éste que ella va a manipular y orientar hacia sus propios fines. Consuelo inventa el deseo individual de Felipe Montero. Desde el momento de su llegada el poder de atracción que Aura ejerce sobre él es factor clave en su decisión final de quedarse. Los ojos de Aura le prometen a Felipe lo que él y sólo él desea «... esos ojos fluyen, se transforman, como si te ofrecieran *un paisaje que sólo tú puedes adivinar y desear*» (A, 18, mi énfasis).

El proceso del «encantamiento» de Felipe comienza desde el momento en que Consuelo escribe la nota en el periódico; lo cual constituye de hecho una invitación a Felipe, que él acepta al presentarse en la casa de la calle Donceles. Es de ella de quien surge la idea de recrear las memorias inconclusas del general. Y es ella la que gradualmente le irá entregando a Felipe los folios de su marido. Consuelo alega buscar un historiador para esta tarea; sin embargo, el trabajo que le asigna a Felipe se asemeja más a la labor de un escritor: crear y recrear los recuerdos escritos del General fallecido. Estos recuerdos, más que datos históricos, recogen las vivencias personales de Llorente, específicamente en lo que se refiere a su relación amorosa con su mujer... «tenía quince años cuando la conocí... ma jeune poupée aux yeux verts...» (A, 38). Las memorias describen la casa en que vivieron, los paseos, los bailes. Y aunque en algunos de los primeros folios Felipe encuentra referencias a hechos históricos del Segundo Imperio, la narración esencialmente gira en torno a la vida privada del general.

Además del tema personal de las memorias, la función de Felipe como escritor la define Consuelo misma: «Usted aprenderá a redactar en el estilo de mi esposo» (A, 16). Sugerencia que acoge Felipe asentándose en su papel de creador y redactor: «Te dices que tú puedes mejorar considerablemente el estilo, apretar esa narración difusa de los hechos pasados» (A, 28). Esta creatividad que marca la labor que le brinda Consuelo a Felipe contrasta con la de su vida anterior de profesor de historia, que él mismo describe negativamente como la de un «profesor cargado de datos inútiles» ... que «repite en silencio las fechas que debes memorizar para que esos niños amodorrados te respeten» (A, 10).

Consuelo continúa atrayendo a Felipe al mundo de la imaginación creadora, y lo va envolviendo poco a poco en la creación de la fantasía misma. Felipe empieza por aceptar las costumbres de la casa (las que al principio le parecieran tan extrañas) y termina por convertirlas en suyas propias. Se acostumbra a caminar a oscuras y a reconocer las cosas por el tacto: «Desciendes contando los peldaños: otra costumbre que te habrá impuesto la casa de la señora Llorente» (A, 21). Felipe sigue cayendo bajo el poder de Consuelo, cuya mirada tiene el poder de dominarle: «Tú debes hacer un esfuerzo por desprenderte de esa mirada» (A, 33). Las líneas entre el sueño y la vigilia se le borran, y casi ni se da cuenta cuando él empieza a participar de esa «actitud hipnótica» de las dos mujeres: «identificando, al fin, tus movimientos de sonámbulo con los de Aura, con los de la anciana...» (A, 43). Felipe se entrega al mundo Consuelo, sucumbe al tiempo «que ningún reloj puede medir», y entra en la recámara de la vieja donde en olvido total de lo verificable, él llegará a la aceptación cómplice de lo no-verificable en la escena final, cuando Consuelo, ya segura de su participación, reafirme su colaboración en una nueva creación conjunta: «Volverá, Felipe, la traeremos *juntos*» (A, 60, mi énfasis).

La filosofía micheletiana atribuye a la mujer la capacidad de revelar los secretos de la naturaleza, y al hombre la facultad de penetrar el orden de la historia de la humanidad. En la novela de Fuentes la entidad Consuelo-Aura constituye el elemento descodificador del poder de la naturaleza. Son ellas las que atraen, entrenan e incorporan a Felipe en el mundo fantástico de la casa de la calle Donceles. Con ellas y por ellas, Felipe aprende a volar un poco en alas del deseo y de la imaginación infinitos, y de ser un pasivo observador y mero «anotador» de la historia, se convierte en actor y creador de la misma [21].

---

[21] E. K. Kaplan, en su estudio del *Prefacio* de la *Historia de Francia,* de Michelet, señala la comparación que establece el historiador francés entre la escritura de la historia y el acto de la concepción y gestación de la mujer: «The Preface's most intimate portrait derives from Michelet's contention that artistic production lives by the creator's love for his subject. His comparison of historical writing with a woman's conception and gestation of a child suggests the historian's "two sexes of the mind", his unique

Consuelo es la esencia del poder creador de la imaginación. Más que una bruja ella sintetiza el poder del encantamiento, que Michelet atribuye a la esencia misma de lo femenino. A través de Consuelo, Fuentes, basándose en un concepto de la mujer de hondas raíces micheletianas, explora la relación entre la naturaleza del deseo y la creación artística: el deseo de infinito posibilita el poder creador. La fuerza infinita del deseo es lo que le ha dado a Consuelo la energía y la capacidad de crear de sí misma otro ser. El espíritu profético y creador que Michelet ve como parte de lo femenino, y que Fuentes recoge en el epígrafe (clave de esta lectura de *Aura*), constituye la base del verdadero conocimiento: ése que sólo brinda la creación artística [22].

_____

combination of "male" analysis and "female" compassion and empathy». E. K. KAPLAN, *Michelet's Poetic Vision* (Amherst: Univ. of Mass. Press, 1977), p. 147.

[22] Sobre el espíritu profético de Michelet, véase de OSCAR A. HAAC, *Les Principes Inspirateurs de Michelet* (New Haven, Conn: Yale Univ. Press, 1951), especialmente la tercera parte, «La Méthode Historique».

Armando Romero
University of Cincinnati

Aura o las puertas

I

Ya lo dijo bien José Martí: «Los hombres aman en secreto las verdades peligrosas». Leí *Aura* [1], y dos cosas se estamparon allá donde queda la memoria: la unicidad y multiplicidad de las puertas; unos ojos de verde entre sombras de luz. ¿Qué más le podemos pedir a una novela? Allí estaban los signos que alientan una búsqueda, las claves que abren un encuentro. Al evocarlos, el primer signo corría la suerte de un destino complejo y diverso; mas si el segundo, ya de por sí singular, volvía a flote, el precipicio de ese verde proclamaba el abismo. ¿Qué eran, pues, ojos y puertas sino un llamado de lo incógnito, un aviso de lo oculto?

La idea de escribir sobre *Aura* resultó un reto turbador. Las circunstancias de la crítica nos piden luz, dilucidación, y ése es el juego y sus espejos; ¿sería entonces de malos modales añadir sombras a las sombras, proponer una visión que complicara más la novela, que la hiciera de ininteligible, propia? He aquí la tentación del escritor vuelto a la crítica. Nadie hizo más complejo a Cervantes que Kafka, y sin embargo de la extraña claridad de esas páginas de Praga Don Quijote vuelve más humano de lo humano. Tal vez por esto decía Lezama que sólo lo difícil es estimulante. Debemos añadir, a manera de confesión, la dificultad que tiene el escritor barroco para enfrascarse con lo obvio, la necesidad de torcerle el pescuezo a cuanta salamandra salga por delante.

---

[1] CARLOS FUENTES, *Aura* (México: Ediciones Era, 1962). Todas las citas son de esta edición.

También había una presión estética: el texto es tan hermoso que se desprende de la crítica, así como una pluma deja abandonado al pájaro en su vuelo, y cae.

Tentación: *Aura* como brisa o pluma, la clave natural aunque mítica.

No tuve que ir muy lejos para encontrar el abogado defensor: Carlos Fuentes «no cree en una crítica que no signifique una inversión equivalente a la que, en cierto instante, la obra exigió para ser creada» [2]. Lo de cierto instante me gustó porque al vuelo se abrió una de las dos puertas de la casa, y entré.

II

¿Cuántas puertas hay en *Aura*? Todo depende: en condiciones normales, toda puerta es dos: la que se abre, la que se cierra. Pero si se trata de una puerta de golpe, una cancilla, tendremos que multiplicar por dos, ya que se abre y se cierra doblemente. De tal manera que las treinta puertas, por mínimo, a que se enfrenta el texto de *Aura* para pasar con su discurso, no son sesenta como supondríamos, sino ciento veinte, multiplicación espeluznante y laberíntica, puesto que no se trata de puertas cerradas. El misterio está abierto. Teseo no matará al minotauro.

No tenemos que ir muy lejos de Heráclito para saber que si yo abro una puerta es el otro el que la cierra; luego si hay dos puertas (que son cuatro) también hay dos personas (que son cuatro). Una de las preguntas claves de la crítica es si este libro es la visión de la segunda persona, descontando un «yo» primerísimo de ojo cinematográfico que se sitúa de nuestro lado para esconderse. Y bien, si damos esto por cierto, ¿quién sería esa segunda persona? ¿Es el que abre la puerta o el que la cierra? Pero si las puertas se cierran solas, las cierra el no-existente, el uno en devenir, ¿estará allí la clave?

Yo presentía que las cosas se me iban a complicar terriblemente, por eso volví al texto y revisé algunas de las puertas. Cuando Felipe Montero se enfrenta con la primera puerta, leemos: «La puerta cede

---

[2] CARLOS FUENTES, *Casa con dos puertas* (México: Editorial Joaquín Mortiz, 1970), p. 279.

al empuje levísimo de tus dedos, y antes de entrar miras por última vez sobre tu hombro...» (p. 11). No hay que hablar mucho de lo fantástico que es ese «última vez», ya que cierra la puerta aunque la deja abierta. La novela entonces, reflejo de esta acción, también se cierra para abrirse, como veremos más adelante.

Otra cosa importante por señalar es que cada puerta es un paso de luz a sombra o viceversa; así, la primera puerta da paso a la oscuridad, a la presencia inquietante de esa vegetación nocturna, las «plantas de sombra», como las llama la señora Consuelo. La tercera puerta que traspasa Felipe, que en verdad es la primera de una serie misteriosa que no vamos a analizar, da paso de las tinieblas a las «luces dispersas»: veladoras, plata, cristal, vidrio. «Empujas esa puerta —ya no esperas que alguna se cierre propiamente, ya sabes que todas son puertas de golpe—. Y las luces dispersas se trenzan en tus pestañas, como si atravesaras una tenue red de seda» (p. 13). Con respecto a la cuarta puerta, es la luz que mata lo que se abre: «Y te sorprende la inundación de la luz de tu recámara, cuando la mano de Aura empuje la puerta —otra puerta sin cerradura— (...)» (p. 19). Luego vamos hacia la quinta puerta, la otra: «Caminas hacia la otra puerta y al empujarla descubres un baño...» (p. 20), y en ese baño, entre vahos y nubes, descubrimos por primera vez, frente al espejo, dentro del espejo, el rostro de Felipe Montero, y «cuando el vaho opaque otra vez el rostro, estarás repitiendo ese nombre, Aura» (p. 20). Aura es ya presencia en Felipe al momento en que descubrimos su rostro. Pero el otro lado es oscuridad.

Podría decir, corriendo grandes riesgos, que en este juego borroso de claro-oscuro, Felipe quiere optar por lo primero, la posibilidad de una salida temporal frente al absurdo de lo eterno; no obstante, eso «otro», que intentaríamos definir como el amor, la conjunción astral, el encuentro consigo mismo, lo llevan a lo nebuloso, a lo insondable. La puerta sería entonces el signo que señala la dirección del viaje: de luz a tinieblas.

¿Y qué es la puerta? La puerta, según Jung, es el símbolo femenino, el agujero, lo que permite el paso, lo que es contrario al muro[3]. Tal vez por esto, en la novela, las murallas del exterior se enfrentan a las puertas del interior. Asimismo, las puertas ayudan a «man-

---

[3] Véase JUAN E. CIRLOT, *Diccionario de Símbolos* (Barcelona: Editorial Labor, 1968).

tener la virtualidad del espacio absoluto», trazado por la casa, la casa
que es el símbolo femenino que se metaforiza en el cuerpo humano.

Volvamos, ahora, sobre ese escurridizo problema de la segunda
persona. Desde el principio, y antes de abrir ninguna puerta, sólo las
páginas del periódico, sabemos que Felipe va a morder el anzuelo de
llegar a ser lo que es, es decir, que la novela es de hecho la trampa
para caer en sí mismo. Y ya en la casa es claro que el trabajo de
Felipe sea el de descubrirse siendo otro, él mismo. Así: «Al despertar,
buscas otra presencia en el cuarto y sabes que no es la de Aura la
que te inquieta, sino la doble presencia de algo que fue engendrado
la noche pasada. (...) buscas tu otra mitad, que la concepción estéril
de la noche pasada engendró tu propio doble» (p. 49).

Ya lo sabíamos desde la escena del espejo, cuando el Yo (el rostro
de Felipe) se lee en el espejo, encontrándose él mismo en ese espejo,
al parecer el único existente en la casa, espejo que es un símbolo de
la imaginación. Pero el espejo también es «puerta» para pasar al otro
lado, puerta sin cerradura, como podemos comprender.

Sin embargo, así como Felipe se duplica en el espejo —de allí
su rostro virtual—, en el juego de posiciones que se establece en la
mesa del comedor, mientras Aura da frente a la vieja Consuelo, refle-
jándola, Felipe da frente al «otro» no-existente, es decir, que en este
juego de cubiertos y descubiertos vamos de la realidad al vacío. Además, en esta posición especular, donde ya Felipe no tiene rostro doble
—es él mismo siempre, reflejándose ahora en el será—, él viene a
formar el eje vertical que corta la horizontal Aura-Consuelo formando
una cruz, cruz que es símbolo del amor: convergencia en el centro.
Pero, ¿quién está en el centro? La segunda persona, se puede responder. ¿Y, quién es la segunda persona? Volvemos al principio.

III

Ahora bien, si el espejo es puerta, asimismo los ojos también lo son,
¿o no dijo alguien, si no me equivoco, que los ojos son la puerta
del alma? La verdad es que los ojos se lo tragan a uno, lo devoran
todo. No hay nada más voraz que unos ojos sueltos. Son el agujero por
el cual nos perdemos en lo desconocido del «otro». Es por esto que
Felipe se deslizará por esa puerta, los ojos, que lo llevan de luz a
tinieblas a lo primigenio. Imposible no citar completamente el texto:

Te moverás unos pasos para que la luz de las veladoras no te ciegue. La muchacha mantiene los ojos cerrados, las manos cruzadas sobre un muslo: no te mira. Abre los ojos poco a poco, como si temiera los fulgores de la recámara. Al fin, podrás ver esos ojos de mar que fluyen, se hacen espuma, vuelven a la calma verde, vuelven a inflamarse como una ola: tú los ves y te repites que no es cierto, que son unos hermosos ojos verdes idénticos a todos los hermosos ojos verdes que has conocido o podrás conocer. Sin embargo, no te engañas: esos ojos fluyen, se transforman, como si te ofrecieran un paisaje que sólo tú puedes adivinar y desear (p. 18).

Es posible argumentar que si el espejo es imaginación, los ojos son deseo: y la imaginación y el deseo están en ese infinito al cual puede llegar la mujer por medio de la segunda visión, según leemos en el espígrafe traído de Michelet. Por otra parte, los ojos de Aura vienen a contrastar con esos ojos «claros, líquidos, inmensos, casi del color de la córnea amarillenta» (p. 16) de la vieja Consuelo, donde se destaca extraño, hiriente, «el punto negro de la pupila». En la descripción de los ojos de la vieja, Fuentes es preciso, directo, sin la menor intención poética, casi clínico, diríamos.

El verde intenso de los ojos de Aura, que hará juego con el verde eterno de su traje, nos permite reflexionar sobre algunas de las particularidades de este color, color que también es una «puerta», ya que es transición, color que comunica los colores cálidos con los fríos, lo activo con lo pasivo. El verde es el umbral de los colores, puerta de golpe que se abre y se cierra para ambos lados. El verde, color de la vegetación y de los cadáveres, es el puente entre el negro y el rojo, entre el ser mineral y la vida animal. Color de la muerte y de la vida: color de Venus.

IV

¿Qué puerta se abre con *Aura,* qué puerta se cierra? La tentación de seguir indagando es abrumadora. La novela adquiere su fuerza en la multiplicación especular de sus posibilidades interpretativas. Así, por ejemplo, qué fascinante juego el de Felipe descubriéndose al corregir y leer su «novela» que es el diario del General Llorente. Por otro lado, ¿qué hacen esos gatos en llamas, seres de las tinieblas y de la muerte, en el patio? ¿Y los riñones en el plato?

Atractiva, asimismo, es esa campana que Aura pasea por los corredores umbrosos. Esa campana que según nos recuerdan los estudiosos de símbolos, está entre el cielo y la tierra: ese cielo, que según
Aura, «no es alto ni bajo. Está encima y debajo de nosotros al mismo
tiempo» (p. 46). Hablan solas las imágenes de santos y demonios, las
ratas en los rincones, y todas esas cosas más que se le escapan a
Fuentes para ir a dar a la novela y encontrar allí su razón cósmica,
mágica.

Entre esas cosas más, destaca libremente la llave de cobre que
la vieja Consuelo confía a Felipe para abrir el baúl enmohecido que
guarda sus cosas y la preciada memoria del General Llorente. La
importancia de esta llave, la única que circula por esta casa de puertas
abiertas, es capital puesto que permite abrir lo cerrado, extraer el
secreto del doble de la novela: el rostro literario y gráfico de Felipe
Montero. Las llaves, tanto como el color verde, están en el umbral
de lo uno y lo otro, son la señal del trabajo a realizar, su ejecución:
las llaves del conocimiento.

Pero, contraria a esta acción determinada de abrir, la novela pareciera que se empieza a cerrar: Aura se fundirá en el aire eterno
de la belleza de Consuelo; Felipe se perderá encontrándose en el
regreso de su ser que lo atrapa definitivamente. Sólo Consuelo queda,
murmurando las palabras que convocan el cierre del círculo, pero también su inmediata apertura.

Marsilio Ficino, citado por Carlos Fuentes en su libro *Cervantes
o la crítica de la literatura,* dice: «Todo es posible. Nada debe ser
desechado. Nada es increíble. Nada es imposible. Las posibilidades
que negamos son sólo las imposibilidades que desconocemos» [4]. La
novela, ese complejo de palabras, es también la puerta por donde
accedemos a las «verdades peligrosas», que decía Martí; continente
maravilloso donde habitan el deseo y la imaginación. Y es por esto
que va del reino de lo posible a lo inaccesible, de lo verosímil a lo
imposible, para darnos en esa materia de puertas abiertas razón para
el encantamiento, el hechizo.

---

[4] CARLOS FUENTES, *Cervantes o la crítica de la literatura* (México: Editorial Joaquín Mortiz, 1976).

Esperanza Saludes
St. John's University

Correspondencia entre tema y estilo en *Aura*

Parecería presuntuoso tratar de decir algo nuevo acerca de *Aura,* la novela corta de Carlos Fuentes publicada en 1962. El hecho de haber aparecido el mismo año de *La muerte de Artemio Cruz,* opacó su importancia inicial. Comparada con la avalancha de reconocimiento que alcanzó esta gran novela de Fuentes, *Aura* quedó un poco relegada al principio. Sin embargo, una vez aquilatados sus valores, la novelita [1], si bien corta en extensión, profunda en sus alcances, ha suscitado numerosos estudios críticos y sobre ella se han emitido juicios muy diversos [2].

---

[1] El género literario de esta obra ha causado controversia entre los críticos. Algunos la llaman *novela;* otros, *novella, novelita, relato largo.*

[2] Entre los estudios sobre diferentes aspectos de *Aura* conocemos: Luis Agüero, Reseña de *Aura, Casa de las Américas,* núms. 15/16 (1962-1963), 40-42; Ramón Xirau, Reseña de *Aura, Books Abroad, 37,* núm. 1 (Winter, 1963), 61; Donald A. Yates, «Green-eyed Alter Ego», *The Saturday Review,* 48, núm. 46 (13 nov. 1965), 65, 104; Richard M. Reeve, Reseña de *Aura, The Nation,* 202, núm. 1 (3 jan 1966), 24-26; Ana María Albán de Viqueira, «Estudios de las fuentes de *Aura* de Carlos Fuentes», *Comunidad,* 2, núm. 8 (ag 1967), 396-402; Mario Benedetti, «Carlos Fuentes: del signo barroco al espejismo», en su *Letras del continente mestizo,* 2.ª ed. (Montevideo: Arca, 1967, 1969), pp. 190-205; Robert G. Mead, Jr., «Carlos Fuentes, airado novelista mexicano», *Hispania,* 50 (1967), 229-35; Juan Goytisolo, «A propósito de *Aura* y *Cumpleaños*», *Vida Literaria,* 1, núm. 2 (mar 1970), 4-8; Gerald W. Petersen, «A Literary Parallel: 'La Cena' by Alfonso Reyes and *Aura* by Carlos Fuentes», *Romance Notes,* 12 (1970), 41-44; Richard J. Callan, «The Jungian Basis of Carlos Fuentes' Aura», *Kentucky Romance Quarterly,* 18 (1971), 65-75; Gloria Durán, «La bruja de Carlos Fuentes», en Helmy F. Giacoman, ed., *Homenaje a Carlos Fuentes* (NY: Las Américas, 1971), pp. 243-60; Walter M. Langford, «Carlos Fuentes, 'The Very Model of a Modern Major No-

Mientras que Luis Harss y Bárbara Dohmann, en desafortunado juicio, la consideran una «elusiva novelita de misterio, que adolece

velist'», en su *The Mexican Novel Comes of Age* (Notre Dame: U. of Notre Dame Press, 1971), pp. 127-50; RICHARD M. REEVE, «Carlos Fuentes y el desarrollo del narrador en segunda persona: Un ensayo exploratorio», en Giacoman..., pp. 77-87; CARLOS CANO, «La técnica narrativa de Carlos Fuentes en *Aura*», *Language Quarterly,* 11, núms. 1/2 (1972), 43-46; FRANK DAUSTER, «La transposición de la realidad en las obras cortas de Carlos Fuentes», *Kentucky Romance Quarterly,* 19 (1972), 301-15; DANIEL DE GUZMÁN, *Carlos Fuentes* (NY: Twayne, 1972), pp. 118-25; MANUEL DURÁN, «*Aura* o la obra perfecta», en su *Tríptico mexicano* (México: Sep-Setentas, 1973), pp. 78-102; RICHARD REEVE, «Los cuentos de Carlos Fuentes: de la fantasía al neorrealismo», en Enrique Pupo-Walker, ed., *El cuento hispanoamericano ante la crítica* (Madrid: Castalia, 1973), pp. 249-63; LANIN A. GYURKO, «Identity and the Demonic Self in Two Narratives by Fuentes», *Rev. de Letras,* 6 (1974), 87-118; EMIR RODRÍGUEZ MONEGAL, «El México alucinado de Carlos Fuentes», en su *Narradores de esta América* (2) (Bs. As.: Alfa Argentina, 1974), pp. 247-64; ADOLFO SNAIDAS, «'Aura' y la nueva novela hispanoamericana», *Grial,* núm. 46 (1974), 434-41; JOHN S. BRUSHWOOD, *The Spanish American Novel: A Twentieth-Century Survey* (Austin: U. of Texas Press, 1975), pp. 217-18; LINDA B. HALL, «The Cipactli Monster: Woman as Destroyer in Carlos Fuentes», *Southwest Review,* 60 (Summer, 1975), 246-55; RICARDO LÓPEZ LANDEIRA, «'Aura', 'The Aspern Papers', 'A Rose for Emily': Aliterary Relationship», *Journal of Spanish Studies: Twentieth-Century,* 3 (1975), 125-43; MARGARET SAYERS PEDEN, «The World of the Second Reality in Three Novels by Carlos Fuentes», en Donald A. Yates, ed., *Otros mundos otros fuegos: Fantasía y realismo mágico en Iberoamérica,* Memoria del XVI Congreso Internacional de Literatura Iberoamericana (Lansing: Pittsburgh: Latin American Studies Center of Michigan State University; K and S Enterprises, 1975), pp. 83-87; LANIN A. GYURKO, «The Pseudo-Liberated Woman in the Narrative of Fuentes», *Research Studies,* 44, núm. 2 (June, 1976), 84-100; DJELAL KADIR, «Another Sense of the Past: Henry James' *The Aspern Papers* and Carlos Fuentes' *Aura*», *Revue de Littérature Comparée,* 50 (1976), 448-54; JOSÉ OTERO, «La estética del doble en *Aura,* de Carlos Fuentes», *Explicación de textos literarios,* 5, núm. 2 (1976), 181-89; ARGENIS PÉREZ HUGGINS, «Lo fantástico como indicio significativo en 'Aura'», *Letras* (Instituto Universitario Pedagógico de Caracas), 32-33 (1976), 63-85; PEDRO BOVI-GUERRA, «Henry James y Carlos Fuentes: Dos cuentos, paralelos y bifurcaciones», en *Estudios de historia, literatura y arte hispánicos ofrecidos a Rodrigo A. Molina* (Madrid: Ínsula, 1977), pp. 71-85; ANTHONY J. CICCONE, «The Artistic Dapiction of the Element of Fantasy-Reality in *Aura* (1962) by Carlos Fuentes», *Kentucky Romance Quarterly,* 24 (1977), 47-54; SUSAN SCHARFER, «The Development of the Double in Selected Works of Carlos Fuentes», *Mester,* 6 (1977), 81-86; EMILIO BEJEL y ELIZABETH AN BEAUDIN, «*Aura* de Fuentes: La liberación de los espacios si-

de flagrantes deslices de estructura y estilo» [3], y René Jara comenta que la obra de Fuentes anterior a *Aura*: «parece haberlo dejado agotado prematuramente» [4] —más bien el juicio de Jara fue el prematuro—, tenemos en cambio la opinión, entre otros muchos, de Manuel Durán, que considera a *Aura* «obra perfecta» [5], y la de Emir Rodríguez Monegal, que la cataloga como «una de las obras más logradas del conocido escritor mexicano» [6]. Además contamos con la opinión del propio autor, que tiene a *Aura* en gran estima y también la reconoce como una de sus mejores creaciones [7].

Los estudios sobre *Aura* van desde las fuentes y paralelos literarios de origen múltiples y universales, hasta el tratamiento de lo que los distintos críticos consideran el tema básico de la obra. Con respecto a las fuentes se ha anotado la relación entre *Aura* y la obra de Butor, de Reyes, de Puschkin, Michelet, Castiglione, de James y Faulkner. Además de muchos otros también podemos rastrear el tema en otras obras del mismo Fuentes. Yo agregaría lo que el mismo autor mencionó en su artículo sobre el origen de *Aura,* recuerdos de Quevedo, Buñuel, María Callas, *La traviata* entre ellos [8].

multáneos», *Hispanic Review,* 46 (1978), 465-73; JUNE DICKINSON CARTER, «*Aura:* Una tragedia psicológica y sociológica», en Isaac Jack Lévy y Juan Loveluck, eds., *Simposio Carlos Fuentes: Actas* (Columbia: U. of S. Carolina, 1978), pp. 111-22; NELSON ROJAS, «Time and Tense in Carlos Fuentes' 'Aura'», *Hispania,* 61 (1978), 859-64; SANTIAGO ROJAS, «Modalidad narrativa en *Aura*: Realidad y enajenación», *Revista Iberoamericana,* núms. 112/113 (1980), 487-97.

[3] *Into the Mainstream: Conversation with Latin American Writers* (New York: Harper and Row, Publishers, 1966), pp. 301-302.

[4] «El mito y la nueva novela hispanoamericana. A propósito de *La muerte de Artemio Cruz*», en Helmy F. Giacoman, *Homenaje a Carlos Fuentes: Variaciones interpretativas en torno a su obra* (New York: Las Américas, 1971), p. 170.

[5] *Tríptico mexicano* (México: Sep Setentas, 1971), p. 78.

[6] *Narradores de esta América,* tomo 2 (Buenos Aires: Editorial Alfa Argentina, 1974), p. 263.

[7] DANIEL DE GUZMÁN, *Carlos Fuentes* (New York: Twayne Publishers, Inc., 1972), p. 124.

[8] Los críticos han encontrado relación entre *Aura* y *La modificación,* de Butor; «La Cena», de Alfonso Reyes; *La dama de los tres naipes,* de Puschkin; *La Sorcière,* de Michetel; *Encantamiento y Magia,* de Castiglioni; *The Abasement of the Northmore, The Jolly Corner, The Turn of the Screw* y *The Aspern Papers,* de James; *A Rose for Emily,* de Faulkner. De las obras de Fuentes se han señalado las correlaciones entre *Aura* y *Cantar de Ciegos, Zona sagrada, Cumpleaños, Las buenas conciencias, La región*

Sobre el tema básico de la obra se han hecho las más variadas interpretaciones y análisis, señalando como tema de la obra la realidad e irrealidad o fantasía; la identidad, el desdoblamiento de la personalidad, tema éste de tanto interés para Fuentes. Se ha considerado, además, como tema fundamental el tiempo en sus variaciones del presente, el pasado, el futuro en combinación con el presente eterno. El tiempo cronológico, el tiempo cíclico, el vertical y horizontal. La juventud, la vejez. Temas como la hechicería, la religión y el misticismo, las diversas manifestaciones del amor y su dimensión sexual, el deseo carnal, etc.

Algunos críticos se han ocupado de identificar al protagonista. Para unos es Felipe Montero, Aura para otros. Aura-Consuelo para algunos. También el problema del «tú» ha creado la interrogante de quién es el «yo» y hacia quién va dirigido el tratamiento «yo»: hacia Felipe, a su consciencia, a Consuelo, al general Llorente, al lector, al autor.

Como dije al principio, casi se han agotado las posibilidades de poder comentar algo nuevo acerca de *Aura*. Sin embargo, a pesar de los muchos y algunos valiosos estudios publicados sobre la novelita, no he encontrado en mi investigación ningún comentario que se refiera específicamente a los recursos estilísticos —con excepción del punto de vista—, que en mi opinión tienen tanta importancia. Pienso que los procedimientos estilísticos en *Aura*, como en casi todas las obras de Fuentes, contribuyen de manera decisiva al éxito de la narración. Este va a ser el tema de mi charla.

Ya conocemos el interés extraordinario que tiene Fuentes sobre el uso del lenguaje. Interés compartido con un gran número de escritores contemporáneos. En mi trabajo voy a tratar de poner en relieve algunos de los aspectos del lenguaje de *Aura* que para mí constituyen un acierto y que colaboran a la creación de ese ambiente de horror y misterio que inunda la narración.

La historia comienza con la presentación del «tú» de cuyo re-

---

más transparente, La muerte de Artemio Cruz y *Los días enmascarados* (en especial, «Ttacto catzine, del jardín de Flaudes» y «Chac Mool»). En su artículo sobre *Aura* «On Reading and Writing Myself: How I wrote *Aura*» *World Literature Today,* Vol. 57, N.º 4, Autumn, 83, Fuentes menciona sus conversaciones con Buñuel, con María Callas y su asistencia a la representación de *La Traviata* como estímulos de su creación.

[9] Véase la bibliografía de la nota 2.

ceptor no nos vamos a ocupar aquí, pues ya ha sido motivo de varios estudios. Sólo nos interesa resaltar que el uso de esta forma familiar implica intimidad y participación, contribuyendo a reproducir esa cualidad de sueño-ensueño que es la esencia de todo el cuento y que se irá reafirmando a través de la narración, como veremos más adelante.

Una vez que Felipe Montero llega a la puerta de la casa de la calle Donceles, marcada, entre otros, con el número 815, la acción se tiñe de esa sensación densa y semirreal que se anticipa en el pasillo con el perfume «adormecedor y espeso» del musgo y las raíces podridas; con la oscuridad del callejón y la incertidumbre de la situación de la entrada.

Paradójicamente, mientras que la atmósfera somnolienta de la casa se establece desde el principio del relato, Felipe parece mantener una constante actitud de alerta: puede distinguir los diferentes olores del pasillo y de la casa, desde las raíces podridas hasta el olor pungente de los riñones en salsa de cebolla que le dan de comer repetidas veces. Felipe aprende a conocer la casa avanzando con cautela, como un ciego, por el tacto. Cuando se dirige a su cuarto se da cuenta de que no sigue a Aura con la vista, sino con el oído: «sigue el susurro de la falda y el crujido de la tafeta». Ya en su cuarto percibe la blandura del colchón. Es decir, todos sus sentidos están en tensión.

Aun cuando Felipe se siente aturdido por el denso vino y cree dudar de sus sentidos, la narración nos dice que «hace un esfuerzo y escucha el batir imperceptible de otra puerta». Su actitud pasa de un estado de adormecimiento a otro de alerta. Después del sueño que lo deja agotado, sale al pasillo con el deliberado propósito de aguzar los sentidos queriendo «descomponer los elementos de su olfato, reconocer los aromas que le rodean» en decidido estado de alerta.

Este vacilar entre el estado de aguda vigilia y el de semiconsciencia se repite durante la narración y Fuentes lo mantiene con el uso balanceado de verbos que denotan atención unas veces, tales como mirar, sentir, descomponer, distinguir, descubrir, cambiando con frecuencia a verbos que crean una idea de vaguedad, como dudar, parecer, intentar, insinuar, imaginar, tratar, soñar adormecer, sospechar, confundir, etc.

Al ambiente moroso de la narración contribuye extraordinariamente el uso adecuado del adverbio que Fuentes busca con insistencia. El adverbio en -mente es el más usado. Por curiosidad he revisado la versión bilingüe con la que trabajé y en las 71 páginas que corresponden al español, conté 52 adverbios en -mente y solamente se repite «lentamente» un par de veces [10]. Entre los adverbios que aumentan esta morosidad dándole a la narración una impresión de cámara lenta, encontramos: sigilosamente, cautelosamente, pausadamente, tediosamente, distraídamente, penosamente, cuidadosamente, así hasta 52. Este uso casi exagerado del adverbio en -mente, podría haberse sustituido por el adverbio muy o mucho, pero con una considerable pérdida de fuerza emotiva.

Junto con el uso inteligente del adverbio para crear estados emotivos, el autor utiliza el adjetivo calificativo con igual suerte. El adjetivo es quizás la partícula más explícita y definidora del estilo. Escritores como Azorín, Miró, Valle-Inclán y Martín-Santos, entre otros, tienen en el uso del adjetivo un aspecto esencial de su estilo. Fuentes favorece el uso del adjetivo tríptico como Valle-Inclán. Veamos algunos ejemplos: El historiador que solicita la señora Consuelo debe ser «joven, ordenado y escrupuloso»; los ojos de la vieja son «claros, líquidos, inmensos»; los ojos de Aura, por su parte, son «verdes, limpios, brillantes». La mirada es «abierta, clara, amarilla», mientras que los párpados de Consuelo son «colgantes, arrugados, blanquecinos». Las hojas de las plantas del patio se describen como «anchas, largas, hendidas, vellosas», mientras que las paredes son «húmedas, lamosas y los aromas pesados, suntuosos». El rotro de Aura al final es un rostro desgajado que «está pálido, seco, arrugado como ciruela cocida», y el cuerpo desnudo de la señora Consuelo aparece «flojo, rasgado, pequeño y antiguo».

Una técnica estilística utilizada por Fuentes que nos hace recordar la cámara cinematográfica, tan apreciada por el autor que es muy aficionado al cine, es la serie de enumeraciones en las diferentes descripciones que aparecen en el relato. Nos podemos imaginar esta cámara deteniéndose en cada uno de los objetos y sacándolos de su anonimato. Así, «vemos» en el cuarto de Consuelo: «la mesa de noche, los frascos de distinto color, los vasos, las cucharas de aluminio, los cartuchos alineados de píldoras y comprimidos, los demás vasos manchados de líquidos blancuzcos...». Una vez en su cuarto, de nuevo aparece la cámara escrutinizadora cuando Felipe recorre con la mirada su cuarto y descubre: «el tapete de lana roja, los muros empape-

---

[10] CARLOS FUENTES, *Aura,* translated by Lyander Kemp, Farrar, Straus and Giroux, New York, 1979.

lados, de oro y oliva, el sillón de terciopelo rojo, la vieja mesa de trabajo, nogal y cuero verde, la lámpara antigua, de quinqué ... el estante clavado encima de la mesa», y luego, en el baño, de nuevo recorre con la mirada «la tina de cuatro patas, con florecillas pintadas sobre la porcelana, un aguamanil azul, un retrete incómodo». En la sala nos detenimos en «los muebles forrados de seda mate, vitrinas donde han sido colocados muñecos de porcelana, relojes musicales, condecoraciones y bolas de cristal; tapetes de diseño persa, cuadros de escenas bucólicas, cortinas de terciopelo verde».

Otro detalle estilístico que podemos observar en estas descripciones es el uso o la ausencia del artículo en las enumeraciones. Según Amado Alonso [11], a través de los nombres sin artículo (como en la descripción del salón en el párrafo anterior), se producen valoraciones subjetivas y categoriales de las cosas. Esta falta de artículo en el pasaje mencionado presta una valoración personal y emotiva del objeto por parte del escritor.

La repetición del artículo, por el contrario, cumple su función de ir dilatando la enumeración y por lo tanto dándole mayor valor cuantitativo. La repetición del artículo machaca la división del grupo. También revela la reacción psicológica del personaje en cuanto al ambiente, como ocurre en el ejemplo anterior.

Hemos querido llamar la atención sobre la correspondencia entre el estilo y el tema de *Aura*. Si la novela ha sido tan celebrada en cuanto a su contenido, a cuya densidad ha contribuido la indudable riqueza intelectual de Carlos Fuentes, no obstante la interrelación de fondo y forma es evidente y necesaria para demostrar no aisladamente, sino coherentemente la solidez de la obra.

El tema de *Aura* es ambicioso, pero no menos importante es la forma que su autor escogió para exponerlo, logrando en ambos casos una completa y brillante realización.

---

[11] AMADO ALONSO, «Estilística del artículo», *Estudios lingüísticos* (Madrid: Gredos, 1951), p. 157.

Paul B. Dixon
Purdue University

Simetría y centralidad en *La muerte de Artemio Cruz*

Como han señalado varios críticos, el fenómeno del doble es una constante en las obras de Carlos Fuentes. La vigencia de este motivo en *La muerte de Artemio Cruz* no podría ser más explícita, pues desde el comienzo, en el pasaje que introduce el nombre del protagonista, ya hay referencias a Artemio Cruz y «el otro», «su gemelo», y «su doble» (1093).

Por perceptivos que sean los estudios de Gyurko, Shaffer, Carter y otros acerca del doble en la novelística de Fuentes, creo que no han reconocido del todo las implicaciones del fenómeno, pues se han limitado a ver el doble como algo que tiene que ver exclusivamente con los personajes. Propongo demostrar que el doble como relación entre personajes es solamente una parte de un aspecto más general: un principio de simetría, que alcanza no sólo el nivel de las personas, cosas o ideas representadas, sino también el nivel de la estructura, de las imágenes, de la sintaxis, la morfología y aun la fonología.

Según el teórico fenomenológico Roman Ingarden, la experiencia estética consiste en llegar a la percepción de un «centro de cristalización», un punto de enfoque alrededor del cual se reúnen y se armonizan las cualidades estéticas en todos sus estratos. Este centro de cristalización constituye un *Gestalt* en el que se forman y se informan los varios aspectos que, juntos, producen una impresión de unidad, síntesis y totalidad (Falk, 148-152). Mi estudio examinará la simetría como tal sitio de unión, punto capital donde se cruzan los varios caminos significativos de la novela.

Antes de elaborar los varios aspectos de la simetría y sus manifestaciones en la novela, quiero dar un ejemplo para indicar el rumbo que pienso seguir. Al final del sexto segmento narrativo, en el que vemos a un Artemio en plena prosperidad, compartiendo un día con su amante en su yate, entra una idea que contradice la atmósfera tan viva del escenario: se le ocurre a Artemio que ya no cabe en esas circunstancias, que ya está demasiado viejo para esa amante y ese tipo de vida. A la hora de afeitarse, empieza a mirarse en el espejo: «... cerró, involuntariamente, los ojos. Al abrirlos, ese viejo de ojos inyectados, de pómulos grises, de labios marchitos, que ya no era el otro, el reflejo aprendido, le devolvió una mueca desde el espejo» (1248).

Ésta es obviamente otra apariencia del doble en la novela. Artemio encuentra a su otro; el joven de los deseos enfrenta al viejo de la realidad. Pero, a la vez, ocurre aquí un desdoblamiento de valores abstractos: la vida mira la muerte; el orden mira el caos. Hay una simetría en términos visuales: un objeto, por medio del espejo, se reproduce de una manera invertida u opuesta. Pero hay también una dimensión estructural que está en juego. Esta imagen del espejo, más que otras tantas imágenes especulares en la obra, adquiere importancia porque se sitúa en su medio estructural. Hay en la novela doce segmentos narrativos, empezando todos con el pronombre «él». El final del sexto, por lo tanto, nos lleva al punto central. En un sentido estructural, mientras Artemio mira a su otro en el espejo, una mitad de la novela está mirando su otra mitad, como en un espejo. Verificamos que el próximo segmento narrativo es un tipo de inversión del segmento anterior. El séptimo segmento nos presenta a Artemio en la cárcel durante la revolución, y muestra como éste, conociendo al condenado Gonzalo Bernal, obtiene lo necesario para hacerse íntimo de la familia Bernal y ascender en la vida. Así, mientras que el sexto segmento narrativo procede de un ambiente de prosperidad hacia un momento de declinio, el séptimo procede desde un ambiente de gran dificultad hacia un futuro de prosperidad. Con este ejemplo, he tratado de clarificar mi concepto de la simetría. Lejos de ser sencillamente un principio visual o estructural, es un tipo de espacio abierto, en el que pueden cristalizarse impresiones y significados de diversos campos —temáticos, sensoriales, estructurales, lingüísticos, etc.

En su conocido estudio, *Symmetry,* Hermann Weyl analiza tres tipos básicos de la simetría:

   1) La simetría bilateral, una estructura lineal, en la que una
   serie de elementos se repite en orden inverso (abcddcba). En esta

simetría hay un punto central, desde donde emanan los varios elementos duplicados.

2) La simetría traslacional, otra estructura lineal, que repite un elemento o una serie de elementos, siempre en el mismo orden (abcabcabc). Contrario a la simetría bilateral, en ésta no hay ningún centro.

3) La simetría rotativa, una versión circular de la simetría traslacional, que puede incluir elementos bilaterales. La conversión de la línea en un círculo le da a la estructura su punto central.

Según Weyl, la gran variedad de formas simétricas en el mundo consiste en la combinación o la fragmentación de estos tres tipos básicos de simetría. Las diversas manifestaciones de la simetría en *La muerte de Artemio Cruz* parecen ser todas variaciones de los tres tipos.

Quiero hacer hincapié en cuatro fenómenos simétricos, que considero fundamentales en la obra en sus varios niveles:

1) La duplicación. Mucho más que un juego de personajes dobles, la duplicación, un tipo de simetría traslacional, es un aspecto ubícuo de la obra en sus varios estratos.

2) El corte o la perforación. Cortar un área cualquiera crea una simetría bilateral, ya que las dos nuevas áreas que surgen de la división son casi idénticas (pues fueron una sola área) y ahora quedan exactamente opuestas. De la misma manera, creo que perforar una área crea un punto central en relación al cual existe una simetría rotativa, por cruda que sea, en el área alrededor. *La muerte de Artemio Cruz* es una novela riquísima en cortes y perforaciones, como se verá.

3) El cruce. La intersección de líneas crea una simetría rotativa en relación al punto del cruce, y una simetría bilateral en relación a cualquiera de las líneas. Tanto la figura de la cruz como la acción de cruzar son prominentes en la novela.

4) El pliegue. El pliegue es un fragmento de una simetría rotativa completa, con elementos bilaterales. Muy numerosas son las instancias de pliegues y despliegues en *La muerte de Artemio Cruz.*

Intentaré ahora demostrar varias manifestaciones concretas de los fenómenos de la duplicación, del corte o de la perforación, del cruce y del pliegue en la novela. Empezaré hablando del nivel temático por ser éste el más general y abarcador, y proseguiré a través de varias etapas hasta el nivel más «microscópico», el fonológico.

Las ideas más importantes de *La muerte de Artemio Cruz* forman un sistema de oposiciones, una especie de balanza abstracta en la que se pesan y se contrapesan los opuestos. En cierto momento, Cruz le pide a Catalina, su esposa, «pesa de un lado mis culpas y del otro mi amor» (1198). El libro nos pide a nosotros, lectores, lo mismo. Tenemos siempre que evaluar algún valor en relación con su contrario. El principio de la duplicación muchas veces figura en este proceso. Los motivos más importantes en la novela generalmente tienen una existencia doble. Por ejemplo, la revolución mexicana tiene su doble en la guerra civil española. Esta duplicación permite un análisis de comparación y contraste entre los soldados Artemio, en su cobardía, y su hijo Lorenzo, en su coraje. La relación espontánea y calurosa entre Artemio y su amante Regina tiene su doble y su opuesto en la esterilidad y el oportunismo de su matrimonio con Catalina. Los dolores de la madre de Artemio en el nacimiento de éste tienen su duplicación en los dolores de su hijo en su muerte, pues Artemio medita, «el abultamiento de mi vientre es mi parto, lo asemejo al parto, me da risa» (1201). Así, el concepto del nacimiento tiene su doble en el concepto de la muerte.

El corte también figura en simetrías temáticas. El gran contraste en el protagonista entre su capacidad actuante, y su incapacidad de moribundo es emblema de una condición existencial más general —ser libre y al mismo tiempo estar sujeto a las circunstancias de la vida— y se expresa por medio de una imagen de corte. Artemio piensa, «y te sentirás dividido, hombre que recibirá y hombre que hará» (1143). De semejante modo, la perforación sirve para tratar el gran tema del hombre temporal. Vivir en el tiempo es como estar clavado entre el pasado y el futuro: «tú serás ese niño que sale a la tierra, encuentra la tierra, sale de su origen, encuentra su destino, hoy que la muerte iguala el origin y el destino y entre los dos clava, a pesar de todo, el filo de la libertad» (1370).

El cruce aparece en la temática de la obra, al tratarse de la identidad de México. Examinemos el siguiente pasaje: «Avanzará hacia tus ojos cerrados, con el rumor creciente de sus pífanos y tambores, la tropa ruda, isabelina, española y tú atrevesarás bajo el sol la ancha explanada con la cruz de piedra en el centro y las capillas abiertas, la prolongación del culto indígena, teatral, al aire libre en los ángulos» (1116). Se trata aquí del cruce de dos razas y dos culturas, simbolizado por el acto de cruzar la explanada indígena para construir una iglesia, mantenida la estructura de la cultura anterior con la mera superimposición de una cruz.

El concepto del pliegue, que implica una línea o por lo menos un punto en común entre los lados opuestos, tiene cierta importancia en el juego de ideas de la novela. Tantas veces hay un punto central, «zona intermedia, ambigua, entre la luz y la sombra» (1114); tantas veces, «entre la parálisis y el desenfreno está la línea de la vida» (1294). Así que los valores opuestos no son meramente ideas antitéticas; contienen muchas veces su propia síntesis o reflexibilidad: «en lo negro el germen, el reflejo de su opuesto: tu propia crueldad, cuando has sido cruel, ¿no estaba teñida de cierta ternura? Sabes que todo extremo contiene su propia oposición. La crueldad la ternura, la cobardía el valor, la vida la muerte» (1114).

No puedo dejar el nivel temático sin hablar de una idea central de la obra, que tiene un aspecto simétrico importante: la idea de la decisión. Según el propio Fuentes, el escoger es la idea principal de cada uno de los segmentos que narran el pasado de Artemio Cruz: «En su agonía, Artemio trata de reconquistar, por medio de la memoria, sus doce días definitivos, días que son en realidad doce opciones» (Carballo, 440-441). El concepto de la opción se relaciona con todos los fenómenos mencionados. Las alternativas, en su juego de semejanzas y diferencias, implican la duplicación. Tomar una decisión es, de cierta manera, efectuar un corte en el que quedamos con unas posibilidades y eliminamos otras. Es más que natural pensar en las opciones en términos espaciales, y compararlas a las encrucijadas (la cruz) o las bifurcaciones (el pliegue). En la temática más central de la obra, entonces, los cuatro fenómenos se implican y se entrecruzan.

En el nivel estructural, hay varias simetrías que se revelan desde distintos puntos de vista. La simetría traslacional de los 38 segmentos de la obra, en la que hay una repetición regular de tres tipos de elementos (los que empiezan con «yo», «tú» y «él»), es más que evidente. Podemos imaginar la estructura como una gran espiral, o sea, una línea de varios ciclos (Tittler, 32-33), lo que le daría a la estructura traslacional un aspecto rotativo también. Examinando los tres elementos de un ciclo narrativo, es fácil ver una simetría bilateral: en un lado está el segmento empezando con «él», cuyo tiempo verbal predominante es el pasado; en el otro está el segmento empezando con «tú», cuyo tiempo verbal más evidente es el futuro; y entre éstos está el segmento comenzando con «yo», que se concentra en el tiempo presente. Enfocando solamente los segmentos que son principalmente narrativos (los del «él»), descubrimos aun otra simetría. En su excelente análisis, Nelson Osorio ha construido un gráfico que tiene como uno de los ejes la cronología de las varias décadas, y como el otro el orden de los segmentos narrativos de la novela. Con este gráfico queda bastante claro que los primeros seis segmentos y los últimos seis están en una configuración invertida y simétrica, como en el modelo bilateral (136-144). En cuanto a la estructura de *La muerte de Artemio Cruz*, entonces, la simetría es la regla, no sólo en un aspecto, sino en varios. Creo que sería difícil construir un modelo de la estructura de la obra que no fuera simétrica de alguna manera.

Paso ahora al nivel de los objetos representados. Una de las obsesiones de la novela es la imagen del cuerpo humano en su aspecto bimiembre y bilateral. Por ejemplo, la primera descripción de Artemio Cruz (1089-1091) distribuye su atención entre los elementos centrales y únicos (el miembro, la nariz, la boca, el pecho, el vientre) y los elementos dobles (los ojos, los párpados, los pómulos, los colmillos, las pestañas, las manos, los brazos). La última, que es la descripción del nacimiento de Artemio, también combina los elementos centrales (vientre, cabeza, rostro) con los bimiembres (brazos, labios, piernas, hombros, palmas). Hay docenas de descripciones corporales de este tipo en la novela, y casi siempre tienen un aspecto simétrico. Las descripciones asimétricas —o sea, las que se refieren a sólo un brazo, una pierna o una mano, son mucho menos comunes que las simétricas. A veces las imágenes del cuerpo en movimiento sugieren aquellos fenómenos ubícuos. Por ejemplo, hay muchas imágenes del abrir y cerrar de los ojos (un tipo de pliegue y despliegue), que el conjunto de las referencias acaba siendo una especie de *leitmotif*. Hay una gran cantidad de referencias a las piernas y a los brazos cruzados (1199, 1202, 1224, 1238, 1266, 1299, por ejemplo), y al doblar y desdoblar o al abrir y cerrar de las piernas, los brazos, la boca, las rodillas, etc. (1090, 1152, 1195, 1198, 1222, 1235, 1240, 1258, 1352, 1378, 1398, 1406-1407). Hacemos hincapié en el hecho de que el mesenterio, cuyo infarto causa la muerte da Artemio Cruz, tiene la forma de un pliegue. Los actos de cortar o de perforar figuran en las descripciones de las experiencias corporales de importancia, como en el cortar el cordón umbilical del niño recién nacido, el matar o morir en la revolución, el tener relaciones sexuales y el sufrir las operaciones de los médicos en el hospital.

Además de las imágenes del cuerpo, hay un gran número de descripciones que sugieren la simetría de la duplicación, la cruz, el corte o la perforación y el pliegue. El cerrar o abrir de las puertas, las ventanas, las revistas, los libros, etc., es una constante en las imágenes de la novela (1091, 1111, 1113, 1138, 1140, 1141, 1165, 1177, 1200, 1201, 1206, 1224, 1233, 1252, 1270, 1290, 1298, 1304, 1307, 1308, 1340, 1385, 1399), lo que sugiere o un corte o una especie de pliegue. Los pliegues, en sí, como también las arrugas y los surcos, figuran muchas veces en una gran variedad de objetos (1119, 1177, 1189, 122, 1318, 1352, 1356, 1374, 1382, 1398).

La cruz y el cruzar aparecen muchísimas veces no sólo en el *leitmotif* «cruzamos el río a caballo», que surge en cada segmento empezando con el pronombre «yo», sino también en imágenes como las siguientes: una iglesia cuya arquitectura tiene la forma de una cruz (1126), un crucifijo (1199), la carrera de un soldado de la revolución, un «recorrido en crucigrama por el territorio de México», la cruz gamada en el ala de un avión (1330) y el acto de cruzar un cañón (1263), un rayo en la tierra (1273), una calle (1317), un puente (1322), un río en España (1323), una frontera (1329), el mar (1362), el Paso de la Malinche (1370) y una montaña (1393, 1405).

Además del caso obvio del personaje doble, hay otras imágenes de la duplicación: la repetición de varias charlas en la grabadora de Padilla (1092, 1110, 1139-1141), las dos casas de Artemio (1112), el doble cañón de una escopeta con su doble explosión (1395-1396), las primeras y segundas contracciones de parto de la madre de Artemio (1407), etc.

En el nivel sintáctico, la técnica de la duplicación de palabras es tan frecuente y tan obvia que no me detendré en analizarla. Diré solamente que tal repetición se vuelve cada vez más concentrada hacia el fin de la obra en los segmentos no propiamente narrativos, hasta crear un lenguaje prácticamente sin sintaxis. Hay otro tipo de sintaxis simétrica, menos frecuente pero a mi parecer más interesante —la sintaxis bilateral del quiasmo. El ejemplo más obvio de esta técnica es la forma en la que siempre se repite el nombre de la madre de Artemio Cruz: «Isabel Cruz, Cruz Isabel» (1406-1407). Pero los otros casos de estructuras semejantes son numerosos: «del placer a la vergüenza, de la vergüenza... al placer» (1188); «¿Xavier le pediría una

explicación a Lilia? ¿Lilia le daría una explicación a Xavier?» (1243);
«si tú eres él, si él será tú» (1252); «reconocer a los demás y dejar
que ellos te reconozcan» (1297); «le dijo a Miguel y Miguel contestó» (1318); «no podrás estar más cansado; más cansado no» (1365);
y «otros se han aprovechado de nosotros como nosotros nos aprovecha-
mos de los primeros» (1388). Tales estructuras son para el nivel de la
sintaxis lo que el motivo del espejo es para el nivel de las imágenes.

En el aspecto de la morfología, las simetrías continúan. El hecho
de que Artemio Cruz es de Veracruz, y de que vive «cruzando el
río» muestra que el morfema «cruz» está en su propia encrucijada
en la obra. Hay simetrías morfológicas, como el «cañón» de una escopeta (1395) y el «cañón» entre montañas (1259); la «ventana»
abierta y las «ventanillas de la nariz» (1224); Artemio «doblado» por
su dolor (1309) y Artemio como un ser «doble» (1093). A veces el
desdoblamiento de tiempos verbales le da al lenguaje el aspecto de
un plegar y desplegar de morfemas: «moriremos... Tú... mueres...
has muerto... moriré» (1408). Creo que el famoso análisis de la «chingada» (1229-1233) es semejante, pues demuestra cómo un gran mundo
de significado e implicaciones se desdobla a partir de un solo eje
morfémico.

Aun en el nivel fonológico hay, a veces, un juego de sonidos que
sugiere la simetría de un desdoblamiento: «Luzbel... Rafael, Gabriel,
Miguel, Gamaliel... Gamaliel» (1128); «Regina. Abrácenme. Lorenzo.
Lilia. Laura. Catalina» (1364); «me doblo... me doblo en dos... me
doblo... me duermo... les digo... debo decirles antes de dormirme...
les digo» (1399). En estos y varios otros ejemplos, hay semejanzas
de sonidos que forman algo como «troncos», de los cuales hay diversas «ramificaciones» de sonidos diferentes. Creo que este proceso está
en armonía con el fenómeno general del despliegue, en el que los
aspectos distintos se abren desde sus centros no distintos.

Aunque la mera duplicación es una técnica frecuente, creo haber
demostrado que hay una preferencia en la obra por las simetrías bilaterales y rotativas —las que tienen un centro o un eje. Esta preferencia por las simetrías céntricas es más que una casualidad, pues la
propia centralidad parece estar muy cerca de aquel «centro de cristalización» de los varios aspectos estéticos de la obra. El medio, el centro, el «entre», son todos esenciales al significado de *La muerte de
Artemio Cruz* en sus varias facetas. Artemio Cruz, producto del entrecruzamiento de tres razas, producto del centro del hemisferio, de un

país suspenso entre el viejo y el nuevo mundo, entre las extremidades del Norte y del Sur; Cruz crucial, producto de una revolución que la propia obra llama una revolución «a medias», una revolución de «los mediocres», es por su esencia un ser de la «zona intermedia» (1114), del «entre». Cruz es la cruz, la intersección, entre el bien y el mal, la cobardía y el coraje, el odio y el amor, la vida y la muerte.

OBRAS CITADAS

CARBALLO, EMMANUEL: *Diecinueve protagonistas de la literatura mexicana del siglo XX.* México: Empresas Editoriales, 1963.

CARTER, JUNE C. D.: «*El otro* in Fuentes' *La muerte de Artemio Cruz*». *Prismal/Cabral,* 6 (1981): 35-44.

FALK, EUGENE H.: *The Poetics of Roman Ingarden.* Chapel Hill: U. of North Carolina P., 1981.

FUENTES, CARLOS: *Obras completas,* tomo 1. México: Aguilar, 1974.

GYURKO, LANIN A.: «Self, Double, and Mask in Fuentes' *La muerte de Artemio Cruz*». *Texas Studies in Literature and Language,* 16 (1974): 363-384.

OSORIO, NELSON: «Un aspecto de la estructura de *La muerte de Artemio Cruz.* Helmy F. Giacoman, ed. *Homenaje a Carlos Fuentes.* Nueva York: Las Américas, s. f., 125-146.

SHAFFER, SUSAN: «The Development of the Double in Selected Works of Carlos Fuentes». *Mester,* 6 (1977): 81-86.

TITTLER, JONATHAN: *Narrative Irony in the Contemporary Spanish-American Novel.* Ithaca: Cornell UP, 1984.

WEYL, HERMANN: *Symmetry.* Princeton: Princeton UP, 1952.

Lino García, Jr.
Pan American University

Diálogo de espejos: *La muerte de Artemio Cruz*

Carlos Fuentes escribió esta novela en 1962 y con ella hizo aún más firme su posición entre los novelistas mexicanos. Novela densa que utiliza todos los registros de las últimas técnicas, será enjuiciada más por sus ideas políticas, que abundan en esta gran obra [1]. Carlos Fuentes resume de este modo la historia que cuenta en *Artemio Cruz:*

> Se relatan aquí las doce horas de agonía de este viejo que muere de infarto al mesenterio, mal que los médicos no descubren sino hasta el último momento. En el transcurso de estos doce horas se interpolan los doce días que él considera definitivos en su vida. Hay un tercer elemento, el subconsciente, especie de Virgilio, que lo guía por los doce círculos de su infierno, y que es la cara de su espejo, la otra mitad de Artemio Cruz: es el TÚ que habla en el futuro. Es el subconsciente que se aferra a un porvenir que el YO —el viejo moribundo— no alcanzará a conocer. El viejo YO es el presente, en tanto el Él rescata el pasado de Artemio Cruz. Se trata de un diálogo de espejos entre las tres personas, entre los tres tiempos que forman la vida de este personaje duro y enajenado [2].

Empieza la novela con: «YO despierto...» [3]. El YO es el presente. Es el cuerpo y alma de Artemio Cruz en la cama, en agonía y casi muerto que empieza a recordar sus aventuras y vida pasada. Fuentes aprovecha esta técnica para narrar su novela en la cual Artemio Cruz se ve reflejado en «Las incrustaciones de vidrio de una bolsa de mu-

---

[1] JOSÉ EMILIO PACHECO, «Dos opiniones sobre la muerte de Artemio Cruz», *Universidad de México,* XVI (agosto, 1962), 19.
[2] *Ibíd.*
[3] CARLOS FUENTES, «La muerte de Artemio Cruz» (México, 1962), p. 1.

jer» [4]. Artemio Cruz está para morir y en estos cortos minutos recordará su vida, que también es la vida de México desde la Revolución. Es difícil leer y comprender el propósito de Fuentes al comienzo de esta novela. Tiene a Artemio Cruz en su agonía. Habla del YO, TÚ y ÉL; pero pronto se desarrolla el objeto de todo este conjunto de pronombres y se ve al protagonista bien puesto en su camino de realizar su meta, que es relatar, por medio de estos tres personajes (que en realidad es uno), su vida desamparada y vil que lo ha traído a su estado presente. Artemio Cruz recuerda, en estos últimos momentos de su vida, todos los engaños que hizo durante su vida turbulenta y de origen humilde. Pero aquí, en efecto, Fuentes usa a Artemio Cruz como símbolo de tantos de aquellos líderes idealistas que se pusieron a explotar a México después de la Revolución. Con esta novela Fuentes abre nuevos caminos a la narrativa mexicana. Sigue una renovación temática que lleva a esta novela hacia el orbe de la novela psicológica.

Al principio de la novela, Artemio Cruz recuerda cómo:

> Figuró como hombre de paja para cumplir con la ley; hombre de confianza de los inversionistas norteamericanos; intermediario entre Chicago, Nueva York y el gobierno de México; manejo de bolsa de valores para inflarlos, deprimirlos, y vender, y comprar a su gusto; la adquisición de terrenos ejidales arrebatados a los campesinos para proyectos nuevos, fraccionamientos en ciudades del interior, concesiones de explotación maderera [5].

Fuentes usa una técnica para sostener la unidad de su obra. Hila los tiempos y coloca al personaje entre los tres tiempos sin perder el sentido de la obra. A veces, unos personajes son difíciles de comprender.

Carlos Fuentes, en «Dos opiniones sobre *La muerte de Artemio Cruz*», dice:

> Artemio Cruz, que congrega y simboliza los rasgos de muchos hombres que han «triunfado» en la contemporánea sociedad mexicana, está visto con una mirada que reúne la indignación y la compasión. Es el traidor, el implacable, el que ha llegado adonde llegó gracias a su egoísmo, a su voracidad. Pero es también el hombre que fue

---

[4] *Ibíd.*
[5] *Ibíd.*, p. 16.

capaz de amar y el niño lanzado a un mundo en que —para decirlo con los términos del diálogo mexicano y de esta novela, el que no chinga es el chingado— el odio y la ambición se desatan sin contemplación [6].

Día 6 de julio de 1941. Entran la señora y su hija a una tienda. Es difícil aquí determinar quiénes son. Fuentes pone diálogos entre la patrona de la tienda, la madre y la hija. Se habla de *él,* pero —muy al fin— se descubre que *él* es Artemio Cruz.

—¿Vendrá al shower?
—¿Quién? ¿Tu novio o tu padre?
—El, papá.
—¿Cómo quieres que yo sepa? [7].

La escena cambia a Artemio. Se baja de su limousine y una corte de gente lo rodea. «Vendedores de billetes y limpiabotas y mujeres enrebozadas y niños con el labio superior embarrado de mocos lo rodearon hasta que pasó las puertas giratorias» [8].

Fuentes no se detiene en presentar los dos mundos apartes. Uno, en el que vive Artemio; el otro, en que vivió muchos años antes. De todos modos, ha logrado Fuentes presentar una vista dentro de ese mundo en el que se encuentra Artemio.

Se ven la señora y su hija (que se supone es la esposa y la hija de Artemio Cruz). Están las dos en un restaurante. Hay diálogos entre unos norteamericanos. Siempre con los explotadores; siempre los capitalistas que vienen a robar a México. Hay cambio de tiempos, y ahora es el presente. El YO habla, y es Artemio Cruz en la cama, moribundo. Ve a su hija, piensa y refleja posiblemente en su vida amarga junto a Catalina, su esposa. El cinismo aparece, muy vivo y agudo. Fuentes lo expone y pinta a Artemio Cruz como un verdadero cínico. Dirigiéndose a Catalina, Artemio dice:

Yo siento esa mano que me acaricia y quisiera desprenderme de su tacto, pero carezco de fuerzas. ¡Qué inútil caricia! Catalina. ¿Qué vas a decirme? ¿Crees que has encontrado al fin las palabras que nunca te atreviste a pronunciar? Mira, aprende a tu hija. Nuestra

---

[6] JOSÉ EMILIO PACHECO, *op. cit.,* p. 20.
[7] CARLOS FUENTES, *Artemio Cruz,* p. 21.
[8] *Ibíd.,* p. 22.

hija. ¡Qué difícil! ¡Qué inútil pronombre! Nuestra. Ella no finge.
Antes, lejos de mi oído, te habrá dicho: Ojalá todo pase pronto.
Porque él es capaz de estarse haciendo el enfermo, con tal de mor-
tificarnos a nosotros [9].

Fuentes hace una comparación entre la suciedad y la higiene, la eficacia y la incompetencia, la miseria y la comodidad. Acusa a Artemio
de preferir lo mejor y de tener asco hacia lo que se ve en México.
Dentro de sus palabras el autor habla contra los norteamericanos
que han tenido tanto que ver con la explotación de México. Aunque
nunca los menciona por su nombre, allí están presentes.

En una de sus más penetrantes escenas, Fuentes baja al pensamiento íntimo de México y sus palabras son símbolos de la agonía
y sufrimiento del pueblo. Artemio Cruz está en Puebla, donde fue a
visitar la familia de Don Gamaliel Bernal, cuyo hijo, muerto en la
Revolución, fue amigo de Artemio. Don Gamaliel, quien nunca creyó
en la Revolución y quien rechazó a su mismo hijo por sus ideas liberales, habla con Artemio Cruz:

> A veces, me parece que la falta de sangre y de muertos nos deses-
> pera. Es como si sólo nos sintiéramos vivos rodeados de destrucción
> y fusilamientos. Pero nosotros seguiremos, seguiremos siempre por-
> que hemos aprendido a sobrevivir, siempre... [10].

Artemio Cruz, en su agonía, vuelve a los días de antes para recordar
el comienzo de su bienestar. Volvió a recordar sus primeros momentos con Catalina. Recordó cómo Don Gamaliel lo embarcó porque
solamente él, pensaba el viejo, podría salvar las tierras que los campesinos intentaban robarles. Así fue como empezó la riqueza de Artemio; así fue como se casó con Catalina. Fue sólo un impulso del viejo
Don Gamaliel para vengarse del idealismo de su hijo.

Carlos Fuentes usa una técnica ingeniosa y complicada para narrar
los sucesos de su obra, una técnica maravillosa para hacer volver
continuamente hacia el pasado la narración. La agonía de Artemio
Cruz sirve de columna vertebral a la novela. Artemio Cruz, moribundo e inconsciente, repite sonidos vacíos de significado. Muchas
páginas son aburridas, y a veces, el lector pierde el sentido de la

---

[9] *Ibíd.*, pp. 28-29.
[10] *Ibíd.*, p. 42.

obra. Este delirio de Artemio Cruz se prolonga a través de páginas y páginas, pero de vez en cuando el interés se reanima. En esta obra se ven dos influencias muy marcadas: Hemingway y Joyce. Muchas veces, estas influencias se oponen y se contradicen [11].

El estilo de Carlos Fuentes pasa de las percepciones elementales a las concepciones abstractas y a las disertaciones filosóficas. Elimina fácilmente a los personajes con unos cuantos tiros y un solo y frío comentario [12]. Carlos Váldez, en «Dos opiniones sobre *Artemio Cruz*», dice:

> En sus novelas Carlos Fuentes se ha propuesto relatar de manera realista el ambiente mexicano; en cambio, en sus cuentos casi siempre ha buscado ambientes fantásticos, y por sus cualidades innatas de escritor fantástico, fracasa cuando trata de darnos una versión convincente de la realidad mexicana. Una de las fallas principales de Carlos Fuentes es la actitud moralista que adopta frente a sus personajes; no siente simpatía por ellos, los juzga y los condena. El plutócrata Artemio Cruz es un villano de pies a cabeza; se nos muestran con lujo de detalles sus malas acciones, sus amoríos, su filosofía de cínico, y hasta el color de sus ojos; pero, hay algo frío, intelectual en estas caricaturas. Los lectores no podemos sentir ni simpatía ni odio por Artemio Cruz; el autor no nos predispone a ello; algunas veces nos hace pensar, pero casi nunca nos induce a sentir emociones. Carlos Fuentes tiene conciencia del problema del maniqueísmo: no condena totalmente a Artemio Cruz, y al fin parece perdonarlo por un acto bueno del personaje [13].

El mundo de Carlos Fuentes es amplio y profundo. Él está poniendo la novela mexicana en plan de igualdad con las más exigentes creaciones, tanto en lengua española como en idiomas extranjeros [14]. Fuentes maneja un lenguaje vivo, sangrante, actual. Por el lenguaje que usa, sabemos que conoce a fondo su material: la realidad mexicana contemporánea. Fuentes usa el monólogo interior y así permite que sus protagonistas expresen esa región obscura del subconsciente que es donde se ocultan las pasiones y deseos del ser humano. Co-

---

[11] CARLOS VÁLDEZ, «Dos opiniones sobre Artemio Cruz», *Universidad de México,* XVI (agosto, 1962), 20.

[12] *Ibíd.,* p. 21.

[13] *Ibíd.*

[14] *Cuadernos de Bellas Artes,* IV (enero, 1963), 26.

noce plenamente los diversos planos que conforman la vida del México contemporáneo. Pinta muy bien las distintas clases sociales en México. Hay complejidad en sus personajes, pero esto los hace verdaderamente humanos [15]. Por ejemplo, el TÚ habla:

> TÚ mismo impedirás el olvido, tu valor será gemelo de la cobardía, tu odio habrá nacido de tu amor, toda tu vida habrá contenido y prometido tu muerte; que no habrás sido ni bueno ni malo, generoso ni egoísta, entero ni traidor. Dejarás que los demás afirmen tus cualidades y tus defectos; pero tú mismo, ¿cómo podrás negar que cada una de tus afirmaciones se negará, que cada una de tus negaciones se afirmará?

Aunque escritores de épocas anteriores han escrito sobre ese período socio-histórico que fue la Revolución de 1910, Carlos Fuentes, ampliamente, y con gran valor, se ha desviado para producir obras que son mexicanas igualmente que universales. Se preocupa por el México de hoy, así como por el México del pasado, y ha utilizado varios estilos que han sido estrenados en el extranjero [17].

Es preciso comprender varios conceptos sobre la realidad y el tiempo, la conciencia y el destino para analizar la técnica de Carlos Fuentes en *La muerte de Artemio Cruz.* El escritor concibe la conciencia como el factor principal de la realidad. Fuera de esta conciencia, según Fuentes, existe un universo vasto e inerte:

> El niño, la tierra, el universo: en los tres, algún día, no habrá ni luz, ni calor, ni vida... Habrá sólo la unidad total, olvidada, sin nombre y sin hombre que la nombre; fundidos espacio y tiempo, materia y energía [18].

Para Carlos Fuentes el tiempo objetivo existe solamente en la conciencia humana. «TÚ inventarás el tiempo que no existe» [19]. Sólo la memoria del hombre puede rescatar la realidad del pasado y hacerla vivir. Sólo la conciencia es capaz de hacer manifestar los tres tiem-

---

[15] *Ibíd.,* p. 27.
[16] CARLOS FUENTES, *Artemio Cruz,* pp. 33-34.
[17] HENRY R. LANE, «Last Rites for a Fat Cat». *The Nation,* CXCVIII (June, 1964), p. 558.
[18] CARLOS FUENTES, *Artemio Cruz,* p. 313.
[19] *Ibíd.,* p. 207.

pos y hacer de ello una realidad. El TÚ le habla a Artemio y le dice, «sobrevive con la memoria antes de que sea demasiado tarde» [20]. Después, más adelante en la obra, «quién sabe si el recuerdo pueda prolongar realmente las cosas» [21]. Carlos Fuentes es un novelista inmerso en una filosofía existencialista.

> El hombre —según el novelista— es libre para escoger su destino; pero, al escoger, deberá tomar en cuenta dos cosas: que toda selección implica necesariamente una renuncia y que el individuo no podrá imponer su moral personal y caprichosa a los actos que se deriven de su selección, pues la moral de esos actos pre-existe, rígidamente determinada por la sociedad [22].

Entonces hay que aceptar la moral impuesta por la sociedad o rebelarse contra ella. Carlos Fuentes afirma, pues, que el destino humano, en su trayectoria de selecciones y renuncias, tiene libertad sólo en la muerte. «Hay que la muerte iguale el origen y el destino, y entre los dos clave, a pesar de todo, el filo de la libertad» [23].

Toda la acción de esta obra tiene lugar sólo en la conciencia del protagonista, y surge cuando Artemio Cruz está en la agonía y su destino ya está completo. Es su conciencia la que une los tres tiempos y la que mantiene el sentido de la obra. Artemio Cruz recuerda su vida pasada y las posibilidades de un destino diferente si él hubiera hecho selecciones distintas. Asimismo avizora el futuro —un futuro que no verá, pero que posiblemente es también el futuro de México. Los tres tiempos se transforman en una sola dimensión. Esto le permite a Carlos Fuentes narrar una vida de setenta años en escasas horas, y hacerlo sin explicaciones [24]. Es la conciencia de Artemio Cruz que une estos tres tiempos en una sola dimensión y «esta unidad está asegurada por la conciencia de Artemio Cruz, que rememora» [25]. Esto permite a Carlos Fuentes «unir a través de la conciencia el origen y la muerte, justamente en el momento de aniquilamiento de la per-

---

[20] *Ibíd.*, p. 63.
[21] *Ibíd.*, p. 82.
[22] Ricardo Navas Ruiz, «La novela mexicana entra a Brasil», *Siempre*, LVIII (marzo, 1963), 14.
[23] Carlos Fuentes, *Artemio Cruz*, p. 279.
[24] Ricardo Navas Ruiz, *op. cit.*, p. 14.
[25] *Ibíd.*

sona, con lo cual obtiene un efecto ideológico de alto valor plástico» [26].

En esta obra Carlos Fuentes lleva a Artemio Cruz desde su honesta cuna hasta un nivel alto en la jerarquía económica del país. Sus virtudes son pocas. Esto lo evoca Artemio: «¿Virtudes? ¿Humildad? ¿Caridad? ¡Ah! se puede vivir sin eso, se puede vivir. No se puede vivir sin orgullo» [27]. Pero al fin, Artemio Cruz evoca un arrepentimiento por su crueldad necesaria, sin la cual no habría obtenido el poder:

> Los nombres de cuantos cayeron muertos para que el nombre de ti sobreviviera [28].

Carlos Fuentes salva a Artemio Cruz y justifica esa crueldad en él.

> Cada acto de la vida, cada acto que nos afirma como seres vivos, exige que se violen los mandamientos de tu Dios [29].

Después, más adelante:

> Cuando es necesaria, la fuerza es justa; el poder no se comparte [30].

Artemio Cruz (como todos los hombres de la Revolución) deja a los jóvenes de México esa herencia que surgió después de 1910. Deja la tierra como todo símbolo de lo que prometió la Revolución. También deja la realidad penetrante de los políticos corrompidos como señas de un fracaso palpable. Artemio insiste en que los descendientes elogien y engrandezcan todo aquello que representó la Revolución nada más porque fue lo único bueno del siglo. El TÚ habla:

> Aceptarán tu testimonio: la herencia que conquistaste para ellos.
> ...Te justificarán porque ellos ya no tendrán justificación [31].

---

[26] *Ibíd.*
[27] CARLOS FUENTES, *Artemio Cruz,* p. 85.
[28] *Ibíd.,* p. 277.
[29] *Ibíd.,* p. 122.
[30] *Ibíd.,* p. 124.
[31] *Ibíd.,* p. 276.

Carlos Fuentes sigue viendo los efectos de la Revolución con el mismo pesimismo que Azuela.

> Ve nada más como se han ido quedando atrás los que creían que la Revolución no era para inflar jefes, sino para librar el pueblo. ...Qué necesario era todo lo que está pasando y qué innecesario corromperlo [32].

Todo este pesimismo lo siente Fuentes a causa de la herencia de la Revolución: el arribismo, el fracaso de la reforma agraria, la corrupción de la administración y la política.

Un crítico norteamericano dice:

> It is not the plot, or the subsidiary plots, or the confusing technical tricks that makes this novel remarkable, but the scope of the human drama it pictures, the corrosive satire and sharp dialogue, the occasional reach for the stars. This is not a book to feel at ease with. Fuentes is an angry young man — so angry that, at times, his rage takes him to the edge of incoherence [33].

Carlos Fuentes es un escritor que abre nuevos caminos y parte de ellos para presentarnos su creación. Es un profundo creador de las más modernas técnicas de la narrativa mundial. Es ambicioso y lleno de poder creador. Presenta al México moderno que nace con la Revolución [34].

---

[32] *Ibíd.*, p. 74.

[33] MILDRED ADAMS, «The death of Artemio Cruz», *The New York Times Book Review* (May 24, 1964), p. 30.

[34] *Cuaderno de Bellas Artes*, IV (enero, 1963), 26.

Karl Kohut
Universidad Católica de Eichstätt, R. F. A.

La historia de Artemio Cruz: la búsqueda de valores en un mundo degradado

> — Dites donc, commandant, qu'est-ce qu'un homme peut faire de mieux de sa vie, selon vous? (...)
> — Transformer en conscience une expérience aussi large que possible, mon bon ami.
>
> (ANDRÉ MALRAUX [1])

La muerte de Artemio Cruz es la historia de un proceso de concientización. Como tal, entra en una larga tradición que ha sido descrita de modo paradigmático en la teoría de la novela de Lukács y, después de él, en la de Goldmann [2]. Lukács definió la forma interior de la novela como «el caminar del individuo problemático hacia sí mismo, el camino que va desde la oscura prisión en la realidad simplemente presente, heterogénea en sí y carente de sentido para el individuo, hasta el autoconocimiento claro». Después de haberlo logrado, el ideal encontrado alumbra, como sentido de vida, la inmanencia de ésta; sin embargo, la dicotomía de ser y deber no es abrogada y no puede ser abrogada en el mundo de la novela; solamente se puede lograr un máximo de aproximación, un alumbramiento profundo e intensivo del hombre por el sentido de su vida (347).

---

[1] La cita proviene de la novela *L'Espoir,* citada aquí según la impresión en Malraux, 1976: 898.

[2] Cito la teoría de la novela de Lukács, elaborada en los años 1914 y 1915, y publicada por primera vez en 1916, según la edición española de 1985 que corregí en algunos detalles; en cuanto a Goldmann, cito la edición de 1964; en este caso, la traducción es mía.

El individuo que Lukács llama problemático lo es porque vive en un mundo de valores degradados. Los valores auténticos ya no existen en el mundo exterior, sino tan sólo interiorizados en su conciencia. De ahí nace la escisión entre el individuo y el mundo, lo que constituye la causa de su ser problemático. El caminar del individuo problemático hacia el autoconocimiento conduciría, pues, al doble reconocimiento de los valores auténticos y de su desajuste para con el mundo en el que vive (67 s). Goldmann resumió este proceso en la fórmula según la cual la novela sería «la historia de una búsqueda *degradada* de valores auténticos en un mundo degradado». El protagonista degradado de la novela sería un loco o un criminal que buscaría de modo inauténtico valores auténticos en un mundo de conformismos y convenciones (23-35).

Estas descripciones referidas necesariamente de modo esquemático concuerdan con algunas críticas recientes que han reconocido el problema de los valores como uno de los temas centrales de *La muerte de Artemio Cruz* [3]. Por ello, parece justificado utilizar las teorías de Lukács y Goldmann como base para una reinterpretación de la novela que se concentrará precisamente en la problemática esbozada.

En *La muerte de Artemio Cruz,* el proceso de concientización se desarrolla en la conciencia del protagonista en agonía. La presentación narrativa de este proceso se realiza a través de tres perspectivas diferentes que corresponden a tres configuraciones del Yo del protagonista: el Yo, el Otro-Yo, denominación que tomo prestado de *Yo el Supremo,* de Roa Bastos, y que, en la novela de Fuentes se dirige al Yo llamándolo de Tú y, finalmente, un Él que aparece como narrador omnisciente. En la novela, Tú y Él son generados del Yo del protagonista (16 s), y se refunden en una sola persona, en el instante mismo de la muerte (315 s). En una entrevista, Fuentes explicó la relación recíproca de las tres personas diciendo que el Tú representaría el subconsciente,

> especie de Virgilio que lo [i. e. Artemio Cruz] guía por los círculos de su infierno, y que es la otra cara de su espejo, la otra mitad de Artemio Cruz: es el Tú que habla en futuro. Es el subconsciente que se aferra a un porvenir que el Yo —el viejo moribundo— no alcanzará a conocer. El viejo Yo es el presente, en tanto el Él rescata

---

[3] Sobre todo, Vidal, 1976, y Häseler, 1983. La problemática de los valores está en el centro de la entrevista con Sosnowski, 1981.

el pasado de Artemio Cruz. Se trata de un diálogo de espejos entre las tres personas, entre los tiempos que forman la vida de este personaje duro y enajenado [4].

A cada persona corresponden, en la novela, doce secuencias que se alternan según una estructura inmutable: Yo - Tú - Él. La novela termina con dos cortas secuencias más, que corresponden al Yo y al Tú, de manera que la totalidad de las secuencias alcanza a 38. Las secuencias del Yo y el Tú están relacionadas con el presente del protagonista, si bien de forma muy diferente. El tiempo del Yo es el presente, la agonía que vive el protagonista. La forma estilística característica es el monólogo interior. El tiempo del Tú es aparentemente el futuro. Pero debajo de esta forma gramatical se esconden, a la vez, el presente y el pasado. El Otro-Yo habla con el Yo que obviamente es el Yo agonizante. De este modo, esas secuencias participan del presente de las secuencias del Yo. Pero el Otro-Yo habla del pasado y desde una perspectiva del pasado. El futuro gramatical recibe en este contexto la función de señalar posibilidades, opciones que el Yo tuvo, pero no eligió. De este modo, estas secuencias constituyen un recuerdo del pasado de Yo, no como fue, sino como hubiera podido ser: una «posible vida» (34). Las secuencias del Él, finalmente, cuentan doce días decisivos en la vida del protagonista. Las secuencias del Tú tienden un puente entre las del Yo y las del Él, ligan el presente al pasado, lo hecho con lo que hubiera podido ser. Finalmente, hay que señalar una irregularidad significativa en la estructura rígida. Entretejida con las secuencias del Yo va una escena del Él que corresponde al día que precede la agonía. Se trata de una grabación de negociaciones que Artemio Cruz escucha. En rigor, esa grabación constituye una secuencia más del Él, de modo que también esta serie alcanzaría el número de 13, lo que elevaría el número total a 39. Esta última escena del Él penetra la agonía del protagonista, en cuya conciencia se confunden, de este modo, pasado y presente.

En las secuencias del Yo, éste está al principio plenamente consciente y gradualmente se va turbando hasta emitir, en las últimas secuencias, solamente fragmentos inconexos de palabras y pensamientos.

---

[4] La cita proviene del artículo de Mario Benedetti: «Carlos Fuentes: del signo barroco al espejismo», citado aquí según la impresión en Giacoman, 1971: 99, quien la sacó de una entrevista de Fuentes con Emmanuel Carballo.

Las secuencias del Tú y el Él, al contrario, quedan lúcidas, con la
sola excepción de la última escena del Tú donde también el Otro-Yo
acusa síntomas de turbación que terminan con la extinción de la
conciencia. Paradójicamente, el proceso de concientización va en dirección inversa, de modo que el momento de la extinción de la conciencia coincide con el de su mayor lucidez.

Son las secuencias del Yo y del Tú el lugar de la reflexión ética
del protagonista. Pero la perspectiva es diferente en las dos series.
En las del Yo, las reflexiones se presentan como explicación o defensa de su pasado; en las del Tú, como crítica [5]. Es sobre todo el
Otro-Yo el que ofrece valoraciones éticas del comportamiento del protagonista, de manera que correspondería más bien a la conciencia
ética del personaje que el Yo intenta relegar a lo más profundo de
su ser, deseo que intuye el Otro-Yo diciendo: «No querrás pensar
en todo eso. Tú detestarás a yo por recordártelo» (33). Las reflexiones escasean en las secuencias del Él, si bien no están del todo ausentes: en esta serie, los episodios generalmente son relatados y forman
la materia y los puntos de arranque de las reflexiones de las otras
dos series.

Es cierto que la escisión de la novela en tres secuencias narrativas
da profundidad a la relación de los hechos y permite ver al protagonista desde perspectivas diferentes. Sin embargo, más importante
es el hecho de que la escisión narrativa corresponde a una escisión
del personaje, de modo que se corresponden lo narrado y el modo
narrativo. La escisión interior de Artemio Cruz tiene su origen en
el acto mismo de su concepción en el sentido sexual. Artemio Cruz
es hijo de Atanasio Menchaca, rico terrateniente de Vera Cruz que
había violado a la mulata Isabel Cruz. Ésta había venido con su
familia desde Cuba y trabajaba en sus tierras. Artemio Cruz es, pues,
según la mitología mexicana interpretada magistralmente por Octavio
Paz, un hijo de la chingada [6]. Su historia puede resumirse en la fórmu-

---

[5] Las tres personas y su función narrativa respectiva han encontrado,
en la crítica, interpretaciones muy diferentes e incluso controvertidas. Me
limito a señalar tres análisis significativos: el de Jara, 1968, también en
Giacoman, 1971: 171-185; Befumo Boschi/Calabrese, 1974: 96-109; Vidal, 1976: 303 s, quien ve detrás de las tres personas «una *supraconciencia*
que da cohesión a esta trinidad» y que denomina *supra-yo* (303).

[6] Paz, 1967: 68-75. En la novela, toda una secuencia del Tú va dedicada a este tema, donde resalta la escisión interior generadora de la ambigüedad moral del protagonista: «Nuestra palabra. Tú y yo, miembros de esa

la en que Artemio Cruz se esfuerza, a lo largo de su vida, por volverse chingón y casi lo logra, pero en el fondo de su ser siempre queda el hijo de la chingada.

En la trama de la novela, esta escisión interior se traduce en un comportamiento ambiguo que se revela en una serie de elecciones existenciales que casi siempre son, a la vez, elecciones entre diferentes sistemas de valores. La primera de ellas es la del 18 de enero de 1903, cuando el joven Artemio mata a su tío Pedro porque lo confunde equivocadamente con el «enganchador» que debía venir a buscar a su tío y amigo paternal Lunero (304 s). Seguramente, este acto es una autodefensa porque Artemio Cruz depende de Lunero; pero esencialmente, es un intento de salvar a éste de la esclavitud inminente. Por lo tanto, el acto es a la vez expresión del miedo y de la generosidad del muchacho. Pero hay un elemento más. Por primera vez, Artemio Cruz impone su voluntad por medio de la violencia.

Lunero y Artemio Cruz deben huir. Para éste, la huida se presenta como una liberación: «Liberado de la fatalidad de un sitio y un nacimiento... esclavizado a otro destino, el nuevo, el desconocido, el que se cierne detrás de la sierra iluminada por las estrellas» (309). A partir de este día, la «aventura desconocida empieza, el mundo se abre y [le] ofrece [su] tiempo» (313). Artemio Cruz se ve liberado de la situación contingente de su lugar natal, pero no puede escapar de la situación en sí como limitación del hombre.

La próxima elección que le lleva a afiliarse a la revolución es tal vez la más importante de todas. Artemio Cruz había compartido días felices con el «maestro» Sebastián, a quien debió su formación intelectual y moral. Éste le había enseñado «esas cosas elementales de las cuales debe partirse para ser un hombre libre, no un esclavo de los mandamientos escritos», éste le había enseñado «crear sus propias reglas para que pueda constituirse como rebelde, libre, nuevo y único» (125). Ahora bien, fue el maestro Sebastián quien le determinó a juntarse a las tropas revolucionarias:

---

masonería: la orden de la chingada. Eres quien eres porque supiste chingar y no te dejaste chingar; eres quien eres porque no supiste chingar y te dejaste chingar: cadena de la chingada que nos aprisiona a todos: eslabón arriba, eslabón abajo, unidos a todos los hijos de la chingada que nos precedieron y nos seguirán» (144 s).

Él te mandó, tú te fuiste a la revolución: no sale de mí este recuerdo, no te alcanzará:
no tendrás respuesta para los dos códigos opuestos e impuestos;
tú inocente,
tú querrás ser inocente,
tú no escogiste, aquella noche (125).

La cita deja ver que el episodio forma parte de las secuencias del
Otro-Yo en las que éste critica el comportamiento del Yo. Su ser
revolucionario está viciado desde el principio porque no resulta de
una elección autónoma, sino que obedece a un deseo ajeno. Artemio
Cruz es, por lo tanto, un revolucionario enajenado. Lo que le importó
en esta elección no fueron los valores revolucionarios, sino su amor
por el maestro.

Y será también el amor el que decidirá su separación de la revolución. Se trata de los acontecimientos del 4 de diciembre de 1913.
Artemio Cruz es teniente en las tropas revolucionarias del norte que
combaten al presidente Huerta. Comparte sus momentos libres con
la joven Regina, a la que ha raptado y violado siete meses antes; a
pesar de estos comienzos violentos, su amor se ha convertido en un
sentimiento libre y profundo que llena la existencia de los dos. En
un combate, Artemio Cruz es herido; anda desorientado, recuerda su
amor: «Pasaría la revolución, pasarían los pueblos y las vidas, pero
eso no pasaría. Era ya su vida, la de ambos» (76). Este minuto de
distracción es suficiente «para que todo el ajedrez de la guerra se
convirtiera en un juego irracional, incomprensible» (77). A partir de
entonces, Artemio Cruz «quiso salvarse para regresar al amor de Regina» (79); esta decisión se convierte en culpa porque le lleva a negar
ayuda a un herido que muere por eso mismo. Pero todo ha sido en
vano, porque cuando busca a Regina la encuentra muerta, colgada
en un árbol por el enemigo (81). Aquí empieza el juego oscuro y casi
mágico de las muertes por sustitución que se repetirá varias veces en
su vida posterior.

Irónicamente, el desertor se convierte en héroe al regresar porque
su escuadrón había derrotado al enemigo. Artemio Cruz sigue por lo
tanto combatiendo con las tropas revolucionarias. Pero si antes lo
había hecho para complacer a su maestro, ahora ha desaparecido
incluso esta motivación. Lo que queda es un rito sin meta ni sentido.
Artemio Cruz quiso sobrevivir por el amor de Regina, por ella se
separó en su foro interior de la revolución; muerto el amor, queda

sólo su afán de sobrevivir que se convierte en la meta más alta y que dominará todo el resto de sus acciones. El 22 de octubre de 1915, en un episodio decisivo más, es hecho prisionero, junto con un soldado yaqui, por las tropas villistas. En el calabozo encuentra a Gonzalo Bernal, hijo de un terrateniente, que se ha unido a la revolución por motivos anarquistas y que la juzga con ojos desilusionados:

> Artemio, Artemio, los hombres no han estado a la altura de su pueblo y de su revolución. (…)
> No; todo es un siniestro juego de eliminaciones. Ya estamos viviendo entre criminales y enanos, porque el caudillo mayor prohíja pigmeos que no le hagan sombra y el caudillo menor tiene que asesinar al grande para ascender. Qué lástima, Artemio. Qué necesario es todo lo que está pasando y qué innecesario es corromperlo (196).

En el calabozo se encuentran, pues, el revolucionario que a pesar de todo sigue siendo fiel a sus ideales, y el revolucionario que ha perdido toda fe en ellas. Artemio Cruz tiene que decidirse otra vez entre los valores de la revolución y de la solidaridad y su propia vida. Se decide a sobrevivir y se salva traicionando planes falsos. Pero su acto no deja de ser por ello traición, porque la verdadera traición consiste en negar la solidaridad a sus compañeros de celda que condena de hecho a la muerte. Sobrevive porque Gonzalo Bernal muere: «Yo sobreviví. Tú moriste. Gracias» (245).

Después de la revolución, Artemio Cruz sigue utilizando sus valores sin creer en ellos. El antiguo discípulo del maestro Sebastián se ha convertido en un farsante cínico. Artemio Cruz se acerca al padre de Gonzalo Bernal con el pretexto de transmitirle las últimas palabras de su hijo. La situación política y económica desesperada de Gamaliel Bernal le brinda la oportunidad de apoderarse de sus bienes, lo que realiza sin escrúpulos. «Desventurado país —reflexiona éste— que a cada generación tiene que destruir a los antiguos poseedores y sustituirlos por nuevos amos, tan rapaces y ambiciosos como los anteriores» (50). La revolución aparece en esta reflexión como una simple sustitución de élites. En la novela, esa idea va reforzada por la estructura temporal que ha asimilado la temporalidad cíclica de los aztecas [7]. Artemio Cruz se apodera de la hacienda de Gamaliel

---

[7] El descubrimiento de esta analogía se debe a Jara, 1968; el tema fue retomado después, sobre todo, por Befumo/Calabrese, 1974, y Meyer-Minnemann, 1978.

Bernal, pero le deja con cierta generosidad las apariencias de su posesión. A partir de entonces, ensancha sistemáticamente su poder político y económico:

> Préstamos a corto plazo y alto interés a los campesinos del estado
> de Puebla, al terminar la revolución; adquisición de terrenos cercanos
> a la ciudad de Puebla, previendo su crecimiento; gracias a una amis-
> tosa intervención del Presidente en turno, terrenos para fracciona-
> mientos en la ciudad de México; adquisición del diario metropolita-
> no; compra de acciones mineras y creación de empresas mixtas mexi-
> cano-norteamericanas en las que tú figuraste como hombre de paja
> para cumplir con la ley; hombre de confianza de los inversionistas
> norteamericanos (...) (16).

Un elemento indispensable en esta marcha hacia arriba es su olfato
infalible, que le hace escoger siempre «al caudillo emergente contra
el caudillo en ocaso» (137).

Este ascenso exterior va a la par con una degradación interior.
El signo más importante de este proceso es la reificación del amor.
Catalina, la hija de Gamaliel Bernal, forma parte del contrato entre
los dos hombres: Artemio Cruz salva la situación política y económica
de éste, pero se apodera de sus bienes y de su hija, quien le asegura
la herencia legal. Años más tarde, será la joven Lilia a quien compra
y de quien se sirve al principio, como acompañante de vacaciones y,
más tarde, como ama de su segunda casa, que considera como la que
es verdaderamente la suya. La reificación del amor culmina en la
autoconfesión de que su «único amor ha sido la posesión de las cosas,
su propiedad sensual» (139). El amor como relación auténtica entre
los hombres es sustituido por el sentimiento del poder y el orgullo
que determinan su ser inauténtico que encuentra su expresión perfecta en la escena carnavalesca de la fiesta de San Silvestre de 1955.
En este año, como en los precedentes, Artemio Cruz organiza una
fiesta en la cual participan 100 invitados de la alta sociedad mexicana, todos poderosos que rinden homenaje, en esta noche, al más poderoso. Artemio Cruz participa en esta fiesta tan sólo como espectador: contempla a los invitados desde una butaca apartada; la distancia entre él y los otros es signo de su orgullo y de su poder
sobre los otros, que se vengan llamándolo «la momia de Coyoacán»
y burlándose de Lilia (261). Poco le importa, porque está seguro de
su poder sobre ellos, el poder que es un valor absoluto que «vale
en sí mismo» (267).

La última etapa de esa degradación interior está marcada por la escena de las negociaciones con algunos americanos del norte que escucha por medio de la grabadora en las horas de su agonía. Entonces aparece su deseo escondido de ser uno de ellos, de compartir con ellos «su eficacia, sus comodidades, su higiene, su poder, su voluntad», y de separarse de «la incompetencia, la miseria, la suciedad» de su país (32). Pero en el mismo momento en el que el Otro-Yo le revela implacablemente este deseo no confesado, le revela también su fracaso:

> Tú quisieras ser como ellos y ahora, de viejo, casi lo logras. Pero casi. Sólo casi. Tú mismo impedirás el olvido: tu valor será gemelo de tu cobardía, tu odio habrá nacido de tu amor, toda tu vida habrá contenido y prometido tu muerte: que no habrás sido bueno ni malo, generoso ni egoísta, entero ni traidor (33 s).

La enajenación no ha sido total, completa. La última razón de estos restos de auténtica humanidad es el hecho de que no pudo extinguir las últimas chispas del amor auténtico en él. O, para decirlo en palabras de la mitología mexicana, el chingón siempre quedó en el fondo de su ser un hijo de la chingada. Por eso, incluso sus relaciones con su mujer Catalina mantienen un dejo de ambigüedad. La vida le brinda dos oportunidades más de abandonar su modo inauténtico de ser y optar por un amor solidario. Se trata del amor por su hijo Lorenzo y por Laura. Ambas veces fracasa, porque no tiene el coraje para abandonar su existencia de hombre poderoso. Pero mientras que su amor por Laura no sobrepasa los límites de un episodio fugaz y tardío, el amor por su hijo constituye un núcleo decisivo en su vida, comparable en eso solamente con su amor por Regina.

Para Lorenzo, Artemio Cruz compra y reconstruye la hacienda de sus padres y lo hace venir para que viva allí y aprenda a amar esta tierra, como lo había hecho su padre Atanasio. En Lorenzo se repite la historia de su familia, la de su abuelo y la de su padre; pero éste no le explica nunca la razón de sus acciones para no forzar su afecto. Con Lorenzo vive un día esta cabalgata que vuelve como *leitmotiv* en casi todas las secuencias del Yo: «Esa mañana lo esperaba con alegría. Cruzamos el río a caballo» [8]. Pero Lorenzo repite

---

[8] El día en cuestión es recordado por el Otro-Yo en la 7.ª secuencia del Tú (166-170). La frase citada aparece en todas secuencias del Yo con

también el acto de su padre, abandonando su tierra para luchar en la guerra civil española. Sin embargo, a diferencia de éste, lo hace a partir de una elección autónoma que no le es impuesta por nadie y, además, elige consciente o inconscientemente una muerte heroica y absurda.

Lorenzo muere para que su padre pueda vivir, siguiendo el juego oscuro de las muertes por sustitución que está en el fondo de la novela. El destino de Artemio Cruz adquiere en esta ocasión, como antes con la muerte de Regina, rasgos trágicos, porque las dos únicas veces que eligió conscientemente el amor, el ser amado muere.

En el proceso de concientización, las tres personas del Yo confrontan la serie de opciones realizadas con la de opciones desechadas. Es cierto que Artemio Cruz siempre se decidió contra la opción ética, tanto en el orden individual como en el colectivo y se impuso como dominador, como puro afán de vida, libre y exento de toda ley moral:

> Yo sobreviví. Regina. ¿Cómo te llamabas? No. Tú Regina. ¿Cómo te llamabas tú, soldado sin nombre? Sobreviví. Ustedes murieron. Yo sobreviví. (...) No les debo la vida a ustedes. Se la debo a mi orgullo, ¿me oyen?, se la debo a mi orgullo. Reté. Osé. ¿Virtudes? ¿Humildad? ¿Caridad? Ah, se puede vivir sin eso, se puede vivir. No se puede vivir sin orgullo (85).

Es esta moral egocéntrica —si moral es— que es responsable en último término de la degradación de la revolución mexicana. En su testamento imaginario, Artemio Cruz legará, a sus herederos, «sus [i. e. de México] líderes ladrones, sus sindicatos sometidos, sus nuevos latifundios, sus inversiones americanas, sus obreros encarcelados» (277), y esto es solamente un trozo de una lista muy larga en la cual aparece la realidad degradada como herencia de hombres como Artemio Cruz.

En su agonía, Artemio Cruz se vuelve atrás, retoma y reevalúa las elecciones y decisiones pasadas. Pero este proceso solamente es

---

la sola excepción de la 11.ª. La muerte de Lorenzo es relatada en la 9.ª secuencia de Él.

[9] Vidal, 1976: 319. Un primer esbozo de las correspondencias entre la novela de Fuentes y la filosofía existencialista se debe a Catherine M. Allen: «La correlación entre la filosofía de Jean-Paul Sartre y 'La muerte de Artemio Cruz', de Carlos Fuentes», citado aquí según la impresión en Giacoman, 1971: 399-442.

posible porque Artemio Cruz es y siempre ha sido doble, Yo y Otro-Yo, chingón y chingado. El Otro-Yo presenta al Yo su vida como una serie de elecciones en contra los valores éticos, tanto individuales como colectivos (246 s). Pero varias veces, la opción ética fue equivalente a la muerte. En este punto, el drama individual de Artemio Cruz reviste la dimensión de la tragedia existencial del hombre. Artemio Cruz debió elegir y decidirse en situaciones que habían sido situaciones límites en el sentido de la filosofía existencialista que las define como situación en la cual el hombre solamente puede elegir entre dos salidas, siendo una de ellas la muerte. El hombre tiene la alternativa de elegir la salida ética y morir o vivir culpable. En tanto que el hombre vive le queda la libertad de elegir de nuevo y de conferir un nuevo sentido a su vida; pero con cada elección se restringe el campo de las posibilidades, hasta que al final, en el punto límite de la muerte, vida y destino son la misma cosa [10]. En este punto límite, las dos mitades de la vida de Artemio Cruz se reúnen (17). El proceso de concientización consiste en recordar la mitad que había dejado atrás y que había relegado al olvido. La muerte del protagonista es la condición previa y el fin ineluctable de este proceso, porque cuando alcanza la plenitud del autoconocimiento al llegar al misterio de su nacimiento, le queda una sola salida: la muerte. Podía sobrevivir solamente en tanto permanecía en la «oscura prisión en la realidad simplemente presente», para retomar la frase de Lukács. El caminar hacia el autoconocimiento es al mismo tiempo un caminar hacia la propia muerte.

Seguramente, el fin de la novela no resuelve la dicotomía de ser y deber. ¿Podemos decir con Lukács que se ha logrado «un máximo de aproximación, un alumbramiento profundo e intensivo del hombre por el sentido de su vida»? Creo que sí. El proceso de concientización termina por el conocimiento claro de las opciones éticas que le había ofrecido su destino. Artemio Cruz había elegido las opciones no-éticas; pero en el momento de su muerte recobra la conciencia de la existencia de los valores éticos y, a la vez, de la degradación moral del mundo en que ha vivido. Con su muerte se cierra un ciclo, co-

---

[10] Otro tema caro a los existencialistas, cuya formulación «clásica» se debe a André Malraux, en *L'Espoir*: «Mais, que la... tragédie de la mort est en ceci qu'elle transforme la vie en destin, qu'à partir d'elle rien ne peut plus être compensé. Et que —même pour un athée— là est l'extrême gravité de l'instant de la mort» (780).

mienza otro. ¿Será otra vez una repetición, la sustitución de una élite corrompida por otra? La respuesta de la novela es incierta: la respuesta cierta solamente la pueden dar los lectores que vivirán el nuevo ciclo.

OBRAS CITADAS

FUENTES, CARLOS: *La muerte de Artemio Cruz*. México: Fondo de Cultura Económica, 1962.
— SOSNOWSKI, SAÚL: «Entrevista a Carlos Fuentes». *Eco*, 44 (1981): 615-649.
BEFUMO BOSCHI, LILIANA; ELISA CALABRESE: *Nostalgia del futuro en la obra de Carlos Fuentes*. Buenos Aires: Fernando García Cambeiro, 1974.
GIACOMAN, HELMY F. (ed.): *Homenaje a Carlos Fuentes*. New York: Las Américas, 1971.
GOLDMANN, LUCIEN: *Pour une sociologie du roman*. Paris: Gallimard, 1964.
HASELAR, JENS: «Das Menschenbild Carlos Fuentes in seinem Roman 'La muerte de Artemio Cruz'». *Wissenschaftliche Zeitschrift der Humboldt-Universität zu Berlin. Gesellschaftswissenschaftliche Reihe*, 3 (1983): 275-280.
JARA, RENÉ C.: «El mito y la nueva novela hispanoamericana. A propósito de 'La muerte de Artemio Cruz'». *Signos. Estudios de lengua y literatura*, 2 (1968): 3-53.
LUKÁCS, GEORG: *El alma y las formas y Teoría de la novela*. México: Grijalbo, 1985.
MALRAUX, ANDRÉ: *Romans*. Paris: Gallimard, 1976 (Bibliothèque de la Pléiade, 70).
MEYER-MINNEMANN, KLAUS: «Tiempo cíclico e historia en 'La muerte de Artemio Cruz', de Carlos Fuentes». *Iberoromania* (1978). N. F., 7: 88-105.
PAZ, OCTAVIO: *El laberinto de la soledad*. México: Fondo de Cultura Económica, [5] 1967.
VIDAL, HERNÁN: «El modo narrativo en 'La muerte de Artemio Cruz', de Carlos Fuentes». *Thesaurus*, 31 (1976): 300-326.

Magdalena Maiz
Arizona State University/Davidson College

Memoria e historia: la textura del recuerdo
en *La muerte de Artemio Cruz*

> «La memoria es el deseo insatisfecho,
> sobrevive con la memoria, antes de
> que sea demasiado tarde, antes de que
> el caer te impida recordar ...»

Voz y palabra de un personaje emergente en un discurso que escudriña la tradición literaria mexicana para dar constancia de una realidad altamente compleja, llegando a romper los márgenes anecdóticos de la crónica individual y subjetiva. Texto que se vuelve alegoría de una historia preñada de conflictos entre mitos oficiales y alternativas críticas hacia el pasado, hacia la memoria individual y colectiva y hacia la crisis de identidad y desfase trágico de una sociedad atrapada en las fracturas y espejismos de su modernización y de una revolución fallida.

La muerte de Artemio Cruz, de Carlos Fuentes, emerge como una incisión escritural en el discurso literario mexicano contemporáneo al proponer y registrar textualmente a través del rostro, máscara e historia de un personaje agónico en el umbral de la muerte, una lectura crítica y mordaz de la biografía social, política y cultural del México post-revolucionario [1].

Nos interesa descubrir y en la medida de lo posible describir en relación a este discurso de modalidad autobiográfica encarnado en el

---

[1] Sobre una interpretación psico-social e histórica de este aspecto, véase MARÍA STOOPEN, *La muerte de Artemio Cruz, una novela de denuncia y de traición* (México, D. F.: Universidad Autónoma de México, 1982).

acto evocativo que sustenta y articula su inscripción, los dispositivos textuales que conforman la concepción cambiante del personaje central sobre sí mismo[2]. Crónica personal en la que Artemio Cruz más que recordar su vida se aboca a configurar su propia biografía, «historizando» su pasado desde la inescapable huida del recuerdo de un Yo que hubiera podido ser, que hubiera deseado ser, que le asedia y que traiciona su propio deseo de olvido y de recuerdo.

La muerte de Artemio Cruz gravita alrededor del acto de rememorización, del modo de existencia asumido por este personaje de rasgos amorfos en pugna constante entre el ocultamiento y la revelación, al intentar aprehenderse a sí mismo desde una trilogía narrativa espacio-temporal para conformar su autorretrato e inscribir su particular concepción de un mundo hecho de gesticulaciones, imágenes y mitos personales[3].

Artemio Cruz, signo organizante del relato, modela y bosqueja su propia auto-imagen no ante sí mismo solamente, sino *en* y *desde* el lugar de cita con la muerte, zona limítrofe y frontera última de su procesión interminable. En este deambular evocativo su cuerpo se vuelve corteza catalizadora de imágenes, único poseedor de la certidumbre de su presente, mediador de su percepción y su memoria, instrumento que da sustancia y realidad a un Yo y a una conciencia poblada de coartadas y enramadas de su realidad y su deseo.

Al manipular a su antojo y voluntad sus propios recuerdos, el personaje sujeto-objeto de su narración construye y deconstruye una imagen de sí mismo diseminada en relación a su interés y deseo personal. El sujeto dentro de las condiciones y limitaciones de su evolución no se presenta textualmente como algo dado o constituido, sino como la proyección dislocada de una angustia de identidad en búsqueda de su sentido. En esta forma, Artemio Cruz asume su relato autobiográfico recordando y olvidando simultáneamente desde un presente agónico

---

[2] Consúltese las proposiciones teóricas sobre la modalidad autobiográfica en los textos de JANET VARNER GUNN, *Autobiography: Towards a Poetics of Experience* (Philadelphia: University of Pennsylvania Press, 1982), y el de JAMES OLNEY, *Metaphors of Self; The Meaning of Autobiography* (Princeton, N. J.: Princeton University Press, 1972).

[3] Sobre la representación del sujeto a partir de la modalidad autobiográfica, véase el seminal estudio de PAUL JAY, *Being in the Text; Self-Representation from Wordsworth to Roland Barthes* (Ithaca: Cornell University Press, 1984).

enunciativo su ascenso político, económico y social, al mismo tiempo que paralelamente diseña su descenso moral, precio insaciable de su ambición, poder, riqueza y «sobrevivencia».

El recuerdo y el olvido como dispositivos de la memoria operan en este proyecto autobiográfico asumido por el personaje, como matrices o coordenadas textuales alrededor de las cuales gira el rememorar agónico de Artemio Cruz a la hora de su muerte. En su representación textual recuerdo y olvido parecerían devenir en dispositivos textuales que articulan y disparan a su vez la dinámica narrativa del relato.

Recuerdo y olvido van labrando en este mosaico textual una parda sombra de identidad, un rostro vaporoso que se contempla y se dibuja en el entretejido de la coartada del deseo entre afirmarse y negarse a sí mismo, en el juego y rejuego de la redención y/o la autocondena. Lo recordado y lo olvidado: hechos, escenas, momentos e instancias pasadas más que ser fragmentos de una identidad desmembrada y dislocada en búsqueda de su unidad y su sentido, son productos de construcción, de elaboración, de imaginación, meros efectos de la autorrepresentación que asume el personaje, huérfano de un futuro y asido a un pasado por crear. Ante el temor de su dispersión expresa el personaje:

> Tú mismo impedirás el olvido: tu valor será gemelo de tu cobardía, tu odio habrá nacido de tu amor, toda tu vida habrá contenido y prometido tu muerte: que no habrás sido bueno, ni malo, generoso ni egoísta, entero ni traidor. Dejarás que los demás afirmen tus cualidades y tus defectos; pero tú mismo, ¿cómo podrás negar que cada una de tus afirmaciones se negara, que cada una de tus negaciones se afirmara? Nadie se enterará, salvo tú, quizás. Que tu existencia será fabricada con todos los hilos del telar, como las vidas de todos los hombres. Que no te faltará, ni te sobrará, una sola oportunidad para hacer de tu vida lo que quieras que sea... [4].

Recuerdo y olvido operan como gestos de una espera en el territorio movedizo y alógico en dónde el tiempo relativiza las tonalidades afectivas del pasado en el presente y del presente en el pasado. Verbos que se convierten en la única certidumbre de permanencia en el vasto

---

[4] CARLOS FUENTES, *La muerte de Artemio Cruz* (México, D. F.: Fondo de Cultura Económica, 1962), pp. 33-34. Las citas incluidas en el texto seguirán esta misma edición.

universo interior que cifra la gradual cristalización de un Yo que se
constituye a sí mismo *en* y *a través* del lenguaje, del verbo y la palabra que lo acredita y lo legitimiza.

Perfil que se conforma en relación a un recuerdo y a un olvido
que amplifica, retoca, deforma, niega o conforma la yoidad múltiple
y dividida de otros Artemios Cruz para en última instancia elaborar
la cartografía de un Yo que se constituye precisamente en su alteri-
dad. La conciencia real e imaginaria se encarna textualmente como
producto y productor del acto de rememorización: Artemio Cruz no
transcribe su pasado ni su historia impunemente, sino que se vuelve
autor de su propia autogénesis, editor de la versión última de su vida.

Prisionero de su propio temor, el personaje refleja y refracta la fatalidad de la alienación de un pasado que condena y un futuro que
pudo ser y no fue como única posibilidad de expiación. Recordar y
olvidar: punto de anclaje, de llegada y de partida, suma y síntesis
del encuentro o desencuentro con los fantasmas de un pasado real o
imaginario que se ha ido metamorfoseando y vuelto ajeno a través de
los años [5]. Artemio Cruz, como Paz observa, parecería ser ese protagonista:

> ... indescifrable a primera vista, como una piedra sagrada cubierta
> de incisiones y signos, la máscara del viejo es la historia de unas
> facciones amorfas, que un día emergieron confusas, extraídas en vilo
> por una mirada absorta. Por virtud de esa mirada las facciones se
> hicieron rostro y, más tarde, máscara, significación, historia [6].

Para Artemio Cruz recordar deja de ser ceremonial de indagación,
reflexión y autocuestionamiento ante la muerte tornándose un pretexto, una posibilidad última de juego, un último momento para
acallar esa voz omnipresente de su «Otredad» que obsesivamente lo
acosa. Ritual de apropiación en el que su travesía interior pauta y
delinea los límites oscilatorios y las fronteras veladas de un espacio
individual, social, emocional y sexual irresuelto, en el cual el nombre
propio no puede dejar de ser tributario de enrejadas históricas. Recordar se ha vuelto el paladeo secreto de auto-contemplación, jugada de

---

[5] Jeffrey Mehlman, *A Structural Study of Autobiography: Proust,
Leiris, Sartre, Lévi-Strauss* (Ithaca: Cornell University Press, 1974).

[6] Octavio Paz, *El laberinto de la soledad* (México, D. F.: Fondo de
Cultura Económica, 1959), p. 10.

la conformación y configuración de un Yo que acoge distorsiones, interpolaciones y falsificaciones a la medida de quien es juez y testigo de su propio juego.

Artemio Cruz, centro de gravedad poroso, vacuo, hecho de pálidas sombras del deseo de ser otro, de finos fragmentos del placer de haber sido otro, filigramas del espectro de estar siento todavía, de nunca haber podido ser... Dice una de sus tantas voces:

> El gemelo reflejado se incorporará al otro, que eres tú, al viejo de setenta y un años que yacerá, inconsciente, entre la silla giratoria y el gran escritorio de acero: y estarás aquí y no sabrás cuáles datos pasarán a tu biografía y cuáles serán callados, escondidos. No lo sabrás. Son datos vulgares y no serás el primero ni el único con semejante hoja de servicios. Te habrás dado gusto. Ya habrás recordado eso. Pero recordarás otras cosas, otros días, tendrás que recordarlos. Son días que lejos, cerca, empujados hacia el olvido, rotulados por el recuerdo —encuentro y rechazo, amor fugaz, libertad, rencor, fracaso, voluntad— fueron y serán algo más que los nombres que tú puedes darles: días en que tu destino te perseguirá con un olfato de lebrel, te encontrará, te cobrará, te encarnará con palabras y actos, materia compleja, opaca, adiposa tejida para siempre con la otra, la impalpable, la de tu ánimo absorbido por la materia... (pp. 16-17).

Voz y conciencia de quien para desfigurar y borrar el presente decide habitar un pasado y un futuro ajenos, significándolos entre el olvido y el recuerdo desde la re-escritura y la re-lectura del presente, de la síntesis de pasados, hechura de la propia historia. La multiplicidad de pronombres deja entrever el ceremonial narcisista en el que el personaje se aboca al proceso de creación de un yo —como suma y síntesis dislocada de una pluralidad de Artemios— afirmando la imposibilidad de la unidad y la intolerancia ante un identidad dispersa o incompleta.

En la inscripción textual de la representación simbólica de su vida esta voz narrativa emite y susurra palabras, conceptos, emociones, ritmos e imágenes visuales, hilvanando la galería de retratos que guarda y convoca de sí misma. El acto evocativo se vuelve escenario interior, recinto privado de resentimientos acumulados donde no se juegan las apariencias, sino que se manipulan o invierten las estrategias nostálgicas de un recuerdo y un olvido. Este protagonista elabora su relato entretejiendo desde el filtro de su presente certero recuerdo-olvido, anécdotas personales, acontecimientos sociales e históricos y episodios políticos haciendo de personajes y eventos, índices tangibles de su universo cifrado. Su autorreflexión se vuelve un enramado de sensaciones, pasiones, deseos, frustraciones, cóleras, sentimientos, rencores, incumplimientos, temores y obsesiones. Su vida: escritura, textura de un tiempo y un espacio plural que muestra despojos de un espejo roto, mutilado e incompleto. En la memoria e indagación, recuerdo y olvido, laberinto y purgatorio emerge un cúmulo de máscaras huidizas atrapadas entre la obsesión por el poder, la corrupción disimulada, los tejemanejes políticos y económicos, las tramas morales irresueltas y los actos sin final de una historia ejercida en la «sobrevivencia» *a través de* y *gracias a* los otros: Regina, Gonzalo Bernal, el yaqui Tobías y la multitud anónima de sus víctimas...

En su delirio agónico, la rememoración de su vida le muestra el rostro espectral de una multiplicidad de muertes, el murmullo fantasmagórico y acusatorio de una serie de vidas, de sus vidas: «Yo no sé... no sé... si él soy yo... si tú fue él... si yo soy los tres... Tú... te traigo dentro de mí y vas a morir conmigo...» (p. 315). Simulacro de un exorcismo en el que la soledad es sinónimo de repetición, destino, refugio y quizás condena. Artemio Cruz exhibe y desenmascara las encrucijadas de un ritual que a fin de cuentas se consuma y se consume en sí mismo y en el acto propiciatorio del recordar/olvidar el rostro propio y/o el ajeno.

La ficcionalización de la memoria y de la propia historia, la negación y el escape ante el olvido conforman un discurso a contracorriente que devela el lado oscuro de la palabra de un personaje que se resiste a un ajuste de cuentas consigo mismo, con lo que pudo ser, con lo que hubiera deseado ser. La voz enunciativa selecciona arbitrariamente fragmentos de sí misma que en última instancia registran en relieve el legado de su épica personal silenciando el único olvido que podría alejar de la condena: Lorenzo su hijo, continuidad, contigüidad, envés opaco del espejo, cúmulo de deseos incumplidos e insatisfechos.

El deseo de olvidar la imagen de su hijo y el dolor e impotencia de no poder recordarlo detienen, desvían y emergen asiduamente en su memoria como el eco doliente, signo de su presencia. Olvidar su origen y la muerte de su hijo se vuelven espacio privilegiado a evitar, reprimir, replegar en el fondo de la memoria. La evocación de Artemio Cruz no sólo propone un tiempo cíclico donde origen y muerte son espejos dobles, sino donde recuerdo y olvido hacen evidente el movimiento dialéctico que estructura un relato que va del origen a la muerte y de la muerte a la vida. Desde el Artemio Cruz muerto en vida, hasta el Cruz niño compañero del mulato Lunero, desde ese Artemio Cruz latifundista, hombre de negocios, representante de la burguesía, aliado de intereses transnacionales, opresor de su propia gente, hombre de paja, industrial poseedor de vastos terrenos urbanizables, periódicos, consorcios industriales, hasta el Artemio amoroso padre de Lorenzo, de la hacienda de Cocuya. El olvido en el momento decrépito del final irrumpe como nostalgia del origen y origen de la nostalgia, motor del deseo de una continuidad trunca...

La modalidad autobiográfica asumida por el personaje funde narrador y protagonista, pasado y presente, individuo y sociedad sugiriendo que hay un Yo que en sus contradicciones parecería desear conciliar sus diferentes rostros y abrir la posibilidad de un Otro. El personaje edita su propia historia ofreciendo una segunda relectura de su pasado dando cabida a una sinceridad y artificio que se confunden, al apropiarse de un territorio interior delimitado por horizontes variables que van desde el deseo de dominar el tiempo finito, hasta el de provocar su huida.

El personaje al modular su existencia monumentaliza su vivir mientras su cuerpo agonizante opera como guardián de la conciencia en este quehacer poblado de máscaras y versiones complicitorias sobre la existencia individual, sobre los residuos de una vida almacenados. Recuerdo e invención: Coartada del juego, eje textual entre el pasado y el presente, duda y certeza, realidad y ficción donde la visión introspectiva, la inscripción textual y la aprehensión escritural de una realidad compleja entretejen la crónica biográfica de alguien que se mira, se siente, se piensa, se fantasea, imagina, se burla, se olvida...

Como se puede observar en este discurso la conciencia autobiográfica no implica la reflexión mecánica y mimética, sino que remite a la capacidad de auto-invención del sujeto mismo al evocar su biografía individual. En la crónica personal de Artemio Cruz se afirma un Yo no como entidad cerrada, sino como una suma asociativa de diferentes instancias de una voz narrativa que se desdobla y se disemina, se conforma y crea paulatinamente. El personaje no sólo se construye, sino que se deconstruye y reconstruye en forma dialéctica a través del acto autobiográfico. La verosimilitud y la confiabilidad de su indagación introspectiva no implica la anulación del engaño voluntario e involuntario como presupuesto.

A través de Artemio Cruz, Fuentes ausculta la empolvada escenografía del discurso de la Revolución Mexicana despojándolo de su condición museográfica para develarlo como una articulación opaca en donde la historia parecería ser anécdota y la patria un negocio personal. Más que ser una crónica diáfana y transparente, el texto se constituye en un palimpsesto en donde rememorar u olvidar no son sinónimos de una verdad o mentira inocente, en donde la auto-develación podría a fin de cuentas ser la otra cara del autocuestionamiento.

La muerte de Artemio Cruz, prólogo y epílogo, origen y fin de un discurso narcisista que deja de ser territorio íntimo para trascender los bordes individuales y apuntar hacia una biografía política, social, económica y cultural de un México resquebrajado, sitiado y amenazado por la alevosa modernización de un futuro que no es suyo y la fallida Revolución de un pasado del que no se ha apropiado.

Manuel Augusto Ossers Cabrera
State University of New York at Albany

Interpolación de géneros literarios
en *La muerte de Artemio Cruz:* acercamiento estilístico

La distintiva narración trivalente en que se desarrolla *La muerte de Artemio Cruz* no es sencillamente una alternancia de la voz narrativa en tiempo y persona gramatical para motivar al lector a compenetrarse más profundamente en la acción novelesca, de tal manera que su imaginación logre una proyección más amplia de esta ficción. No es simplemente, tampoco, el intento de abarcar la complejidad sicológica del personaje al presentar su conciencia, subconciencia y vivencias. Obviamente, estos dos factores se logran en la novela.

Lo que resulta curioso es que esta narración tridimensional constituye en ciertos aspectos una interrelación de géneros literarios. En otras palabras, elementos propios de los géneros lírico y dramático se interpolan en esta obra que al ser novela, cae en el género épico; pues según Brunetière, la novela es una «variante épica» [1]. Pero más curioso resulta la relación directamente proporcional existente entre el triángulo narrativo yo-tú-él, y los tres géneros literarios lírica, dramática y épica, respectivamente. Siguiéndose así la fórmula establecida por Ducrot y Todorov a partir de Goethe: «he [Goethe] affirmed that there were only three genuine natural forms of poetry: the 'clearly telling', the 'enthusiastically excited', and the 'personally acting' —epic, lyric, and drama. This formula can be interpreted as referring to the three protagonists of enunciation: he (epic), I (lyric poetry), you (drama)...» [2]. También Ducrot y Todorov —esta vez a

---

[1] RAÚL H. CASTAGNINO, *El análisis literario: Introducción metodológica a una estilística integral,* 9.ª ed. (Buenos Aires: Editorial Nova, 1974), p. 73.
[2] OSWALD DUCROT and TZVETAN TODOROV, *Encyclopedic Dictionary of*

partir de Jakobson—, señalan una proporcionalidad entre la triplicidad narrativa y el tiempo: yo-presente, tú-futuro, él-pasado [3]. Es ésta, precisamente, la proporción registrada en nuestra novela. La combinación de ambas fórmulas nos da lo siguiente: yo-presente-lírica, tú-futuro-dramática, él-pasado-épica. En vista de que los elementos propios de la dramática los encontramos, como veremos más adelante, en la voz narrativa él de nuestra obra, y no en la voz narrativa tú, adoptamos otra fórmula en la que se da la relación entre «él» y la dramática: él-futuro-dramática, tú-pasado-épica, yo-presente-lírica [4]. Perdemos aquí, sin embargo, la coincidencia temporal entre el él narrativo de nuestro texto y la fórmula de Jakobson.

Quizás sea oportuno indicar, aunque es obvio, por qué *La muerte de Artemio Cruz* se encasilla dentro del género épico, esto es, novela. Estableciendo su género, podemos entonces pasar a las características de otros géneros que se interpolan en aquél. Entre otras razones, las siguientes determinan que la obra en cuestión es novela: Es narración en prosa: «Modo 'épico'... se traduce literariamente en relato» [5].

Esta narración resulta de una trasposición literaria tanto de elementos verídicos, v. gr., revolución mexicana; como de elementos imaginativos. El desarrollo narrativo evoluciona mediante un encadenamiento de los elementos formadores de la trama; por consiguiente, existe un argumento, que a su vez lo componen un conjunto de hechos episódicos consumados por personajes en escenarios y tiempos dados. Este argumento desemboca en un desenlace. La obra se ajusta a las siguientes nociones estilísticas que delinean en qué consiste el género épico: «la épica se refiere a ficciones de personajes ausentes que se evocan y son siempre pretéritos, aunque la mente en su teatro interior las reconstruya y el relato las figure en presente». Y «la epopeya narra un acontecimiento a partir del pasado, de la ausencia hacia la presencia» [6].

Verificado así el género a que pertenece la obra en cuestión, nos ocupamos ahora de la intervención de elementos característicos de los otros dos géneros.

---

the Sciences of Language, trans. Catherine Porter (Baltimore & London: The Johns Hopkins University Press, 1983), p. 154.

[3] *Ibíd.*
[4] CASTAGNINO, p. 75.
[5] CASTAGNINO, p. 69.
[6] CASTAGNINO, p. 66.

Aislemos primeramente cada medio narrativo en función de su correspondencia, si tal relación existe, a un género en particular. Veamos, entonces, si la relación estilística género-sujeto se cumple en nuestra obra: lírica-yo (¿contiene elementos líricos la voz narrativa yo?), épica-tú (¿se puede definir como épica la parte del tú narrativo?) y dramática-él (¿se encuentran factores dramáticos desde el punto de vista narrador-él?).

Cada vez que la voz narrativa nos llega desde el punto de vista yo-narrador, se advierte tácitamente el soliloquio, en unas ocasiones, y el monólogo, en otras, en que discurre el narrador. De esta manera, se construye un puente comunicativo entre la conciencia del narrador y la capacidad receptiva del lector. Mediante esta comunicación, aquél despliega ante éste su visión interior de la realidad exterior a que ahora está sometido; y cómo esa realidad lo afecta. Uno de los primeros contactos de la conciencia del personaje con su existencia externa consiste en el reconocimiento físico de los componentes materiales de su ser. Es como si el narrador primeramente tenga que cerciorarse de que él constituye una realidad física:

> Soy esto. Soy esto. Soy este viejo con las facciones partidas... Soy este ojo. Soy este ojo. Soy este surcado por las raíces de una cólera acumulada, vieja, olvidada, siempre actual. Soy este ojo abultado y verde entre los párpados. Párpados. Párpados. Párpados aceitosos. Soy esta nariz. Esta nariz. Esta nariz. Quebrada. De anchas ventanas. Soy estos pómulos. Pómulos. Donde nace la barba cana. Nace. Mueca. Mueca. Mueca. Soy esta mueca que nada tiene que ver con la vejez o el dolor. Mueca. Con los colmillos ennegrecidos por el tabaco. Tabaco. Tabaco... Soy cuerpo [7].

Además de la sensación física por la cual el personaje se asegura de su presencia material determinada por el inventario físico-sensorial que se aplica: su conciencia proyecta sus inquietudes emocionales manifestadas mediante monólogos dirigidos a los personajes ante su presencia:

> Y los dos avanzan hacia mí... creyendo que van a convencerme, a provocar mi compasión. Ah, no. No les debo la vida a ustedes. Se la debo a mi orgullo. Reté. Osé. ¿Virtudes? ¿Humildad? ¿Caridad?

---

[7] CARLOS FUENTES, *La muerte de Artemio Cruz,* 1.ª ed. (México/Bogotá: Fondo de Cultura Económica, 1976), pp. 9-10.

Ah, se puede vivir sin eso, se puede vivir. No se puede vivir sin orgullo. ¿Caridad? ¿A quién le hubiera servido? ¿Humildad? Tú, Catalina, ¿qué habrías hecho de mi humildad? Con ella me habrías vencido de desprecio, me habrías abandonado... Y tú, Teresa, si a pesar de que te mantengo me odias, me insultas, ¿qué habrías hecho odiándome en la miseria, insultándome en la pobreza?... [8].

Notamos, evidentemente, que estos diálogos interiores reflejan y declaran la realidad emotiva del narrador ante los seres que forman parte de sus vivencias. Su conciencia nos transmite el sentimiento que siempre lo había embargado en relación a sus semejantes en contacto con él. Ahora, al borde de la muerte, su conciencia pasa revista a cada una de esas emociones antagonizantes: exteriorizando dentro de sí mismo, pero dirigida a los demás, la posición emocional de su conciencia con respecto a aquéllos, de una manera u otra víctimas del veredicto de ésta. Mediante un repaso de conciencia también acepta ahora (antes no osó hacerlo) que amó alguna vez una mujer: «... tuve a Regina... me oyen?... amé a Regina... y me amó... me amó sin dinero... me siguió... me dio la vida... allá abajo... Regina, Regina... cómo te amo... cómo te amo hoy...» [9]. Y es tal la plenitud con que su conciencia desborda la magnitud de este sentimiento amoroso, que su mente separa todo lo físico de este encanto antes latente, para sólo dejar el toque emotivo de la atracción: «... cómo te amo hoy... sin necesidad de tenerte cerca... cómo me llenas el pecho de esta satisfacción... cálida... cómo me inundas... de tu viejo perfume... olvidado, Regina...» [10]. Pero aún cuando más adelante este llamado une lo físico y emocional del encantamiento que produce Regina en Artemio, se continúan añorando, deseando, suplicando, paladeando con vibrante, elocuente, emotivo y expresivo lenguaje la dulzura de los amores ya pasados.

Por otro lado, esta afluencia de sensaciones también se manifiesta en la aclamación divina que ruega el narrador para lograr la perpetuación de su memoria entre los que le sobrevivan: «Dios Dios... que secos mis labios... Dios Dios... ilumina a los que se quedan... hazlos pensar en mí... haz que mi memoria... no se pierda...» [11].

---

[8] FUENTES, pp. 85-86.
[9] FUENTES, p. 272.
[10] FUENTES, pp. 272-273.
[11] FUENTES, p. 272.

No es el interés de este trabajo indagar sobre las fuerzas sentimentales generadoras de la realidad psíquica del narrador; sino apre-
ciar por medio de algunos ejemplos, como los tratados, el lirismo pal-
pitante detrás de la prosa narrativa dado por la carga emocional que
se desprende de la conciencia del narrador. Esta traslación de emociones reveladas por el narrador-protagonista en diferentes manifestaciones sentimentales, como hemos visto, dota esta parte de la narración (yo-narrador) de matices líricos. Porque es precisamente el género lírico que mayormente se caracteriza por elementos afectivos productos de instantáneas impresiones o sensaciones [12]. De tal característica precisamente depende la lírica [13]. Claro, que esos elementos afectivos se pueden encontrar en cualquier género y arte [14]. Pero en la
épica, por ejemplo, la afectividad viene dada por 'motivos' [15], o sea,
los factores generadores del asunto que da lugar al tema plasmado en
la página impresa. El motivo en *La muerte de Artemio Cruz* podría
ser la revolución mexicana. Este motivo se convierte en asunto literario en la mente del autor, quien finalmente traspone ese asunto en
tema, y de ahí la obra literaria. Sin embargo, al hablar de elemento
de afectividad, no me refiero a 'motivos', sino a la capacidad emotiva
con que esa afectividad se transmite de personaje a lector. Me refiero
también a la persistencia de la manifestación de sensaciones o emociones en esta parte de la primera persona gramatical narrativa. O sea,
que el autor ha dedicado esta parte para dejar ver la conciencia del
narrador-protagonista, como ya estudiamos. Podemos, entonces, con-
jeturar que en las partes yo-narrador se encuentran elementos líricos.
Pues si «La lírica es desarrollo de la interjección o exclamación» [16] y
«traducción espontánea del mundo sentimental de la individualidad» [17],
espontaneidad semejante apreciamos en nuestro estudio de arriba, ejem-
plificada fraccionariamente con algunos aspectos de los pasajes trans-
critos. Además, si «la lírica traduce sensaciones y como sensación ella
misma, será actual, presente» [18], así advertimos anteriormente, y como

---

[12] CASTAGNINO, p. 66.
[13] CASTAGNINO, p. 69.
[14] ALFONSO REYES, *Antología: Prosa, teatro, poesía* (México: Fondo de
Cultura Económica, 1985), p. 48.
[15] CASTAGNINO, p. 51.
[16] REYES, p. 48.
[17] CASTAGNINO, p. 66.
[18] *Ibíd.*

si fuera poco, esta noción se cumple al pie de la letra, pues también existe la correspondencia temporal necesaria para completar tal enunciado: las partes del yo-narrador se relatan en tiempo presente. Y si también «lirismo es juventud y exuberancia de sentimientos; desbordamiento de fuerzas íntimas sin fin determinado, impulso de fe o desesperación. Su cauce espontáneo es, naturalmente, todo aquello que produce asombro: Dios, la naturaleza, el amor» [19]; ejemplos vimos de estas fuerzas al tratar del amor y la petición divina del narrador. Otro detalle: «la lírica... expresa el mundo interior, los sentimientos, las esencias. En lugar de recordar un hecho acontecido, la poesía lírica expresará movimientos interiores del alma individual. El poeta es el protagonista de su canto» [20]. No pretendo afirmar que el narrador es poeta ;pero sí que él es protagonista de las realidades emocionales que su conciencia transmite al lector. Y el hecho de hablar de emociones y conciencia constituye razón en sí mismo para ajustar la definición de arriba al matiz lírico que ya hemos estado observando en la parte «yo» de la novela objeto de nuestra atención.

Un último detalle que nos transporta al lirismo mientras leemos esta novela es la constante aliteración en palabras que notamos, por ejemplo, en el primer pasaje transcrito en este trabajo. En vez de estar leyendo una prosa épica, ¿acaso no sentimos que estamos recitando una prosa lírica al leer dicho pasaje? ¿Y no ocurre lo mismo, y con mayor intensidad a causa de la penetración emocional del lenguaje, al leer todo el pasaje donde el narrador finalmente reconoce y declara en su conciencia su amor por Regina? Este alcance emotivo ejemplifica típicamente el toque lírico matizado en la novela.

Repasemos, a manera de resumen sinóptico, la correspondencia entre la lírica y el yo-narrador. Lo primero, obviamente, es la primera persona del singular. Segundo, el narrador es protagonista. Tercero, se tratan temas como el amor, Dios, dolor, etc. Cuarto, la intención del yo-narrador es transmitir mediante su conciencia ciertos sentimientos. Quinto, el lenguaje, aunque narrativo, claro, contiene elementos expositivos, enunciativos (v. gr., descripción física; ver transcripción en el presente trabajo), exclamativos (reconocimiento de su amor sentimental y sexual por Regina, y su petición divina, por ejemplo), interrogativos (el yo-narrador a veces intercala preguntas en sus monó-

---

[19] CASTAGNINO, p. 69.
[20] CASTAGNINO, p. 71.

logos), etcétera. Sexto, desde el punto de vista sicológico, el narrador hace uso, por ejemplo, de la alusión para referirse algunas veces a otros personajes, e. g., pasaje de Regina ya citado. Séptimo, en vista de que es la conciencia del narrador la que habla, su mundo vivencial es emocional. Octavo, por la misma razón, las sensaciones son las generadoras de esas vivencias. Noveno, el complejo psíquico del narrador viene dado por abstracción; ya que esta complejidad, como ya sabemos, se manifiesta por medio de una distracción o meditación de conciencia. Esto con la salvedad de que el narrador no se aísla totalmente en su 'meditación'; por el contrario, ésta resulta de la fusión de los elementos exteriores, e. g., gentes, cosas, etc., con su realidad interior. Undécimo, el yo-narrador deja ver a través de su conciencia diversos sentimientos, v. gr., alegría («cómo me voy a divertir», p. 88, etc.), odio («maldita pareja, ¿cuánto tardarán en traer un cura...», p. 59, etc.), admiración, amor (recuerdo de Regina, pp. 272-274, etc.), desinterés («hace tiempo que disimulo...», p. 307, etc.), etcétera. Y por último, todo lo desarrollado en la conciencia del yo-narrador procede de un retroceso a su juventud.

De modo y manera, que varias de las nociones estilísticas reservadas para la lírica se interpolan en la novela *La muerte de Artemio Cruz.*

La relación épica-tú está demás considerarla, puesto que estamos tratando precisamente de una variante épica, y estamos conscientes de la ubicación genérica de esta obra de Carlos Fuentes.

Pasemos, pues, a la correspondencia dramática-él para ver qué elementos dramáticos se interponen en esta novela. Notamos, primeramente, que en el 'él-narrador', éste, aunque es narrador-protagonista, también funciona como coordinador, rasgo perteneciente a la dramática [21]. Pues debe narrar el relato desde diferentes puntos de vista. Al igual que en la dramática, aquí se combina la personalidad del narrador en el sentido de que él es a la vez objetivo y subjetivo; ya que narra una acción y la relata desde su punto de vista, respectivamente. El tema en la sección del él-narrador lo constituye en parte una crisis, e. i., las experiencias bélicas de Artemio Cruz, etc.

En esta porción de la narración se hace uso del diálogo directo (no intervención del coordinador), elemento esencial y característico de la dramática [22]. Verbigracia:

[21] Castagnino, p. 75.
[22] Castagnino, p. 73.

—Un minuto.

—¿Lo escogiste por mí?

—Sí. ¿Recuerdas?

—Sí.

—Perdóname el retraso [23].

Un deseo más patente de acercarse a lo dramático se deja ver en los extensos diálogos directos comprendidos entre las páginas 130-132 y 191-196, etc.

La realidad vivencial narrada resulta algo racional, y no emocional, como antes; porque el narrador algunas veces se limita a relatar esas vivencias sin interferencias sentimentales: «La muchacha buscó la agarradera y la arrojó al joven. El yate volvió a arrancar y Xavier se levantó del agua...» [24].

«En el género dramático se presenta... una acción, se entabla una lucha, hay fuerzas morales en pugna, se entremezclan incidentes y la actividad humana se combina con un destino que encauza el curso de los acontecimientos» [25]. Esta enunciación de la dramática obviamente se cumple en la épica, y por lo tanto se encuentra en nuestra novela. La diferencia radica en que en la dramática «la acción no aparece como un suceso pasado [y así sucede, y tiene que ser por su naturaleza genérica, en la novela que tratamos], bajo la forma de un relato; sale viva y actual de la voluntad de los personajes» [26]. (Otro detalle dramático inaplicable aquí, pues no se trata de una obra para representación teatral, claro).

Contrario a la edad juvenil que vimos en la relación lírica, aquí se manifiesta la declinación del narrador: elemento dramático [27].

En fin, el triángulo narrativo yo-tú-él en función de tiempo gramatical se cumple en cada una de las correspondencias de voz narrativa-tiempo, según la fórmula de Jakobson; mas cuando la fórmula se combina con la relación sujeto-género, sacrificamos tal correspondencia con el fin de obtener la correlación voz narrativa-dramática ofrecida por otra fórmula. Hemos visto, entonces, que a pesar de ser

---

[23] FUENTES, p. 210.
[24] FUENTES, p. 157.
[25] CASTAGNINO, p. 71.
[26] Ibíd.
[27] CASTAGNINO, p. 76.

La muerte de Artemio Cruz una variante épica, se interpolan en ella ciertos elementos propios de la lírica y la dramática. Lo que dota esta novela de variedad, interés y estimulante para el lector. Además, parte de la originalidad de esta obra se debe precisamente a tal interpolación o «transgresión» —como dirían Ducrot y Todorov—, pues «a (partial) transgression of the genre is almost required; otherwise, the work would lack the minimal necessary originality» [28].

BIBLIOGRAFÍA

Castagnino, Raúl H.: *El análisis literario: Introducción metodológica a una estilística integral,* 9.ª ed. Buenos Aires: Editorial Nova, 1974.

Ducrot, Oswald and Tzvetan Todorov: *Encyclopedic Dictionary of the Sciences of Languages.* Trans. Catherine Porter. Baltimore & London: The Johns Hopkins University Press, 1983.

Fuentes, Carlos: *La muerte de Artemio Cruz,* 1.ª ed. México & Bogotá: Fondo de Cultura Económica, 1976.

Reyes, Alfonso: *Antología: Prosa, teatro, poesía.* México: Fondo de Cultura Económica, 1985.

---

[28] Ducrot, p. 151.

Magda M. Renoldi-Tocalino
Brown University

Las mujeres en la vida de Artemio Cruz:
el laberinto de la soledad

Los aportes estilísticos y la temática de la novela *La muerte de Artemio Cruz* (1962) [1] ya han sido tratados exhaustivamente por la crítica, e igualmente se han señalado los rasgos que esta obra tiene en común con una serie de obras anteriores. Entre estos rasgos, el tema de la traición a los principios de la revolución mexicana, ya desarrollado por el mismo Carlos Fuentes en *La región más transparente* (1958), extendiendo el ciclo iniciado por Azuela con *Los de abajo* (1915); la exploración del subconsciente, que Azuela, basándose en sus estudios de Freud, inauguró en México con *La luciérnaga* (1932); la utilización de ciertos procedimientos técnicos encontrados en Joyce, como el flujo de la conciencia caracterizador del *Ulises* (usado también por W. Faulkner), y la «circularidad» de *Finnegans Wake* (1939), conseguida a través de las repeticiones y de la coincidencia final nacimiento-muerte del protagonista. La angustia del amor frustrado y el proceso de disolución del ser en un mundo de «chingados» y «chingones», expuestos en los recuerdos y en el flujo de conciencia del protagonista horas antes de su muerte, se encuentran también en *Under the Volcano* (1947), de Malcolm C. Lowry [2]. Además, la vida de Artemio Cruz, desde la perspectiva de su agonía, presenta al in-

---

[1] (México, Fondo de Cultura Económica, 1962). LMAC y los números entre paréntesis indican este título y las páginas de esta edición.

[2] Ver MANUEL PEDRO GONZÁLEZ, «Apostillas a *La región más transparente*» y «Acotaciones a *La muerte de Artemio Cruz*», in *Coloquio sobre la novela hispanoamericana* (México: Fondo de Cultura Económica, 1967): 82-88, 89-100; J. S. SOMMERS, «Yáñez, Rulfo, Fuentes, La novela mexicana moderna», en *Homenaje a Carlos Fuentes,* ed. H. F. Giacoman Nueva York: 1971), y A. DÍAZ LASTRA, «Carlos Fuentes y la revolución traicionada», *Cuadernos Hispanoamericanos,* 185 (1965): 369-375.

dividuo perdido en la constante negación del amor, en un laberinto
de soledad —el mismo laberinto cuyos fundamentos Octavio Paz creyó
encontrarse en el origen bastardo de la raza y la cultura mexicanas,
nacidas de la violación de la mujer y de la cultura nativas por el español [3]. De hecho, la novela intenta una representación dialéctica de
la interacción individuo-grupo social en el proceso de la Revolución
Mexicana y sus etapas siguientes. Esta representación se realiza en un
análisis retrospectivo y camuflado en el desorden aparente de los recuerdos y cavilaciones de Artemio agonizante: efectivamente, las pie-
zas/segmentos textuales de esta narrativa rompe-cabezas, presentan
ciertos rasgos y relaciones semánticas que nos permiten comprender-
los y organizarlos lógicamente [4]. En este estudio, nos atenemos a las
imágenes femeninas que emergen de aquellos recuerdos: Isabel Cruz,
Regina, Catalina, Laura, Lilia y Dolores.

La mujer ha sido vista tradicionalmente como un sujeto secunda-
rio, cuya acción se limita a influir en las motivaciones y decisiones
de los hombres, los actores de la Historia. Simone de Béauvoir, en
Le Deuxième Sexe (1949), señaló que la representación de las mujeres
en la literatura tendía a crear estereotipos sexuales, puesto que a los
personajes femeninos les faltaba la autonomía y el libre arbitrio asig-
nado a los personajes masculinos. Tales estereotipos, extrapolados a

---

[3] OCTAVIO PAZ, *El laberinto de la soledad* (1950). El tema es reexami-
nado en *The Other Mexico: Critique of the Pyramid* (New York: Grove
Press, Inc., 1972). Para un examen de las relaciones que la novela *Zona
sagrada* (1967), de Fuentes, establece con la problemática del hombre mejicano tratada por Paz, ver G. CARRILLO, «Notas sobre 'Zona sagrada'», *RyF*,
19 (1970): 91-98, y G. DURÁN, *La magia y las brujas en la obra de Carlos
Fuentes* (México, 1976), p. 99.

[4] El juego con la secuencia temporal se elabora en dos planos: uno,
«hacia adelante», el de la realidad caótica de la agonía, que se desarrolla
en dos series de segmentos narrativos, flujos de la conciencia en que el
«yo», alternadamente, ora se doblega sobre sí mismo, ora se refiere a un
«tú». Cruz «sobrevive con la memoria», recordando a sí mismo como el otro,
«el que amó», en un intento de recuperar su identidad perdida. El segundo
plano se desarrolla claramente «hacia atrás», hacia el pasado, en una tercera serie de segmentos narrativos precedidos de fechas precisas (1958-1889).
En esta serie predomina el discurso lógico en que se alternan las reflexiones
de los personajes (entre comillas) y la narración llevada a cabo por una
voz omnisciente —que se filtra a veces desde la perspectiva de los personajes, quienes se observan uno al otro. Al final, la trinidad «yo-tú-él» se
resuelve en un «nosotros», envolviendo autor y narrador.

la realidad, impiden que se perciba a la mujer real como una persona, un ser total, existente y complejo. Tomando en cuenta que Carlos Fuentes recreó en Artemio Cruz el arquetipo del «revolucionario» mexicano, el que sobrevivió y fue «bien sucedido» en todas las etapas de la revolución, es importante examinar qué funciones el autor asigna a los personajes femeninos en la vida del protagonista, cuál es la naturaleza de su influencia sobre él y cómo él las percibe. El perfil de Catalina se desarrolla en diferentes etapas de su vida: la joven hija de Don Gamaliel, la esposa de Artemio cinco años después, la madura madre de Teresa, y la abuela de Gloria cerca de Artemio moribundo. El perfil de Lilia se dibuja en dos ocasiones: durante una aventura de fin de semana con el Artemio cincuentón y, después de ocho años, como la amante alcoholizada del viejo Artemio. Los perfiles de Regina y Laura se cristalizan en momentos únicos: el que precede a la muerte de una y el de la ruptura de las relaciones de la otra con Cruz. Lilia y la Catalina ya madura representan tipos polarizados de la mujer: la esposa y la amante, figuras con funciones no intercambiables, hondamente arraigadas en la tradición socio-cultural, y sexual, iberoamericana. Algunos personajes son personificaciones parciales o veladas de figuras míticas o mitificadas, como la madre violada o la mujer ideal [5]. Las ligazones de Artemio con las mujeres (con excepción de Laura Rivière) están marcadas por el signo de la violencia: él mismo es fruto de la violación de Isabel Cruz, de quien hereda el apellido, símbolo de un pasado que él tendrá que cargar consigo. La imagen de la mulata Isabel, violada por el hacendado blanco Atanasio Menchaca y «corrida a palos» al darle un hijo, nos remite a la figura mitificada de la Malinche. Heredero de la soledad en el abandono de la bastardía, Artemio agonizante denuncia la existencia como un proceso de corrupción en que el sujeto sólo tiene dos opciones: «chingar» o ser «chingado». La violencia impregna igualmente todos los niveles de su vida: el sexual, el social y el empresarial. De hecho, sus recuerdos presentan dialécticamente «el resumen de la historia... de México», de suerte que, en una letanía procaz, el protagonista se reconoce como miembro «de esa masonería: la orden de la chingada»,

---

[5] La proyección de figuras míticas o mitificadas, como las de Quetzalcoatl, Cuauhtemoc y Cortés en los personajes Artemio y Lorenzo fue estudiada por L. BEFUMO BOSHI y E. CALABRESE en *La nostalgia del futuro en la obra de Carlos Fuentes* (Buenos Aires, 1974).

que preside a la «pirámide de negaciones, teocalli del espanto» (144-145) que caracteriza su sociedad. La madre «chingada», «vientre y mortaja», origen y destino, predetermina la vida del hijo. Éste, en la agonía, vaticina que «por la mujer tuvo principio el pecado, y por ella morimos todos» (248). La conjunción de las imágenes genésicas estigmatizadas de la mujer, Eva y Malinche, establece un sentido ambiguo que permea la narrativa: la mujer, víctima del engaño, al fin y al cabo, es la culpable por la condenación del varón. Sin embargo, los recuerdos de Cruz insinúan que el amor de la mujer podría ser también redentor. Durante la Revolución, una morena de la costa sinaloense, Regina, después de ser violada por Artemio, «aceptó la verdad de su placer y admitió que estaba enamorada de él», perdonándolo y buscando olvidar el origen oscuro de su amor. En medio a las luchas, Regina lo sigue de pueblo en pueblo y la unión perfecta de los jóvenes se revela en una bellísima escena erótica (63-68) [6]. Pero el amor llevó al joven Artemio revolucionario a su primera vacilación: el deseo de vivir para ello lo hizo desertar de sus compañeros en una batalla. En seguida, la muerte de Regina, ahorcada por el enemigo, cierra la primera posibilidad de redención moral para Artemio, que pronto se desvía de los ideales inspirados por el maestro Sebastián. Irónicamente, su rencor por el destino lo lleva a gestos heroicos y le trae prestigio entre los revolucionarios (73-84), mientras el deseo de sobrevivir, ya no impulsado por Eros, sino por Tánatos, se agiganta en él y lo confirma en la actitud de «chingón».

A partir del final de la etapa armada de la Revolución, empieza el ascenso económico y político de Artemio con la apropiación de las tierras del aristocrático Don Gamaliel Bernal, a través de la boda con Catalina. Sin la Revolución, el padre no hubiera cedido la hija en matrimonio a un mestizo desconocido; al cederle a Catalina a Cruz, Don Gamaliel busca legitimar socialmente un «pacto tácito» (39) con el revolucionario victorioso. Según el viejo oligarca, éste es «un sacrificio pequeño, no muy repulsivo» (50), que le permite gozar todavía de una vida tranquila gracias a las rentas de las haciendas ahora «administradas» por el yerno. La fortuna de Catalina permite a Cruz

---

[6] El simbolismo del verde permea la relación de Artemio y Regina, proyectándose adelante en el amor entre padre e hijo, y entre Lorenzo y Dolores: es el color del mar, de la naturaleza salvaje y pura, y de los ojos de todos estos personajes.

llevar a cabo las sórdidas transacciones por las cuales adquiere las mejores propiedades confiscadas a los terratenientes del viejo régimen para la distribución a los campesinos. En verdad, Artemio repite el proceso por el cual Don Gamaliel se había enriquecido, comprando por niñerías las tierras expropiadas a los curas durante el gobierno de Juárez. La revolución subvirtió los elementos de la estructura social y política, sin alterar ciertos valores arraigados: no engendró una nueva mentalidad moldeada en sus principios.

Catalina personifica un tipo tradicional de mujer latinoamericana: la criolla de la zona rural. Hija de hacendado, llevaba una vida reclusa y el único contacto afuera de su universo cerrado eran los curas, cuya función junto a las mujeres consistía generalmente en inculcarles los valores que reproducían el status quo. Sin conocer otros modos de ser, ellas dependían enteramente de la familia y de su clase social, aceptando como natural el papel que se les designaba [7]. La apropiación de los bienes de Don Gamaliel por Artemio se cumple de un modo a la vez simbólico y real, en la posesión de la hija. Subyacente, se percibe el concepto antropológico del matrimonio definido por Claude Lévy-Strauss: la donación de una mujer por su padre o su hermano a otro hombre, con el fin de asegurar alianzas políticas y económicas [8]. Catalina, «una mujer débil» quien sólo «quería una vida tranquila, en la que otros escogieran por [ella]» (109), obedece al padre; pero, sintiéndose atrapada en una condición de que no tiene plena conciencia, su rebelión íntima se manifiesta como antagonismo de clase. Su rencor se vuelve solamente contra Artemio, contra el mulato que naciera víctima de las condiciones sociales impuestas por la clase a que ella pertenece; él es el intruso representante de un nuevo orden político y de una muchedumbre miserable que asusta a Catalina (106-109). La razón misma del resentimiento no es clara para ella, quien alega contra Artemio desde la humillación sufrida por el padre, hasta la sospecha de que él traicionara a su hermano Bernal. Años más tarde, Catalina también le atribuye la responsabilidad de la muerte de su hijo, Lorenzo, en la guerra civil española. Ahora bien, hubo un momento en que existieron otros sentimientos a par del antagonismo

---

[7] HELEIETH I. B. SAFFIOTI, *Women in Class Society,* trad. del portugués por Michael Vale (New York: Monthly Review Press, 1978), p. 18.

[8] Citado por MARVIN HARRIS en «The Origins of Male Supremacy», *Cannibals and Kings: The Origin of Cultures* (New York: Random House, 1978), pp. 84-85.

entre los esposos: un período en que Catalina revivió el mito de Psique. Así como el padre de ésta, en obediencia a un oráculo, la había entregado a su destino, al matrimonio con un monstruo, una serpiente alada, también el aristocrático Gamaliel entregara a la hija al desconocido. Como Psique, Catalina descubre en el misterioso esposo a Eros disfrazado: sus noches son ardientes, pero sus días son solitarios. Sin embargo, aquí termina el paralelo entre mito y personaje: en la lucha entre Eros y Tánatos, Catalina elige el impulso destructor. Ella castiga a Artemio y a sí misma sofocando el deseo, cerrándose a la sexualidad y ostentando una falsa sumisión de «esposa»; lo hace apoyada en escrúpulos religiosos que malamente ocultan, bajo el prejuicio de clase, el resentimiento de la mujer humillada.

En sus recuerdos, Cruz alude a otras alternativas de desarrollo personal, que le fueron cerradas por la incapacidad de comunicación entre los esposos: si la mujer se hubiera rendido a la sexualidad, aceptando al marido también como amante y olvidando su pasado, hubiera dado a la vida de ambos otro destino y salvado a Artemio de su completa corrupción. De suerte que, cuando Artemio toma a una india para servirle sexualmente en la misma casa donde vive la esposa, su gesto se presenta como resultado inevitable de la actitud de Catalina, «brillante... Venus» inalcanzable (115-116). El episodio presenta la arrogancia del hombre contrariado por la decisión de una mujer que no siguió como él la prefería, «ataimada» pero sensual. Se percibe en Cruz la concepción machista de la mujer, concepción que siguió «legitimada» en la cultura occidental gracias a algunas teorías de Freud; según éstas, los individuos sólo podrían realizarse como seres positivos a través de su capacidad libidinal para la acción; pero a la mujer, determinada por su anatomía, sólo le cabrían metas pasivas («ser amada», ser el objeto del deseo masculino), perdiendo en la inacción aquella posibilidad de realizarse positivamente [9]. Sin embargo, los soliloquios y la caracterización de Catalina en LMAC, añaden a esta concepción de la mujer una dimensión dialéctica: muestran que su inacción se debe a las inhibiciones que le imponen la historia y las tradiciones de una cultura trazada y dominada por hombres. A Catalina sólo se le presentaron dos alternativas para elegir su futuro: a) olvidar la humillación y rendirse a la sexualidad, acompañando a Artemio en «la ex-

---

[9] SIGMUND FREUD, *The Complete Introductory Lectures on Psychoanalisys,* vol. 32 (New York: Basic Books, 1966), pp. 581-595.

traña aventura» de la nueva realidad mexicana; o b) vengarse, cerrándose al amor y sólo cumpliendo las funciones de esposa, ya que Artemio, dueño de su destino, le había advertido de antemano que esta condición era irrevocable. Al elegir la represalia, elección que asimismo sólo le ocurrió pasados cinco años de la violencia disfrazada en boda, Catalina paradójicamente colabora en perpetuar su propia enajenación como individuo, justificando la reproducción del modelo matrimonial de doble estandard: la esposa/madre equivale a un objeto más a señalar el status soberano del hombre, y mientras éste desarrolla relaciones sexuales paralelas, la esposa le debe permanecer fiel. Además, una cierta moral religiosa trata de garantizar la dicotomía de las funciones asignadas tradicionalmente a la mujer, inhibiendo en la esposa los impulsos de la mujer/amante. Es simbólico en LMAC, como discutiré adelante, que la Catalina madura, cosificada, sólo aparezca preocupándose con cosas que significan o aseguran su status: la decoración del «caserón de Las Lomas», las ropas y gestos de la hija, las apariencias sociales, el testamento de Cruz.

Entre los arquetipos de la literatura occidental sobresalen las figuras femeninas de «angélica sembianzi», como la amada del trovador medieval Cavalcanti, la de Petrarca, Laura, y la de Dante, Beatriz. Son imágenes idealizadas a partir de mujeres reales, que más bien sirven de estímulo a la evolución espiritual del hombre. Permanecen como el objeto del deseo masculino sublimado, más allá de la esfera de la pasión sexual, de tal modo que su propia apariencia física se diluye [10]. En LMAC, el nombre de Laura evoca a su homónima, mientras su apellido, Rivière, evoca a la guía de Dante hacia las aguas del Río Lete, el río del olvido. Como ésta, la amada de Artemio le exige cambios en su vida, necesarios para olvidar su pasado y alcanzar la felicidad. La sensualidad y la pasión que Regina y Catalina personificaron en la vida de Cruz ofrecen un vivo contraste con la suavidad de la imagen de Laura. Estas caracterizaciones están de cierta manera calcadas en los estereotipos subyacentes en nuestras culturas, los cuales ligan la pasión carnal a la mujer morena, y a la rubia, la espiritualidad (algo indefinido, que no es la pasión intelectual, cosa de hombres...). Significativamente, la relación de Artemio con la rubia de ojos grises, es la única que no se inicia bajo el signo de la violencia

[10] KEITH M. MAY, «Creative Myths», *Characters of Women in Narrative Literature* (New York: St. Martin's Press, n. d.), pp. 1-32.

ni se presenta en escenas eróticas. El lector se informa, a través de los
retazos de un diálogo entre invitados de Artemio, que éstos creen
que ha existido un gran amor entre Cruz y Laura. Sin embargo, Laura,
amalgama de intelecto, espíritu y carne, pertenece a las dos series
de personajes femeninos destinados a atraer a los personajes masculinos
y a despertarles la fantasía, pero que, concretamente, no llegan a ser
sus compañeras: o porque son «divinas», «angelicales» e inaccesibles,
o porque poseen una personalidad sobresaliente, desafiadora de un
código patrimonial cuyo ideal femenino es el de la perfecta y dulce
pasividad. Con efecto, en el pasaje que narra su último encuentro,
los amantes sólo afirman casualmente uno al otro que se quieren y el
contacto físico entre ellos se reduce a unas pocas caricias fugaces. Toda
esta escena está cargada de referencias a la vida intelectual: Laura
tiene abierta una obra de Calderón de la Barca, oyen el *Concerti Grosis*,
opus 6, de Händel; Artemio evoca la noche en que se conocieron en
Nueva York durante una ejecución del mismo concierto, sus paseos
en París guiados por ella, la belleza de un cuadro de Renoir. La crisis
entre los amantes se anuncia cuando los recuerdos de Artemio se fijan
en la «falda de holanes, esa falda...» (215), que usaba Laura cuando
se fueron a bailar. Los puntos suspensivos abren paso a otra evocación: «esa falda...» remite a «aquella falda» almidonada que Regina
llevaba, a la cual él se abrazó el día de su muerte. Una llamada tele-
fónica de Catalina, se vuelve el catalizador de la crisis: la esposa se
afana en adquirir de la amiga un rico sofá, sin saber que Laura, además del sofá cobizado, tiene al lado a Artemio (218). El mueble iría
a satisfacer, simbólicamente, la «necesidad del objeto» de que sufre
Catalina, llenando un vacío en el vestíbulo de su casa sin amor. En
contraste con la amiga, Laura cree «tener derecho a otro trato... a
no ser un objeto, sino una persona» en la vida de Artemio y le ofrece
nueva posibilidad de redención a través del amor. Sin embargo, el
millonario cuarentón rehúsa a terminar la farsa vivida con Catalina
y prefiere «cuidar las apariencias», conservando a la esposa sin amor y
buscando «amantes» que no le aman. Artemio sigue fiel a su destino
de «chingón», visto que, después de todo, Catalina es el símbolo de
una posesión que, por líneas oscuras, legitima su pertenencia a una
clase social «superior», equivalente a la de Menchaca, el padre que
lo había rechazado. Artemio y Catalina, esposos y enemigos, son cóm-
plices al trazar los caminos de su propia destrucción.

Lilia, joven divorciada y pobre, se gana la vida prostituyéndose.

Al «alquilarla» por un fin de semana, el envejecido Artemio se da cuenta de que ella puede amar y ser amada por un hombre joven y, eventualmente, liberarse de su condición de objeto. El viejo, temiendo la soledad de la vejez, convence a Lilia a compartir con él la vida fácil de millonario. Sin sorpresas, la relación entre estos «amantes» también sólo conjuga fuerzas destructivas: Lilia permanece junto a Artemio, ya físicamente incapaz, como símbolo de su hombría y de su dominio sobre los demás (250), mientras ella misma se degenera en una alcohólica fastidiada, grosera y vulgar, pero todavía «apetecible» —lo único que se le pide—. Los rasgos humanos de la mujer se pierden, confundidos en la sensualidad de los objetos-símbolo almacenados en el antiguo convento jerónimo reconstruido por Cruz. Al observar sus posesiones, «la momia de Coyuacán»:

> ... se daba cuenta de que había en todo ello una sustitución, un pase de magia. Y sin embargo, las maderas, ... las molduras, ... la labor en torno de las sillas conspiraban para devolverle... sensaciones táctiles de la juventud. ... Tan rica, tan sensual, tan suntuosa era la posesión de estos objetos como la del dinero y los signos más evidentes de la plenitud. Ah, sí, qué gusto redondo, qué sensualidad de las cosas inanimadas (253).

En este universo cosificado, tampoco las mujeres tienen «ánima», pues, según Lilia, «se acostumbran a todo; depende del cariño que les den» (254), y «cariño» designa eufemísticamente los bienes con que se les compran cuerpo y espíritu. Tiempos después, Cruz, agonizante, todavía presiente en su nieta, la tímida Gloria, las posibilidades de «ser» que le están reservadas: objeto sexual y peldaño para garantizar el futuro social y económico del hombre que la va a poseer —el hijo de su secretario Padilla. Esta visión cínica de las mujeres se expande en una escena esperpéntica, envolviendo a Catalina (ya abuela) y a Teresa (su hija ya madura); perversa e intencionalmente, sin que ellas se den cuenta de eso, Artemio las induce a posiciones grotescas, indicándoles con gestos erráticos, los rincones, las ropas, los cajones... (86), mientras ellas buscan afanosamente, «a cuatro patas», por el testamento de Artemio. Lo grotesco se convierte en representación emblemática de la condición de estas mujeres sojuzgadas, mujeres cuya ambición personal finalmente se redujo a la expectativa de una herencia.

Las memorias de Artemio moribundo saltan de la percepción tur-

bada de los seres que se acercan a él, a los recuerdos más remotos
de su niñez, aproximando el momento de su muerte al de su nacimiento. La narración enfatiza el papel de la violencia en el origen y
en la vida de Artemio, pero deja ambiguo el origen de la violencia
misma, sin duda encontrado en la ideología y en las condiciones sociales específicas desarrolladas a lo largo de la historia. La evocación
del parto de Isabel asistida por el negro Lunero, a par del soliloquio
de la abuela paterna, Ludivina, además de prefigurar en el niño Cruz
el destino de la raza mexicana, explican el origen de la violencia en la
sed de poder, que afecta la noción de virilidad [11]. Según Ludivina,
aristócrata rural arruinada que personifica una ideología caduca pero
todavía vigente, el nieto bastardo «debió nacer, hasta abajo, para demostrar otra vez la fuerza del padre». Orgullosa, lo ve como «otra prolongación» de los Menchaca, «otro hombre como ellos», los de «los
mil coito feroces, descuidados, rápidos» (298-299): el niño es sólo
uno de los muchos hijos «regados» por el hacendado en todas sus posesiones —Cruz se vuelve arquetipo del «ser mexicano»—. Sin embargo, el origen de la violencia en la novela se acerca más a la fatalidad biológica y sicológica, de la cual el sujeto no tiene ningún control.
Por un lado, las relaciones de Cruz con Regina y Catalina, demuestran
que él era sensible al amor y que esto podría haber alterado su modo
de ser —si Regina no muriera o si Catalina no eligiera la represalia... Por otro lado, el Artemio maduro, ya refinado en el contacto
con una cultura a la que tuvo acceso gracias al poder, prefirió no
vivir con Laura. En su ligazón con ella faltaba la emoción fuerte, la
sensualidad animal que lo había ligado a las dos primeras —la pasión
que, como el poder, había nacido de la violencia. Al tomar a Lilia,
tampoco interfiere la pasión: le mueven a Artemio el miedo a la soledad de la vejez inevitable, la necesidad que tiene de un testigo en
su vida y el deseo de mantener la imagen del poder viril. Mientras
las caracterizaciones de Catalina, Laura y Lilia, en mayor o menor
grado, nos permiten proyectarlas como personas con un pasado, ambiciones y debilidades, la imagen de Regina no la transcribe como un
ser humano real: ella sólo existe en su relación erótica con Artemio.
El único trazo que la individualiza, su fascinación por el mar, fundamenta la «hermosa mentira» de haberse enamorado de Cruz al verle

---

[11] Fuentes evoca el sentido de estas escenas de LMAC en el monólogo
de la Malinche de *Todos los gatos son pardos* (1970).

por primera vez el rostro reflejado junto al suyo en el agua. Con esta ficción, la «niña adorada» había ocultado la verdad: el rapto y el estupro en un oscuro campamento de soldados. Así, la

> Regina de la mirada soñadora y encendida... Mujer de la vida, ... potranca llena de sabor, limpia hada de la sorpresa, mujer sin excusas, sin palabras de justificación, [quien] nunca conoció el tedio [y] nunca... apesadumbró [a Artemio] con quejas dolientes (83).

es también la que cambió su realidad por una ficción que permitiese el amor. La pasión y la muerte prematura de la amada cristalizaron en la memoria de Artemio una imagen incorruptible de Regina, que se proyecta mayor que la realidad, con las dimensiones del mito.

La narrativa implica que Artemio habría podido redimirse a través del perdón implícito en el amor; sin embargo, la misma narración rinde este amor como imposible, visto que lo que lo cercena o lo sofoca (la muerte de Regina o el deseo de venganza de Catalina) no pueden ser controlados por el protagonista. El amor de Cruz por Laura parece anularse frente a las compulsiones de naturaleza social o material que actúan sobre él —frente a estas fuerzas que también están fuera de su control. Sin embargo, la ruptura entre estos amantes no se dio por el «miedo» de Artemio a unas meras conveniencias sociales, que él jamás respetó. La falta de pasión parece explicar el por qué. Ahora bien, la pasión sensual que en la novela fundamenta el amor, aparece tan sólo como el resultado de la acción ciega impulsada por la libido; de este modo la violencia, la dominación sexual, se presenta como la expresión necesaria de un deseo indefinido, que sólo se concretiza en esa «afirmación posesiva» (41) masculina. Con Laura, Artemio no había sido el «chingón»; con ella no hubo «obligación» y por la primera vez, la mujer amante no era la mujer sometida, amenazando distanciarlo de su destino, hacerlo escaparse del laberinto de la soledad. Si Laura fue amada, Artemio la descartó fácilmente, girando la perilla de la puerta y saliéndose para siempre... ¿Lo asombraba la nostalgia fatal de una pasión atávica?, ¿lo atraía el vértigo de su origen? De todos modos, la «redención» de Artemio sólo ocurre en la fantasía que se mezcla a sus recuerdos. Cuando Lorenzo muere como combatiente por una causa perdida, Artemio, en su sufrimiento mezclado de cinismo, percibe esa muerte como un tributo suyo debido a la vida —puesto que viviera traicionando a la revolución. La transferencia de destinos se realiza también a nivel de la idealización de la mujer amada: Dolores, la hipotética guerrillera amante de Lorenzo durante la huida desesperada y fatal por los Pirineos, reemplaza a la figura de Regina, así como padre e hijo, «yo» y «tú», se confunden en el «él», en los recuerdos de Artemio (243-244). Compañera en la lucha armada, amante apasionada y mujer sensible (cuyos ojos eran simbólicamente verdes como los de Regina, Lorenzo y Artemio), Dolores existió como creación del deseo de Cruz; fue la posibilidad redentora, la imagen del amor que hubiera rescatado de la soledad al padre y al hijo.

Ángeles Solana
SUNY, Cortland

Artemio Cruz: historia de una soledad

La contemplación de la realidad mexicana después de la revolución ha originado una actitud crítica por parte de ensayistas y poetas como Octavio Paz, Jaime García Torres o Emmanuel Carballo. Esta actitud se corresponde, en cuanto a novela se refiere, a un proceso de análisis de conciencia, de búsqueda y de confesión violenta. El escritor mexicano empieza a mostrarnos la fisonomía de su pueblo.

Octavio Paz analiza en *El laberinto de la soledad* el ente mexicano, mostrándonos sus peculiaridades y las posibles explicaciones históricas de éstas.

La similitud temática que esta obra ofrece con *La muerte de Artemio Cruz* nos permite revisar la obra de Fuentes a la luz del conocimiento que tenemos de lo mexicano por Octavio Paz.

Artemio Cruz, en su lecho de muerte, recuerda los momentos más importantes de su existencia. Gracias a su memoria podemos reconstruir su vida: «mestizo, hijo de un señorito duro y elemental y de una india mulata, sometida e intrascendente, Artemio Cruz ha de ser el revolucionario y 'nueva clase' de una revolución traicionada. Al compás de los primeros tiempos de paz relativa se coloca en el candelero político hasta escalar todos los peldaños del poder y el dinero» [1].

Octavio Paz define la novela como el ascenso social y la degradación moral de un revolucionario tras el triunfo de Carranza [2]. En ella

---

[1] ALBERTO DÍAZ LASTRE, «Carlos Fuentes y la revolución traicionada», en *Homenaje a Carlos Fuentes* (Madrid, ed. Giacomán, 1971), p. 349. Otras citas de esta misma obra quedan incluidas en el texto.

[2] OCTAVIO PAZ, «La máscara y la transparencia», en *Homenaje a Carlos Fuentes* (Madrid, ed. Giacomán, 1971), p. 19. Otras citas de «La máscara» quedan incluidas en el texto.

sobresale la soledad y todas sus manifestaciones, tales como la máscara y sus diferentes aspectos, la inautenticidad, la imitación o el disfraz.

El tema base de *El laberinto de la soledad* y sobre el que gira cada uno de los ensayos es la orfandad del hombre contemporáneo.

En su libro, Paz empieza presentándonos un caso extremo: el pachuco, mexicano que vive en Estados Unidos, y que ha perdido su herencia: lengua, religión y costumbres; se niega a sí mismo y vive de la imitación [3]. Veremos posteriormente que el propio Artemio Cruz, ya anciano, llega a esta extrema soledad al traicionar a su patria y convertirse en intermediario de «empresas mixtas méxico-americanas» [4].

Durante su niñez y luego en su juventud, Artemio Cruz encuentra refugio contra el desamparo en Lunero y Regina, pero de ambos es separado tan violentamente como lo fuera un día de su propia madre. La guerra revolucionaria, en el caso de Regina, y la ambición del caudillo de turno, en el de Lunero, la condenan a la soledad [5].

Las máscaras son una variante de esta soledad. Reflejan una actitud hermética y solitaria, ocultan el verdadero rostro. La máscara es la soledad, «muralla de impasibilidad y lejanía entre la persona y la realidad». El mexicano está lejos del mundo, de los demás y de sí mismo (Toro, p. 406). En *La muerte* rara vez muestran los personajes su auténtica personalidad. La aparición de la máscara es un fenómeno recurrente en el libro de Fuentes. Vemos, por ejemplo, en el momento de la muerte de Artemio Cruz, que, a pesar del desprecio que siente por él, en Catalina y en Teresa la máscara de solicitud será el primer signo en este primer tránsito de su enfermedad (Fuentes, p. 18). En su primer encuentro con don Gamaniel aparecen los ojos de este último escondidos «detrás de una máscara de dulzura paternal (...) que se parecía tanto a su verdadero rostro» que Artemio llega a pensar que «aún la naturalidad puede fingirse» (Fuentes, p. 38).

---

[3] FERNANDO DE TORO, «*El laberinto de la soledad* y la forma del ensayo», en *Cuadernos Americanos,* 343-345 (1979), p. 405. Otras citas de «*El laberinto*» quedan incluidas en el texto.

[4] CARLOS FUENTES, *La muerte de Artemio Cruz* (México: Fondo de Cultura Económica, 1977), p. 16. Otras citas de *La muerte* quedan incluidas en el texto.

[5] RENÉ JARA C., «El mito y la nueva novela hispanoamericana», en *Homenaje a Carlos Fuentes* (Madrid, ed. Giacomán, 1971), p. 194. Otras citas de «El mito» quedan incluidas en el texto.

Catalina, al aceptar seguir el juego de su padre, «se miró al espejo, buscando en vano las nuevas facciones que el cambio debió imprimir en su rostro» (Fuentes, p. 53). El propio Artemio es caracterizado como una máscara en la página 171: «la máscara teñida de polvo permaneció fría y despierta». Y es que la máscara, según Octavio Paz, responde a una actitud de defensa; todo le sirve para protegerse, la cortesía, el desprecio, la ironía[6]. Así, Artemio disfraza su debilidad con una máscara de poderío y fuerza (R. Jara, p. 189). La fiesta de Coyoacán es una ostentación de fuerza. Artemio Cruz se rodea de seres que rinden culto a su dinero y poder; es, según Nelson Osorio, «una verdadera mascarada, un rito gigantesco y absurdo que él mismo organiza y recibe como homenaje a su situación social, su poder y su dinero»[7].

El grito de libertad que lanza al verse libre tras la muerte de Gonzalo, es una ironía, un disfraz de su doloroso aislamiento (R. Jara, p. 199). La hipocresía misma es otra máscara tras la que va a esconder sus íntimos sentimientos[8].

Otro aspecto de la máscara es el disimulador, el que pretende ser lo que no es, el que necesita de la mentira (Paz, *El laberinto,* p. 36). Artemio Cruz vive su mentira de héroe revolucionario, su mentira con Regina, con los Bernal, su mentira de hombre al final de su vida junto a Lilia. Su falta de autenticidad culmina al esconder su incertidumbre, inseguridad y cobardía imitando la vida y costumbres de los norteamericanos (R. Jara, p. 197). Los desprecia porque desea ser como ellos y no lo es, no perdona «el error geográfico» que le hizo nacer en «este pobre país que nada tiene» (Fuentes, pp. 32-33).

Esta actitud responde también a la dualidad mexicana de querer ser y no ser. Según Juan Loveluck, la identidad de estos hombres se halla deteriorada por la cercanía e interpenetración de la vida social y cultural norteamericana; su realidad no les corresponde, está desfi-

---

[6] OCTAVIO PAZ, *El laberinto de la soledad* (México: Fondo de Cultura Económica, 1980), p. 26. Otras citas de *El laberinto* quedan incluidas en el texto.

[7] NELSON OSORIO, «Un aspecto de la estructura de Artemio Cruz», en *Homenaje a Carlos Fuentes* (Madrid, ed. Giacomán, 1971), p. 139. Otras citas de «Un aspecto» quedan incluidas en el texto.

[8] JOSEPH SOMMER, «La búsqueda de la identidad: *La región más transparente,* por Carlos Fuentes», en *Homenaje a Carlos Fuentes* (Madrid, ed. Giacomán, 1971), p. 315.

gurada: des-identificada [9]. En la novela de Fuentes leemos: «Tú qui-
sieras ser como ellos y ahora, de viejo, casi lo logras» (p. 33). El
lenguaje también puede ser portador de máscaras, me refiero al significado que ocultan, por ejemplo, palabras como «cerrado» o «abierto». Según Fernando de Toro, por abrirse entienden rajarse, entregarse,
comunicar: es sinónimo de ser débil (p. 407). El macho ha de ser
cerrado, agresivo. Su contraparte, la mujer, es un ser abierto y pasivo,
víctima insensible al sufrimiento (*El laberinto,* pp. 31-32).

En este sentido, Artemio Cruz responde a las características mexicanas del término: no se abre, no se raja, no se confía a nadie y desprecia a los que lo hacen, a Gonzalo Bernal, por ejemplo, que se
explaya al confesar su verdad, su decepción revolucionaria, antes de
su muerte (Loveluck, p. 266). En las primeras páginas del libro encontramos a un Artemio Cruz que, aunque anciano, se enorgullece de
conservar su máscara, de no mostrar sus emociones. También se cierra
ante la muerte, algo vacío y sin sentido. No la niega, pero no se entrega: «¿él se iba a rajar?... que si se trataba de morir él no se
rajaba» (Fuentes, p. 127). Esta cita nos da paso a uno de los temas
principales del libro de Fuentes: la muerte y su significado.

Todo el libro transcurre durante la agonía final de Artemio Cruz.
La realidad mítica del libro se configura, según Fernando de Toro, en
el ritual de la vida y la muerte, cuando desaparecen las nociones de
presente, pasado y futuro y todo se transforma en pura permanencia (pp. 170-171). Quizá venga de ahí la estructura del libro en el que
se intercalan los tres tiempos históricos. Artemio está a punto de concluir su ciclo y retornar a su origen. También Paz nos habla del sentido de la muerte en el libro: «El niño y el revolucionario acechan
su muerte porque creen que ella será la revelación de lo que está detrás
de la realidad (...). El viejo busca en su vida pasada el indicio de lo
que es, verdaderamente, ese momento inmaculado que le permitirá ver
la cara de la muerte». Todo eso se manifiesta simultáneamente porque
el tiempo y el espacio coincidente en ese momento en que Artemio
Cruz cuestiona su vida: La historia lineal desaparece («La máscara»,
p. 19).

Pero todo lo que encuentra en su pasado son otras muertes que
le acechan, entre ellas, ocupando el lugar principal, Regina, su amor

[9] JUAN LOVELUCK, *Novelistas hispanoamericanos de hoy* (Madrid, 1976),
p. 267.

más hondo y singular, asesinada por tropas federales mientras él huía del campo de batalla dejando a un compañero desangrándose, para salvar su propia vida (N. Osorio, p. 140). Regina asume el compromiso con la vida que él evita, como nos dice René Jara (p. 203). Esta puede ser considerada como la primera muerte moral de Artemio Cruz.

En segundo lugar está Gonzalo Bernal, que muere en aras de su idealismo revolucionario. Estas dos muertes, al contrario de lo que cabría pensar, dan a la vida de Artemio un giro negativo, ya que con ellas mueren también los ideales revolucionarios. Al abandonar el compromiso de la revolución se inautentifica. No sólo traiciona la revolución, sino que más tarde también se traiciona a sí mismo. Es el primer paso hacia su identificación con el poder y la fuerza (R. Jara, p. 195).

Finalmente está su hijo Lorenzo, que muere su propia muerte, la que a él le habría correspondido si hubiera hecho las elecciones correctas: «te sacrificarás al escoger, dejarás de ser todos los otros hombres (...). Querrás que otros hombres —otro— cumpla por ti la vida que mutilaste al elegir: al elegir sí, al elegir no, al permitir que no tu deseo, idéntico a tu libertad, te señalara un laberinto, sino tu interés, tu miedo, tu orgullo» (Fuentes, p. 209). Y en las propias palabras de Artemio: «un deseo que nunca expresé me obligó a conducirlo, a obligarlo a reanudar mi vida, a completar mi otro destino, la segunda parte que yo no pude cumplir» (Fuentes, p. 242).

Con la muerte de Lorenzo finaliza definitivamente la revolución y la posibilidad de salvación para Artemio. A partir de este momento se hace consciente de que si, físicamente, sobrevive, es sólo porque otros murieron por él: «dejé que otros murieran por mí. Te puedo hablar de los que murieron porque yo me lavé las manos y me encogí de hombros» (Fuentes, p. 222).

La fiesta de Coyoatán, aunque aquí no está ligada a la muerte en el sentido que la fiesta mexicana tiene de explosión, apertura y comunicación, sí cumple una función de rito que relaciona la vida con la muerte. Tiene lugar en una fecha mítica que indica la despedida del año y la venida del nuevo (R. Jara, p. 175). Artemio Cruz va a morir. Representa el final; el tiempo se ha cumplido, pero no se agota con él: al final del libro presenciamos casi simultáneamente su nacimiento y su muerte. Esto nos abre la esperanza de un nuevo ciclo que se inicia, en el que otro héroe puede instalar un orden diferente y mejor (R. Jara, p. 180): «Serás ese nuevo elemento del paisaje que pronto desaparecerá para buscar, del otro lado de la montaña, el futuro incierto de la vida. Pero ya aquí la vida empezará a ser lo próximo y dejará de ser lo pasado» (Fuentes, p. 311).

Sin embargo, Artemio no logra encontrar en su vida algo que dé sentido a su muerte, hay algo que le impide trascenderla: el símbolo de ese obstáculo es la chingada (R. Jara, p. 173). Un análisis del término y sus influencias en la cultura mexicana se impone.

El origen de esta soledad y hermetismo se resume en el grito nacional: «¡Viva México, hijo de la chingada!». La causa hay que buscarla en la historia, en la situación del pueblo durante el período colonial (Toro, p. 408). Paz interpreta la conquista como una doble violación: en el sentido físico, en las mujeres, y en el sentido histórico, en su tierra (El laberinto, p. 72). El conquistador es el gran chingón, el macho violador, agresivo y cerrado. Lo chingado es lo pasivo, lo inerte, lo abierto (Toro, p. 409).

La chingada es usar al prójimo como un objeto, para convertirnos a nuestra vez en objetos de otro. Es una cadena infinita: el hombre es hijo de la chingada, la vida es producto de la chingada (R. Jara, p. 176). En Artemio Cruz encontramos como un microcosmos de todo esto. Él mismo es producto de una violación, pero es también a su vez, el gran chingón que un día fue su padre. Regina es violada igual que lo fue su madre, Isabel Cruz. Por otra parte, es portador de la chingada al ser usado y usar de los demás. La mujer, como vía de autentificación y encuentro consigo mismo, fracasa. Regina, símbolo de la madre, es asesinada. Esto le lanza a una lucha que no entiende y que no atenúa su orfandad (R. Jara, pp. 206-207). Las otras mujeres que se cruzan en su camino son para él objetos de los que se puede aprovechar: necesita a Catalina por sus apellidos; Laura le ofrece una segunda oportunidad de regenerarse a través del amor auténtico, pero para eso tiene que renunciar a su vida social y eso supone un riesgo que Artemio no está dispuesto a afrontar. Finalmente, Lilia es una figura totalmente negativa, ya que representa la dignidad y los sentimientos prostituidos (R. Jara, p. 187).

Como Octavio Paz opina, la vida se reduce a una posibilidad de chingar o ser chingado (El laberinto, p. 71). Artemio es consciente de esta opción y a pesar de ser hijo de la chingada, o, precisamente por ello, decide colocarse al lado de los fuertes, de los chingones, es decir, decide acceder al poder. En su lecho de muerte recuerda que «siempre había escogido bien, al gran chingón, al caudillo emergente contra el caudillo en ocaso» (Fuentes, p. 137).

Aquí no hay lugar para el amor, se trata de violar, de poseer. La mujer, transformada en objeto, deja de ser intermediaria entre el hombre y el cosmos. Con esto se cierran las vías de acceso que la vida le ofrece al hombre para penetrar y trascender la realidad (R. Jara, p. 144).

La chingada tiene raíces históricas: ¿cuándo se produjo esta ruptura que dejó huérfano al hombre mexicano y le privó del reencuentro con sus orígenes? No es sólo una, sino varias, las veces que el mexicano es privado de su historia. La primera es la conquista, que supone la ruptura con la civilización azteca. Hay un transplante de las instituciones filosóficas y religiosas españolas. Pero si, por una parte, la religión católica le vuelve a dar al indio un lugar en el mundo; por otra, al imponerle una fe, anula su individualismo y le silencia (Toro, p. 410).

Esta opresión provoca una reacción violenta en los que, con la guerra de la independencia, rompen sus raíces con la madre patria. Esto supone una triple negación: con el pasado indígena, con el catolicismo y con la tradición española. Pero esta guerra es llevada a cabo por los conservadores a fin de evitar la entrada en México de las ideas liberales de España; es, pues, un movimiento reaccionario, no liberador. Es en esta época cuando el abuelo de Artemio funda su hacienda en Cocuya. Más tarde, mientras el porfiriato arruina a los Menchaca, a su sombra crece la hacienda de los Bernal. Cada generación destruye a la anterior (N. Osorio, p. 141). Artemio Cruz es el siguiente eslabón en esta cadena fratricida: «Artemio Cruz. Así se llamaba, entonces, el nuevo mundo surgido de la guerra civil; así se llamaba quien venía a sustituirlo (...) desventurado país que cada generación tiene que destruir a los antiguos poseedores y sustituirlos por nuevos amos tan rapaces y ambiciosos como los anteriores» (Fuentes, p. 50).

La revolución mexicana, en la que participa Artemio Cruz, es un intento de restaurar la tradición e integrarse en ella, romper el cerco de la soledad, regresar a la madre, pero fracasa al usar un programa liberal que la frustró y enmascaró (El laberinto, p. 31).

Los hombres de la revolución se unen a los de la antigua burguesía. Artemio Cruz participa en ella sin saber las auténticas causas de la lucha. Después del triunfo, los ideales de Zapata o Villa fueron deformados (Díaz Lastre, p. 350). La inautenticidad de Artemio no es sino un reflejo de la inautenticidad de la propia revolución: «Deseamos el mayor bien posible para la patria: mientras sea compatible con nuestro bienestar personal (...) somos hombres, no mártires: Todo nos será permitido si mantenemos el poder (...) si es necesaria la fuerza es justa: el poder no se comparte» (Fuentes, p. 124).

La historia del fracaso de Artemio, es la historia del fracaso de la revolución. Ésta fracasa porque priva a los hombres del principio de libertad, justicia e igualdad al encauzar sus energías al establecimiento de un nuevo régimen de poder igual al anterior (R. Jara, p. 197).

Vemos, pues, que el poder inautentifica. Con la revolución muere Regina y la posibilidad, para Artemio, de regreso a la madre, a la autenticidad. Queda la chingada, símbolo de la ambigüedad y la incertidumbre (R. Jara, p. 207). Ella resume la carencia de origen. Para Artemio es inútil, tras su muerte moral, buscar sus raíces: «¿Adónde vas con la chingada? Oh misterio, oh engaño, oh nostalgia: crees que con ella regresarás a tus orígenes: ¿a cuáles orígenes? (...) Nadie podrá regresar a la edad de oro mentirosa (...) al fetiche inmolado» (Fuentes, p. 145).

Artemio Cruz como individuo fracasó, destruyó su libertad. Pero Artemio Cruz hombre de la América-Hispana no puede fracasar (R. Jara, p. 205). Su muerte es sólo el final de un ciclo que da paso a una nueva esperanza. El camino de regreso hacia la madre, la búsqueda del origen, aún no ha terminado.

Santiago Tejerina-Canal
Hamilton College

La muerte de Artemio Cruz y Calderón: otra fuente de Fuentes

Comienzo el título de mi trabajo con el de la obra que estudio, y continúo con el nombre de un autor español intertextualizado en ella; aludo luego a un fácil juego de palabras (fuente-Fuentes) sin mérito. Hubiera preferido utilizar el más apropiado término de intertextualidad, en el cual se sustituye el proceso creativo individual que suponen los conceptos tradicionales de influencia o fuente por el de la colectiva re-creación reproductora y en lucha de autor y lector en el texto plural en formación y sentido. En palabras de Laurent Jenny, «Intertextuality... designates not a confused, mysterious accumulation of influences, but the work of transformation and assimilation of various texts that is accomplished by a focal text which keeps control over the meaning»[1]. Si me he sentido obligado a usar el término «fuente» ha sido por una cuestión de intertextualidad propia: me refiero al magnífico estudio de Roberto González Echevarría «*La muerte de Artemio Cruz* y Unamuno, una fuente de Fuentes»[2]. En él, el conocido hispanista cubano no sólo intertextualiza en profundidad cuatro textos unamunianos en la citada novela de Fuentes, sino que además sugiere la importancia de Calderón. Ese fue el detonador que me movió a

---

[1] LAURENT JENNY, «The Strategy of Form», en *French Literary Theory Today*, ed. Tzvetan Todorov (Cambridge: Cambridge University Press, 1982), 39-40.

[2] ROBERTO GONZÁLEZ ECHEVARRÍA, en «*La muerte de Artemio Cruz* y Unamuno, una fuente de Fuentes», *Cuadernos Americanos,* 177 (1971), p. 198, apunta someramente el texto calderoniano del epígrafe, así como la cita posterior de Laura al maestro siglodeorista español, sin extender el análisis más allá de una sabrosa y concentrada nota.

realizar el presente estudio, en la fe de sumarme a otros trabajos similares que muestran las múltiples intertextualidades fuentianas. Todas ellas hacen buena la archiconocida frase de Julia Kristeva: «Tout texte se construit comme mosaïque de citations, tout texte est absorption et transformation d'une autre texte» [3]. Me sirve además este prólogo como propio y apropiado pretexto (en su doble acepción de disculpa y prolegómenos) para introducir las bases teóricas de mi trabajo.

Desde que por primera vez leí *La muerte de Artemio Cruz* quedé fascinado, incluso violentamente impresionado, por la importancia, no de los vanos pretextos o excusas que según los críticos tradicionales Fuentes busca para dar a la obra una snobista apariencia moderna, sino por, repito, la importancia de sus prolegómenos, es decir, de sus ricos «pre-textos»: me refiero al título del libro, a los nombres del autor y del narrador-protagonista de la novela, a sus cinco epígrafes y a su dedicatoria. Forman todos estos pre-textos lo que el novelista y crítico francés Jean Ricardou llama y estudia como «generateurs», y que en nuestra novela generan aspectos estructurales, artísticos, semánticos e ideológicos de esencial importancia. En un más amplio estudio de próxima aparición examino uno por uno esos generadores que se suplementan entre sí para llevarnos a conclusiones cuya repetición refuerza su validez y sentido. Sin embargo, hemos de limitarnos aquí casi exclusivamente al estudio de uno de aquellos generadores, los epígrafes, y, entre los cinco que encabezan la obra, especialmente al segundo de Calderón y a las intertextualidades que sugiere.

Mediante el primer epígrafe de Montaigne —«La préméditation de la mort est préméditation de liberté» [4]— centra Fuentes el tema que aparece también en el principio del título de la obra: *La muerte*. A la vez, de acuerdo con el epígrafe, se nos prefigura el «texto» novelesco en ese momento anterior a la muerte que se nos ofrece en las narraciones en primera persona, sugiriéndosenos además que ese hecho central de la muerte, hacia el que camina la novela toda, es de libertad.

Pero para Artemio la muerte no parece constituir tal libertad, pues ha sido árbitro y elector de su propia vida, lo que se está acabando

---

[3] JULIA KRISTEVA, *Semeiotiké: Recherches pour une semanalyse* (Paris: Edition du Seuil, Collection «Tel Quel», 1969), 146.

[4] CARLOS FUENTES, *La muerte de Artemio Cruz* (México: Letras mexicanas, 1973), 7. Siempre que a partir de ahora citemos palabras de la novela, lo haremos refiriéndonos a las páginas de esta edición.

ahora para él, aunque deje sus efectos en México. Artemio es el héroe moderno que ha sido dueño de su propio destino: *Arte-mío*. Para su segundo desinteresado y sincero amor, para Laura, como producto anacrónico de una filosofía trasnochada, calderoniana, en que caben la ignorancia buscada a los problemas vitales, el miedo a una muerte súbita o la angustia derivada de lo absurdo de esta existencia, para Laura, repetimos, la libertad que no ha conocido empieza con la muerte, como una puerta abierta al más allá, fin de ese mundo absurdo, sin explicación y preñado de interrogantes sin respuesta. Por esa razón, en contraposición a la filosofía del protagonista, ella continúa preguntándose sobre la actuación de Artemio: «¿A qué los tesoros, vasallos, sirvientes?» (249). Se hace así una llamada al tema del «carpe diem» de tradición medieval y barroca y tan caro a Calderón, quien es el autor del segundo epígrafe:

> Hombres que salís al suelo
> por una cuna de hielo
> y por un sepulcro entráis
> ved cómo representáis... (7).

Asistimos a una llamada a la búsqueda del sentido de la representación y actuación del Hombre (Artemio) en la tierra, resuelta por éste precisamente en la busca y adquisición de «tesoros, vasallos, sirvientes», puesto que, como el mismo Artemio del presente nos dice, «mi único amor ha sido la posesión de las cosas, su propiedad sensual» (139). Se nos introduce además en la estructura circular de la novela desde el nacimiento a la muerte, unidos en una identidad final que se repite en el «texto» en numerosas ocasiones: «tú serás ese niño que sale a la tierra, encuentra la tierra, sale de su origen, encuentra su destino, hoy que la muerte iguala el origen y el destino y entre los dos clava a pesar de todo, el filo de la libertad» (279). Es ésta la misma idea que subyace en *El gran teatro del mundo,* de Calderón.

Artemio Cruz es una obra clásica de gusto moderno. Su valor clásico lo hallamos en la profundidad y universalidad ideológica que, partiendo de mitos y técnicas clásicos o indígenas, abarca lo mejor de la literatura y pensamiento paganos y cristianos. En este último aspecto es interesante la relación con los Autos Sacramentales calderonianos. Fuentes no cita en vano aquellos cuatro versos de *El gran teatro del mundo.* «Cuna» y «sepulcro» son los dos polos que, en un círculo perfecto, unen el principio y el fin del ciclo vital en la «fábula», u

orden cronológico-causal, de ambas obras. En los dos casos topamos
con una representación literaria de problemas humanos, si no idénticos, al menos muy semejantes. La diferencia se halla en el tratamiento
y la solución. Cambiando solamente la primera palabra de la cita calderoniana, ofreceríamos una idea bastante exacta del trabajo de Fuentes: «Artemios que salís al suelo / por una cuna de hielo / y por un
sepulcro entráis, / ved cómo representáis...». Artemio, usando de su
libre albedrío, escoge la representación por el camino de la posesión
de «tesoros, vasallos y sirvientes». Pero el camino escogido no es tan
fácil como Calderón hubiera podido pensar para el Rico de su auto;
tiene sus abrojos y espinas ese camino, que Calderón llamaría de placer. La vía escogida es consciente por parte del autor y del protagonista, y por ello se nos ofrece el otro camino de la bifurcación —el
que Artemio no escogió— en la vida y representación de su hijo Lorenzo, mártir y combatiente valeroso en las filas republicanas de la
guerra civil española. Tampoco es ésta una senda de rosas; tiene, como
aquél, sus pros y sus contras; pero, en último término, no es un dintel
a fama y gloria, como lo sería para Calderón, puesto que, en una u
otra bifurcación, conducen a un mismo lugar paradójico: la muerte;
sea ésta la libertad del primer epígrafe, o el puro nihilismo del último
(«No vale nada la vida: la vida no vale nada»). De esa forma, con
gusto moderno, Artemio justifica su propia representación.

Por otra parte, según nos muestra Alexander Parker en el capítulo segundo de su estudio *The Allegorical Drama of Calderon: An
Introduction to the Autos Sacramentales,* ¿quién ha cuidado más de la
técnica y de la teoría literaria que el Calderón de los Autos? [5]. ¿Es
que la atemporalidad y simbolismo no son características claves del
teatro sacramental calderoniano? Y de *Artemio Cruz,* en efecto. La
técnica empleada por Fuentes tiene sus deudas, pero nuestro autor
hace de *La muerte de Artemio Cruz* una obra renovada, radicalmente
nueva. La belleza de esa novedad técnica y estructural es, en parte,
lo que hace de ella sujeto estético y objeto artístico, digno de entrar
a formar parte no sólo de la historia de la literatura, sino de la mis-
mísima literatura, pues mediante un caotismo aparente, expresión de
la condición caótica de la realidad, transciende y supera ésta gracias
a una cuidadosa ordenación artística, expresión de una realidad nueva
e inédita. *El gran teatro del mundo* y esta novela de Carlos Fuentes

---

[5] (Oxford: The Dolphin Book, 1968).

difieren de acuerdo con el contexto social, ideológico y artístico en que se mueven ambos autores y sus personajes. En los dos casos nos enfrentamos al mismo problema: el hombre. En la obra de Calderón se trata del Hombre con mayúsculas y del problema de su destino teológico-religioso; en la de Fuentes se aplica más al mexicano, al hispanoamericano, pero también existe la universalización. ¿O es que el problema de la autenticidad es exclusivo de Hispanoamérica? ¿O es que la muerte, el caciquismo, la revolución, la corrupción y la venalidad no son hechos universales?

Calderón es además citado en el «texto» (Laura —precisamente Laura— lee un libro de Calderón y recita algunos de sus versos [216]). Y es que existen además otros muchos vínculos de relación con el dramaturgo siglodeorista: la representación de las tres facultades de la naturaleza humana y el proceso del conocimiento, con el papel que en él juegan las imágenes sensibles, las asociaciones de la imaginación y las abstracciones de la mente, constituyen motivos claves en el teatro calderoniano, desarrollados siguiendo las guías de la teología agustiniano-tomista, según nos señala el citado trabajo de Parker[6]. Esos mismos problemas son de vital importancia en *La muerte de Artemio Cruz,* donde el «Yo» percibe las imágenes sensibles, que desencadenan lo que Calderón llama «conceptos imaginados» de la imaginación del «Tú», lo cual lleva directamente a las memorias del «Él». Es decir, en *La muerte de Artemio Cruz* los conceptos sensibles asociados por la imaginación (el YO) hacen funcionar el entendimiento, quien, a su vez, determina la acción de la voluntad (el TÚ) en busca de la vida de la memoria (el ÉL). Para Calderón, como para San Agustín, la vida sólo tiene sentido en su fin, en cuyo momento ya solamente es memoria. Para Artemio Cruz también vida es sinónimo de memoria: y de ahí la extensión dedicada a ella en las largas secciones narrativas en tercera persona; «sobrevivirás antes que el caos te impida recordar» (63), se dice en la narración en segunda: donde «caos» se refiere a muerte y «recordar» a memoria y vida. Como ocurre en *El gran teatro del mundo* —cuando a Rey, Rico, Labrador y Hermosura les es anunciado por Voz que su representación está concluyendo— Artemio se aferra a la vida en la memoria, y, se vaya o no desnudo, se resalta que su «herencia» queda en México. Así, Artemio, personaje del siglo xx, nos ofrece un sentido de su vida bien diferente al caldero-

---

[6] Véase PARKER, *op. cit.,* sobre todo, 9-105.

niano, al ser él y al hacer al lector consciente de la herencia que nos
lega: el testamento que con tanto ahínco buscan Teresa y Catalina,
es decir, unos cuantos nombres muertos, incluido el suyo —«Artemio
Cruz... nombre...» (316)— y un mundo de corrupción.

Citamos ya la importancia del motivo del «carpe diem» en unas
palabras de Laura. Este motivo se repite en el episodio «1947: Septiembre 11», en que se nos narran los recuerdos de las primeras relaciones entre Artemio y Lilia, y en los que Artemio, acosado por señales de decrepitud, se interroga sobre lo efímero del cuerpo humano
debido a lo que él llama el «cáncer del tiempo» (154).

También el concepto y la forma en que Calderón y Artemio miran
al amor están relacionados, aunque sean totalmente diferentes. Ambos
coinciden en la imposibilidad de redención por el amor. Artemio conoce el amor, pero por fatalidad en el caso de Regina, por circunstancias sociales o por su propia cobardía en el de Laura, ese amor no le
salva; se aleja de él. Para Calderón el amor humano es negativo;
es visto como desorden, por lo que el triunfo final se halla en su
renuncia, según apunta James Maraniss en su libro *On Calderon*[7];
la redención sólo puede alcanzarse en el amor a Dios. Tampoco es
posible para Artemio, personaje del siglo posterior a la muerte de
Dios, buscar la redención divina. O quizá sí; tal vez la redención sí
que se halla en Dios, pero se trata del nuevo Dios, del Hombre, de
Artemio mismo: «... eso sí es mío. Eso sí es ser Dios, ¿eh?, ser
temido y odiado y lo que sea, eso sí es ser Dios, de verdad...» (244).

Existen otras intertextualidades calderonianas en las ideas de ambos sobre el «caos» y el «orden», y otros sistemas de oposiciones típicamente barrocas en que se insiste a la vez en la disparidad y la
identidad. En el Auto Sacramental *La vida es sueño*, «caos» es sinónimo de muerte, confusión, odio, no-ser, tinieblas; «orden» lo es de
vida, amor, ser, luz... Dios crea cualidades «unas» y «varias» que
equilibran y dividen a Elementos y Hombres; los hace «amigos» y
«enemigos», «conformes» y «opuestos». Oigamos a Artemio Cruz
por su parte: «tu *valor* será gemelo de tu *cobardía*, tu *odio* habrá nacido de tu *amor*, toda tu *vida* habrá contenido y prometido tu *muerte*:
que no habrás sido *bueno* ni *malo*, *generoso* ni *egoísta*, *entero* ni *trai-
dor*» (33-34) (subrayado nuestro).

Cerca de los últimos momentos de su vida, Artemio compara poé-

---

[7] (University of Missouri Press, 1978), 1-17.

ticamente las primeras luces captadas al salir del vientre materno con las postreras de los focos del quirófano, donde quirúrgicamente lo están interviniendo (308-314). La primera es luz natural y en presencia de Lunero (es evidente el simbolismo del nombre). El último resplandor es de signo distinto y enfatiza lo inauténtico de una luz artificial y de unas personas, los doctores, a sueldo. Con ello parece realizarse un juicio de valor sobre el fracaso de la vida de Artemio, como un viaje de la autenticidad desinteresada de la pobreza a la artificialidad pagada de la riqueza. Casi se sugiere un juicio moral, al estilo, por ejemplo, de la muerte del Rico y el Pobre en *El gran teatro del mundo*.

Apuntemos, por último, que, en intertextualidad directa con *El gran teatro del mundo*, también hallamos referencias en *Artemio Cruz* a la «desnudez» del Hombre —Artemio— en el principio y fin de ese viaje circular de la vida entre nacimiento y muerte: «quizás recordarás que, naciste sin líneas de vida o fortuna, de vida o de amor: naciste, nacerás con la palma lisa, pero bastará que nazcas para que, a las pocas horas, esa superficie en blanco se llene de signos, de rayas, de anuncios: morirás con tus líneas densas, agotadas, pero bastará que mueras para que, a las pocas horas, toda huella de destino haya desaparecido de tus manos» (62). Evidentemente, la sensibilidad y sentido de ambos autores es bien diferente: En *La muerte de Artemio Cruz* vemos un canto desesperado a «esta» terrenal vida —la de Artemio y la de México— con su nacimiento, vida y muerte, mientras que *El gran teatro del mundo* es un canto glorioso, con nacimiento, vida y muerte, a la «otra» vida, la celestial.

Se pone, pues, de relieve en el segundo epígrafe la acción de la novela en su representación circular, es decir, el «dar» de Artemio que nos viene sugerido por la tercera palabra del título, si le añadimos una tilde *(dé); La muerte dé Artemio Cruz,* es decir, que lo que su muerte nos da y deja es Artemio Cruz, su «herencia» y su «nombre que sólo tiene once letras y que puede escribirse de mil maneras» (118); nos da su temor *(Ar-temió);* nos da también su arte *(Arte-mío)* paradójico *(Cruz),* nos da a Artemio que es Cruz, o sea, contradicción, sufrimiento y carga.

Mediante el primer epígrafe centra Fuentes el tema. Utiliza el segundo como medio de presentación de un protagonista actuante y lleno de contradicciones, a la vez que establece la base de la estructura circular, muerte-nacimiento-muerte, de la novela. En el tercero de

Stendhal comienza a subrayar la importancia de la técnica, confrontándosenos con el problema de la comunicación lingüística y la dificultad de expresarse a sí mismo: «Moi seul, je sais ce que j'aurais pu faire... Pour les autres, je ne suis tout au plus qu'un *peut-être*» (7). Sólo es posible conocer el propio yo desde dentro de nosotros mismos, y desde dentro observamos nuestras propias fuerzas en toda su complejidad, con todo el peso del pasado en nuestro actual presente. Así, con este epígrafe, Fuentes nos ofrece un indicio claro del «punto de vista limitado» o «restringido» («restricted»), de que habla A. A. Mendilow en *The Time and the Novel* [8], y en el que todo se presenta a través de la mente de un personaje, en este caso de Artemio-Yo. Este narrador, como cada uno de nosotros mismos, se conoce a sí mismo (según reza el epígrafe) desde dentro. En palabras de Calderón en el acto I de *Darlo todo o no dar nada*, «Yo, reino y rey de mí mismo, / habito solo conmigo / conmigo solo contento». Los otros personajes de la obra, incluidos el TÚ y el ÉL, son juzgados por el narrador, y por nosotros, desde fuera, en sus acciones, en su carne y hueso.

No obstante, esta unidad narrativa es de apariencia múltiple, tanto desde el punto de vista temporal (presente-futuro-pasado), como desde el narrativo (en primera, segunda y tercera personas), según se prefigura ya en el cuarto epígrafe de Gorostiza: «... de mí y de Él y de nosotros tres ¡siempre tres!...» (7). Carlos Fuentes busca y consigue hallar su Artemio, su arte propio, su *arte mío*. A las ya tradicionales narraciones en presente y en pasado, en primera y en tercera personas, suma innovadoramente una narración en futuro y en segunda (TÚ), como voluntad y puente subconsciente de narración y de comunicación entre el consciente Artemio-YO del presente y el recuerdo del Artemio-ÉL del pasado. El TÚ se constituye a la vez en una especie de médico moral del Artemio-presente, siendo así la «conciencia» de Artemio que le aconseja y ordena en un pasado («Ayer») proyectado hacia el futuro del presente. El TÚ en un futuro de mandato prescribe recetas en contacto con una escuela de medicina espiritual bíblica y apocalíptica. También ese tipo de narrador parece poder rastrearse en Calderón, cuando en el III acto de *El príncipe constante* dice don Fernando: «Hombre... tú eres tu mayor enfermedad». Es decir, en la narración en segunda persona el TÚ-conciencia

    [8] (London, 1952; rpt. New York: Humanities Press, 1965), 114-115.

del subconsciente, como alter ego del Artemio-YO, se dirige al YO pentasensualmente «consciente» de la agonía presente, para evadir el sufrimiento físico y psíquico de su muerte, mediante el refugio paravital y en libertad de la memoria del Artemio-ÉL-recuerdo. Es en ese sentido que, de acuerdo al primer epígrafe, el Tú convierte la premeditación de la muerte del Artemio-YO del presente en premeditación de la libertad del Artemio-ÉL del pasado. Por otra parte, esa narración en segunda persona familiar (TÚ) no sólo se dirige al narrador-protagonista-YO como única voz real y presente de esa narrativa de apariencia triple, sino además al tú participante del narratario-lector. Tal genialidad innovadora en la técnica de Fuentes se halla claramente prefigurada en el citado segundo epígrafe calderoniano de la novela, en que Voz —alter ego de Calderón—, también en segunda persona familiar, se apostrofa a sí misma como plural personaje-autor, tanto como el narratario-oyente del auditorio («Hombres»).

Hemos observado la continua paradoja y entrecruzamiento de las ideas técnicas, temáticas y semánticas de la obra de Fuentes. Llegamos así al fin de este estudio, al último epígrafe y a la última palabra del título. «No vale nada la vida, la vida no vale nada», dice aquél, es decir, *Cruz,* que dice éste. En ambos casos se apunta a la esencia paradójica, quiásmica, cruzada, en continua oposición barroca y calderoniana de esta novela y de toda la obra de Fuentes: Se apunta al nihilismo y a la esperanza, al determinismo y a la libertad, al sufrimiento y a la alegría, al amor y al odio, a la salvación y a la condenación, al valor y al miedo, a la generosidad y al egoísmo, al olvido y a la memoria, al consciente y al subconsciente, a lo temporal y a lo acronológico, a la historia y a la ficción, a la unidad y a la variedad, a la vida y a la muerte; sea ésta cuna de hielo o sepulcro, salida o entrada, principio o fin. Fuentes no nos otorga una solución dogmática, lo que no quiere decir que se nos niegue o que no exista una solución, sino que ésta queda en el aire, en claroscuro, no siendo por tanto ni buena ni mala, ni blanca ni negra, sino parda, según se acabará confirmando en título y texto de *Todos los gatos son pardos.*

Hemos tratado de mostrar los cinco epígrafes de *La muerte de Artemio Cruz* como una especie de micronovela de la obra. Si nos centramos más en el segundo de ellos de Calderón, no es por ignorar las ricas y múltiples intertextualidades del maestro mexicano, sino por adscribirnos a nuestro título y a los límites temporales de nuestro estudio, no abusando demasiado de la paciencia del auditorio, y, por último, por ofrecer un oportuno homenaje a dos autores que, después de tres centurias del sepulcro de uno y de un cuarto de siglo de la cuna consagratoria del otro, se hallan merecidamente en el candelero.

Rafael Correa
California State University, San Bernardino

Poética de la memoria: Carlos Fuentes, lector

Dentro de la perspectiva de lo que significó la mnemotecnia o arte artificial de la memoria en el pasado, particularmente durante el Renacimiento, sobresale la aportación del Maestro Giulio Camillo y su renombrado Teatro de la Memoria, pues fue él —como opina Frances Yates— quien llevó a cabo la trascendental transformación de ese arte (191). Dicho teatro «se yergue en medio del Renacimiento Veneciano en orgánica relación con... la oratoria, la imaginería y... la arquitectura» (202).

El Teatro de la Memoria es el compendio de todo lo que el sistema mnemónico desarrolló y exploró desde la antigüedad, y la singular formación medieval de la imaginería. El énfasis y la fama de este arte consistió en el poder de «RECORDAR» en cualquier momento todas las «cosas» y todas las «palabras» del mundo particular del orador. La importancia de la memoria no era únicamente práctica, sino también religiosa y ética [1]. Camillo revoluciona este arte añadiendo al resurgimiento de la oratoria Ciceroniana los componentes de un sistema hermético, místico y mágico.

Lo que antes fuera un método que cada quien practicaba por sí solo, escogiendo los diseños arquitectónicos perfectos para la memorización, con Camillo se funde en un espacio físico pre-fabricado, en un aparato casi de ciencia-ficción, resumen de la potencialidad de una mente sintetizadora del tiempo y del espacio:

---

[1] Frances Yates apunta que es por eso que «Agustín, el gran retórico cristiano, hizo de la Memoria una de las tres grandes potencias del alma, y Tullius —esa alma cristiana antes del cristianismo— la hizo una de las tres partes de la Prudencia» (100-101).

Al mismo tiempo que suministraba a los oradores un sistema mágicamente activado de la memoria, por estar basado en el fundamental Siete[2], asimismo el Teatro activaba mágicamente los discursos que mediante él recordaba el orador, infundiéndoles la virtud planetaria por la que producirían efectos mágicos en los auditorios (200).

La figura de Giulio Camillo se levanta en pleno Renacimiento como una gigantesca representación de este momento de exploración, imaginación y empresa extraordinaria (*Giordano,* 307).

El plano físico del teatro estaba armado

> sobre siete gradas o peldaños, a los que dividen siete pasarelas que representan los siete planetas... En cada una de las siete pasarelas hay siete cancelas o puertas. Estas puertas están decoradas con muchas imágenes... El «espectador» solitario del Teatro se encuentra donde estaría el escenario y mira hacia el auditorio, contemplando las imágenes que se hallan en las siete veces siete puertas de las siete gradas ascendentes (164-165).

Este artificio de la memoria «ha de representar el orden de la verdad eterna; en él el universo será recordado mediante la orgánica asociación de todas sus partes con el orden eterno que subyacen en ellas» (166). Camillo fundamenta su esquema revolucionario en «las causas primeras, en los Sefirotas, en las Ideas; éstas han de ser los 'lugares eternos' de su memoria» (166).

Intentaba Camillo llegar a la unión perfecta en la tradición de Hermes Trismegisto, quien argüía que el que supiera «unirse a esta diversidad de lo único» llegaría también a ser divino y conocería «todo el pasado, el presente y el futuro, y todas las cosas que contienen el cielo y la tierra» (565).

Sirva esta breve introducción a Giulio Camillo y el Teatro de la Memoria como preámbulo a mi propósito de fijarme en la lectura que hace Carlos Fuentes del texto de Camillo para re-inscribirlo como epicentro temático de *Terra nostra,* y como modelo para el edificio de su discurso. Específicamente me refiero a la sección titulada «El teatro de la memoria» en la tercera parte de la novela —«El otro

---

[2] La influencia del número siete proviene directamente de los siete pilares de la Casa de la Sabiduría de Salomón (véase «La memoria renacentista: El Teatro de la memoria de Giulio Camillo» en el libro de Frances Yates titulado *El arte de la memoria,* pp. 157-189).

mundo»— (utilizo la edición de Joaquín Mortiz, 1975, pp. 558-571). Es éste un texto que identifica otro texto, que se auto-señala y se auto-referencia. La lectura engendra, hasta la infinidad, el acto cómplice de abrir la página, de tocar la *cara del muro* para presenciar una y otra vez, en acción paralela a las puertas artificiales del teatro de Camillo, la escena de auto-presencia e identificación. Quiero fijarme en la lectura que hace Carlos Fuentes de la tradición del Teatro de la Memoria como lúcido acto rememorativo y simultáneo en el que resume la vasta experiencia de lectura de la cultura occidental de nuestros días. Fuentes ha hecho uso de esta tradición para explicar su polémica sobre el avatar novelístico, lo que él entiende es la misión del escritor: «inventar un lenguaje nuevo» para decir, para recordar, todo lo que «la historia ha callado» (*LNNH,* 30).

La voz del narrador múltiple de *Terra nostra* es una voz elocuente, rememoradora y polifacética que desparrama y se desparrama en otras voces, esbozo de voces, voces de voz/eco, voz que es esencia y presencia de un tumultuoso desfile de personajes de escena, en la escena, mirando, y mirándose a sí mismos.

Se repite en esta obra del mexicano, el diálogo histórico que tuvieran Camillo y su discípulo Ludovico Dolce[3]. La repetición se desdobla como figura retórica, creadora del espacio mimético a la vez que como «puerta» al edificio del metadiscurso:

—Sólo yo he entrado aquí. Y ahora tú, monseñor Ludovicus, conocerás el Teatro de la Memoria de Valerio Camillo.

El Maestro tocó ligeramente la superficie de uno de los bloques de mármol y toda una sección del muro se separó, como una puerta, del resto, girando sobre invisibles goznes. Los dos hombres pasaron, bajando las cabezas; ... entraron a un corredor de madera, más estrecho a cada paso, hasta desembocar sobre un mínimo escenario: tan pequeño, en verdad, que sólo Ludovico cabía en él, mientras el Donno Valerio permanecía detrás, apoyando sus manos secas sobre los hombros del traductor (564).

---

[3] Fue este Ludovico Dolce quien se encargó de propagar la fama e influencia del Maestro Camillo hasta mucho después de la muerte de éste. En 1552 escribió el prefacio a las obras de Camillo. Diez años más tarde, publicaría su propio libro sobre la memoria, escrito con gran elegancia y siguiendo el estilo Ciceroniano *De oratore* (véase Yates, 194).

Paradójica, arbitrariamente (y ¿de qué otra manera puede ser?) Carlos Fuentes, lector cuidadoso de la Historia, de los apuntes legados por el Maestro Camillo sobre su extraño teatro, se adueña del aparato reproduciéndolo sobre el texto y con el texto, imponiendo —o creyendo imponer, así como lo creyera tal vez el mismo Camillo— un orden visual/textual que no es necesariamente ni el de la Historia ni el de la lectura individual que cada lector/espectador hará a su tiempo. Y cada lector impone su propio orden, pues cada nueva lectura es la realización de la magia del andamiaje verbal, es decir, un acto recordatorio, una comunión, y sobre todo un fenómeno individual. Fuentes transcribe la descripción, ahora poética, del teatro:

> Encajonado dentro de la estructura de madera, el auditorio tenía siete gradas ascendentes, sostenidas sobre siete pilares y abiertas en forma de abanico; cada gradería era de siete filas, pero en vez de asientos, Ludovico miró una sucesión de rejas labradas, semejantes a la que guardaba el jardín de Valerio Camillo sobre el campo de Santa Margherita; la filigrana de las figuras en las rejas era casi etérea, de modo que cada figura parecía superponerse a las que le seguían o procedían; el conjunto daba la impresión de un fantástico hemiciclo de biombos de seda transparente; Ludovico se sintió incapaz de comprender el sentido de esta vaga escenografía invertida, en la que los decorados eran espectadores y el espectador, actor único del teatro (564).

Hábil lector/espectador del aparato mecánico que se manipulaba por medio de poleas y cordones, Fuentes encuentra en los orificios de ese Teatro, en las ventanas —ojos del alma— las correspondencias textuales para su propia invención, y para darle «ánima» a su filosofía de la fusión del pasado, el presente y el mañana [4]. «Mira», le dice Camillo

---

[4] J. Millis Miller, en una imagen más audaz sobre la imagen de la puerta —Torweg— de Nietzsche, y que tiene como referente la idea del eterno retorno, explica que no se trata de señalar «la presencia de la presencia» (mi propia traducción), sino más bien «la falsa apariencia del presente». Es una apariencia falsa ese parpadeo del ojo, instantáneo, en el que uno ve y que todas las cosas han regresado y van a regresar eternamente, incluyendo ese momento... Esa puerta fugaz divide a la vez el pasado y el futuro. «The moment stands as the imperceptible interruption that divides

a Ludovico, «mira en los combinados lienzos de mi teatro el paso de la más absoluta de las memorias: la memoria de cuanto pudo ser y no fue, en las palabras no dichas, en las elecciones sacrificadas, en las decisiones postergadas» (566). Años después de la publicación de *Terra nostra,* pero todavía en sentido de auto-crítica y auto-lectura, Fuentes señala que

> The knowledge of the past is thus, if I read Vico correctly, the possibility of shaping an imperfect but reasonable future. If we understand that we made the past, we will not permit a future made without us -or against us.
>
> This is, I think, a valid statement for the work the novelist as he evokes the past or imagines the future from the present in which all writing actually takes place (*Salgamundi, 346*).

¿Invención de un nuevo lenguage o traducción de una lectura?

> For a writer does but conjugate the tenses and the tensions of time through verbal means, and his scope is dismally reduced if he too, in order to synchronize with the ruling philosophy of modernity, must keep step with the indiscriminate rush toward the future, disregarding the only fullness in time: the present where we remember and where we imagine (*Salgamundi, 346*).

En el tiempo presente de Fuentes se delinean los futuros dibujos, los esquemas de lo no dicho, y lo que resalta es la tela de las diferencias de esa historia silenciosa que van formando un nuevo código de significaciones. Fuentes se vale de la importancia cultural del proceso recordatorio artificial, con todas las sutilezas conceptuales de la época que pretende recrear, para definir su propia pintura, para almacenar —en el *loci* propio de las cosas y las palabras— todas sus imágenes renacentistas/muralistas/existencialistas, es decir, todas sus imágenes desde la perspectiva del siglo xx. En cada nuevo abrir de las puertas del edificio de la memoria, goznes invisibles que trasmutan y trasgreden los cánones establecidos, se va acumulando la hetereogeneidad del texto que cuestiona su propio desarrollo.

Fuentes/lector en posición de transcribir en su texto las habilidades

past future eternally from one another and yet brings them together face to face». (Véase *The Linguistic Moment,* p. 425).

memorativas de un arte mecánico, realiza con él un doble juego textual. A través de más de quinientas páginas en *Terra nostra,* Fuentes se vale de la lectura de lo que significó el Teatro de la Memoria de Camillo para la cultura occidental. Luego, ya casi al final, en la tercera sección titulada «El otro mundo», en trece, breves páginas expone el embrión de la estructura de la novela.

Su conciencia re-lectora se recrea (re-crea) en el escenario de la palabra, y una vez dentro, solitaria, esa palabra «poderosa» y «seductiva» —los adjetivos son de Greimas— puede replegarse, testigo de su propia función, de su propia representación.

Fuentes interrumpe su texto, señalando irónica y reiterativamente el epicentro de su quehacer literario; el resultado es un texto que entrega más correlaciones, conexiones y contextos. Dicho de otro modo, una escritura que se detiene, se reclama a sí misma, se interrumpe, no siempre segura de su visión totalizante, o de su conocimiento enciclopédico (ver *Saving the Text,* por Geoffrey Hartman, p. 4).

¿Invención de un nuevo lenguage o transcripción de una lectura? El Ludovico histórico también fue traductor, y es sólo por medio de sus escritos y re-lecturas que nos llega la versión más auténtica de los experimentos de Camillo. En el presente potencial de su novela Fuentes/Ludovico funde el tiempo y el espacio como en acción de cámara rápida, cámara ardiente, transmutación de la magia del Teatro de Camillo para imprimir las bases de su nuevo lenguage, de su invento verbal. De ese modo, Signorelli y sus capillas llenas de visiones apocalípticas pueden llegar a ser el pre-texto para el Viejo Mundo de la cosmovisión de Fuentes; y «Las meninas» de Velázquez esbozan ya la mayoría de los personajes que van a poblar el escenario de la novela: el Señor y la Señora, el «pintor», las damas, los sirvientes y los enanos/monstruos. Asimismo, el narrador puede asumir otra(s) máscara(s), y como heredero legítimo de Cervantes, tomar la palabra, recordando que también el Manco de Lepanto se había dado cuenta que el único sitio de encuentro posible de los mundos, el suyo, el de su ayer y el nuestro, está en la palabra (*CCL,* 32).

Si el Camillo histórico, el de carne y hueso, como diría Unamuno, se esforzaba por perfeccionar un aparato hermético, místico y mágico, en el que las superimposiciones de figuras y discurso establecían un código descifrable para el actor/espectador único, Fuentes, con más fondo de lectura, intenta traducir la visión no ya en cosa «etérea», sino en algo concreto, un lienzo, una pintura que se contempla a sí misma, se traspone a la página trasmutándose en personaje de ficción, lector de su propio espectáculo/texto.

Realizando este efecto, Fuentes también logra conservarse fiel a lo que en el siglo XVI, como observa Michel Foucault, es el lenguaje real:

> una cosa opaca, misteriosa, cerrada sobre sí misma, masa fragmentada y enigmática punto por punto, que se mezcla... con las figuras del mundo y se enreda en ellas... y... todas juntas, forman una red de marcas en la que cada una puede desempeñar, y desempeña en efecto, en relación con todas las demás, el papel de contenido o de signo, o de secreto o de indicio (*Las palabras,* 42-43).

Fuentes/lector transcribe a la página su propio análisis de la lectura del otro texto, el del Teatro de la Memoria de Camillo, a la vez que se postula como primer lector de su texto. Jonathan Culler, a propósito de esta situación particular de transferencia en la lectura, señala que es una en la que el analista o lector «is caught up in and reenacting the drama he thought he was analyzing from the autside. The structure is one of repetition and proliferation rather then crystalline closure» (*OD,* 205).

Fuentes rastrea, en su escritura, la jerarquización de las voces múltiples de su discurso cuestionando la estructura misma del edificio/texto, ya que toda escritura es un intenso acto de lectura (*Saving,* 4). Todo lector hace lo mismo, y es por eso que yo también hago una re-lectura de mi planteamiento a medida que cada pliego sintáctico y semántico se acomoda en el pequeño escenario de la página.

Como lector entonces, he interrumpido mi propio discurso para crear un paralelismo con la ruptura que hace el autor de *Terra nostra* cuando entabla el diálogo textual sobre el Teatro de la Memoria; y he tendido un puente semántico entre mi propia lectura de los apuntes históricos del aparato físico que Camillo llamara «Teatro», la transcripción que hace Fuentes y mi texto que intenta plantear arbitrariamente una temática específica, que entiendo mi lectura de la lectura de Fuentes convalida.

En potencia, ambas lecturas han sido interrumpidas —en el sentido que le da Hillis Miller— y contienen el embrión de una infinitud de vistas o escenas que podrían repetirse, re-elaborarse, pliego por pliego, a medida que se deshacen, se desenhebran para encontrarse otra vez y funcionar en un nuevo contexto.

Fuentes, en *Terra nostra,* intenta realizar, y lo logra, una serie de representaciones, repeticiones, multiplicidad de lecturas, que así como la miríada de imágenes re-creadas por el Teatro de la Memoria de Giulio Camillo están a la misma vez en el espectador/lector y fuera de él, así también estas «proyecciones» de la palabra forman el sistema referencial y son el texto.

La fuerza nueva, y la voz nueva que conllevan proceden de la re-articulación de tanto los paralelos como los reversos; en ambos está la posibilidad del encuentro y la interrupción. En ambos, desde un principio, está incluida la intención artificiosa del juego de ficción, ésa que entabla la conexión umbilical con los mecanismos individuales y culturales del proceso recordatorio, mecanismos que son la «réplica a las artes disolventes, debilitantes del tiempo» (*Giordano,* 17).

Alexis Márquez Rodríguez
Universidad Central de Venezuela, Caracas

Aproximación preliminar a *Terra nostra*: la ficción como reinterpretación de la historia

1

Aunque siempre hemos sido poco propensos a señalar fechas y cotas más o menos rígidas cuando se trata de fenómenos estéticos, nos tienta repetir aquí lo que en alguna otra ocasión dijimos a propósito de *Terra Nostra*, de Carlos Fuentes: *con ella comienza una nueva etapa en el proceso de renovación de la narrativa latinoamericana, y en general de lengua castellana. Eso que algunos importantes críticos y teóricos de la literatura han llamado, sin duda en busca de mayor exactitud en el señalamiento, el «post-boom».* Este término peca, por supuesto, de la misma imprecisión e inexactitud semántica de su segundo componente. Mas como aquel vocablo se ha generalizado como paradójico indicador de un fenómeno muy concreto y preciso, a veces no hay más remedio que echar mano de él para que quienes nos oyen o leen sepan de qué estamos hablando. Lo cierto es que *Terra nostra,* a nuestro juicio, cancela un ciclo y abre otro, dentro de ese proceso, más largo y más lento de lo que comúnmente se cree, que da origen a lo que en frase más aceptable, aunque también pecadora de alguna imprecisión y vaguedad, se ha llamado la *nueva narrativa latinoamericana.*

Un proceso más largo y más lento de lo que corrientemente se cree, en efecto, en principio porque el mismo comienza, en realidad, con la aparición de la novela en nuestro Continente. Pero, además, porque aun en términos de modernidad, lo que se ha llamado el *boom* no surge inesperadamente ni de una manera explosiva —de ahí lo falso de tal denominación—, sino que fue un fenómeno perfectamente previsible desde mucho antes, y de hecho previsto por algunas mentes particularmente lúcidas y perspicaces. En 1932, por ejemplo, un joven cubano residente en París, llamado Alejo Carpentier, escribió y publicó en francés un importantísimo ensayo titulado *Los puntos cardinales de la novela en América Latina* —el título es traducción literal—, en el cual, entre otras cosas, dice: «*Pero es hoy cuando podemos partir de una novela suramericana de inclinación universal, que puede soportar la prueba de la traducción y es capaz de seducir a un buen lector europeo, por su potencia y su envergadura*». Y después de hacer un examen panorámico de esa novela latinoamericana de entonces, y luego de comentar cuatro de ellas —*Don Segundo Sombra*, de Ricardo Güiraldes; *La vorágine*, de José Eustasio Rivera; *Doña Bárbara*, de Rómulo Gallegos, y *Las lanzas coloradas*, de Arturo Uslar Pietri—, el joven Carpentier concluye diciendo: «*Habría mucho que decir todavía acerca de la novela moderna de América Latina. Pero las obras citadas —puntos cardinales—, nos dan ya una idea de las características muy particulares de esta producción, a la que debemos por lo pronto algunos libros de gran importancia. Por su aspereza, por las nuevas visiones que nos ofrece, por el rostro inesperado de los medios que ella evoca, la novela latinoamericana no tardará, sin duda, en ocupar dentro de la literatura mundial el lugar que se merece*» [1]. Como se ve, ahí está un claro vaticinio, con treinta años de anticipación, de lo que después hemos conocido como el *boom* de nuestra narrativa. Lo cual, obviamente, reafirma la idea de que no hay tal *explosión*, sino una lenta pero segura maduración que, a la larga e inevitablemente tenía que dar sus frutos.

Si se acepta nuestra idea de que *Terra nostra* marca la apertura de una nueva etapa en ese proceso de evolución y madurez, Carlos Fuentes tendría el inestimable privilegio de ser dos veces hito dentro de tal proceso. En efecto, aun cuando se ha señalado insistentemente que el llamado *boom* comienza en los inicios de los años sesenta, y concretamente con el otorgamiento de los primeros *Premios Biblioteca Breve,* de la Editorial Seix Barral —el de Vargas Llosa, con «La ciudad y los perros, corresponde a 1962—, si hemos de ser justos y exactos debemos recordar que «La región más transparente» se publica en 1958, y es una de las obras claves de un autor que, como Fuentes, es también figura clave en esa *nueva narrativa latinoamerica-*

---

[1] «Les points cardinaux du roman en Amérique Latine», en *Le Cahier*. Paris, N.º 2, Février/1932. Traducción de Andrea Martínez.

na. Pero ésta es materia que escapa al tema específico de estas notas, y la traemos aquí sólo a título introductorio. Ya habrá ocasión para discutirla a fondo.

II

Terra nostra no es ni pudo ser una novela circunstancial. El propio hecho de su monumentalidad lo demuestra. Y cuando hablamos de monumentalidad, no nos referimos a su extensión, sino a su vasta y compleja estructura y a la amplitud y rica variedad de sus planteamientos, que rebasan con creces el esquema tradicional, y hacen de ella un exponente el más conspicuo de la llamada *novela total.* No en balde Alejo Carpentier, ya no el joven de 1932, sino el escritor maduro de 1977, en una carta nos decía que para él *Terra nostra* era una novela *«de una calidad prodigiosa que habrá de marcar una fecha capital en los anales de la literatura latinoamericana»* [2].

En la misma obra de Fuentes hallamos importantes antecedentes de esta singular novela, que demuestran que la misma tuvo una lenta incubación en la conciencia del novelista, y que, además, se trata de una obra excepcional, enormemente ambiciosa, a la que el autor concibió como su *gran obra.* Así lo vemos en un pasaje de la novela *Aura,* publicada en 1962, trece años antes de la aparición de *Terra nostra,*

---

[2] La carta de Carpentier a que hacemos referencia está fechada en París el 6 de abril de 1972, y entre otras cosas se refiere al *Premio Internacional de Novela «Rómulo Gallegos»,* al cual él concurría con dos obras: *El recurso del método* y *Concierto barroco,* enviadas por el editor. Carpentier tenía la convicción de que no ganaría, por diversas razones que nos había expuesto en una carta anterior. En la que aquí mencionamos nos decía lo siguiente: «Espero el resultado del concurso de este año. Te diré que, para mí, el gran *finalista* es Carlos Fuentes. Considero que su *Terra nostra* es un libro difícil de leer, pero de una calidad prodigiosa que habrá de marcar una fecha capital en los anales de la literatura latinoamericana contemporánea. Bastaría con los capítulos que Fuentes consagra a la construcción de El Escorial para que su nombre figurase en todas las antologías. El "náufrago" que aparece en la novela es el de la primera *Soledad* de Góngora. Veo, en este libro capital, una especie de *reconquista* de España por el criollo de América Latina». (Carlos Fuentes, en efecto, obtuvo ese año el Premio «Rómulo Gallegos»).

en 1975: «*Si lograras ahorrar por lo menos doce mil pesos, podrías pasar cerca de un año dedicado a tu propia obra, aplazada, casi olvidada. Tu gran obra de conjunto sobre los descubrimientos y conquistas españolas en América. Una obra que resuma todas las crónicas dispersas, las haga inteligibles, encuentre las correspondencias entre todas las empresas y aventuras del siglo de oro, entre los prototipos humanos y el hecho mayor del Renacimiento*» [3]. Este pasaje es enormemente importante. Vemos en él, no sólo que la novela, con toda su complejidad y monumentalidad, estaba hacía tiempo en la conciencia y en el propósito del novelista, sino, además, que el proyecto desde el principio era claro en cuanto a su concepción ideológica, a su ambicioso propósito de abarcar un vasto y crucial período de la historia de España en Hispanoamérica, pero sin establecer de antemano fronteras cronológicas ni limitaciones conceptuales. Antes bien, en el embrión de la novela alentaba ya la idea primordial de establecer los vínculos, las «correspondencias» entre diversos hechos, circunstancias y valores, que vistos aisladamente pudieran aparecer desarticulados, pero que examinados con un criterio globalizador y una metodología adecuada, que mucho deben a la dialéctica, mostrarían una textura diferente, más real y exacta, dada por entrecruzamientos, imbricaciones, simbiosis, sincretismos, maceraciones... Y en el fondo de todo ello, crisol y reactivo, caldo de cultivo y catalizador, sustancia solvente e ingrediente activo, la vista constelación de las pasiones humanas como elemento fundamental.

Todavía hay algo más en *Aura* que la instituye como precedente de *Terra nostra*. Su atmósfera fantasmal, entre lo onírico y lo patológico, pasará íntegra a la nueva novela, y allí desarrollará al máximo sus potencialidades. Dentro de este clima, la locura de Consuelo en *Aura* tiene mucha semejanza con la de la Dama Loca de *Terra nostra*, aun cuando sus orígenes sean distintos. Pero, además, hay un punto de convergencia en que ambos tipos de locura se interrelacionan: la locura de la Emperatriz Carlota, que pareciera dar aliento a la locura de Consuelo, personaje de ficción, y aproximarla de ese modo a la Dama Loca, personaje que cabalga entre lo histórico y lo ficticio. Para dar aún más fundamento a estas especulaciones críticas, no olvidemos que, significativamente, Felipe Montero, el coprotagonista de *Aura* que ambiciona escribir su gran obra, es un *joven historiador, y*

---

[3] *Aura.* Ediciones Era, 3.ª ed. México, 1966, p. 31.

que Consuelo estuvo casada con un general que formó parte del Estado Mayor del Emperador Maximiliano. Carlota, además, ya incurre en su locura en algún momento de *Terra nostra* y llega a identificarse con la Dama Loca.

Otro dato que es importante señalar es que el período de incubación de *Terra nostra* en la conciencia del novelista, pero seguramente también en su subconsciente y aun en su inconsciente, fue largo. *Aura,* como hemos dicho, se publica en 1962, y es en 1969 cuando, según confesión del propio Fuentes, comienza a escribir *Terra nostra,* trabajo que le lleva seis años [4]. De modo que si esta última novela estaba ya concebida cuando se publica *Aura,* el período que va desde la publicación de ésta hasta el momento en que comienza la escritura de *Terra nostra* tuvo que ser de elaboración y maceración de su proyecto.

III

Calificar a *Terra nostra* de *novela histórica* puede parecer exagerado y hasta absurdo. Hay quienes piensan que el concepto de *novela histórica* remite necesariamente a la idea que de la misma tuvo su concreción en obras como las de Walter Scott, la *Salambó,* de Flaubert, o *Los novios,* de Manzoni, de las cuales la obra cumbre de Carlos Fuentes guarda considerable distancia [5]. Se trata, sin duda, de una excesiva simplificación, según la cual tampoco podríamos decir que *El amor en los tiempos del cólera,* de García Márquez, es una *novela de amor,* porque este concepto se limita exclusivamente al modelo de *Las cuitas del joven Wether,* de Goethe; ni que *El halcón maltés,* de Dassiel Hammet, es *novela policial,* porque se aparta radicalmente del esquema que de ésta estableció Sir Arthur Conan Doyle. Y la verdad es que la novela de García Márquez es tan *novela de amor* como el

---

[4] « ... la novela que me ha ocupado durante los pasados seis años, *Terra nostra*». C. FUENTES, «Cervantes o la crítica de la lectura», Cuadernos de Joaquín Mortiz. México, 1976, p. 36. (Aunque la edición de este libro es de 1976, el trabajo está fechado entre julio de 1972 y agosto de 1975).

[5] Este criterio nos ha sido expuesto personalmente por Arturo Uslar Pietri, quien es, sin embargo, uno de los grandes autores latinoamericanos de *novelas históricas,* algunas de las cuales contienen importantes innovaciones que enriquecen el género.

Werther, de Goethe; *El halcón maltés* tan *novela policial* como las que integran la serie de als *Aventuras de Sherlock Holmes,* y *Terra nostra* tan *novela histórica* como *Ivanhoe,* de Walter Scott. Se trata simplemente de que el concepto ha evolucionado, como ha evolucionado todo en la literatura, y en general en la cultura y en la vida misma. Esto, desde luego, en el caso concreto que nos ocupa, lleva a decir que, dentro de la idea de una *nueva narrativa latinoamericana,* es preciso señalar específicamente la presencia de una *nueva novela histórica,* que en nuestro Continente ha tenido un especial y muy importante desarrollo.

No puede haber dudas acerca del trasfondo histórico real de *Terra nostra.* En ésta, tanto lo anecdótico como lo ideológico se basan firmemente en ese trasfondo real. Hechos y personajes no sólo responden a referentes históricos absolutamente veraces, sino que son también inequívocamente reconocibles para quienes posean siquiera una información elemental sobre la historia de España, a despecho de la peculiar utilización que de los mismos hizo el novelista al estructurar su novela. Hechos trascendentales ocurridos en tiempos de los Reyes Católicos, Carlos V y Felipe II; la extraña personalidad de Juana la Loca; la existencia de Miguel de Cervantes; la persecución de todo tipo de herejías y disidencias; el Descubrimiento de América; la construcción del Escorial; la expulsión de los judíos; la derrota de los Comuneros de Castilla en el campo de Villalar, son algunos de los elementos y episodios de la novela perfectamente reconocibles como correspondientes a la historia de España. Otra cosa es, como antes dijimos, el tratamiento que de ellos hace Fuentes en el contexto de su novela, tratamiento que casi siempre se resuelve en un examen de los mismos a través de un cristal deformante, que no pocas veces conduce incluso a lo grotesco. Sin embargo, aun en los casos extremos tal deformación no llega a ser desintegradora, y más bien posee un grado tal de transparencia que permite reconocer, en el fondo de lo deformado, la realidad de la cual arranca el tratamiento deformante. Es decir, en la Dama Loca, la grotesca mutilada de brazos y piernas, transportada en una carretilla por una enana tan grotesca como su ama, que arrastra el cadáver de su marido, «*el príncipe putañero* (...) *por todos los monasterios de esta tierra exhausta de tanta batalla, de tanto crimen, de tanto heroísmo, de tanta sin razón...*» [6], ¿quién puede ig-

---

[6] *Terra nostra,* Seix Barral, Barcelona, 1975, pp. 184-185.

norar la presencia real de doña Juana la Loca? Y en El Señor, que en la novela aparece como el constructor del Escorial, amén de otros datos significativos, ¿podría dejar de verse a Felipe II, que en la realidad dispuso, efectivamente, y supervisó la construcción del famoso monumento arquitectónico, híbrido de monasterio, panteón y palacio real, ofrecido en homenaje y acción de gracias al mártir San Lorenzo, por haberse ganado en su día la batalla de San Quintín contra los franceses?

Estos dos personajes —la Dama Loca y El Señor— forman una unidad dentro de la estructura de la novela que es necesario observar conjuntamente para que tengan sentido ciertos aspectos, tanto de forma como de contenido, de la misma. Como se sabe, Felipe II era hijo de Carlos V y doña Isabel de Portugal. El Emperador, a su vez, había nacido del matrimonio de Felipe el Hermoso, príncipe de origen flamenco y archiduque de Austria, y de Juana la Loca, hija ésta de los Reyes Católicos, don Fernando de Aragón y doña Isabel de Castilla. Sin embargo, en la novela El Señor viene a ser «hijo» de la Dama Loca y de su esposo, el «príncipe putañero», el «Señor llamado el Hermoso» [7]. De modo que, paralelamente a la deformación física de doña Juana, para convertirla en la Dama Loca mutilada y monstruosa, se hace también la deformación histórica de Felipe II, para hacer de él «hijo» de quienes en realidad fueron sus abuelos.

La clave de estas deformaciones históricas, y de muchos otros elementos significativos presentes en *Terra nostra* —o al menos una de las claves— está en el muy peculiar manejo por Fuentes de un recurso que en otra oportunidad, también a propósito de *Terra nostra,* y a reserva de una denominación más exacta, hemos llamado *síntesis simbólica.* Ya hemos dicho que en *Terra nostra* se narran hechos correspondientes al vasto período que va de los Reyes Católicos, y concretamente de 1492, hasta 1598, año en que muere Felipe II. Ahora bien, en lugar de hacer que en la novela figuren todos los personajes que gobernaron España en ese lapso de algo más de un siglo, Fuentes reúne todos esos acontecimientos como si hubiesen ocurrido bajo el reinado de Felipe II, ordenados o ejecutados por él. De ese modo, el Señor es una especie de *síntesis histórica,* que a su vez *simboliza,* entre otras cosas, el *espíritu imperial* español, pero que proyecta su simbolismo al ámbito universal. Aquel preciso período de la historia

---

[7] *Ibídem,* p. 671.

de España posee de igual modo un valor de *síntesis* y de *símbolo* de todo cuanto significa la historia española, y no sólo la de aquel período específico, así como también de lo que ha sido hasta el presente la historia toda de la humanidad. Y dentro de aquel tiempo destaca igualmente la figura esencial de Miguel de Cervantes, que más que el autor del Quijote, en la novela representa simbólicamente *la figura universal del escritor*. El mismo Fuentes ha precisado este hecho en su luminoso ensayo sobre Cervantes, cuando, al hablar del paralelo entre éste y Shakespeare que más de una vez ha sido propuesto, dice: «*... estoy convencido de que se trata del mismo autor, del mismo escritor de todos los libros, un polígrafo errabundo y multilingüe llamado, según los caprichos del tiempo, Homero, Virgilio, Dante, Cervantes, Cide, Hamete Benengeli, Shakespeare, Sterne, Goethe, Poe, Balzac, Lewis Carrol, Proust, Kafka, Borges, Pierre Ménard, Joyce... Es el autor del mismo libro abierto, que, como la autobiografía de Ginés de Pasamonte, aún no termina*» [8]. Esto explica que el personaje de *Terra Nostra*, Miguel, Mijail, Michach —según las circunstancias—, el Cronista que una vez «*... imaginó a un caballero enloquecido por la verdad de la lectura, empeñado en trasladarse a una mentirosa realidad y así salvarla y salvarse...*»; el mismo que imaginó «*a jóvenes príncipes enamorados de las puras palabras, incapaces de conocer la acción y exorcizar la muerte que la realidad reserva a los señores*»; y que imaginó también «*a un burlador de honras y sagrados, héroe de la pasión secular, que pagaría sus goces en el infierno de la ley que tanto negó en nombre del placer libre, común y profano...*» [9]; ese Cronista sea el mismo que finalmente escribió, en el «*viejo, extraño idioma de la vieja España que los marranos (...) habían rescatado, fijado, dado a leer y divulgado en comunes mesteres...*», un texto prodigioso que comenzaba así: «*Al despertar (...) una mañana, tras un sueño intranquilo, encontróse en su cama convertido en un monstruoso insecto*» [10].

I V

Tradicionalmente, la novela histórica se ha valido de la *ficción* para *reconstruir* mejor los tiempos y los sucesos históricos. Ficción que lo

[8] *Ibídem.*
[9] *Ibídem.*
[10] *Ibídem.*

mismo puede consistir en que el novelista invente hechos y personajes para insertarlos en un contexto histórico real, que en la ficcionalización parcial de la realidad histórica —sucesos y personajes—, siempre con un definido propósito de reconstrucción. Este es, quizás, el punto más significativo en que Carlos Fuentes se aparta, en *Terra nostra,* de aquel esquema tradicional. Porque en esta novela ya no se trata de *reconstruir* los hechos con el auxilio de la ficción novelesca, sino de reinterpretarlos, de darles un nuevo sentido, de darle a la historia una *nueva oportunidad,* quizás con el secreto anhelo de que las cosas, al *volver a ser,* sean de otro modo. El propósito fracasa, sin embargo, porque la *nueva oportunidad* es desperdiciada, y las cosas vuelven a ocurrir de idéntico modo. En la novela, que contiene en sí misma su propia teoría, se precisan los hechos con meridiana claridad. La reflexión final de Polo Febo no deja lugar a dudas: «... *no habrá más vida, la historia tuvo su segunda oportunidad, el pasado de España revivió para escoger de nuevo, cambiaron algunos lugares, algunos nombres, se fundieron tres personas en dos y dos en una, pero eso fue todo: diferencias de matiz, dispensables distinciones, la historia se repitió, la historia fue la misma, su eje la necrópolis, su raíz la locura, su resultado el crimen, su salvación, como escribió el fraile Julián, unas cuantas hermosas construcciones e inasibles palabras. La historia fue la misma: tragedia entonces y farsa ahora, farsa primero y tragedia después, ya no se sabe, ya no te importa, todo ha terminado, todo fue una mentira, se repitieron los mismos crímenes, los mismos errores, las mismas locuras, las mismas omisiones que en otra cualquiera de las fechas verídicas de esa cronología linear: 1492, 1521, 1598...*» [11].

¿Significa esto la evidencia del fracaso de la Utopía? Puede ser. En su planteamiento, sin embargo, no puede decirse que Fuentes sea fatalista. En *Terra nostra* no hay *fatum* alguno que empuje la vida de los hombres en un sentido determinado. Es su voluntad, su libre albedrío, lo que los lleva al crimen y a la miseria humana.

Antes dijimos que *Terra nostra* es el más conspicuo exponente en lengua castellana de la *novela total.* En ella están, ciertamente, todos los *contextos* de que hablara Carpentier glosando una idea de Sartre. La historia es el trasfondo. Sobre éste se entretejen la política, las pasiones humanas, la mitología, las artes, la filosofía, la religión, la antropología, la psicología, la educación, la teología, el esoterismo,

---

[11] *Ibídem.*

la hechicería, la cábala, las ciencias, la tecnología, la gastronomía...
Permítasenos cerrar estas líneas trayendo hasta nosotros una página
de esta última, pequeña joya de barroquismo culinario que bien podría
servirnos esta noche de suntuoso postre: «*Se abrió paso entre los
criados que disponían una mesa colmada de melones, ensaladas de
berro, tortillas de huevo, paté de oca, lechones ensartados en ardientes lanzas, platos de criadillas, salseras llenas de gelatinas, platones de
hirvientes cáscaras de manzana, lenguas escarlatas, peras, quesos cubiertos de negras semillas y más: vaca salpresa, palominos duendos, me-
nudos de puerco, ansarones gruesos, capones asados, francolines y fai-
sanes, mirrauste y torradas: todos los placeres de la mesa castellana*» [12].

---

[12] *Ibídem.*

Jonathan Tittler
Cornell University

Terra nostra: de siglos dorados y leyendas negras

Para Albert Fernández, espacialista extraordinario.

No se puede pensar en *Terra nostra* sin evocar sus dimensiones desaforadas. Tratar de enseñarla es un martirio digno del santo más abnegado, pues no sólo se ve uno obligado a leer, recordar y asimilar una cantidad inmensa de datos y relaciones. También hay que escuchar las justificadas quejas de los estudiantes que cumplen fielmente con sus tareas y aceptar la decepción de los muchos otros que se niegan a sujetarse a tal experiencia. Es una obra que oprime, presiona tanto, que es fácil perder de vista la relativa facilidad del papel del lector en comparación con el del autor. Parafraseando un motivo principal de la novela, puede decirse que hace falta más de una vida para crear un texto de ámbito tan vasto y de registros tan variados como *Terra nostra* [1].

Es una novela, en una palabra, enciclopédica, un compendio de las preocupaciones que han impulsado la narrativa del distinguido autor mexicano desde sus primeras publicaciones. Según José Miguel Oviedo, uno de los peregrinos que llegó primero a postrarse ante la obra, «lo que esta novela quiere ser es, sencillamente, *todo:* una suma de los mitos humanos, una reescritura de la historia, una interpretación de España, una reflexión americana, un ensayo disidente sobre la función de la religión, el arte y la literatura en el destino humano, una pro-

---

[1] CARLOS FUENTES, *Terra nostra* (México: Joaquín Mortiz, 1975). La frase a la que aludo es «Se necesitan varias vidas para integrar una personalidad» (p. 773 y passim.), uno de los motivos principales de la novela.

puesta utópica, un *collage* de otras obras, un tratado de erudición, una
novela de aventuras, un nuevo diálogo de la lengua, un examen del
pasado, una predicción del futuro y (no por último) un inmenso poema
erótico»[2]. Es también, claro está, otro ejemplar del subgénero de la
novela del dictador, del cual aparecieron tantas en la década de los
setenta[3]. Pero lo es de una manera marcadamente asicológica, ya que
sus personajes tienden a representar tipos o conceptos en la gran visión
coherente que proyecta Fuentes. De ahí el sabio uso del verbo «querer»
en el resumen de Oviedo: la noción de una novela total es una quimera,
una ficción como cualquiera. Pero *amenazar* totalizarse y trascender
las fronteras de la ficción sí es posible como proyecto y como descripción de la meta que se ha propuesto Carlos Fuentes en *Terra nostra*.

Sacar de esa larga (pero no exhaustiva) serie de Oviedo el singular
elemento que se refiere a España parecería un acto empobrecedor, algo
así como estudiar sólo el pico de un *iceberg* gigantesco. Implica dejar
fuera más de lo que se incluye y promete producir resultados tan parciales que inevitablemente saldrían manchados de invalidez. Sin embargo,
ocurre que investigar el papel de España en esta novela majestuosa,
monstruosa y monumental es involucrarse en un cuestionamiento de
las nociones del mito, la historia, la escritura y el lenguaje, o sea,
una gran parte de las ideas catalogadas por Oviedo y, por cierto, temas
abarcadores y apasionantes para la crítica contemporánea. Aislar la imagen de España en la novela, que pretende remontarse a los orígenes
de la cultura hispanoamericana, nos permite agudizar el enfoque sin
imponer por ello una reducción injusta en su complejidad o en la
riqueza de sus múltiples significaciones.

Mi subtítulo («De siglos dorados y leyendas negras») alude en un
principio a dos distintos discursos que coexisten y se compenetran en
Terra nostra: el histórico y el ficticio. Es notable en una primera lectura la disyuntiva entre el valor atribuido a las figuras de origen literario (Don Juan, Don Quijote y la Celestina) y las de origen histórico
(principalmente El Señor Felipe, su abuela Juana la Loca y su abuelo
Felipe el Hermoso, éstos dos transformados en madre y padre en la

[2] JOSÉ MIGUEL OVIEDO, «*Terra nostra:* Sinfonía del Nuevo Mundo»,
Hispamérica, 6, 16 (1977), 19-32. La cita es de la primera página del artículo.
[3] Seymour Menton provee una lista parcial, pero impresionantemente
larga, en su estudio sobre *El otoño del patriarca* en *La novela colombiana:
Planetas y satélites* (Bogotá: Plaza y Janés, 1978); ver pp. 281-321.

ficción) [4]. El hidalgo de la Mancha, entendido durante siglos más como un tonto que como un loco noble, aparece en la novela de Fuentes como la encarnación del perfecto caballero cristiano. Don Juan, que por cierto tiene más avatares existentes en el mundo que la virtuosa figura que acaba de mencionarse, tampoco se retrata de manera negativa. Es burlador, sí, pero lo que llama más la atención es su dimensión de galán valiente que no teme ni a la muerte. Y la Celestina, que tal vez con los tres jóvenes hexadigitales sea el personaje más duradero y mutable de la novela, sólo se porta como bruja o hechicera avara en una parte mínima de la acción. Además de representar el sano amor carnal (a lo Pilar Ternera en *Cien años de soledad,* de García Márquez), la Celestina tiene en *Terra Nostra* una doble función íntegra y crucial [5]. Es la memoria transhistórica por toda la obra (este don y esta maldición quedan encarnados en sus labios tatuados) y, en un nivel simbólico —siendo ella protagonista y título de la obra de Fernando de Rojas—, emblematiza la intertextualidad misma. Es trotaconventos en el sentido de intermediaria («go between» en inglés), la que establece nexos entre cuerpos, entendido este término en su acepción textual y humana. Bien se sabe que toda obra existe en una red de relaciones con su cultura. Pero *Terra nostra,* como tantas otras obras importantes modernas (y al decir modernas no veo por qué excluir al *Quijote* o a *Tom Jones,* por ejemplo), se muestra agudamente consciente de ciertas deudas que ha contraído con sus antepasados literarios [6]. Esas deudas (esa memoria y el gesto alusivo que la exterioriza) quedan envueltas en el personaje de la Celestina, ampliamente reconocida como la iniciadora del llamado Siglo de Oro.

En gráfico contraste al movimiento vital encarnado en la Celestina, encontramos la figura inmóvil y necrofílica del Señor, el Rey Felipe. Enfermizo y feo, obsesionado con la muerte y el poder absoluto, Fe-

---

[4] Apenas hace falta indicar que la figura de don Juan proviene de Tirso de Molina (Fray Gabriel Téllez), *El burlador de Sevilla y convidado de piedra* (Madrid, Ediciones Cátedra, 1977); la de don Quijote es de Miguel de Cervantes Saavedra, *El ingenioso hidalgo don Quijote de la Mancha* (Madrid, Editorial Magisterio Español, 1971), y la de la Celestina nace de Fernando de Rojas, *La Celestina: Tragicomedia de Calixto y Melibea* (Buenos Aires, Espasa-Calpe, 1968).

[5] GABRIEL GARCÍA MÁRQUEZ, *Cien años de soledad* (Buenos Aires: Sudamericana, 1967).

[6] HENRY FIELDING, *The History of Tom Jones, a Foundling* (New York: Collier, 1917).

lipe no teme a nada tanto como al cambio. Un universo fijo y perfecto, donde la religión, la economía y la geografía no se desvíen un ápice de lo ortodoxamente canónico, caracteriza su cosmovisión. Su padre en la ficción, Felipe el Hermoso, se reduce a un mujeriego irredento, diríamos un «monstruo de la naturaleza» (con el perdón de Lope), que deja hijos bastardos sembrados en las matrices de incontables súbditas violadas. En el presente de la mayor parte de la novela está muerto ya, o sea, no es más que un cadáver embalsamado que se arrastra de parte a parte. En un paradigma de justicia poética, Felipe el Hermoso contagia a Celestina la sífilis, enfermedad venérea que ésta transmite al Señor Felipe, el hijo. A la madre de éste, Juana la Loca, por si no fuera bastante grotesca en su versión histórica, se la retrata como una ninfómana a quien le faltan los brazos y piernas. Es un personaje que sobrevive a muchos otros porque, como nunca estuvo viva, no se la puede matar. Pasa el último tercio de la novela amurallada, testigo *voyeurístico* de la vida cortesana, espectadora malsana de una escena de realeza sin nobleza.

Estos últimos personajes representan la España histórica de los siglos XVI y XVII. Atestiguaron o mandaron sobre la expulsión de los judíos y los musulmanes, protagonizaron el auge de la Inquisición, la conquista y la colonización del Nuevo Mundo. Están pintados en sus peores tonos, como si los viéramos a través del lente figurado del Padre Las Casas [7]. Constituyen la imagen de España reflejada en el esperpéntico espejo cóncavo de Max Estrella o memorializada en los tremendistas folios de Pascual Duarte [8]. Representan la visión de la madre patria que se proyectó (y sigue proyectándose en ciertos círculos) a través de la llamada Leyenda Negra.

Parece haber, pues, un escueto esquema binario: lo que tuvo España de vital y progresista en sus siglos dorados (esa edad, ya sabemos, siempre perdida por antonomasia) se encuentra en su arte, en el ámbito de su imaginación. Es la realidad española de esos tiempos lo que se

---

[7] Textos representativos del Padre BARTOLOMÉ DE LAS CASAS son *Brevísima relación de la destrucción de las Indias* (Barcelona: Fontamara, 1974) e *Historia de las Indias,* ed. Agustín Millares Carlo y estudio preliminar de Lewis Hanke (México: Fondo de Cultura Económica, 1951).

[8] Max Estrella es protagonista del drama de RAMÓN MARÍA DEL VALLE-INCLÁN, *Luces de Bohemia: Esperpento* (Madrid: Espasa-Calpe, 1981). Pascual Duarte es narrador y personaje principal de la novela de CAMILO JOSÉ CELA, *La familia de Pascual Duarte* (Buenos Aires: Espasa-Calpe, 1969).

nos presenta en *Terra nostra* como tenebrosa, endeble, estancada, bar-
bárica. La función del arte en tal circunstancia es, entonces, compen-
satoria: si algunos pueblos carecen de virtud, como parece faltarle a
España según Fuentes, o de poder, como en el caso de la América
hispánica en sus relaciones con los Estados Unidos hoy día, por lo
menos tanto uno como otro se han podido destacar en el campo
artístico. Como una flor cuyos brotes más hermosos contienen las semillas de su decaimiento irrevocable y fatal, España parece neutralizar-
se al participar coetáneamente de lo celestial y lo infernal.

Tal explicación no es del todo satisfactoria por no enfrentarse con
la complejidad barroca de *Terra nostra* ni con la relación entre la
historia y la ficción en la novelística de Fuentes en general. ¿Dónde
colocamos en nuestro esquema binario, por ejemplo, al personaje del
Cronista, una obvia alusión a Cervantes y a los muchos guerreros o
viajeros-escritores, como Bernal Díaz del Castillo o Álvar Núñez Cabeza
de Vaca? El Cronista existe al lado de los tres personajes netamente
literarios ya mencionados. Con su manquedad, no es sino otro avatar del
personaje principal, Polo Febo, cuando no una alusión al creador del
Marqués de Bradomín [9]. ¿Pertenecen los autores al mundo de la historia o al de la imaginación? ¿Es la historia literaria una subdivisión
de la historia propiamente dicha, o es una rama marginal del mundo
ya marginado de la literatura? Otro caso más difícil aún es el de Inés,
la monjita hija del convidado de piedra (obviamente inspirada en el
drama de Tirso de Molina, pero hecha con mucha licencia poética,
ya que su padre es aquí prestamista judío). Inés, tras escaparse de las
garras burlonas de don Juan, pasa al Nuevo Mundo y se transforma
en la gran figura literaria de la época colonial, Sor Juana Inés de la
Cruz [10]. Las mezclas de historia y ficción en la novela llegan a ser
vertiginosas y, sin negar del todo la validez de las categorías propuestas como modelos abstractos, inclinan al lector a ver su campo de interacción como un *continuum* donde se encuentra un sinfín de diferen-

---

[9] BERNAL DÍAZ DEL CASTILLO, *Breve historia de la conquista de la
Nueva España* (México: Editora Nacional, 1958); ÁLVAR NÚÑEZ CABEZA
DE VACA, *Naufragios y comentarios con dos cartas y relación de Hernando
de Ribera* (Madrid: Espasa-Calpe, 1971). Se sobreentiende que el Marqués
de Bradomín es otra creación duradera de Valle-Inclán.

[10] Figura intelectual meritísima de la Nueva España, la franciscana Sor
Juana Inés de la Cruz (1651-95?), se distinguió principalmente por su teatro y poesía lírica barrocos.

tes proporciones entre los entes polares. Si hay un caso de ficción pura, hay que buscarlo en los entes polares mismos, historia y ficción, que no aparecen en estado inmaculado más que en la teoría.

Pero eso no es sino el comienzo. Hemos asociado a los Felipes y a Juana la Loca con la España de la Leyenda Negra. Como indica el sustantivo de ese binomio («leyenda»), la versión que lleva de la historia de la conquista y la colonización es legendaria, o sea, maníquea, estereotipada, exagerada o simplificada. Su adjetivo («negra»), al incorporar el color predilecto de Felipe II, implica a nivel figurado el reconocimiento del papel hegemónico, aniquilador y esclavizador de los españoles en sus relaciones con los pueblos indígenas del Nuevo Mundo. Tomado en su acepción clásica, sin embargo, el adjetivo cromático demuestra tanto una ignorancia sistemática del hecho del descubrimiento como un triunfo del espíritu renacentista. La conquista no sólo se realiza en nombre de la iglesia, por ejemplo. Hay implícita en ella también un espíritu de aventura que deja campo abierto al libre ejercicio de la voluntad individual. No olvidemos, además, que la polémica iniciada por Las Casas fue tomada muy en serio y, si no triunfó en términos de la política dominante, sí constituyó «el momento más brillante del pensamiento anticolonialista hispánico», según Roberto Mesa. Y si los españoles no tuvieron instituciones democráticas que pudieran transferir al otro hemisferio, como ocurrió en el caso de Inglaterra, tampoco proyectaron las compulsiones puritanas que siguen imperantes actualmente en los países al norte de México. «Leyenda Negra» es una etiqueta cargada de valoración y que revela por lo menos tanto acerca de quien la emplea como acerca del objeto así nombrado. Si intentamos descubrir la dimensión histórica de *Terra nostra* mediante el término, pronto nos encontramos en persecución de un horizonte que se nos aleja al mismo compás que nuestros esfuerzos por avanzar.

El Siglo de Oro, por otra parte, es una denominación que no revela su propia ficcionalidad (excepto en la medida en que todo empleo del lenguaje lo hace). Peor aún, y disto mucho de ser el primero en señalarlo, en el sentido en que ese período abarca los años entre la publicación de *La Celestina* (1499) y la muerte de Calderón (1681), se acerca más a dos centurias que a los cien años que tan imprecisamente denota. Pero incluso cuando tenemos en cuenta sus reales parámetros temporales, «Siglo de Oro» no deja de ser una metáfora que, al aludir a otra figura que convencionalmente se aplica a la civilización antigua (la Edad Dorada romana), transfiere la carga de metales preciosos que trajeron las naves imperiales al ámbito cultural de la madre patria. Es una ficción crítica como las tantas que han ganado aceptación entre el público estudioso (pensemos en *La Edad de Oro,* de José Martí) y no tan estudioso. Otro tropo muy corriente de época es la llamada Ilustración, término que Alejo Carpentier ha demistificado en su gran novela de las revoluciones, *El Siglo de las Luces*[11]. Consideremos también nuestro uso del «punto de vista narrativo» cuando a menudo nos referimos al punto de habla; de ahí el indiscutible valor de la distinción trazada por los narratólogos entre vocalización y focalización[12]. El llamado «boom» de la novela contemporánea hispanoamericana, la autoconciencia literaria y la imagen predilecta de los deconstructores derridianos, «mise en abyme», son tres figuras más que han logrado invadir el léxico crítico contemporáneo. El tropo meritísimo con que caracterizamos el trabajo imaginativo de la España de Rojas, Lope, Cervantes, Quevedo y Góngora, entre otros, contagiado tanto por consideraciones históricas como culturales, nos involucra en pegajosas capas de lenguaje, y lenguaje sobre lenguaje.

Hay, pues, una sistemática problematización de los conceptos historia y ficción en *Terra nostra.* La ficción desde siempre ha ejercido el derecho de apropiarse de figuras y acontecimientos históricos, que constituyen los llamados «referentes» del texto literario. Y no es menos conocido que la historia, que procura excluir todo signo sin referente extratextual, no puede menos de practicar cierta selectividad en cuanto a su materia, lo cual produce textos parciales e imperfectamente verídicos. También, como escritura, la historiografía necesita valerse de tropos y otros recursos «poéticos» que inevitablemente la tiñen de ficcionalidad. Veamos un par de ejemplos concretos de descripciones del Rey Felipe II hechas en diferentes libros de historia:

El primero, de Eduardo Ibarray Rodríguez, se lee así:

El Rey, al subordinar todos sus actos y deberes al cumplimiento de los preceptos religiosos, no sólo obedecía a su firme creencia, lo cual dista de ser en sí mismo censurable, sino al ambiente y tendencias

---

[11] ALEJO CARPENTIER, *El Siglo de las Luces* (México: Compañía General de Ediciones, 1962).

[12] Un teórico que ha investigado la distinción entre vocalización y focalización es Gérard Genette. Ver *Narrative Discourse: An Essay in Method,* tr. Jane E. Lewin (Ithaca, N. Y.: Cornell University Press, 1980).

de su época; en ella, por un complicado concurso de circunstancias, uniéronse estrechamente con el Catolicismo la lealtad al Rey y el amor a España, mientras enfrente formábase el bloque opuesto; propugnar por ellos era deseo casi unánime de los súbditos y del Rey, unidos entonces tan estrechamente, cual quizá no lo han estado luego en el transcurso de nuestra historia, y al gobernar el Monarca con prudencia y energía, cuidando hasta los nimios detalles de los negocios públicos, trazó un modelo que, desgraciadamente, no ha tenido constantes imitadores. En torno a la figura de Felipe II se creó una leyenda negra por los escritos de sus enemigos políticos que lo calumniaron [13].

Este pasaje apologético, interesante en sí tanto por su evocación de «bloques» y «modelos» como por su mención explícita de la condenatoria versión narrativa que estamos analizando, toma más relieve al compararse con el siguiente, de Antonio Cánovas del Castillo:

[N]o hay un solo grande hombre en la historia, llámese Alejandro, César o Bonaparte, que no presente negras manchas en el disco fulgurante de su vida, si se lo mira atentamente. Carlos V, sin ir más lejos, bien que fuera a todas luces tan grande como el que más de los citados, tuvo defectos no leves, entre otros el de la obstinación, en sus buenas o malas disposiciones, según confesaba él mismo [...] Con el criterio, pues, que se aplica a aquellos y otros personajes de su tamaño, hay que juzgar a Felipe II, aunque no se le cuente en el número de los más grandes hombres [...] Faltábanle a Felipe II, a la par con la noble energía que tales hechos dieron a entender en su padre, la magnánima confianza de que aquél solía hacer alarde; la inclinación a la clemencia que aquél de ordinario tenía, y practicaba cuando no estaba impulsado por alguna viva necesidad política; la dulce sensibilidad, en fin, que aquél solía poner en sus afecciones, y de que dio tan relevantes pruebas con la fidelidad que guardó, no obstante haber enviudado antes de los cuarenta años, a su única esposa doña Isabel, que convirtió con sus restos mortales a San Francisco de Borja. Siempre será, por todo eso, mayor y más simpática la memoria de Carlos V que la de Felipe II [14].

---

[13] EDUARDO IBARRA Y RODRÍGUEZ, *España bajo los Austrias* (Barcelona: Editorial Labor, 1955 [1.ª ed. 1927]), p. 321.
[14] ANTONIO CÁNOVAS DEL CASTILLO, *La casa de Austria* (Barcelona: Ediciones Marte, 1971), pp. 50-51.

El motivo que corre insistentemente por el retrato de Cánovas es el de la grandeza. Con su repetición («grande hombre», «tan grande») y sus variantes («personaje de su tamaño», «mayor la memoria») la metáfora extendida adquiere cierto carácter literal, es decir, la figura del rey hijo se va achicando en la imaginación del lector ante la de su padre el emperador. Las negras manchas que se transfieren a éste (¿Qué gigante no las tiene?) carecen, pues, de la importancia que Ibarra atribuye a la leyenda calumniosa que hostiga a Felipe. Al diferir los dos intérpretes sobre el debido recipiente del color fúnebre (y sobre la justa caracterización de la energía del monarca menor), no dejan de compartir el mismo código de valoración cromática convencional. Ninguno ve en el blanco la angustia y esterilidad con que asocian este color Lorca y Mallarmé. Más importante, lo que tienen en común es una intrincada estrategia espacial para la figuración del objeto descrito. Ibarra lo pinta como una figura ejemplar, sincero en su fe y representativo de la ética de su tiempo, por encima de sus súbditos pero subordinado a sus preceptos religiosos. Esta paradigmática jerarquía religiosa-real-patriótica se encuentra rodeada de un bloque de detractores que conspiran para desprestigiar este orden, verbal cuando no militar y políticamente. La estrategia de Cánovas, por su parte, es simplemente sugerir que una clara comprensión del significado de Felipe es imposible sin compararlo con otras figuras que ocupan más espacio, y con las que, por lo tanto, es incomparable. La destreza de Fuentes en este respecto (y la continuidad entre los tres autores, sin miras a su género) salta a la vista: Fuentes no sólo coloca al Señor Felipe en un contexto espacial que lo devuelve insignificante, sino que dedica más espacio a la descripción de ese contexto que a la del personaje mismo. El verdadero protagonista de *Terra nostra* —la figura más moldeada e imponente— no es sino el espacio interminable, opresivo e inmóvil de El Escorial, obra cuya contraparte y respuesta desafiante es la novela misma.

Lo que represento aquí no es sino un avatar reciente de la polémica que se ha mantenido sobre Felipe II a lo largo de los cuatro últimos siglos, un diálogo al que Fuentes se ha integrado. Como los términos «historia» y «ficción», que aquí quedan atrapados en la telaraña de la «escritura», el de« referente» (¿qué pasa con el «verdadero» Felipe?) se revela como algo que no se nos entrega plenamente. Pero eso ya es de esperar, pues en la imaginación dialógica de Carlos Fuentes, el lenguaje y la literatura siempre se refieren a sí mismos, por lo menos

tanto como se refieren al mundo extratextual [15]. Desde su cuento
«Tlactocatzine, un jardín de Flandes», que apareció en su primer libro
publicado, *Los días enmascarados,* hasta su novela más reciente, *Gringo
viejo,* donde el escritor satírico Ambrose Bierce coexiste con personajes
y episodios de sus propias ficciones, Fuentes ha insistido en mantener
una relación de recíproca inseminación entre lo que ocurre dentro y
fuera de la imaginación humana [16]. La España de la edad áurea no es
tal sin Felipe II. Asimismo, la España de la leyenda negra es impen-
sable sin la Celestina. Todos constituyen parte de una misma cultura
que elabora símbolos, y símbolos de símbolos, para interpretarse y
comprenderse. Representar la vasta riqueza de la cultura hispánica
y dramatizar su extenso proceso, con todos sus pelos y señales, tal vez
sean los logros más trascendentales de *Terra nostra.* Pero si los pelos
son negros y las señales doradas, o todo lo contrario, es una cuestión
que Carlos Fuentes deja que cada lector resuelva por su propia cuenta, y por su propio cuento.

---

[15] Evoco aquí el espectro del teórico soviético M. M. Bakhtin, autor
de *The Dialogic Imagination: Four Essays,* ed. Michael Holquist, tr. Caryl
Emerson y Michael Holquist (Austin: University of Texas Press, 1981);
Problems of Dostoevski's Poetics, tr. R. W. Rotsel (Ann Arbor, Mich.:
Ardis, 1973), y *Rabelais and his World,* tr. Telene Iswolsky (Cambridge,
Mass.: M. I. T. Press, 1968).

[16] CARLOS FUENTES, *Los días enmascarados* (México: Ediciones Era,
1982 [1954]); CARLOS FUENTES, *Gringo viejo* (México: Fondo de Cultura
Económica, 1985).

Nicolás Toscano Liria
St. John's University, New York

Convergencias: Juan Goytisolo *sin tierra* y Carlos Fuentes en *Terra nostra*

Juan sin tierra y *Terra nostra* anuncian desde el título una preocupación común por la tierra que presagia otras coincidencias. El ámbito en que tiene lugar la obra de Juan Goytisolo contiene una pluralidad de escenarios. El interés del *yo* caleidoscópico del protagonista se centra en el mundo afro-cubano, en Tánger, en Turquía, en los desiertos sirios, en el país nubio, en Fez, y en otros muchos lugares del mundo árabe. Pero este itinerario abarca también las cloacas de Manhattan y París. Esto permite a Severo Sarduy hablar de «nomadismo» en *Juan sin tierra* [1]. La obra de Carlos Fuentes se desarrolla en París y en Orvieto, El Escorial, México y Toledo, el palacio de Diocleciano en Spalato y Palestina, en los Países Bajos y el imperio romano, en el Yucatán y en Lepanto.

Aun cuando este espacio internacional haga referencia a una problemática que cuestione la proyección histórica de los valores de la ortodoxia postulada por el cristianismo en el mundo occidental en general, la fuerza motriz de ambos libros se manifiesta en su máxima intensidad al examinar la proyección de esos esquemas de conciencia en su versión española en el mundo americano. El subconsciente de España y América queda sometido a un examen escandaloso y agresivo de carácter autocrítico, introspectivo e intrahistórico que intenta conciliar la identidad conflictiva que ha animado la historia del mundo hispánico y que atormenta aún hoy las «galerías del alma» del hombre contemporáneo. Carlos Fuentes, como Goytisolo, examina «la me-

---

[1] SEVERO SARDUY, «La desterritorialización», en *Juan Goytisolo* (Madrid: Editorial Fundamentos, 1975), p. 125.

nos realizada, la más abortada, la más latente y anhelante de todas las historias: la de España y la América española» [2].

El cuestionamiento de los valores tradicionales españoles se lleva a cabo en ambas obras de forma sistemática. En *Juan sin tierra* hay tres planos de apostasía o renegación: El rechazo de los valores nacionales, de los postulados de la religión y de la expresión lingüística y literaria. Curutchet titula un artículo suyo sobre Goytisolo «Denuncia de España» [3]. Goytisolo, que afirma parodiando el conocido refrán que «La patria es la madre de todos los vicios», define al español como «animal pirenaico, de cresta roja, que confesado y comulgado ataca al hombre» [4], es decir, que la belicosidad española tiene una base religiosa. Esos valores quedan identificados con «el orden viejo» [5]. A este concepto quedan adscritos el capellán padre Vosk, la Pareja Reproductora, el coronel Vosk, el profesor Vosk, el doktor Vosk y Mutter Vosk. En *Terra nostra,* esos principios quedan encarnados en el absolutismo de la casa de Austria a través de una superposición de los rasgos múltiples de los diversos reyes en la figura de su máximo representante, Felipe II. En la segunda parte del libro, titulada «El mundo nuevo», esos valores regresivos pasan a las tierras descubiertas a través del náufrago viejo, que sobrevive junto al joven. «Ya no tiene importancia, viejo. Los dos estamos aquí, juntos. Los dos sobrevivimos» [6]. El rechazo de ese orden viejo acaparador y codicioso, incapaz de ofrecer nada a cambio de lo que toma, queda simbolizado por la muerte de Pedro atravesado por las lanzas de los naturales, y la supervivencia del joven, que encarna lo que de positivo aportara España al Nuevo Mundo.

La destrucción de los mitos religiosos es otro de los planos de apostasía y de renegación presente en ambas obras. El sacrilegio y la blasfemia adquieren un carácter rítmico y sistemático en *Juan sin tierra* que aumenta a medida que la identidad del sujeto narrativo va transformándose desde una postura inicial de ortodoxia hasta llegar al *yo*

[2] CARLOS FUENTES, *Terra nostra* (Barcelona: Seix Barral, 1975), p. 775.

[3] CURUTCHET, en *Juan Goytisolo* (Madrid: Editorial Fundamentos, 1975), p. 71.

[4] JUAN GOYTISOLO, *Reivindicación del Conde don Julián* (México, D. F.: Editorial Joaquín Mortiz, 1966), pp. 134 y 115.

[5] JUAN GOYTISOLO, *Juan sin tierra* (Barcelona: Editorial Seix Barral, 1975), p. 88.

[6] *Terra nostra,* p. 382.

heterodoxo, desnacionalizado y «sin tierra» a que aboca el libro. Ibn Turmeda, cristiano mallorquín que abrazara en la Edad Media la religión de Mahoma es prototipo de esta tendencia. Goytisolo entra pues, como una tromba, arrollando los postulados religiosos, los ritos, el dogma y los misterios de la religión cristiana. Prescinde del afán moralizador en la escritura y deja al lector en el asombro tras haber captado totalmente su atención por medio del escándalo y la transgresión sistemática.

Boisdeffre atribuye a la literatura moderna el carácter de estar «liberée de la morale» [7], y Salgarello afirma su carácter «iconoclasta» [8]. Lukacs afirma que «Dios ha desaparecido» [9]. Goytisolo une su voz a ellos y proclama la tarea de «mitoclasta» para el escritor español contemporáneo [10].

Un proceso semejante desmitificador de la religión tiene lugar en *Terra nostra*. La blasfemia, la desacralización y la hereiía son expuestas a fin de revelar la otra faz de España y de México, la cara oculta del inconsciente, la identidad no oficial que ha quedado silenciada, esa identidad heterodoxa que al ser expresada sirve para determinar los límites de la ortodoxia. «Ni tu pintura ni mi ciencia escapan a la norma. Pero la paradoja es que la crean violándola: la ley subsiste gracias a quienes le oponen la violenta excepción de la ciencia y del arte» [11]. Carlos Fuentes se distancia del sujeto narrador para no hacer suyas esas transgresiones, «contarlas sin aprobarlas» [12]. La transgresión de la norma moral y del credo cristiano se hace atribuyendo el cuadro cambiante y transgresor a un fraile drogado, el libro a un judío converso y erasmista, visión cambiante de Miguel Ben Sama, Miguel de Cervantes, Pierre Mènard y la del *Jardín de las delicias* a un supuesto hereje adamita. «Herejías o blasfemias las combina, y les da curso,

---

[7] PIERRE DE BOISDEFFRE, *Où va le roman?* (París: Editions Mondiales, 1962).

[8] ACYR SALGARELLO, «Estructura de la novela contemporánea: El ejemplo de Goytisolo en *Reivindicación del Conde don Julián*», *Hispanófila* (septiembre, 1974), pp. 25-39.

[9] GEORGE LUKÁCS, *La thèorie du roman* (París: Editions Gauthier, 1963).

[10] «Fragmentos de conversaciones con Emir Rodríguez Monegal, Claude Couffon y Julio Ortega», en *Juan Goytisolo* (Madrid: Editorial Fundamentos, 1975), p. 117.

[11] *Terra nostra*, p. 309.

[12] *Ibíd.*, p. 246.

igual que nuestro pobre amigo el Cronista de este palacio» [13]. De esta forma se exploran los códigos de la certidumbre y de la duda. «Duda, Guzmán, duda, mira en mi espejo, sube los treinta y tres peldaños de mi escalera y desmiente al dogma» [14]. Esos treinta y tres años coinciden con los años de la vida de Cristo y parecen indicar una exhortación a un nuevo examen de la vida de Cristo y a una nueva interpretación de los postulados del cristianismo. Esta franca exposición de la duda y de la heterodoxia nace del deseo de abrir camino a la España oculta, a «la otra España», la España inédita que permanece al margen, la que no ha sido, la «otra faz» de España.

El proceso deconstructivo observado en el plano de los valores afecta también al plano de la forma. La estructura de la novela realista queda subvertida en un laberinto onírico de imágenes reales y manifestaciones del subconsciente en la obra de ambos autores. La dimensión espacio-temporal queda del mismo modo dislocada. El sujeto narrador constituye una pluralidad dinámica de carácter esencialmente metamórfico. La intertextualidad, el compendio de estilos, el monólogo interior, la reducción de la peripecia a favor de los laberintos descriptivos, imprimen a las obras de los dos novelistas un carácter caleidoscópico, visionario, metamórfico, que hace de su literatura un «ars combinatoria» de carácter geométrico, un collage sacrílego y agresivo. Muchos de los temas señalados por Julio Ortega para interpretar *Reivindicación del conde don Julián* son aplicables también a *Juan sin tierra* y a *Terra nostra*. Es fácil detectar en ellas la alienación, la agresión, la violencia, el sadomasoquismo, la venerofilia y la represión sexual [15].

Esta subversión del género novelístico afecta en Goytisolo al lenguaje. No así en Carlos Fuentes. Para el primero existe una «servidumbre ideológica consubstancial a tu lengua» [16] que lo lleva a terminar su libro en árabe en un proceso de transformación progresiva de la personalidad. Para él, como para Roland Barthes, «It is language which teaches the definition of man, not the reverse», y «Culture is a language which is itself a general system of symbols» [17].

---

[13] *Ibíd.,* p. 309.

[14] *Ibíd.,* p. 317.

[15] JOSÉ ORTEGA, *Juan Goytisolo* (New York: Eliseo Torres & Sons, 1972).

[16] *Juan sin tierra,* p. 14.

[17] Citado por JOHN HALPERIN en «Twentieth Century Trends in Con-

Carlos Fuentes, aunque subvierte la forma de la novela no se deshace del lenguaje como Goytisolo. Para él «la problemática del latinoamericano consiste en forjarse un lenguaje, la del español en desembarazarse de él» [18]. Tal vez por eso se detenga con delectación en el lenguaje arcaico y en la dialectología hispanoamericana, y la tierra sea para él cálidamente «nostra», mientras que Juan Goytisolo en su mezcla multinacional y progresivamente arábiga quede intencionadamente «sin» tierra y sin lenguaje.

La exposición de los códigos de la heterodoxia se inspiran, tanto en Fuentes como en Goytisolo, en la recuperación hecha por Américo Castro del substrato semítico de España. Ambos hacen alusión a «la España de las tres religiones», y en ellos el judaísmo oculto atribuido a Miguel de Cervantes, en el caso de Fuentes, y la apostasía musulmana del renegado Ibn Turmeda, en el caso de Goytisolo, son manifestaciones de esa preocupación por lo semítico, que se trasvasa a toda herejía, paganismo o descreencia que pueda servir para descubrir la cara oculta de España o de América.

El trazado de este proceso onírico y desmitificador, que revela el lado oculto del inconsciente y de la historia que no fue, brota en ambos autores de un manantial común. El *Jardín de las delicias,* pintura de Jerónimo Bosch, también llamada *El milenio,* es uno de los muros maestros que sostienen el edificio de ambas novelas. Goytisolo extrae de ella un sinnúmero de motivos temáticos. De él procede la multiplicidad variopinta de seres de todas las razas, la torre de Babel idiomática, los reptiles de pesadilla portadores de imágenes sexuales, la utilización de lo caótico y la yuxtaposición de planos escénicos, la desacralización de lo religioso, la preocupación genética fructificadora, el sadismo, la obsesión anal, la subversión del orden lógico tradicional. El padre Vosk, el doktor Vosk, el coronel Vosk y la Mutter Vosk, son las antípodas ideológicas de la pintura de Bosch, y por eso tal vez también la subversión de su nombre. El tema de la defecación, de tanto simbolismo, es común a *Juan sin tierra* y al *Jardín de las delicias,* donde el demonio expele seres humanos por el ano. La página 308 de la novela esconde unas líneas que hacen referencia a este famoso pintor flamenco:

tinental Novel-Theory», en *The Theory of the Novel: New Essays* (New York: Oxford University Press, 1974), p. 382.

[18] Citado por CLAUDE COUFFON en «Una reivindicación», en *Juan Goytisolo* (Madrid, Editorial Fundamentos, 1975), p. 120.

«Junto a ti, un caballero flamenco, cuyo apellido bordado en rojo sobre el bolsillo izquierdo de la chaqueta establece una mentida, casi insultante relación fonética con aquel remoto visionario paisano que magistralmente pintara al diablo expeliendo a las almas protervas por la pupila de su ojo nefando».

En *Terra nostra* existe una misma traslación de la técnica y la temática contenidas en la pintura del Bosco. Julián, verdadero autor del hipotético cuadro de Orvieto y Felipe II convergen, autor y admirador, en una ensoñación heterodoxa. El cuadro se disuelve de forma misteriosa en un espejo triangular que sostiene Julián para reaparecer más adelante transformado en el *Jardín de las delicias,* de Jerónimo Bosch. Este cuadro, que antes de hallarse en el Museo del Prado era el preferido de Felipe II hasta el punto de haberlo tenido en su propia alcoba en el Escorial, es descrito minuciosamente, pues de hecho constituye el gozne interpretativo que explica el subconsciente del rey y da ocasión al cuestionamiento de su perspectiva monolítica de la historia y de la religión. Dentro de él y en algunas figurillas que por él pululan, se identifica a sí mismo el propio rey a un tiempo que los personajes cambiantes del libro quedan encarnados en otras formas.

Este cuadro, tan misterioso y ambiguo para el espectador moderno, encaja en la mentalidad religiosa del otoño de la Edad Media, nos dice K. Black en *La vie religieuse au temps de Jerome Bosch* [19], y no por ello se sale de la ortodoxia cristiana. La interpretación opuesta, reciente, original y sorprendente afirma la oculta heterodoxia del pintor, al cual consideran miembro de la secta secreta de los adamitas o Hermandad del Libre Espíritu. Bajo la apariencia de la devoción religiosa, practicaban el nudismo en ceremonias religiosas, se consideraban descendientes paradisíacos de Adán y Eva, y mezclaban la inocencia con la idea de la desnudez. Las cavernas, tema presente también en el *Jardín de las delicias,* estaban llenas de significados especiales en los que mezclaban la idea del Paraíso y del sexo. En España esta herejía se proyectó en su variante de los «Alumbrados».

Wilhelm Fränger ofreció, por primera vez, esta interpretación del *Jardín de las delicias* en *The Millennium of Hieronymus Bosch*:

We can trace at least three sources for the main body of ideas: the identification of Adam with Christ, which derives from the Jewish

---

[19] R. H. MONJNISSEN, *Hieronimus Bosch* (Bruselas: Arcade, 1972), pp. 115-132.

Christian Ebionites, the eschatological prophecies of Giacomo di Fiore, and finally Origen's doctrine of the return of all things [20].

La afición por este cuadro de Felipe II permite a Carlos Fuentes intentar descubrir bajo la capa de la ortodoxia que manifiesta la figura histórica del rey, un cuestionamiento interno inexpresado de estas verdades inmutables reflejadas en su inconsciente aprobación de la herejía adamita. Fuentes ha leído la interpretación de Fränger a través de Norman Cohn, en *The Pursuit of the Millennium* [21]. Su libro *Terra nostra* tiene una estructura tripartita como el tríptico, y comenzando con Tiberio y la muerte de Cristo, acaba al concluirse el presente milenio, el último día del año 1999. *Juan sin tierra* asume también ese carácter tripartito, pues es parte de una trilogía constituida por *Señas de identidad* y *Reivindicación del conde don Julián*.

Es, por último, imprescindible señalar que, escondido en ese mar de transgresiones común a ambos autores, comparten también con una misma intensidad un mismo ansia de futuro, un deseo motor de dibujar un nuevo rostro, de crear una nueva geografía en la que la tolerancia de las ideas contrarias sea posible.

En Goytisolo el carácter simbólico de lo sexual como creación y el valor genitivo de la escritura revelan la intención de dejar una semilla en el lector. Por medio de su enigmático lenguaje-metáfora de carácter surrealista comunica una escondida intención positiva. La raíz de los males está, para él, en la anomalía digestiva de España, incapaz de asimilar lo heterodoxo e integrarlo en sí misma. De ahí la importancia del *leitmotiv* de la defecación. El carácter genético de la escritura, «el gene contra corriente» [22], es la solución que procede a concretar en los «versos esperanzados del daño y del remedio» [23]. Pretende con ellos la mudanza del realismo en la literatura y de la lengua, por ser éstos manifestaciones de los valores que sustenta la sociedad. Hay que mudar «camaleónicamente de piel» [24]; para ello «sembremos tem-

---

[20] *The Millennium of Hieronymus Bosch* (London: Faber and Faber, 1952), cap. 2, p. 23.
[21] NORMAN COHN, *The Pursuit of the Millennium* (Londres: Mercury, 1962).
[22] *Juan sin tierra*, p. 58.
[23] *Ibíd.*, p. 260.
[24] *Ibíd.*, p. 174.

pestades» [25] y procedamos a la «liberación del intestino» [26], es decir, evítese el inmovilismo y el estancamiento, asimílese y tolérese la heterodoxia.

En Carlos Fuentes, la única figura creadora, la única con un ansia de futuro es la del fraile pintor Julián, que acompaña a México a Nuño de Guzmán, conquistador de Michoacán, y que por ello se asimila a Bartolomé de las Casas, o con mayor semejanza a Vasco de Quiroga, que «en Michoacán intentó, con éxito, reproducir la sociedad ideal de la *Ciudad del Sol*» [27]. Para él «deberían aliarse, en tu libro, lo real y lo virtual, lo que fue con lo que pudo ser, y lo que es con lo que puede ser» [28]. Es la búsqueda de la Edad de Oro de Cervantes.

Coinciden, pues, *Terra nostra* y *Juan sin tierra* en un cuestionamiento semejante de los valores tradicionales españoles, una subversión de la religión y la moral tradicional, una desmitificación y un desmantelamiento de la estructura temporal de la novela, una inspiración paralela en el *Jardín de las delicias,* de Jerónimo Bosch, un mismo enfoque de la «España de las tres religiones», de Américo Castro, y un deseo común de un nuevo rostro futuro para esa «tierra» monolítica a fin de que permita en su seno la disidencia y la oposición.

Ambas obras salieron de la imprenta de Seix Barral el mismo año de 1975. En la dedicatoria de *Terra nostra* muestra Carlos Fuentes su reconocimiento «a Monique Lange y Juan Goytisolo por el refugio de la rue Poissonière».

---

[25] *Ibíd.,* p. 89.
[26] *Ibíd.,* p. 42.
[27] CARLOS FUENTES, *Cervantes o la crítica de la lectura* (México: Cuadernos de Joaquín Mortiz, 1976), p. 89.
[28] *Terra nostra,* p. 659.

Alurista
Cal. Poly. State U., San Luis Obispo
University of California at Santa Barbara

La muerte y el *Gringo viejo*

Dime cómo mueres y te diré quién eres.

OCTAVIO PAZ

La muerte como evento, así como motivo literario, juega papeles radicalmente diferentes en la conciencia y en la vida del mexicano comparada con la del angloamericano. En la novela *Grigo viejo,* Carlos Fuentes centra su atención en la muerte y en cómo ésta constituye una de las diferencias culturales entre el mexicano y el norteamericano. En este breve ensayo me propongo examinar cómo es, precisamente, que la muerte y la conciencia que se tiene de ella, en efecto, xplican la raíz de actitudes antípodas entre el pueblo mexicano y el pueblo norteamericano. A través de un examen caracterológico del General Arroyo y del «gringo viejo», ejemplificaré estas divergencias al igual que la inversión irónica que se manifiesta en la narrativa con sus sendas muertes.

La muerte ha sido una preocupación constante e imperecedera en la historia de la literatura mexicana desde los tiempos precolombinos de Netzahualcoyotl hasta el mismo Carlos Fuentes de hoy en día. En la poesía nahuatl existía todo un género dedicado a las meditaciones sobre la vida en Tlalticpac (La tierra) y su relación con Mictlán (El más allá, o la región de los desollados). Bastaría examinar la obra clásica de Ángel María Garibay K.: *Historia de la literatura nahuatl* para darnos cuenta de la gran importancia que la muerte tenía en la conciencia nahuatl. Ángel María Garibay K. ha clasificado la poesía nahuatl en tres géneros: 1) Cantos de la guerra; 2) Cantos de la vida y el amor, y 3) Cantos de la muerte y el más allá.

Más de la mitad de los cantos que sobrevivieron a la quema de códices durante la conquista están dedicados a las lucubraciones filosóficas que tratan sobre el más allá y sobre la muerte. Estos cantos son precisamente los que motivaron al estudioso Miguel León-Portilla para su investigación, luego publicada bajo el título de *La filosofía nahuatl;* obra que es posiblemente la fuente moderna más idónea para cualquier estudio sobre el concepto de la muerte en el México antiguo.

Examinemos, pues, algunos de estos conceptos claves para discutirlos luego contextualmente con *El laberinto de la soledad,* de Octavio Paz, con el propósito de presentar una visión de la muerte en México explicada por un poeta y pensador mexicano en vez de un antropólogo. En la discusión que aquí sigue hago referencia específica a tres capítulos de *La filosofía nahuatl,* de Miguel León-Portilla (capítulo II: «Imagen nahuatl del universo»; capítulo III: «Ideas metafísicas y teológicas de los nahuatls, y capítulo IV: «El pensamiento nahuatl acerca del hombre») y a dos capítulos de *El laberinto de la soledad* (capítulo II: «Máscaras mexicanas», y capítulo III: «El día de los muertos»). Haré uso también de *El pensamiento cosmológico de los antiguos mexicanos,* de Jacques Soustelle.

A manera de resumen, Soustelle nos da la siguiente interpretación del mundo espacio-temporal de los nahuatls:

Así, el pensamiento cosmológico mexicano no distingue radicalmente el espacio y el tiempo; se rehúsa sobre todo a concebir al espacio como un medio neutro y homogéneo independiente del desenvolvimiento de la duración. Esta se mueve a través de medios heterogéneos y singulares, cuyas características particulares se suceden de acuerdo con un ritmo determinado y de una manera cíclica. Para el pensamiento mexicano no hay un espacio y un tiempo, sino espacios-tiempos donde se hunden y se impregnan continuamente de cualidades propias los fenómenos naturales y los actos humanos. Cada «lugar-instante», complejo de sitio y acontecimiento, determina de manera irresistible todo lo que se encuentra en él. El mundo puede compararse a una decoración de fondo sobre la cual varios filtros de luz de diversos colores, movidos por una máquina incansable, proyectarán reflejos que se suceden y se superponen, siguiendo indefinidamente un orden inalterable. En un mundo semejante, no se concibe el cambio como el resultado de un devenir más o menos desplegado en la duración, sino como una mutación brusca y total: hoy es el Este quien domina, mañana será el Norte; hoy vivimos todavía en un día fasto y pasaremos sin transición a los días nefastos «nemontemi». La ley del mundo es la alternancia de cualidades distintas, radicalmente separadas, que dominan, se desvanecen y reaparecen eternamente.

Esta unicidad entre el espacio y el tiempo se manifiesta también en la unicidad entre vida y muerte. La muerte no es un evento al final de la vida, como en la concepción judeo-cristiana del universo. Nuestra muerte está presente en nuestra vida. Nuestros cabellos y uñas son ejemplo de ello: tejido humano muerto aún atado a la vida de la que emana. Entre los antiguos mexicanos no era el comportamiento durante la vida de un hombre lo que determinaba el destino del ser. Miguel León-Portilla nos explica que la muerte, la forma en que un hombre pasa al dominio de las fuerzas de la muerte, era la que determinaría el lugar adonde el «ollín» (la energía de la vida que se mueve dentro del hombre) iría y este lugar podía ser Topán (aquel lugar que está *sobre* nosotros) o Mictlán (el que está *bajo* nosotros). Ambos lugares equivalen a Omeyocan (el sitio donde mora el que es a la vez señor y señora de la unicidad: Ometeotl). No es, pues, el «cómo se vive» lo que importa al mexicano, sino el «cómo se muere», que ha de revelar, a fin de cuentas, el valor del ser.

Octavio Paz añade a esta interpretación que «la muerte es un espejo que refleja las vanas gesticulaciones de los vivos». Nos dice que «nuestras muertes iluminan nuestras vidas». De manera que si nuestra muerte no tiene sentido, nuestra vida misma carece de él. Así, pues, cuando alguien sufre una muerte violenta el mexicano suele decir que murió como merecía. Cada quien hace su propia muerte y si no morimos la muerte que hemos hecho para nosotros mismos es porque nuestra vida misma no nos pertenecía. Octavio Paz afirma: «Dime cómo mueres y te diré quién eres», y continúa:

La oposición entre la vida y la muerte no era tan absoluta para los antiguos mexicanos como lo es para el hombre occidental. La vida se extendía en la muerte, y viceversa. La muerte no era el fin natural de la vida, mas sí una fase de un ciclo infinito. La vida, la muerte y la resurrección eran etapas de un proceso cósmico que se repetía continuamente. La vida no tenía ninguna función más sublime que su fluir hacia la muerte, su opuesto y complemento; y la muerte, a su vez, no era, en sí, el fin del ser: el hombre alimentaba el insaciable hambre de la vida con su propia muerte.

Entre los antiguos mexicanos, todos los seres —incluso animales, vegetales y minerales— eran considerados iguales. Así, la muerte del maíz resultaba en nuestra vida, y nuestra muerte, a su vez, alimentaba a la vida que de ella brotaba. Recuérdese que los sacrificios humanos entre los pueblos prehispánicos cumplían la función de alimentar a Tonatiuh (Dios padre-sol-todopoderoso) con la «divina» sangre humana, para que éste, a su vez, no acabara con todo el mundo. Vemos entonces cómo el sacrificio de los hijos del sol salvaban a la familia humana, animal y vegetal en su totalidad; concepto que en el mundo cristiano es personificado por el sacrificio del único hijo de Dios: Jesús.

Ya con estas referencias contextuales podemos empezar a examinar el texto de *Gringo viejo,* de Carlos Fuentes. En el primer capítulo de su discurso novelístico Fuentes anuncia que dos de los personajes han muerto. Tomás Arroyo ha muerto. El gringo viejo ha muerto. De inmediato se elimina la posibilidad del suspenso en cuanto a si mueren o no sus personajes centrales; lo que queda en duda es: ¿cómo?

El segundo capítulo abre con la oración: «El gringo viejo vino a México a morirse» (GV, p. 13), y más adelante «... todos entendimos que estaba aquí para que lo matáramos nosotros, los mexicanos. A eso vino» (GV, p. 13). En cuanto al porqué de su muerte en México, el coronel Frutos García dice: «Nomás porque cruzo la frontera. ¿No era esa razón de sobra?» (GV, p. 13). El gringo viejo mismo bromea diciendo cosas como: «Quiero ir a ver si esos mexicanos saben disparar derecho. Mi trabajo ha terminado y yo también» (GV, p. 14). Y poco después: «... morir despedazado delante de un paredón mexicano no era una mala manera de despedirse del mundo. Sonreía: Es mejor que morirse de anciano, de enfermedades o porque se cayó uno por la escalera» (GV, p. 15). Continuando, el coronel nos informa que el gringo viejo solía decir que «ser un gringo en México. Eso es mejor que suicidarse» (GV, p. 17). Y en la página siguiente: «Me propongo ser un cadáver bien parecido». También se nos explica en el capítulo segundo que había dos cosas que le aterrorizaban: 1) cortarse la cara al rasurarse (y así perder la oportunidad de ser un cadáver bien parecido) y 2) los perros rabiosos (de la cual provendría una muerte que, como luego veremos, sería más congruente con su vida, su profesión y sus actos).

Aunque en el discurso fictivo que es la novela *Gringo viejo* nunca se mencione su nombre, es de notar que el personaje narrativo fue inspirado por una persona real, Ambrose Bierce, como el mismo Carlos Fuentes apunta en su «Nota del autor» al final de la obra. En esta nota Fuentes informa que, en noviembre de 1913, el escritor Bierce entró a México y que nunca más se volvió a saber de él. Esto, quede claro, después de despedirse de sus amigos,

> «con algunas cartas en las que, desmintiendo su reconocido vigor, se declaraba viejo y cansado. Sin embargo, en todas ellas se reservaba el derecho de escoger su manera de morir. La enfermedad y el accidente —por ejemplo, caerse por una escalera— le parecían indignas de él. En cambio, ser ajusticiado ante un pelotón mexicano... 'Ah' —escribió en su última carta— 'ser un gringo en México; eso es eutanasia'».

Se nos informa también que Bierce era periodista de la infame cadena Hearst, así como autor de cuentos sobre la Guerra de Secesión. Añade Fuentes, aclara también como precaución al lector, que, aparte de estos datos, la novela es ficción.

El gringo viejo no sólo quiere morir en México, ante un pelotón, sino que quiere además que éste sea dirigido por el mismo Pancho Villa. El porqué de semejante deseo está directamente relacionado con la clase de vida y profesión a las que se ha dedicado. Su vida ha sido la de «Un despreciable reportero remuevelodos al servicio de un barón de la prensa tan corrupto como aquellos a los que yo denuncié en su nombre» (GV, p. 69). Un hombre que se ha dejado absorber por el «poder de la prensa», por el poder de crear ilusiones y falsedades para destruir las vidas de otros y así afectar el proceso de la historia de acuerdo con los intereses de Hearst. El gringo viejo le dice a Harriet:

> Yo era algo así como el ángel exterminador, ve usted. Yo era el amargo y sardónico discípulo del diablo porque trataba de ser tan santurrón como los objetos de mi desprecio. Usted debe entender esto, usted metodista, yo calvinista: los dos tratando de ser más virtuosos que nadie, ganar la carrera puritana pero fastidiar de paso a quienes más cercanos a nosotros se encuentran; pues verá usted, Miss Harriet, que yo en realidad sólo tenía poder sobre ellos, mi mujer y mis hijos, no sobre los lectores tan satisfechos de sí como yo o como Hearst, tan del lado de la moral y la rectitud y la indignación todos ellos, diciendo: ése al que denuncian no soy yo, sino mi abyecto hermano, el otro lector. Pero tampoco tuve poder alguno sobre los blancos de mi furia periodística y mucho menos

sobre quienes manipularon mi humor y mi furia para sus propios fines (GV, p. 72).

Esta vida saturada de hipocresía, basada en apariencias y falsedades; esta vida odiosa y destructiva llegó a afectar la vida y muerte misma de sus seres queridos:

«... en realidad, no estaban contra mí, sino en contra de mi vida. El hombre mi hijo mayor decidió morir en el horrible mundo que yo escribí para él. Y el hombre mi hijo menor decidió morir demostrándome que tenía el coraje de morir por coraje».

«... yo creo que mis hijos se mataron para que yo no los ridiculizara en los periódicos de mi patrón William Randolph Hearst».

«... ella [su mujer] murió sola y llena de amargura, se murió de una enfermedad honda y devoradora [la indiferencia]» (GV, p. 74).

«... Mi hija juró nunca volverme a ver. ... Me dijo: Me moriré sin volverte a ver, pues espero que mueras antes de que sepas si me vas a extrañar» (GV, p. 75).

La carrera, la vida misma del gringo viejo causó en forma directa la destrucción y muerte de su familia. Sin tener suficiente valor para suicidarse, viene a México y se une a las tropas del General Arroyo con la intención de morir peleando. En varias ocasiones se lanza a la batalla esperando ser muerto; sin embargo, la muerte se niega a complacerlo y el gringo viejo se ve obligado a buscar otra alternativa. Es obvio que no morirá en batalla ni a manos de Pancho Villa, pero es posible que logre provocar al General Arroyo para convertirlo en su verdugo. Sin saberlo, Harriet se deja seducir por Arroyo para que éste, a su vez, no mate al gringo viejo, que desesperadamente busca en la muerte el fin de su angustia y dolor. Después de inútiles atentados da con la solución que, lejos de radicar en los celos por Harriet, se encuentra en la quema de los documentos firmados por el rey de España que certificaban que las tierras de la hacienda Miranda en realidad pertenecían a la colectividad campesina que las trabajaba. Al quemar los documentos, Arroyo pierde el control y rompe su promesa a Harriet, matando al gringo viejo y, sin saberlo, asegurando su propia muerte a manos de Villa.

Si el gringo viejo buscaba una muerte «honorable» habiendo vivido en la mentira, Arroyo buscaba la vida, una vida nueva y digna a través de la revolución. Para el gringo viejo la muerte era el último dolor, el fin de su angustiosa e hipócrita existencia. Para Arroyo la muerte y la vida son inseparables: «No —dijo Arroyo al cabo—, así es la vida».

—Y la muerte —dijo con un tono de intimidad presuntuosa el coronel.

—Nomás no me las separe —contestó Arroyo (GV, p. 85).

Y, anteriormente, en una discusión con el gringo viejo afirma en forma de pregunta: «Yo le estoy preguntando qué es más importante, la manera de vivir o la manera de morir» (GV, p. 84). La vida del General Arroyo ha sido la de cualquier campesino en la hacienda Miranda, indiferenciable de las bestias de trabajo y con los mismos derechos: ninguno. Su motivación para unirse a la revolución en contra de los hacendados es, sin embargo, más profunda que los ideales colectivos de la revolución que afirmaban que las tierras deberían de regresar a sus verdaderos dueños: los campesinos que las trabajaban y que a menudo todavía poseían los títulos de propiedad colectiva («Mercedes» españolas o ejidos mexicanos) que certificaban sus derechos legalmente. Arroyo se había unido a la revolución para vengar la violación de su madre por el viejo Miranda, para ajusticiarlo, para cobrarse su bastardía. Arroyo era heredero de las tierras de la hacienda Miranda, no sólo como campesino indígena, sino también como hijo ilegítimo del viejo Miranda. El odio, más que el amor por su pueblo, le daba coraje y valor para arriesgar su vida, que después de todo no era más que el complemento de su muerte. Habría nacido bastardo y vivido como humilde y humillado campesino, pero habría de morir como general revolucionario en plena batalla —o así lo creía él.

Cuando Arroyo mata al gringo viejo, Harriet regresa a los Estados Unidos acusando al ejército villista de haber matado a su padre. Washington investiga y pide explicaciones a Villa. Éste tiene suficientes problemas con los asaltos a Zacatecas y a la capital que se avecinan, por lo que no tiene tiempo ni ganas de echarse a los gringos encima. Villa le ordena a Arroyo desenterrar al gringo para «fusilarlo legalmente» y luego decir que los federales lo ajusticiaron. Arroyo sigue las órdenes de Villa al pie de la letra. Inmediatamente después de fusilar al gringo viejo, el propio Villa da la orden de disparar contra el desgraciado Arroyo, que en ese momento «era la viva imagen de la incredulidad adolorida. Sin embargo, alcanzó a gritar: «¡Viva Villa!». Villa dice que «no toleraría que sus oficiales jugaran jueguitos con ciudadanos extranjeros y le crearan problemas innecesarios; para matar gringos, sólo Pancho Villa sabía cuándo y por qué. El cuerpo del viejo le sería devuelto a su hija y el asunto se olvidaría para siempre ... El propio Villa le dio el tiro de gracia a Tomás Arroyo» (GV, p. 168).

Harriet recibe el cuerpo del gringo y lo hace enterrar en la tumba que su verdadero padre había dejado vacía en Arlington. Tomás Arroyo es enterrado en una tumba anónima en medio del desierto de Chihuahua por la mujer de la cara de luna, su amante soldadera. Vemos, pues, cómo las muertes del gringo viejo y de Tomás Arroyo no son, en primer lugar, las que cada uno buscaba y, en segundo lugar, meritorias, dadas las perspectivas culturales que ambos tenían de la muerte.

El mundo del gringo viejo, la perspectiva calvinista, ya le había condenado como un pecador sin redención basando su juicio en la manera en que vivió y en todo el dolor y destrucción que causó a otros y, finalmente, a sí mismo. Y aunque, a fin de cuentas, se le dio una sepultura decente en una tumba militar, la lápida sepulcral no llevaría su verdadero nombre, porque, desde el punto de vista mexicano, su vida no fue verdadera, porque murió como un cobarde, como un viejo vil. Arroyo, por su lado, encuentra la muerte en el momento menos esperado y a manos del individuo menos imaginado como su verdugo: Pancho Villa. Y, sin embargo, Tomás confronta su muerte con un grito de guerra: «¡Que viva Villa!», muriendo así como un valiente, como un soldado, como un general villista y no como el humillado peón bastardo que fue en vida. Más aún, si en la muerte el gringo viejo encontró fin a su dolor y angustia, Tomás sólo encontró el otro lado de su vida que, en sí, en su manera de morir, continuaría alimentando la vida de la revolución y la lealtad a su admirado General de División: Pancho Villa.

La ironía, en ambos casos, yace en el hecho de que el bien nacido y criado hijo de burgueses y oficiales militares de vieja plata y estirpe muere como un don nadie, como un vil cobarde, enterrado en una tumba con nombre prestado; mientras que el bastardo, el peón, el don nadie de verdad muere como general a manos de otro general, en función de justicia militar al servicio de la revolución y es enterrado, aunque anónimamente, en el mismo desierto que le vio nacer y crecer. El primero muere para ser olvidado, habiendo nacido para preservar el nombre y la estirpe familiar, y el segundo muere para ser recordado por la revolución y su gente, habiendo nacido bastardo destinado al anonimato de su clase y al deliberado olvido de las flaquezas de su verdadero padre.

«Dime cómo mueres y te diré quién eres», nos ha dicho Paz en su *Laberinto de la soledad*. Carlos Fuentes nos ha ilustrado indeleblemente esta radical diferencia cultural entre la cosmovisión anglosajona y la mexicana. Y, si tomamos al gringo viejo como representante simbólico del capitalismo transnacional norteamericano, nos damos cuenta que éste ha venido a México a morir y que esta muerte no ha de ser digna, sino tan vil y cobarde como la pobreza y muerte que ha causado a todos los Arroyo que son México.

Alina Camacho-Gingerich
St. John's University

Gringo viejo: viaje de la imaginación

Gringo viejo se basa en un hecho real, concreto: el viaje del cuentista y periodista estadounidense Ambrose Bierce a México en 1913, época en la que Obregón, Villa y Zapata luchaban con el propósito de vengar la muerte de Madero y de derrocar a Huerta. El autor de los cuentos sobre la Guerra de Secesión se despide de varios de sus amigos con cartas en las que, ya viejo y cansado, dice que se reserva el derecho de escoger una manera digna de morir, es decir, otra que no sea por suicidio, por enfermedad o por accidente. En una última carta exclama: «Ah, ser un gringo en México; eso es eutanasia».

Pero si es cierto que *Gringo viejo* parte de este hecho histórico, la novela se convierte en un viaje de la imaginación literaria de Fuentes y de Ambrose Bierce, a veces su *alter ego*. El significante, discurso narrativo o realidad textual imaginada, reemplaza la realidad extratextual.

En *Una familia lejana,* su novela anterior, Branly, una de las principales voces narrativas, reconoce que sólo la imaginación narrativa es capaz de reproducir algo verbalmente, por muy incompleto que sea, y que esa proximidad incompleta es la única verdad posible (156-157). El gringo viejo se pregunta a mediados de la novela que estudiamos aquí sobre la verdadera intención de su viaje: «¿Estaba aquí para morir o para escribir una novela sobre un general mexicano y una maestra de escuela de Washington perdida en los desiertos del norte de México?» (90). El protagonista se convierte en el autor de la novela.

Para Fuentes la realidad es una invención del escritor. En su obra el escritor mexicano rechaza el tiempo muerto de la historiografía y entra, metafórica, mítica, simultáneamente, al tiempo total del presente. Rechaza el concepto de la historia como representación: la concibe como literatura, poesía, mito. Fuentes, claro está, es heredero de toda una tradición en la que sobresalen Nietzsche, Heidegger, Foucault, y que probablemente se cierra con Derrida (véase Megill). La imaginación de Fuentes, lógicamente, se alimenta de la historia y de la realidad mexicanas:

> Es que siempre ha pensado que en México hay subterráneos de la memoria, de la imaginación, de la realidad. Y de repente, resulta que es cierto, que es verídico en el sentido de la exactitud, porque yo creo que la verdad es la verdad de la imaginación, no sólo la verdad de lo que se puede medir y contar (*Espejo*, 83).

En *Cervantes o la crítica de la lectura,* nuestro autor nos dice que el genio del Manco de Lepanto, el creador de la novela moderna, consistió en hacer del lenguaje la realidad central de la novela:

> Sólo mediante los recursos del lenguaje puede librarse el tenso e intenso combate entre el pasado y el presente, entre la renovación y el tributo debido a la forma precedente. Cervantes no sólo encara este problema en Don Quijote: lo resuelve y supera sus contradicciones porque es el primer novelista que radica la crítica de la creación dentro de las páginas de su propia creación (32-33).

En *Cervantes o la crítica de la lectura,* nuestro autor nos dice que pre llevaba consigo Ambrose Bierce y que sin duda alguna le sirvió de inspiración y de modelo al autor, se llega a la conclusión de que es sólo mediante el lenguaje como el hombre puede eludir el tiempo lineal, cronológico, la dicotomía pasado-presente, y crear un tiempo sin fechas, donde es posible realizar otras posibilidades de la historia.

Bierce, personaje al que sólo conocemos como «gringo viejo» hasta casi el final de la novela, cuando por primera vez se le nombra, es un tipo cínico, desengañado de la vida; rechazado hasta por sus propios hijos (él se considera responsable de la muerte de sus dos hijos varones) es un hombre que se siente derrotado. El gringo viejo no siempre fue así: en un momento, se nos dice, llegó a creer ser dueño de su destino y hasta incluso pensó que por medio del periodismo de denuncia y sátira, y siempre al lado de la verdad, podía cambiar el curso de la historia, podía darle forma al destino de los otros. Pero no demora en darse cuenta de que todo lo que él hacía estaba al servicio de los intereses de su Amo y Señor, William Randolph Hearst, el avaricioso y ambicioso editor del San Francisco Chronicle, quien, como le explica el gringo viejo a Harriet Winslow:

> Canalizaba mi furia para la mayor gloria de sus intereses políticos y su circulación masiva y sus masivas cuentas de banco. Oh, qué idiota fui, Miss Harriet. Pero para eso me pagaban, para ser el idiota, el bufón, pagado por él, mi Amo y Señor en esta tierra (73).

Bierce cruza la frontera entre México y los Estados Unidos y se convierte así en un fugitivo «voluntario», tan fugitivo como «los antiguos sobrevivientes de asaltos de conchos y apaches revertidos al nomadismo cruel de la necesidad, la enfermedad, la injusticia y el desengaño» (20). Se lanza a ese viaje con el propósito de reírse de esa tríada que controla al hombre moderno: Dios, la Patria y el Dinero.

Esta novela cíclica comienza con el final de la historia que se nos va a contar: Harriet Winslow, sola y de regreso en Washington, D. C., recuerda su viaje a México hace ya muchos años. Esta solterona que de joven va a México con el propósito de enseñarles inglés a los niños de la familia Miranda, a quienes nunca llega a conocer, en una hacienda de Chihuahua, y que en vez se enfrenta a un país en revolución, finalmente se da cuenta del verdadero significado de ese viaje. El joven general mexicano Tomás Arroyo, nos dice ella, le enseñó lo que pudo ser y luego le prohibió que jamás llegase a ser eso. Todos movilizaron sus pasados, esperando que ella también lo hiciera y así pudiera reunirse con ellos. Pero no es hasta el principio de la novela, que es también el final, cuando ella se da cuenta. En ese viaje a México, los tres personajes principales, incluyendo al general Arroyo, buscan sus destinos, intentan realizar esas otras posibilidades de la historia que pudieron ser pero que no llegaron a cumplirse. Y sus destinos se entremezclan, el uno existe gracias al otro.

Tomás Arroyo seduce a Harriet Winslow y con él ella conoce lo que es el verdadero amor de un hombre. El general viene a llenar en su vida la vacuidad emocional y física creada por la ausencia del padre querido, militar que abandona a su esposa e hija en búsqueda de gloria y aventura en Cuba y que nunca regresa a su familia.

Al bailar Harriet y Arroyo en el salón de baile de la hacienda salvado del fuego por el general, reproducidos los dos en los espejos del salón, ambos viven otras vertientes posibles de la historia. Harriet se ve bailando con el padre que ha regresado de la guerra en Cuba, héroe condecorado por su participación en la batalla de la loma de San Juan. Arroyo se convierte en su padre: «su padre uniformado, con bigotes tiesos y pelo perfumado, orgulloso de su hija esbelta en revuelo de tafetas, el capitán Winslow sin embargo oloroso a algo distinto y ella clavando la nariz en la nuca del padre, oliendo a la ciudad de Washington en la nuca de su padre» (105).

Es un baile que existe en el mundo atemporal de los sueños y en el que, por lo tanto, todo es posible. Harriet se ve entrando a los espejos sin mirarse a sí misma porque en realidad entraba a un sueño. En esa otra realidad, la realidad onírica, Harriet está bailando con su padre, oficial respetado y condecorado, como a ella le hubiera gustado que hubiera sido, no el capitán fracasado que realmente fue. Y Arroyo se traslada a su infancia, no a la que conoció, sino a la que tanto deseó haber tenido; se ve niño bailando con su madre, no como fue ella, humillada, mancillada, abusada e ignorada por su padre, atrapada en ese mundo sin salida que le tocó vivir, sino que la ve como la esposa legítima de su padre, el señor Miranda, «su madre la señora limpia y derecha, sin un peso de nubes sobre los hombros, sin una corona de cierzos en la cabeza, sin los ojos cenicientos de cargar tanto sol, sino limpia, sólo eso, una señora limpia, vestida limpia, calzada limpia...» (106).

Harriet también se ve como la negra cubana amante de su padre, por quien él las había abandonado, a ella y a su madre; ella es la negra codiciada por el padre: «Harriet hundió la nariz en la nuca de Tomás Arroyo y olió a sexo erizado y velludo de una negra: Capitán Winslow, estoy muy sola y usted puede tomarme cuando le guste» (106). Más tarde, al hacerle el amor a Arroyo, Harriet también se puede imaginar el ser ella misma su propio padre en los brazos de la negra amante de su padre: «su imaginación la había conducido a los brazos de la amante de su padre, la húmeda negra en la mansión húmeda y silente donde las luces subían y bajaban por las escaleras» (121). [El gringo viejo, ser cínico, sin embargo, interpreta la relación sexual entre los jóvenes de una manera diferente: el macho mexicano, al poseer a la gringuita, se desquita así de los chingados gringos que mancillaron a su país: «lavó con una eyaculación rápida las derrotas de Chapultepec y Buenavista» (115)].

El general mexicano y la joven norteamericana bailan el vals como si bailaran una historia. Al bailar en sus brazos, ella recupera una historia, los veranos de su infancia cerca de los rumores frescos de

Rokc Creck Park; se ve jugando con su trineo en Meridan Hill Park,
con su padre en la calle Catorce, comprando manzanas y nueces en
abarroterías griegas; en el cementerio de Arlington frente a la tumba
vacía, tumba que al final de la novela recibiría el cadáver del gringo viejo.

Arroyo toma conciencia de su existencia y la de los otros al
devolverle el espejo su imagen. El espejo les permite, a él y los otros,
realizarse como seres humanos, razón por la que Arroyo no había permitido que quemaran el salón de los espejos con el resto de la hacienda:

> Todo porque un día descubrí el salón de los espejos y descubrí que
> yo tenía una cara y un cuerpo. Yo podía verme. Tomás Arroyo.
> Para ti Rosario, Remedios, Jesús, Benjamín, José, mi coronel Frutos
> García, Chencho Mansalvo, tú misma Garduña, en nombre de las
> chozas y las prisiones y los talleres, en nombre de los piojos y los
> petates, ... véanse en este espejo y yo los veré a ustedes (148).

Harriet, como un espejo, le refleja a Arroyo su verdadero ser, su
pasado, su presente; a través de ella, puede también imaginar la historia vedada, las otras posibilidades de la historia, eso que pudo ser
y no llegó a realizarse:

> Piensas en cosas tristes y feas gringa, yo hablo de la belleza, o
> amor, o porque de repente me acuerdo de quién eras tú y o tú
> me haces acordarme de quién soy yo, o de repente cada uno se
> acuerda de alguien por su cuenta, pero le da las gracias a la persona
> que está mirando por traerle ese dulce recuerdo de vuelta, sí ... aquí,
> esta noche puedo imaginar muchas cosas que nunca fueron o desear
> lo que nunca tuvimos... (122).

El espejo, como hemos visto, desempeña una función muy importante
en *Gringo viejo.* Los psicoanalistas contemporáneos (Duval, Wicklund,
Herbert Mead, Piaget, entre ellos) afirman que las reflexiones son
fundamentales en el desarrollo psicológico de una persona. Sin conocer
su imagen el ser humano no puede fácilmente lograr ni el control de
sus movimientos ni, por lo tanto, el de su destino. La información
que nos ofrece esa imagen reflejada es esencial para el auto conocimiento (Scheibe, 60).

En esta novela se encuentra el concepto lacaniano de la importancia del espejo en el desarrollo del ser humano. Según Jacques Lacan, recordemos, todo niño nace como una entidad fragmentada y no es hasta que ve su imagen reflejada (el paradigma de esa experiencia sería su reflexión en un espejo) que el niño experimenta una unidad total, unidad que reemplaza su experiencia fragmentada anterior. Hay una identificación completa entre el niño y su reflexión: el sujeto se convierte en su imagen. Es esta imagen reflejada de su ser con la que se identifica el niño que Lacan considera el «yo». Ya que el niño se descubre por primera vez en una imagen externa es fácil comprender cómo es que él confunde esta imagen de sí mismo con las imágenes de los otros que lo rodean. Así empieza la «dialéctica social». Esta confusión lo lleva a identificarse erróneamente con el otro. Una vez que el ego se identifica con el otro (el objeto del deseo del hombre, nos dice Lacan, es esencialmente un objeto deseado por otro) el deseo regula el conocimiento humano y hace de sus objetos una equivalencia abstracta: un objeto equivale a otro, se hace posible la comparación y el intercambio de objetos (véase Muller, 29-34).

El espejo en *Gringo viejo,* como en la obra de Borges y otros narradores contemporáneos, no sólo refleja, sino que desdobla y multiplica, es espermático; el espejo se convierte en el recipiente de nuestras memorias, fantasías y anhelos. En *Gringo viejo* el espejo adquiere, además, una dimensión precolombina. Aquí se repite el mito de Quetzalcoatl. El general Tomás Arroyo, como Quetzalcoatl, había crecido sin conocer su rostro: Quetzalcoatl, por ser dios, Arroyo, por ser hijo bastardo. Gracias a la reflexión de su imagen en un espejo, ambos llegan a descubrir que son hombres y que, por lo tanto, poseen un destino histórico. Como Quetzalcoatl, Arroyo duerme con su hermana, no la biológica, pero sí la espiritual, dentro de esa tríada que, como veremos más adelante, forman los tres personajes principales de la novela.

El general mexicano durante treinta años había aceptado, inmóvil, su destino: hijo bastardo del señor Miranda, dueño de la hacienda, había sufrido muchas humillaciones durante su niñez y juventud al verse obligado a servir a su padre-señor como un sirviente más, condenado, como los otros sirvientes, a hacer el amor en silencio. Cuando empieza el movimiento revolucionario, Arroyo naturalmente se une a él; por primera vez en su vida se mueve, toma acción para tratar de cambiar el destino que le había sido impuesto. La oportunidad le llega de regresar a la hacienda, ahora abandonada por sus dueños que logran escaparse poco antes de ser saqueada y quemada ésta por los revolucionarios. Como muy bien lo entiende Harriet, Arroyo había sido capaz de hacer lo que a nadie se le exige: el regresar al hogar; había revivido uno de los mitos más viejos de la humanidad, el regreso al lar, a la casa de nuestros orígenes. Pero no es posible regresar al hogar, a nuestros orígenes. Estamos condenados a su búsqueda, sí, pero no podemos regresar al mismo punto de partida, pues aunque logremos encontrar ese origen ya no sería lo mismo, pues todo cambia, evoluciona, envejece. El hogar es una memoria; la memoria es nuestro hogar: «la búsqueda ardiente de nuestros pequeños e inseguros paraísos».

Arroyo se da cuenta de que ahora, después de su regreso, es otra vez prisionero de lo que hace, se siente una vez más inmóvil, encerrado esta vez en el destino de la revolución. Para Arroyo su sueño, el alzarse en armas y pelear en contra del sistema que había chingado a su madre y que le había robado el lugar que le correspondía, es ya una realidad y se convierte en su destino, un destino del que ahora él no puede escapar. Él había sentido la obligación de regresar a la hacienda de sus orígenes, a participar en la revolución para que nadie en México tuviera que repetir su vida o escoger como él lo tuvo que hacer. A Arroyo, sin embargo, no se le perdona el haber regresado a su casa, a sus orígenes: Pancho Villa, su líder y héroe, lo manda a fusilar por esa razón, por haberse olvidado de que la revolución, no la hacienda, debió ser su hogar. Harriet llega así a la conclusión de que el hogar no existe en ningún lugar en particular, el hogar es una ilusión más de la muerte.

El gringo viejo había cruzado la frontera de El Paso-Juárez porque buscaba una manera digna de morir, buscaba también encontrarse a sí mismo, solitario, en ese otro mundo que él creía tan diferente al suyo. Al final de su estancia en México, poco antes de ser asesinado por Arroyo, el gringo se da cuenta, sin embargo, de que dentro de cada una de nosotros existe una frontera secreta y que es ésta la frontera más difícil de cruzar: la frontera de nuestras luchas con nosotros mismos y la de nuestras diferencias con los demás. El gringo descubre que en ese momento, más que nunca, está en compañía de los demás y que necesita de ellos para existir.

Las vidas de los tres personajes principales se entremezclan y complementan, forman una especie de trinidad cristiana. El mito del padre enlaza las historias de los tres personajes importantes de la novela. El gringo viejo es la figura paterna para ambos jóvenes: la norteamericana recién llegada a México y el belicoso general mexicano. El viejo que escribe, después de todo, los ha creado por medio de la imaginación literaria, «ambos nacidos del semen de la imaginación que se llama poesía y amor». La imaginación del gringo viejo es el padre/ madre del general Arroyo y la Srta. Winslow.

El parricidio es una constante en la vida de los tres personajes: Bierce siente que él ha matado a su padre, no sólo el biológico, sino el espiritual, Dios, a quien él difama con algo peor que la blasfemia: con la maldición a toda su creación. La Srta. Winslow confiesa que ella y su madre mataron al padre para poder sobrevivir económicamente; lo dan por muerto cuando él estaba viviendo con su amante en Cuba para así poder recibir el cheque mensual de su pensión. El general Arroyo durante toda su vida odió tanto a su padre, el rico hacendado, que cuando el novio de la indiecita yucateña asesina al Sr. Miranda por haberla éste violado, Arroyo se identifica con él. Y es Arroyo el que manda a asesinar a ese otro padre, el gringo viejo, por, entre otras cosas, haberle quemado los papeles que legitimaban su búsqueda, su participación en la Revolución.

En este mundo fragmentado, dispersado, los personajes se reconocen el uno en el otro, son partes de un todo. Antes de morir el gringo viejo, Harriet y él lograron unir su conciencia dividida, la del uno en la de la otra: «antes de la dispersión final que adivinaban: el tiempo, México, la guerra, la memoria, la carne misma, les había dado más tiempo del que les toca a la mayoría de los hombres y mujeres» (141-142). En el mundo fragmentado del hombre contemporáneo lo único que nos une es el amor, sólo a través de él nos damos cuenta de lo que hemos perdido: «Si es necesario, nuestra conciencia pulverizada inventa el amor, lo imagina o lo finge, pero no vive sin él porque en medio de la dispersión infinita, el amor, aunque sea pretextado, nos da la medida de nuestra pérdida» (134).

En *Gringo viejo* se nos dice que todos somos objeto de la imaginación ajena. El viejo escritor norteamericano crea con su imaginación narrativa, por medio del lenguaje, a los otros; el lenguaje es la realidad de la irrealidad, hace visible lo invisible y lo desconocido; así lo comprende Harriet:

> Ella había visto los libros en la petaca abierta. Ella sabía que él
> vino a leer el Quijote, pero no que lo quiso leer antes de morirse.
> Ella vio los papeles borroneados y los lápices rotos. Ella quizá sabía

que nada es visto hasta que el escritor lo nombra. El lenguaje permite ver. Sin la palabra todos somos ciegos... (140).

Los otros también crean al gringo, como lo reconoce el mismo Ambrose Bierce: «¿Sabías que ella te ha estado creando igual que tú a ella, sabías, viejo, que ella te creaba también un proyecto de vida?» (138). Fuentes, entonces, como Octavio Paz, Lezama Lima y otros escritores latinoamericanos contemporáneos, percibe la imagen totalizante del mundo en lo que emerge como fragmento y dispersión: descubre lo uno en lo otro. La fragmentación, multiplicidad y metamorfosis conducen a una totalidad o unidad, o por lo menos a su búsqueda. Estas metamorfosis buscan un presente perpetuo en el que, al borrarse las distinciones, todo se iguala y se relaciona. Plotino nos decía que todo está en todas partes y cualquier cosa es todas las cosas. Esta noción panteísta del mundo es la que expresa Fuentes en *Gringo viejo* y otras obras suyas. La noción panteísta de que un hombre es los otros significa la reducción de todos los seres humanos a una identidad suprema y general que los contiene a todos y que hace, a la vez, que todos estén contenidos en cada uno de ellos.

En ese viaje a México, los personajes norteamericanos, Ambrose Bierce y la Srta. Winslow, junto con el general mexicano, obtienen una segunda vida, otra oportunidad de realizarse como seres humanos, como se lo quiso decir, pero no pudo, el gringo viejo a Harriet: «No tenías necesidad de estar sola, desde que te conocí has estado viviendo una segunda vida, y has amado sin saberlo, en los mil fragmentos de mis propios sentimientos y mis propios sueños» (135). Gracias a la libertad que ofrece la imaginación narrativa, los personajes de esta novela, como los de otras de Fuentes, logran modificar la historia, cambiar el curso de las cosas.

Para Fuentes, como él acertadamente había dicho que era para Faulkner y García Márquez, la novela es autogénisis: una fecundación andrógina del creador, un mito, la representación del acto de la fundación. La historia para Fuentes, en esta novela suya, como en las anteriores, no es sólo la historia oficial, documentada, la historia es también, para usar las mismas palabras del autor mexicano, «todo el Bien y todo el Mal que los hombres soñaron, imaginaron y desearon para conservarse y destruirse» (*Nueva novela*, 62-63).

OBRAS CITADAS

Fuentes, Carlos: *Cervantes o la crítica de la lectura*. México, D. F.: Editorial Joaquín Mortiz, 1976.
— *Gringo viejo*. México, D. F.: Fondo de Cultura Económica, 1985.
— *Una familia lejana*. México, D. F.: Biblioteca Era, 1980.
— *La nueva novela hispanoamericana*. México, D. F.: Cuadernos de Joaquín Mortiz, 1972.

Megill, Allan: *Prophets of Extremity: Nietzsche, Heidegger, Foucault, Derrida*. Berkeley: University of California Press, 1985.

Muller, John P. and William Richardson: *Lacan and Language*. New York: International University Press, 1982.

Scheibe, Karl E.: *Mirrors, masks, lies and secrets: The limits of human predictability*. New York: Praeger Publishers, 1979.

Roffé, Reina, ed.: *Espejo de escritores*. Hanover: Ediciones del Norte, 1985.

Germán Carrillo
Marquette University

Gringo viejo o un «quijote» en el país de los espejos

INTRODUCCIÓN

En la última novela de Carlos Fuentes el protagonista es un verdadero Quijote del siglo XX: un escritor de historias de guerra que deja su tierra para salir, caballero andante, por el mundo a merecer la muerte de sus héroes. Personaje quijotesco, el «gringo viejo» es al mismo tiempo la otra cara, es decir, la otra historia del Quijote. Quijano agota la lectura de libros de caballerías y echa a andar por los caminos de La Mancha «desfaciendo entuertos» y combatiendo gigantes fantásticos; el «gringo», por su parte, se declara «viejo y cansado» de su oficio y sale a buscar el peligro, confiando en que su escepticismo le deparará una muerte digna. Mezcla de Cervantes y Quijano, el «gringo» *sueña* una historia pero no la escribe —como sí lo hiciera Cervantes—, sino que la *vive,* como lo hiciera Quijano; sólo que a diferencia de este último, su viaje no tiene regreso al hogar ni a la triste y dudosa lucidez en una cama de agonía y muerte domésticas.

Tanto Quijote como el «gringo» deben su maravillosa osadía y el heroísmo de sus acciones a la *transfiguración* que del espacio hace su mirada alucinada. Quijote no ve frente a sí un rebaño de ovejas ni un molino de viento, sino gigantes o ejércitos que son los fantasmas de sus lecturas; el «gringo» combate y da muerte a federales viendo en ellos realmente los fantasmas creados por su escritura:

> ... Disparó contra los cuatro hombres en la posición de franco-tiradores y estaban muertos bajo el sol, aplastados sobre el peñasco caliente (...). Un grito unánime brotó desde la fuerza rebelde, pero el gringo no lo oyó, el gringo siguió disparando a lo alto, contra los

peñascos por donde corría y caía después el jinete vestido de gris
pero más blanco que él, despeñándose por los aires, el jinete del
aire (pp. 59-60) [1].

En la obra de Cervantes, el Quijote es un personaje determinado por
una distinción previa del mal; para él, el mal está encarnado y ejercido
por hechiceros, gigantes y seres fantásticos que, mediante transfigu-
raciones y engaños, siempre hurtan el cuerpo al combate real, a la
«franca lid» en la que los cuerpos y la valentía pueden resolver la inde-
finible frontera entre bien y mal, armonía y misterio. En la obra de
Fuentes el lector puede vislumbrar un conflicto parecido; detrás de
los fantasmas que acomete el «gringo» está el deseo de ordenar toda
acción posible en dos polos extremos, irreconciliables, concretos, cor-
poreizados: padre e hijo como elementos del secular drama edípico
que tanto lo ha obsesionado en la escritura de sus cuentos. Cercano
a la muerte, quiere, entonces, revivir esa grandiosa lucha y morir en
ella; quiere encontrar en la revolución mexicana un hijo violento que
le sirva de verdugo.

A. EL «GRINGO» Y SU ENCUENTRO CON LA MUERTE

La revolución mexicana no es vivida como tal por el «gringo». Ajeno
a una guerra que no es la suya, ella no es más que un pretexto para
morir la muerte de sus héroes. En sus cuentos un hijo y su padre se
enfrentan a muerte sirviendo a un valor abstracto y experimentado
como suficientemente noble y digno: EL DEBER. El «gringo» pronto
encuentra los actores ideales que puedan desarrollar la historia perfecta que lo conduzca a ese tipo de muerte. Obligado por su edad a
ver con ojos paternales al joven general Arroyo y a la «gringa»
Harriet, provoca al comandante mexicano repetidas veces lastimándolo
en sus puntos débiles, hiriendo su orgullo, o sus celos, o su autoridad
y prestigio hasta extremos críticos pero infructuosos. Finalmente, opta
por un acto suicida al destruir un antiguo documento de propiedad

---

[1] FUENTES, CARLOS: *Gringo viejo*. Fondo de Cultura Económica de
México, 1985. Todas las citas provienen de esta edición. Los subrayados
son nuestros.

que había sido esgrimido por Arroyo como sustento legal de la rebelión justa contra la usurpación de los patrones. Pero antes, el «gringo», por su posición radical ante la vida y la muerte, por su actitud decididamente escéptica, por las hondas repercusiones que desata en sus transitorios aliados, ha generado pasiones y encuentros en aquéllos que le han servido indirectamente en la búsqueda de una muerte cuidadosamente calculada. De tal modo, la *acción* se desarrolla en un continuo juego de posibilidades y aplazamientos que alejan o acercan al «gringo» de su meta. Esta búsqueda *invencible* de la muerte condiciona su visión y acercamiento al mundo que lo rodea, como puede apreciarse en los siguientes casos:

> Entonces el desierto le decía que *la muerte* es sólo una fatiga de las leyes de la naturaleza: la vida es la regla del juego, no su excepción, y hasta el desierto que *parecía muerto* escondía toda una minuciosa vida que prolongaba, originaba o remedaba las leyes de la naturaleza (p. 23).

> El gringo viejo trató de penetrar con la mirada la ceguera nocturna del desierto e imaginar esas creosotas que crecen guardando sus distancias porque sus raíces son venenosas y *matan* a cualquier planta que crezca a su lado. Así se apartó de Harriet Winslow (p. 36).

> ... que mirara (...) las esculturas torcidas y sedientas de las plantas luchando por preservar su agua, como para decirle al resto del *desierto moribundo* que había esperanza y que a pesar de las apariencias, aún no había muerto (p. 36).

> ... podían al cabo sacar sus verdaderas emociones al aire *sin matarlas,* como ciertas flores crecen en rincones sombríos y se marchitan apenas las tocan el aire y el sol (p. 136).

Como en el caso del hidalgo manchego, los verdaderos allegados al «gringo» son los productos de su imaginación. Radicalmente idealista, sueña un mundo y trata de parecerse a sus héroes. Explica a Harriet: «... me inventé una nueva familia, la familia de mi imaginación» (p. 70). Lúcido, escéptico y pragmático, su vida ha tocado fondo en lo que a ser práctico se refiere: «... creyó que podía darle forma al destino ajeno a través del periodismo de denuncia y sátira, insistiendo sin claudicaciones en que era amigo de la Verdad, no de Platón...» (p. 73). Extrañamente híbrido entre estos dos extremos, el «gringo» —sabio de la vida— ve a la pareja (Harriet y Arroyo) como hijos ideales, figuras con destino propio —en la medida de lo posible—

dispuestos a jugarse la vida por el mundo íntimo que desean o intuyen.

Cuando el «gringo» quema los documentos que posee Arroyo, sabe que está propiciando con ese «gesto» el mejor futuro deseable para un hijo en esas condiciones: alguien que muera joven antes que decaer en la corrupción de tantos desengañados y ambiciosos. Quiere preservar en Arroyo al joven *revolucionario puro* (cuyo paradigma acabado sería aquel hijo de Artemio Cruz que muere en defensa de la república española) y en Harriet a una mujer aleccionada por el reconocimiento de los espejismos y las trampas más elaboradas y camufladas a uno y otro lado de la frontera.

El «gringo», incrédulo y renegado de ciertos principios que alentaron sus batallas periodísticas, quiere alcanzar una muerte que tenga alto grado de depuración ético-estética. En realidad le importa menos la muerte que la forma en que ésta venga; en otras palabras, le importa menos el *porqué* que el *cómo*. Y si su propósito no es la muerte en sí, sino el que ella sea «estética», su objetivo se cumple más allá de la muerte. Oficialmente el «gringo» es ejecutado por Pancho Villa en lo que verdaderamente es un fusilamiento del cadáver. Es un final «novelesco» que lo hubiera complacido como escritor; la de un personaje al cual le ha importado tanto *la forma* de su muerte, que por fin la logra, aunque para ello tenga que morir dos veces.

B.   Arroyo y el encuentro con su destino

¿Qué busca Tomás Arroyo? En él se unen *dos corrientes:* la primera, una revolución cuyo triunfo dependerá del cumplimiento a la consigna ciega e intuitiva, común en el sentimiento de los alzados: el movimiento, el *ir-hacia-adelante,* siempre-hacia-adelante, con rapidez y decisión, sin miramientos avanzar hacia el centro, o sea, el lugar del encuentro, la ciudad de México, el centro de reunión de todos los «arroyos bajados de la sierra».

A la par, ese movimiento impulsivo está compuesto por voluntades humanas individuales, como el caso de Arroyo. Sin contemplaciones con los demás, el general hace de sí mismo una excepción y detiene la acción revolucionaria para ir hacia el encuentro de su Yo negado. Pierde la cita grande de México por asistir a la cita con esa otra parte de su vida: la zona de su deseo motivante, la *imagen* pasada de un joven sin voz, sin padre, sin re-conocimiento que necesita restañarse las heridas con la mirada puesta en los espejos, antes destinados a reflejar de cuerpo entero, un puñado de poderosos.

Pero no todos los espejos son mudos. Ahí está el «gringo» y Harriet para reflejar al general mexicano en sus otras grandes carencias: el «gringo» es el valiente puro para el que la guerra es sólo un pretexto; Harriet es la «mujer» otra, extraña, inalcanzable, intrusa, similar a su madrastra. En otras palabras, el «gringo» lo atemoriza con su desprecio por la muerte y Harriet lo refleja y aprisiona en una zona más de su *deseo-rencor,* y de esta manera, lo completa. Ambos extranjeros operan como dos fragmentos del espejo frente al cual Arroyo se paraliza. Del *arroyo* que *corre* apresurado hacia México, pasa a convertirse en *estancamiento periférico,* en un ser vanidoso y hechizado, como Narciso, por su propia imagen. Lo traiciona su parálisis y, al estancarse, muere. Lo dice el propio Villa, a manera de epitafio:

> Tomás Arroyo creyó que podía regresar a su casa. Pero nadie tiene derecho a eso hasta que triunfe la revolución. La revolución es ahora nuestro hogar. ¿Tomás no lo entendió? Si cada uno se me va quedando en su casa cuando pase por ella, se acabó la revolución (p. 171).

En el fondo, Tomás Arroyo sólo intenta un re-conocimiento (para él y para su pueblo, en su condición de hombres libres, iguales, dignos). Por eso impone insistentemente su presencia en el espacio prohibido por sus anteriores patrones. Condenado a ser cuerpo sin voz y a vivir como un ser fragmentado sin reconocimiento ni reflejo, su primer acto de rebeldía consiste en hacer adquirir a los otros —los enemigos— una noción forzosa de su realidad física. Así lo recuerda el general:

> ... llevarte adentro de la casa y hacerte que los vieras y hacer que ellos te vieran a ti, no como a ellos les gusta vernos, parte de un montón arrimado, tú entiendes, les gusta mucho no reconocer a nadie y mirar por encima de nuestras cabezas como si no estuviéramos allí, y yo en cambio quería decirles:

> Mírenlo. Aquí está. Ustedes no pueden mirar a través de Tomás Arroyo. No está hecho de aire, sino de sangre. Es de carne, no de vidrio. No es transparente. Es opaco, bola de cabrones hijos de su chingada, es opaco como el muro de la prisión más sólida que ustedes y yo o él jamás penetraremos (p. 128).

Arroyo no sólo recobra e impone su cuerpo a la mirada de sus patrones, sino también su voz y su movimiento. Concebido en el silencio más prohibitivo y riguroso, se autodefine como «hijo del silencio» y emerge de él de la única forma posible: rompiendo violentamente su mudez obligada no con el murmullo sino con el grito. Y cuando es dueño, por fin, de su movimiento, ese movimiento no puede ser otro que la violenta rebeldía; cuando se convierte en revolucionario, sale de un refugio subterráneo, sale de la profundidad de la tierra, como Lázaro resurrecto, para apoderarse con toda plenitud de su sustancia material. Si antes el general fue transparencia, silencio e inmovilidad, la revolución, en cambio, le da la vida, lo convierte en un ser «opaco», dueño de su propio grito y comandante de un movimiento social verdaderamente sísmico, total, envolvente. Ese encuentro con los fragmentos negados del hombre es lo que el general quiere para sí y para su tropa cuando ordena el alto en la hacienda de los Miranda.

Allí lo pierde todo, pues en busca de sus propios y singulares fantasmas, frena el movimiento revolucionario tratando de represarlo en la hacienda con el fin de recrearse y re-crearse en los espejos *familiares*. Cae seducido por la «gringa» Harriet y deja de ser el comandante —traicionándose a sí mismo— para, paradójicamente, cumplir un papel tal vez menos solidario pero más íntimo, desesperado y propio. También en ella encuentra un *espejo viviente* que lo refleja de la manera más profunda, al mismo tiempo que le sirve de «objeto» gracias al cual puede convocar los recuerdos de ese pasado personal que se sintetiza en ser bastardo del patrón y de «cualquier» sirvienta anónima (negada y abandonada a su suerte); mediante el contacto con Harriet, el violento Arroyo puede acceder al «status» de sus antiguos patrones. Hace, con los fragmentos reunidos (la ruina y los remanentes de la guerra), una perfecta representación de lo visto y sufrido en aquellos días en los que sólo era un niño con muchos asombros e interrogantes puestos en la grandeza de su mirada. Al igual que su padre y patrón, Arroyo abandona el deber y traiciona a sus «hijos», como él mismo llama a los soldados que comanda. El motivo de su traición o abandono —para caso es lo mismo— es Miss Harriet y su poder sobre el sentimiento del general. Poseyendo a Harriet, Arroyo posee la imagen fantasmal de la lujosa mujer *legal* de su padre. Se convierte él en *patrón* y Harriet en el *trofeo* del poderoso, y los «hijos» revolucionarios en los anónimos testigos de una actitud que empieza a delatar fuertes tonos de injusticia y paternalismo autoritarios. Y como —parafraseando el dicho popular— más sabe el «gringo viejo» por viejo que por «gringo», el norteamericano, ducho en experiencias de derrumbe y desencanto, entrevé en el general revolucionario el germen del futuro déspota, de ese otro Artemio Cruz acomodaticio, desencantado y oportunista.

El «tiro de gracia» se lo da el «gringo» cuando quema los antiguos títulos que acreditan la propiedad de las tierras. Con la destrucción de esos documentos, Arroyo ya no es el depositario del *patrimonio* histórico-legal de su pueblo. El gringo, mediante ese acto —aparentemente nihilista—, abre los ojos a los revolucionarios sobre los espejismos del poder; de ahí en adelante ellos no confiarán en objetos ni en individuos, ni siquiera en símbolos. *Abrasado* el documento, ellos *abrazarán* la acción como único sostén que pueda garantizar sus derechos. Las palabras o las promesas —como ya lo comprobó suficientemente la historia de la revolución mexicana— se hacen humo. Y los hechos son los que verdaderamente tienen la palabra.

Arroyo, al obtener el trofeo en Harriet, salta a ese círculo elitista y distanciado que termina apoderándose de la revolución mexicana; en un momento traza él mismo la línea diferenciadora entre las dos tendencias de la revolución: de un lado están él, Villa y Zapata, olorosos a sudor y pólvora, y del otro, los Obregón y Carranza, teóricos «perfumados». La alternativa es clara para él cuando dice: «Tenemos que llegar allí antes que la gente de Obregón y Carranza. Pancho Villa dice que esto es importante para la revolución. Nosotros somos gente del pueblo; los otros son perfumados» (p. 56). Lo que no advierte el general Arroyo es que él ha entrado en el círculo de los «perfumados» por mano propia o por impregnación de terceros, como Harriet. Esa impregnación le vale a Arroyo la muerte, que era lo que el «gringo» venía no sólo buscando, sino ofreciendo.

C. HARRIET Y EL ENCUENTRO CON SU SUEÑO

Miss Harriet es quizá el personaje más complejo de todos y a todos los atestigua y sobrevive. La novela surge a partir de una imagen inicial de sello falkneriano: Harriet *recuerda,* muchos años después —sentada y sola—, lo ocurrido, *ve* pasar los espectros delante de su ventana y revive esos momentos intensos, esos momentos luminosos, esos verdaderos y contados fogonazos que le otorgaron sentido a su vida. Miss Harriet también elabora, como el «gringo», su *pretexto* para llegar y permanecer en México. Pero más allá de esa máscara presentable y manejable, va persiguiendo, de una manera cada vez menos acorde con sus rígidos principios y esquemas de vida, una intuición, un destello que le permita sacudirse del sombrío y asfixiante destino para una mujer de su condición. Se rebela contra una imagen adelantada de sí misma: la visión de su madre aferrada al inmovilismo, la tristeza, la frustración y el auto-engaño. Harriet no desea repetir esa miseria existencial de su madre que espera infinitamente que su esposo retorne de la guerra:

> ... la luz obraba esta transparencia, este regalo de la hija. Una luz. Quizá la misma que ella había perseguido como un espectro en la misión decadente: esa misma luz habría llegado hasta aquí, a su pequeño apartamento, a cumplir el deseo de la señorita Winslow: «que mi madre refleje la brillante luz de mi infancia, que la hija deje de reflejar la sombra entristecida de la madre» (p. 54).

Ese símbolo, ese destello, esa luz es lo que la lleva a México; quiere descubrir lo diferente, lo radicalmente distinto al espacio sombrío y muerto que rodea su futuro. Aquí, Fuentes dibuja con imágenes de una gran concreción y exactitud un ligero sumario sensitivo de ese ambiente, reuniendo los más variados signos de la pesadumbre:

> Los contornos de los interiores, las salas, las alcobas, los espacios húmedos y huecos de los espacios apestosos donde las gatas se refugiaban para parir sus ventregadas y la presencia desgatada de alfombras, muebles y ropajes viejos que lograban permanecer en Washington mientras la gente llegaba o partía con sus baúles, se reunían como fantasmas latentes y sin llama en medio de un denso aroma de musgo y naftalina (p. 53).

En este espacio mortuorio y desvaído, Miss Harriet cumple, obediente, los míseros rituales previsibles mientras desgasta su juventud en el acto de *dormir,* puesto que allí se escenifica el mundo de su deseo, el hallazgo con el instante de plenitud. El mundo onírico —o del *deseo pleno,* al decir de Freud— impera en este personaje. En él Harriet «ve» combinar el recuerdo y la saciedad, el impulso y la satisfacción; todo vivido de manera instantánea sin aplazamientos desalentadores ni resistencias morales o racionales.

Ya en México, la *acción* obligada, permanente y *deseada,* así como sus violentos choques con la vida y la muerte le exigen actitudes vitales, inmediatas e instintivas que acaban rápidamente con la separación distanciada de vigilia/sueño. El conflicto se resuelve rápidamente a favor de la acción y la vigilia, en donde la vida le proporciona momentos de más intensidad que los entrevistos en el sueño. A través de la novela podemos asistir a numerosas escenas de esa creciente lucha de Harriet contra el sueño y sus fantasmas:

... Harriet Winslow despertó pronunciando *tomorrow,* la palabra *mañana,* acusándola de haber prolongado el sueño para despertarla en seguida con una incómoda sensación de deber pospuesto (p. 61).

La actividad diurna era más importante por ello mismo; suponía implicar primero y destruir después los acosos nocturnos del instante. Pero volvería a dormir, volvería a soñar (p. 61).

Hoy el combate y la sensación eran peores que nunca y la pregunta que la mantenía, en contra de su voluntad (de ello estaba convencida), encamada a las cuatro de la tarde, era una que ya se había formulado antes: «¿Cuándo fui más feliz?» (p. 93).

Harriet quería mostrarle al gringo lo que había hecho, vencer al pasado, organizar el futuro... (p. 101).

México le brinda, en realidad, la oportunidad de vivir una vida aparte de los sueños, y además le sirve de espejo. Es el lugar en que ella *lee* (al igual que el «gringo») sus obsesiones y las cumple. Harriet, en realidad, no se ve a sí misma, sino que ve en los espejos el objeto de los sueños. Mientras que Arroyo o el «gringo» manejan una mirada de carácter metonímico al ver en el espejo una imagen que los completa, Harriet hace una mirada *metafórica*: lo mirado se transfigura merced a los espejos. A Harriet los espejos le sirven para hallar el difícil punto de encuentro entre realidad e imaginación, vigilia y sueño. Como «Alicia en el país de los espejos», Harriet *penetra* el espejo en busca de otro mundo posible:

Al separarse de Arroyo se vio en un salón de baile lleno de espejos. Se vio entrando a los espejos sin mirarse a sí misma porque en realidad entraba a un sueño y en ese sueño su padre no había muerto.

Miró a Arroyo y lo besó con salvaje sorpresa (p. 109).

Al igual que el «gringo», Harriet, en sus reflexiones, construye analogías que dejan traslucir su propia obsesión. Las analogías de Harriet
siempre reflejan el conflicto que ella vive: su condición de mujer
«soñadora» para la cual los fenómenos de la naturaleza concurren a
servir de material para la elaboración de visiones subjetivas, a miradas
internas de su mundo de ensueño:

> Como ante una serpiente, pensó Harriet, por ejemplo, o un espejis-
> mo en el desierto; o una pesadilla de la cual no se puede escapar,
> cayendo para siempre dentro del pozo del sueño: no —dijo—,
> piensas en cosas tristes o feas, yo hablo de belleza, o de amor...
> (pp. 121-122).

En Arroyo, Harriet intenta comprender y penetrar lo extraño, al mismo tiempo que se sirve del revolucionario para transfigurarlo en el
objeto deseado de sus sueños..., en ese padre perdido en una guerra
lejana. El general mexicano es instrumentalizado, quizá sin saberlo,
como *médium* para que, a través de él, haga presencia corporal la
evocación de un padre fugitivo pero idealizado. La equivocación de
Harriet —que más tarde rumiará a solas durante el resto de su vida—
fue la de caer en la trampa escondida de su propio espejismo: el
mexicano es *médium,* pero también es *cuerpo presente,* propio, con
una conciencia casi instintiva de su temporalidad. Es su condición
de arroyo el ser una corriente, un movimiento que sólo puede ofrecer
reflejos, espejos o espejismos instantáneos. Cuando Harriet habla de
sus sueños, persigue claramente la anulación del tiempo, el absoluto
atemporal donde el hoy es el ayer y la idea es acto.

D. TRES PERSONAS DISTINTAS Y UN SOLO ESPEJO VERDADERO

Si el desierto es ese lugar donde «se puede ver la cara de Dios dos
o tres veces al día», ningún espacio mejor para que tres personajes
se enfrenten con toda la fuerza pasional de sus pasados y el valor
real de sus fantasmas. En este sentido, *Gringo viejo* alcanza en todos
sus componentes la altura de una gran obra dramática. La *vida* de
cada uno de estos tres personajes se pone a prueba hasta las últimas
consecuencias mediante la *acción* que es asimilada con toda su secuela
de riesgo, descubrimiento y dolor. No menos intensa que la acción

es la *reflexión* que cada personaje hace sobre sí mismo, buceando en las zonas penumbrosas del recuerdo, el deseo y la muerte, en una feroz búsqueda de la condición humana. El desierto, en este caso, como toda *zona sagrada,* se convierte en espacio para la convocación y el oráculo; en el destello del instante los personajes no sólo rozan los límites del pasado, sino que vislumbran la configuración de su futuro cuando cada personaje-espejo prevé, expresa y modifica el destino de los demás, al igual que los sacerdotes de Delfos.

La diferencia radica en que el destino en este caso no se revela ajeno, misterioso, oscuro o enigmático; por el contrario, es el futuro el acto último que cada personaje ofrece a los ojos de los demás, es una marca que se lleva en los ojos, en los «espejos» reveladores de las potencialidades del alma y que están a la vista de todo el que quiera mirarlos. Quien se aventura a la mirada, encuentra que es siempre el otro quien lo define y conforma, puesto que ese otro contiene dentro de sí la posibilidad de todos los actos deseados y el germen de todas las palabras presentidas. Es lo que ocurre con estos personajes cuando se sumergen de lleno en el instante, sin hipotecar su tiempo a los aplazamientos o a la lenta elaboración de defensas invulnerables. En los personajes de Fuentes, las más «firmes convicciones» se quiebran en el encuentro con los demás y, pese a los epitafios anticipados y decretados, comprenden dolorosamente que cada ser humano lleva dentro una frontera que, como dice el «gringo viejo», es «la frontera más difícil de cruzar porque cada uno espera encontrarse allá, solitario dentro de sí, y sólo descubre, más que nunca, que está en compañía de los demás» (p. 143).

Esa transformación epifánica de los personajes, ese «cambio de piel» tan característico de la narrativa de Fuentes, adquiere, en esta última novela, un tratamiento maestro a través de la alegoría de la «mirada en los espejos», acto de conocimiento cargado de fatalidad, desgarramiento y lucidez. El acto de «ver por primera vez» es el *leit-motiv* de la obra, el centro alrededor del cual se mueven las motivaciones más íntimas de los personajes; el mismo lenguaje de la novela es ostensiblemente visual, casi cinematográfico; la palabra y la imagen visual unen permanentemente su campo de resonancia y en él entremezclan sus funciones como en algún momento lo reflexionara Harriet cuando considera que «... nada es visto hasta que el escritor lo nombra. El lenguaje permite ver. Sin la palabra somos ciegos...» (p. 140).

Mediante la palabra y con una organización fragmentaria que sigue de cerca la figura estructural del «espejo quebrado», cuya referencia obligatoria sigue siendo *Pedro Páramo,* la novela *Gringo viejo* avanza un escalón, desarrolla, una vez más, esos temas tan caros a la novelística mexicana del siglo XX: la muerte como sustancia penetrable o revestimiento de la vida, la «caída» de la ilusión revolucionaria, la búsqueda, en el mundo fantasmagórico de los muertos, de la figura paterna opresiva y distanciada hasta el mismo límite del absurdo. Todo ello vivido, soñado y contado por unos personajes comprometidos con la vida; con un lenguaje preciso, denso, certero, Fuentes engrandece la visión literaria de la compleja y rica historia del continente al ofrecernos esta obra en la que involucra un elemento propio de nuestra más reciente condición: la mirada del *extranjero,* la mirada del *otro:* el más antiguo, humano y fiel de los espejos.

Rhonda Dahl Buchanan
University of Louisville

El mito del héroe en *Gringo viejo*

«Mitologías sin nombre, anuncio de nuestro porvenir...»[1]. Con esta cita enigmática Carlos Fuentes abre y cierra su estudio sobre *La nueva novela hispanoamericana*. A través del mito, la primera expresión de la literatura humana, los escritores contemporáneos podrán llegar a la cuna de sus orígenes para descubrir y revelar la cara escondida de su identidad auténtica, podrán llegar a una nueva interpretación de la historia de sus antepasados, a una visión histórica que servirá como «anuncio del porvenir». En su ensayo sobre el valor del mito, Fuentes cita las siguientes palabras del poeta Octavio Paz: «poemas y mitos coinciden en transmutar el tiempo en una categoría temporal especial, un pasado siempre futuro y siempre dispuesto a ser presente, a *presentarse*»[2].

En *Gringo viejo* (1985) se ve claramente esta transmutación temporal en la cual el pasado aparece como una presencia todavía significativa y vital en la memoria de Harriet Winslow, la gringa que «se sienta sola y recuerda»[3] el drama humano de la revolución mexicana. Más de medio siglo después, la revolución todavía está presente en la conciencia mexicana y en el pecho de unos seres extranjeros que cruzaron la frontera y se encontraron arrebatados por el torbellino revolucionario. A través del personaje de Harriet Winslow, cuyo deber es el de mantener vivo el recuerdo de una época que la cambió para siempre, Fuentes expresa su convicción de que no se debe matar el

---

[1] CARLOS FUENTES, *La nueva novela hispanoamericana* (México: Cuadernos de Joaquín Mortiz, 1980), 8, 98.
[2] FUENTES, *La nueva novela hispanoamericana*, 20.
[3] CARLOS FUENTES, *Gringo viejo* (México: Fondo de Cultura Económica, 1985), 11. Citas subsecuentes aparecerán en el texto.

pasado sino resucitarlo y examinarlo para descubrir el rostro oculto de nuestro ser.

En *Gringo viejo,* Fuentes fusiona elementos míticos e históricos para seguir indagando en la obsesión que él considera su «monomanía», el problema de la identidad[4]. Uno de los mitos universales que se relaciona con la cuestión de identidad es el mito del héroe. Este estudio propone investigar el significado psicológico del mito del héroe dentro de la novela *Gringo viejo,* primero, a nivel individual, es decir, la lucha por ser del general Tomás Arroyo, y segundo, a nivel colectivo, la búsqueda nacional de identidad del pueblo mexicano durante la época tempestuosa de la revolución.

El modelo arquetípico del héroe ha fascinado a los grandes pensadores del mundo, sobre todo a los psicoanalíticos, Freud y Jung y sus condiscípulos, quienes han tratado de interpretar los elementos de este mito universal como manifestaciones espontáneas y simbólicas del psique humano. Aunque sus teorías y acercamientos al mito son diferentes, todos los que han estudiado sus implicaciones psicológicas se acuerdan de que el pasaje del héroe es fundamentalmente interior aún cuando sus aventuras lo llevan a luchar contra las fuerzas del mal y aunque su misión coincida con las necesidades de su sociedad. En su estudio clásico sobre el tema, *The Hero With a Thousand Faces,* Joseph Campbell explica la función del mito del héroe de la siguiente manera:

> The passage of the mythological hero may be overground, incidentally; fundamentally it is inward—into depths where obscure resistances are overcome, and long lost, forgotten powers are revivified, to be made available for the transfiguration of the world[5].

En la novela *Gringo viejo* el *leit-motiv* de las fronteras peligrosas refleja esa idea del recorrido interno del héroe:

> («¿Y la frontera de aquí adentro?», había dicho la gringa tocándose la cabeza. «¿Y la frontera de acá adentro?», había dicho el general Arroyo tocándose el corazón. «Hay una frontera que sólo nos atre-

---

[4] CARLOS FUENTES, «Estos fueron los palacios», *Espejo de Escritores* (Hanover, N. H.: Ediciones del Norte, 1985), 99.

[5] JOSEPH CAMPBELL, *The Hero With a Thousand Faces,* 2.ª ed. (Princeton, New Jersey: Princeton University Press, Bollingen Series XVII, 1973), 29.

vemos a cruzar de noche —había dicho el gringo viejo—: la frontera de nuestras diferencias con los demás, de nuestros combates con nosotros mismos») (13).

El gringo viejo tiene razón al decir: «—Temo que la verdadera frontera la trae cada uno adentro» (20). El general Tomás Arroyo lleva la revolución dentro de sí. A la vez que se moviliza y cruza la frontera para liberar a su gente, lucha por romper las cadenas de la esclavitud que le mantienen prisionero de sí mismo. Aunque las acciones del héroe puedan conducir a la regeneración de su sociedad, su aventura es primero y ante todo un viaje interior que conduce a un renacimiento personal. Veremos adelante cómo la búsqueda de identidad del general Arroyo coincide con la necesidad colectiva del pueblo mexicano de encontrar sus raíces y reclamar su herencia legítima.

Aunque los detalles narrativos del mito varían de una cultura a otra, los mismos elementos estructurales se repiten a través del ciclo heroico. Por ejemplo, en su ensayo, «Heroes and Heromakers», el Dr. Joseph Henderson señala los siguientes aspectos universales del mito: el nacimiento humilde del héroe, la prueba temprana de fuerza, la ascensión rápida al poder, la lucha triunfante contra las fuerzas del mal, la falibilidad debido al orgullo y la caída por traición o un sacrificio heroico que culmina en la muerte [6]. Joseph Campbell divide el modelo universal de la aventura heroica en tres etapas: 1) la separación; 2) la iniciación, y 3) el regreso [7]. Este modelo corresponde a las varias etapas del ciclo heroico señaladas por Henderson. Ahora veremos cómo la vida de Tomás Arroyo se relaciona con este ciclo.

A la gringa, Harriet Winslow, el general Tomás Arroyo confiesa: «Yo soy el hijo de la parranda, el hijo del azar y la desgracia» (65). Arroyo es el fruto de la violencia, hijo ilegítimo de una muchachita que no pudo defenderse del rico dueño de la hacienda Miranda. Nace Arroyo para defender a su madre y a los otros que no saben defenderse. A la tierna edad de nueve años, el niño Arroyo tiene una experiencia que le afecta profundamente y le hace saber que tiene una misión que cumplir en la vida. Una noche el viejo Graciano, el hombre más anciano de la hacienda, lo lleva a la casa Miranda para darle

---

[6] CARL G. JUNG, et al., *Man and his Symbols* (New York: Dell Publishing Co., Inc., 18th printing, 1979), 101.

[7] CAMPBELL, 30.

cuerda a los relojes. Al llegar al reloj de la sala, le da las llaves de
la casa al niño. Muchos años después, al contar esta historia a Harriet
Winslow, el recuerdo de este instante todavía brilla en su memoria:
«Apreté las llaves con mi puño como si en él tuviese la casa entera.
En ese instante toda la casa estuvo en mi poder. Todos ellos estaban
en mi poder» (126). Es sólo un instante, pero en ese momento, Tomás Arroyo reconoce su poder y su valor de individuo. Según el
Diccionario de Símbolos, de Juan Eduardo Cirlot, las llaves son representaciones simbólicas de iniciación, conocimiento y una misión a
realizarse [8].

El niño Arroyo no tiene que esperar mucho para saber cuál es su
misión en la vida. Esa misma noche el viejo Graciano le entrega
una caja de madera que contiene unos viejos documentos amarillentos, y le nombra guardián de los papeles que representan y prueban
el derecho de Arroyo y su gente a las tierras usurpadas por los Miranda. A pesar de ser analfabeto, Arroyo reconoce el valor de los
papeles. Éstos le otorgan a su gente dignidad y libertad, y a él le
confirman como «legítimo heredero de la hacienda de los Miranda» (128).

El hombre viejo hace un papel significativo dentro del pasaje del
héroe. Según Joseph Campbell, «the first encounter of the hero-journey
is with a protective figure (often a little old crone or old man) who
provides the adventurer with amulets against the dragon forces he
is about to pass» [9]. En el caso de Tomás Arroyo, el viejo Graciano
representa esta figura protectora y las llaves y los papeles son los
amuletos que le dan inspiración y protección. Según Joseph Henderson,
una característica del mito del héroe es la apariencia de figuras fuertes
que sirven de tutores o guardianes y ayudan al héroe en su misión [10].
Ya veremos la aparición de otras figuras en la segunda fase de la
aventura del héroe, la iniciación y en la tercera, el regreso.

Durante muchos años Arroyo guarda con celo y orgullo los papeles que el viejo Graciano le encomendó, y cuando llega la revolución, se une a ella, se autonombra general y los papeles le sirven de
portavoz. Años más tarde, cuando Harriet Winslow cuestiona su dere-

[8] JUAN EDUARDO CIRLOT, *A Dictionary of Symbols* (New York: Philosophical Library, 1962), 159.
[9] CAMPBELL, 69.
[10] JUNG, 101.

cho al título militar, le contestará: «¿Que quién me nombró general? Te lo voy a decir, la desgracia me nombró general. El silencio y callarme... En vez de voz, yo tengo un papel» (65). Llega la hora de dejar el hogar familiar, de movilizarse con el resto del país, de adelantarse y deshacerse de las obsesiones infantiles, de vengarse del padre y todo lo que éste representa. El general Arroyo explica el momento de la separación a Harriet Winslow:

> Él dijo que durante treinta años había estado detenido sin moverse mirando la hacienda: como niño, como muchacho, y como hombre joven en la hacienda. Entonces hubo este movimiento. Él no lo inició. Él nomás se juntó a él. Pero comprendía que era suyo, como si él hubiese engendrado a la revolución entre los muslos del desierto de Chihuahua, sí, gringuita, así nomás. Pero no era eso lo que importaba. La cosa es que él se había movido, al fin, él y todos ellos, ... inquietos, moviéndose, olvidando su antigua fidelidad a un solo lugar y un solo paisaje y un solo cementerio (122-123).

La aventura del héroe siempre lo lleva a territorios desconocidos y peligrosos, lejos del seno seguro del hogar. Al dejar el mundo de la infancia, el joven héroe reemplaza las imágenes paternas con las del grupo [11]. En el caso de Tomás Arroyo, deja la hacienda Miranda y se asimila a la vida comunal del movimiento revolucionario que se convierte en su familia. Quizás el aspecto más popular del mito del héroe sean los ensayos que el joven tiene que pasar durante los ritos de iniciación para probar su valor. Tiene que sufrir ayunos, muchas veces en la oscuridad, bajo circunstancias peligrosas, todo eso en preparación para una muerte simbólica que desembocará en el renacimiento y la adquisición de poderes [12]. El héroe atrapado en las entrañas de la ballena es un ejemplo conocido de esta prueba de iniciación. En la novela *Gringo viejo*, Tomás Arroyo sufre riesgos similares en un sótano oscuro donde él pasa unos días interminables, muriéndose de hambre, al lado de dos mastines feroces y amenazantes.

Como es el caso en muchos mitos, es una mujer quien le da protección y le rescata de su prisión, generalmente una virgen, como Ariadne, la hija del Rey Minos que le ayudó a Teseo a escaparse del laberinto del Minotauro. En nuestra historia, la mujer que salva a

---

[11] JUNG, 101.
[12] JUNG, 124.

Tomás Arroyo es casada, pero todavía virgen espiritualmente porque su esposo no le dio ni la más mínima caricia de amor. La mujer de la cara de luna es una joven en pleno florecimiento que descubre el amor por primera vez con Arroyo y sigue amándolo y protegiéndolo hasta la muerte de él.

Gran parte de la novela abarca la tercera etapa de la aventura del héroe: el regreso a su tierra natal. Al juntarse con las tropas de la División del Norte de Pancho Villa, el general Arroyo asciende rápidamente al poder y prueba su valor en varias batallas triunfantes. Es durante el viaje hacia la hacienda Miranda donde se encuentra con las dos figuras que le ayudarán en su lucha por ser, en su búsqueda de identidad, dos gringos: un viejo y una virgen.

Por segunda vez, un viejo deja una huella en la vida de Tomás Arroyo. Llega del norte como una aparición blanca en una yegua blanca. Los que lo ven por primera vez no saben qué pensar de él: ¿era diablo o santo?, ¿enemigo o amigo?, ¿cobarde u hombre de valor? «¿Qué viene a hacer un gringo a México?» (31), se preguntan. El gringo viejo viene a buscar una muerte honrada, y en el proceso, su destino se cruza con el de Arroyo. Desde el principio la relación entre ellos es ambivalente y ambigua. Hay momentos en que el viejo siente un afecto paternal hacia Arroyo y otros en que lo mira como su rival. La ambigüedad es una característica del guardián del héroe; él le puede dar protección y puede ser peligroso a la vez [13]. Esto es más evidente en la novela cuando el gringo viejo sale a enfrentarse con la muerte en el campo de batalla.

La función del gringo viejo dentro de la novela es la de servir de espejo para el general Arroyo. Le anima a quitarse la máscara detrás de la cual esconde su cara verdadera. Le cuestiona sus motivos ideales, diciéndole:

> Deje que me lo imagine a usted en el porvenir del poder, la fuerza, la opresión, la soberbia, la indiferencia. ¿Hay una revolución que haya escapado a este destino, señor general? ¿Por qué han de escapar sus hijos al destino de su madre la revolución? (81).

Fuentes introduce aquí una nota de ambigüedad en cuanto al idealismo revolucionario. Dice el autor sobre la novela de la revolución mexicana: «En la literatura de la revolución mexicana se encuentra

---

[13] CAMPBELL, 73.

esta semilla novelesca: la certeza heroica se convierte en ambigüedad crítica... Porque en la dinámica revolucionaria los héroes pueden ser villanos y los villanos pueden ser héroes» [14]. La muerte del gringo viejo refleja este concepto. Al traicionarle al general, quemando los papeles que legitimaban su búsqueda de «riqueza y venganza y sensualidad y orgullo y simple aceptación por parte de sus semejantes» (144), Arroyo lo mata.

Otra figura que le sirve de espejo al general Arroyo es la gringa, Harriet Winslow. Como en tantos mitos, ella es una virgen que lo guía espiritualmente y le ayuda a encararse consigo mismo. Joseph Campbell describe a esta figura femenina de la siguiente manera:

> She is the maiden of the innumerable dragon slayings, the bride abducted from the jealous father, the virgin rescued from the unholy lover. She is the «other portion» of the hero himself —for «each is both»: if his stature is that of world monarch she is the world, and if he is a warrior she is fame. She is the image of his destiny which he is to release from the prison of enveloping circumstance [15].

Durante el momento de la unión con la virgen, que es otro elemento universal del mito, el héroe se revela. Le dice Arroyo a Harriet Winslow: «tú me haces acordarme de quién soy yo» (122). Sólo con ella puede rajarse y confesar la verdadera razón por la cual ha regresado al hogar. Tiene que romper de una vez por todas el encanto que esa casa ejerce sobre él, deshacerse para siempre de las cadenas que le impiden ser dueño de sí mismo. Por eso la destruye, salvo el salón de los espejos, que deja intacto para que su gente pueda verse y conocerse por primera vez, diciendo al reflejo: «—Mira, eres tú. —Soy yo. —Somos nosotros» (45). Arroyo quiere que su gente reconozca su valor y se una con solidaridad en la lucha para recobrar su herencia legítima.

Es Harriet Winslow quien le recuerda al general que no es posible regresar al hogar porque es sólo una memoria, un paraíso perdido que nunca se puede recobrar. De hecho, el general paga duro por el regreso. Su jefe, Pancho Villa, le sacrifica como ejemplo para los otros que piensan regresar al hogar, explicando sus acciones así: «Tomás Arroyo creyó que podía regresar a su casa. Pero nadie tiene derecho

---

[14] FUENTES, *La nueva novela hispanoamericana*, 15.
[15] CAMPBELL, 342.

a eso hasta que triunfe la revolución. La revolución es ahora nuestro hogar» (171). El general Arroyo muere, pero renace en los recuerdos de Harriet Winslow, quien guarda su tiempo y su memoria durante toda su vida.

¿Qué nos dice Fuentes con esa imagen evocadora de la mujer «que se sienta sola y recuerda»? ¿Que nuestros héroes y villanos deben sobrevivir en la memoria? ¿Que sólo al incorporar el pasado en el presente podemos llegar a un conocimiento de nuestra identidad auténtica? ¿Qué podemos aprender de estas «mitologías sin nombre»? ¿Quién es este héroe mítico? Joseph Campbell lo define como: «the champion not of things become but of things becoming» [16]; en otras palabras, el campeón del porvenir. Siempre que exista la necesidad de cambio, de progreso, de libertad, habrá héroes. Hay quienes dicen que todos los héroes se han muerto, pero se equivocan, sólo tenemos que mirarnos al espejo para verlos.

---

[16] CAMPBELL, 337.

Silvia Lorente-Murphy
Purdue University North Central

Gringo viejo y la búsqueda de un destino

Al comienzo de la Revolución Mexicana y durante los años de lucha más intensa, un viejo periodista norteamericano cruza la frontera para unirse a las filas revolucionarias en busca de una muerte heroica, no vulgar, como sería el caerse de una escalera o el resultado de una enfermedad de la vejez, sino realmente la que le corresponde a un héroe. «No me volverás a ver; quizás termine hecho trizas ante un paredón mexicano. Es mejor que caerse por la escalera. Ruega por mí, amiga» [1], había escrito Ambrose Bierce antes de marchar.

Ambrose Bierce es un hombre en busca de su destino, o, mejor aún, un hombre que desea forjar su destino, darle forma con anticipación, moldearlo, ser dueño de sus actos y consecuencias. Su mayor anhelo es encontrarse con Pancho Villa y ser fusilado en México, reivindicando así su vida inauténtica y servil, pues Ambrose Bierce no había hecho más que escribir lo que los empresarios le ordenaban, no lo que realmente estaba pasando en el mundo y específicamente en México; escribía lo que contribuía a tranquilizar a los Estados Unidos disfrazando las palabras y llamando «protección» a lo que en realidad era expansión, y «ayuda» a lo que era intervención. Esto, desde el punto de vista profesional; pero también quiere salvar su vida personal, ya que en los Estados Unidos no había sido ni un buen padre, ni un buen esposo, ni tan siquiera un común buen hombre. Va a México, entonces, para que sus últimos momentos, su último dolor, sea digno: «—Ser un gringo en México... eso es eutanasia» (p. 139), dice Bierce, y más adelante agrega:

---

[1] CARLOS FUENTES, *Gringo viejo* (México: Fondo de Cultura Económica, 1985), p. 140. Todas las citas corresponden a esta edición.

—Tuve una vanidad final... Quería que la muerte me la diera el
propio Pancho Villa (p. 139).

Su figura quijotesca se vislumbra desde el comienzo, al cruzar la frontera con un magro equipaje consistente en unos pocos sandwiches,
elementos higiénicos, un revólver y un par de libros, entre ellos el
Quijote.

—Nunca he podido leer el *Quijote* en mi vida. Quisiera hacerlo antes de morir (p. 18).

Decide comprar un caballo y sale montado en una yegua blanca que
sería visible de noche y «le dificultaría la vida a su dueño cuando
su dueño quisiera tener la vida difícil» (p. 19). La yegua, como lo
intuye el Gringo viejo, puede crear tantos problemas como el viejo
y legendario Rocinante.

En el primer encuentro con los federales, los revolucionarios se
quedan inmovilizados debido a que los accidentes del terreno les son
favorables a los enemigos. El Gringo, sin embargo, como Don Quijote
ante los molinos de viento, «siguió derechito mientras el fuego de la
ametralladora pasaba encima de él; dirigido a Arroyo, el líder del
grupo, y su gente, no al espejismo de un caballero blanco sobre un
caballo blanco, que de tan visible parecía invisible, trotando como si
no notara el fuego, zafando el lazo del arzón, aprestándose» (p. 59).

Es un hombre atormentado y complejo con una mirada trágica
que recuerda al héroe romántico, de origen desconocido, con la fatalidad escrita en los ojos. «Tenía ojos de despedida» (p. 14), recuerda
la Garduña, una de las soldaderas, en el momento de desenterrar al
Gringo para enviar sus restos a los Estados Unidos.

Al Gringo viejo, de quien nadie, excepto Harriet Winslow, sabe
su nombre, le es imposible moldear su destino, pues la vida le depara
otros rumbos. No muere como un héroe en el campo de batalla o fusilado defendiendo un ideal noble, sino baleado por la espalda a causa
de un amor que, de todos modos, es imposible.

Sólo le quedaba aceptar el cambio de Harriet en el amor violento
de Arroyo y exigirle algo a ella, en nombre del amor que no pudo
ser, el amor entre el viejo que se disponía a morir y la joven que
dejaba de serlo (p. 141).

Pero sobre todo, el Gringo viejo muere a traición por llevar a cabo un acto no sólo antiheroico, sino extremadamente deshonroso: destruir documentos de propiedad de los revolucionarios.

—Lo acepté todo de ustedes los gringos. Todo menos esto —dijo Arroyo mostrándole (a Harriet) la ruina de los papeles (p. 141).

El final que el Gringo deseó para él será, irónicamente, el final de otro hombre, Tomás Arroyo, el revolucionario mexicano a quien, en algunos momentos, Ambrose Bierce consideró como a un hijo y a manos de quien muere.

Tomás Arroyo también quiso construir su propio destino, pero esto le es vedado desde el día de su nacimiento. «Mi destino es mío» (p. 81), dice, repitiendo una frase que ya había sido pronunciada por el Gringo viejo, pero sólo el deseo de morir joven es lo que se cumple de todos sus anhelos.

De niño, Tomás Arroyo deseó ser un miembro de la familia Miranda, los dueños de la hacienda donde trabaja su madre y, aunque realmente es hijo del señor Miranda, por no ser reconocido como tal queda relegado al servicio de la casa y en ese servicio sucede el despertar de la conciencia, el saber e interpretar todo lo que podía ser pero no era, el destino que le correspondía, pero que otros usurpaban.

Yo fui testigo de la hacienda. Porque era el bastardo de los cuartos de servicio, tenía que imaginar lo que ellos ni siquiera volteaban a ver. Crecí oliendo, respirando, oyendo cada rincón de esta casa: cada cuarto. Yo podía saber sin moverme, sin abrir los ojos... Yo podía respirar con el lugar y ver lo que cada uno hacía en su recámara, en su baño, en el comedor, no había nada secreto para mí el pequeño testigo, yo que los vi a todos ellos, los oí a todos, los imaginé y los olí nomás porque respiré con el ritmo que ellos no tenían porque no les hacía falta, ellos se lo merecían todo... (pp. 124-125).

De adulto, Tomás Arroyo se une al movimiento revolucionario, se convierte en líder de una sección y acaba con la opresión de los Miranda incendiándoles la hacienda.

Él dijo que durante treinta años había estado detenido sin moverse mirando la hacienda: como niño, como muchacho y como hombre joven en la hacienda. Entonces hubo este movimiento. Él no lo inició. Él nomás se juntó a él. Pero comprendía que era suyo, como si él hubiese engendrado la revolución entre los muslos del desierto de Chihuahua... Pero no era eso lo que importaba. La cosa es que él se había movido, al fin, él y todos ellos, arqueados, moviéndose, ascendiendo como desde un sueño de marihuana, animales lentos y morenos sedientos y heridos, ascendiendo desde el lecho del desierto, el hueco de la montaña, los pies desnudos de los poblados devorados por los piojos... (pp. 122-123).

Sin embargo, la hacienda había sido su hogar, un hogar de resentimiento, de injusticia y postergación, pero el único hogar que él había conocido. Por eso es que aun después de incendiarla, permanece allí con su gente más tiempo de lo debido, recordando con cierta nostalgia y recreando su cuerpo en el salón de los espejos, el único que salva del incendio.

Tomás Arroyo se siente inseguro nuevamente y presiente que «su destino no es suyo».

Estoy encerrado otra vez... No me podía mover mirando a la hacienda, como si fuera mi propio duende. Entonces me escapé y me moví. Ahora estoy inmóvil otra vez... Todos tenemos sueños, pero cuando nuestros sueños se convierten en nuestro destino, ¿debemos sentirnos felices porque los sueños se han hecho realidad? (pp. 123-124).

Pancho Villa no tolerará que los revolucionarios acarreen las nostalgias consigo, pues ya el destino de todos es el único posible, el destino de la Revolución. «Tú se me hace que ya descansaste bastante en esa hacienda donde alargaste tu tiempo y hasta te hiciste famoso» (p. 167), le dice a Arroyo, y Arroyo ya le había comentado a Harriet:

Pancho Villa detesta a cualquiera que quiera regresarse a su casa. Eso él lo ve casi como una traición. Seguro que me he expuesto al tomar la hacienda de los Miranda y quedarme aquí (p. 187).

Tampoco tolerará Villa que ninguno de sus hombres se le adelante en las intenciones o que le cause un desprestigio personal. «Ya mataremos unos cuantos gringuitos», dijo el líder al ver la espalda acribillada a balazos del Gringo viejo, «pero en su momento y cuando yo lo decida» (p. 167). El cuerpo del Gringo viejo es afirmado en un paredón y baleado nuevamente, esta vez, de frente.

«Ejecutado de frente, no por la espalda como un cobarde, pues no lo era, ¿verdad Tomás Arroyo?» (p. 167), pregunta Villa, y prosigue: «Anda, Tomasito. Dale el tiro de gracia...» (p. 167). Tomás Arroyo camina hasta el cadáver del Gringo viejo, se hinca junto a él y dispara el tiro de gracia con precisión. Es entonces cuando Villa da la orden de disparar contra Arroyo, «cuyo rostro era la viva imagen de la incredulidad adolorida. Sin embargo, alcanzó a gritar: —¡Viva Villa!» (p. 168).

Una mujer había denunciado la muerte a traición del Gringo Viejo: Harriet Winslow, una estadounidense que llegó a México para servir de institutriz a los niños de la familia Miranda, pero, sobre todo, para escapar de la mediocridad de su vida en Washington; vida vacía y simulada de la que formaban parte su austera madre, un noviazgo crónico y desapasionado y el simulacro de la muerte heroica de su padre en Cuba.

Harriet Winslow también quiere forjar su destino; ser útil, vivir con pasión, entregarse con sinceridad y sin prejuicios, ser una mujer distinta de la que fue en su patria.

Cuando los revolucionarios saquean la hacienda, Harriet se une a ellos y liga para siempre su vida a la del Gringo viejo y a la de Tomás Arroyo. Sin embargo, le es imposible impedir la muerte de su compatriota como le es imposible penetrar el alma de Arroyo.

Hay momentos, muy íntimos, donde parece que la comunicación entre la mujer y el revolucionario es inminente; sin embargo, la verdadera comunicación nunca se logra. Harriet jamás llega a ser sincera en su goce sexual y jamás se deja poseer íntegramente, en cuerpo y alma, por Arroyo a pesar de que el hombre le atrae de una manera poderosa, casi salvaje

> (Harriet) Buscó en su alma y allí encontró un calor terrible; pero era el calor de las cenizas ardiendo sin llama: un fuego moribundo, que es el más ardiente, el fuego más resistente de todos: ¿era también el fuego de Arroyo, o era solamente... su propio fuego, el fuego de Harriet Winslow, salvado para su propia gracia después de que Arroyo lo encendió, pero no de él, no, de él sólo momentáneamente, él un instrumento para recibir un fuego que siempre estuvo allí pero que le pertenecía a ella... (p. 132).

Harriet teme por la vida del Gringo viejo y cree que entregándose a Arroyo salvará al periodista de una muerte inevitable. Sus propó-

sitos son absurdos, porque, por un lado, Ambrose Bierce desea la
muerte más que ninguna otra cosa, y por otro lado, porque ella identifica al periodista con su propio padre y lo quiere transformar en
héroe, cuando en realidad el capitán Winslow no había muerto heroi-
camente en Cuba, sino que, enamorado de una cubana, abandona su
familia, y madre e hija lo declaran muerto ante las autoridades a fin
de cobrar la pensión y poder sobrevivir.

> ¿No sabes que quise salvarte para salvar a mi propio padre de una
> segunda muerte? —dijo ella con la urgencia entrecortada de su
> propia revelación—, ¿no sabes que con Arroyo pude ser como mi
> padre, libre y sensual, pero contigo tengo un padre, no lo sabes?
> (p. 140).

Una vez muertos el Gringo viejo y Arroyo, Harriet se hace cargo
del cadáver del gringo y lo lleva a Estados Unidos para enterrarlo
con el nombre de su propio padre.

Al final de la novela, Harriet piensa que tanto el Gringo viejo
como Arroyo han cumplido con lo que deseaban.

> También él, el Gringo viejo, se salió con la suya: Vino a México
> a morirse. Ah, viejo, te saliste con la tuya y fuiste un cadáver bien
> parecido. Ah, General Arroyo, te saliste con la tuya y te moriste
> joven. Ah, viejo. Ah, joven (187).

Pero esto no es más que una nueva creación mental de Harriet, que
irremediablemente vuelve a su vida rutinaria, perpetuando la mentira
de su padre y sin haber logrado la comunicación con Arroyo, es decir, sin haberse incorporado a México, sin dejar de ser lo que no
quería ser.

> Estoy tratando de entenderlo todo, a ti, a tu país, a tu pueblo.
> Pero también soy parte de mi propio pueblo, no puedo negar lo
> que soy, Arroyo... (p. 180).

Los protagonistas de esta novela tienen en común el anhelo de ser
diferentes, el deseo de controlar sus vidas y la pertinaz voluntad para
llevar a cabo sus propósitos. Todos se crean un futuro y, a veces,
hasta un pasado; una vida a la que algunas veces se acercan, pero, por
lo general, es otra persona la que ocupa el lugar ansiado.

Las vidas, los destinos, son más imaginados que vividos. Son como personajes ficticios a los cuales se aferran los reales, aunque muy pocas veces encarnan.

Pero el Gringo viejo, Arroyo y Harriet no son los protagonistas de esta novela; es el tiempo histórico en el que viven lo que realmente tiene peso. La Revolución Mexicana, con sus contradicciones, sus excesos, sus actos heroicos y hasta sus facetas vergonzosas es la real protagonista, y ella, al igual que los tres personajes mencionados, también ha sido, en gran parte, imaginada por el pueblo.

Hoy, después de haber experimentado su fracaso, la Revolución todavía perdura y se recrea en la mentalidad de la gente a pesar de no haber efectuado ningún cambio de fondo, ningún progreso real y a pesar de haber dejado a su paso a un México estremecido, horrorizado, pero no diferente. «México es algo fijado para siempre, incapaz de evolución. Una roca madre inconmovible que todo lo tolera. Todos los limos pueden crecer sobre esa roca. Pero la roca en sí no cambia, es la misma para siempre», nos dice Carlos Fuentes en *La región más transparente* [2].

En efecto, a la Revolución Mexicana también se le asignó un destino en 1910: la reivindicación de las clases trabajadoras, especialmente los campesinos, y una más equitativa distribución de la tierra. Pero gradualmente el movimiento de contenidos sociales, perfectamente justificado en sus comienzos, degenera en un régimen acomodaticio que fomenta la usura, la violencia y la represión y en un juego sangriento donde el revolucionario trueca sus aspiraciones de reforma social por el apetito personal de enriquecerse. Harriet Winslow lo intuye muy pronto:

> Tú me has obligado a escucharlos a todos ustedes y yo he tratado de entender por qué están ustedes haciendo todo lo que hacen. Pero si tú me permites ver que les harás a ellos las mismas cosas contra las cuales ellos están luchando, la muerte-dentro-de-ellos de la cual están huyendo en este movimiento asfixiante en el que todos estamos capturados, si yo creo que tú vas a dañarlos de la misma manera en que tú fuiste dañado de niño, Arroyo, entonces, Arroyo, me habrás matado y me habrás enviado de vuelta al aislamiento que es mi propia muerte, la única muerte que yo he conocido jamás (p. 180).

---

[2] CARLOS FUENTES, *La región más transparente* (México: Fondo de Cultura Económica, 1968), p. 128.

Lo que no pudieron ser los protagonistas de *Gringo viejo,* el destino
que pensaron, planearon, pero no lograron, es el destino de México;
un México de soberbia potencialidad pero quieto, anquilosado a causa
de una política implacable cuyas raíces inmediatas se encuentran en el
porfirismo y cuyas consecuencias se viven hasta la actualidad.

El México revolucionario, tal como el Gringo viejo, termina en
una parodia de heroicidad; igual que Tomás Arroyo, termina traicionado por sus líderes; igual que Harriet Winslow, termina sin poder
asimilar esa masa morena y desvalida, hombres y mujeres relegados
al silencio, la injusticia y la soledad, los «diferentes», los que siempre
parecen extranjeros aun en su propia patria.

El México revolucionario, en síntesis, el que soñó con un destino
de justicia, paz y libertad, también se desvió a mitad de camino sin
vivir su sueño, sin materializarlo, acercándose a él en contadas ocasiones, pero sin poder poseerlo, sin poder hacerlo real. La Revolución
es todavía, en efecto, una utopía sofocada por el testimonio de la verdadera realidad mexicana: diferencias sociales infranqueables, pobreza,
indiferencia de las clases gobernantes, abandono, soledad.

Gringo viejo, una novela de encuentros y desencuentros, de bús-
quedas y de pérdidas es, de este modo, una novela integral donde el
tiempo personal rompe las barreras de lo individual y se integra a un
tiempo histórico y a unas circunstancias sociales de amplio alcance y
significación; el tiempo y las circunstancias de uno de los eventos más
importantes del siglo xx en Latinoamérica: la Revolución Mexicana
con sus confusos y arbitrarios resultados.

Jorge Ruffinelli
Stanford University

Gringo viejo o el diálogo con la otra cultura
(Antiponencia sobre Fuentes/Bajtin)

1. Me propongo hacer aquí una re-lectura de *Gringo viejo* (1985)[1], de Carlos Fuentes, con el propósito de observar el funcionamiento de algunos de sus elementos en el contexto de las ideas de Mijail Bajtin sobre la novela como género[2]. Si me refiero a una re-lectura es, ante todo, porque debo remitirme a una lectura anterior de *Gringo viejo* incluida en mi libro *La escritura invisible* (1986)[3]. En dicho ensayo, leí la novela de Fuentes no en el contexto del discurso teórico de Bajtin, sino en el de la historia mexicana de comienzos de siglo (la Revolución de 1910), pues su «tiempo» narrativo está definido entre los últimos meses de 1913 y principios de 1914, es decir, en la época en que el escritor Ambrose Bierce viajó a México y desapareció en aquel país. En este sentido, la circunstancia de la desaparición de Bierce fue el segundo contexto que utilicé en mi lectura, un contexto muy importante porque se trata de una persona real e histórica que se transforma en personaje de ficción, y de una literatura plena de «muertes violentas», que sugiere o provoca la atmósfera más adecuada para imaginar dramáticamente la desaparición física que el discurso histórico no ha podido registrar.

Ahora re-leo *Gringo viejo* con el contexto de las ideas de Bajtin sobre la novela, haciendo de estas ideas un primer marco teórico. Pero

[1] CARLOS FUENTES, *Gringo viejo*. México: Editorial Era, 1986.
[2] MIJAIL BAJTIN, *The Dialogic Imagination*. Austin, University of Texas Press, 1981; MIJAIL BAJTIN, *Problemas de la poética de Dostoievski*. México, FCE, 1986.
[3] JORGE RUFFINELLI, *La escritura invisible*. México, Universidad Veracruzana, 1986.

debo comenzar con algunas reservas y elaborar una estrategia de acomodación para esas reservas, que tienen más que ver con una situación de principio que con Bajtin mismo. Sucede que la novela hispanoamericana ha sido leída, en las últimas dos décadas y media, con un instrumental metodológico y teórico de raíz europea. En rigor, se ha querido ver a toda nuestra literatura como un traslado mimético de la cultura europea: romanticismo, modernismo, vanguardias, siempre que se estudian las obras incluidas en estas poéticas, o cuando se analizan las poéticas mismas, aparecen los modelos europeos para probar que no se trata más que de una aplicación vicaria de lo exterior y de lo ajeno, sin otra originalidad que la del buen discípulo.

2. Traer como referencia a Bajtin y transformarlo en el cristal a través del cual mirar a Fuentes, ¿no sería otro ejercicio de eurocentrismo, más que un uso un abuso y una desnaturalización de la teoría misma y de la obra estudiada a la cual esa teoría se aplica? Lo es, y quisiera decir también que no lo es, o que puede no serlo. Lo es, en la medida en que el horizonte intelectual de Bajtin se orientó hacia Dostoievski, un escritor del mismo enclave cultural que Bajtin y en ningún momento se orientó hacia la literatura hispanoamericana. Más: como señala Javier García Méndez en su ensayo «Pour un écoute bakhtinienne du roman latino-américain» [4], Bajtin nunca se refiere a escritores hispanoamericanos en sus escritos teóricos, salvo alguna vez, al pasar, a Neruda. De tal modo, su teoría tiene como inalienable marco referencial a la literatura rusa, a la novela de Dostoievski, y ésa es la primera consideración a hacerse en el momento de tomar en préstamo elementos de su pensamiento.

Pero dije también que no lo es, o bien que puede no ser un ejercicio de enajenación en la misma medida en que las ideas de Bajtin sobre el género de la novela resultan tan ricas y provocativas, tan removedoras y originales, que obligan a considerárselas en el primer plano de la teoría literaria contemporánea. No en vano, Todorov abre su libro sobre Bajtin empleando con plena conciencia dos superlativos: «el pensador soviético más importante en el dominio de las ciencias humanas, y el mayor teórico de la literatura en el siglo XX» [5].

---

[4] JAVIER GARCÍA MÉNDEZ, «Pour un écoute bakhtinienne du roman latino-américain», *Etudes françaises,* XX, 1 (Printemps, 1984): 101-136.

[5] TZVETAN TODOROV, *Mikhail Bakhtine, le principe dialogique suivi de Écrits du Cercle de Bakhtine.* París, Editions du Seuil, 1981, p. 7.

La manera de sortear el gran escollo del eurocentrismo y de evitar entonces la subyugación teórico-metodológica —de la que por desgracia no han podido sustraerse muchos aplicadores hispanoamericanos de las teorías formalistas europeas—, consistiría pragmáticamente en universalizar lo universalizable de su teoría. Partamos de no concebir un universalismo absoluto, cuyo modelo ideológico mayor sería el de las ciencias. Ya lo señaló Roland Barthes con notable claridad: la pretensión objetivizadora y anti-ideológica del discurso científico es, ante todo, falsa e ideológica. Con sus términos: «la objetividad no es más que un imaginario entre otros; el metalenguaje científico es una forma de alienación del lenguaje»[6]. Del mismo modo, el universalismo absoluto no es más que una expresión ideológica. Me convence mucho más la reflexión pragmática de Domingo Miliani, al decir «no creo que nadie se plantearía como una actitud colonialista estudiar y aplicar la física cuántica y relativista a un fenómeno físico argentino o mexicano. Como creo que nadie daría la espalda al álgebra universal para crear una matemática venezolana (...) La crítica literaria ha aportado métodos diversos en diversas épocas. Estos métodos surgen en un determinado país, como surgen también los métodos de las demás ciencias. Luego se universalizan más o menos según su validez, su efectividad...»[7]. De similar manera, creo que las teorías de Bajtin podrían universalizarse «más o menos, según su validez, su efectividad...», haciendo que nos sirvan y sin poner nuestro discurso (y nuestra literatura) a su servicio.

3. Uno de los aspectos más interesantes de las nociones bajtinianas sobre la novela es la condición *dialógica* de su discurso. En «El discurso de la novela», lo señala de manera radical: «La orientación dialógica es, bien entendida, un fenómeno característico de todo discurso. Es el objetivo natural de todo discurso vivo. El discurso se encuentra con el discurso del otro en todos los caminos que lo conducen a su objeto, y no puede sino entrar en una interacción viva e intensa con él. Sólo el Adán mítico, abordando con su primer discurso a un mundo virgen y aún sin nombre, este solitario Adán podría realmente evitar de manera absoluta esta reorientación mutua

---

[6] Roland Barthes, *El grano de la voz*. México, Siglo XXI, 1983, p. 60.

[7] Domingo Miliani (respuesta a la encuesta), «La crítica literaria, hoy», *Texto crítico*. Año III, N.º 6, enero-abril, 1977, pp. 23-24.

por relación al discurso del otro, que se produce en el camino del objeto» [8].

Gringo viejo dialoga de múltiples maneras, algunas de las cuales se convierten en su intertextualidad literaria e histórica, otras en un diálogo de resonancia política. Estas dos tendencias son las más importantes, una porque instala a la novela en su ambiente natural que es el del relato literario, el de esa institución llamada *literatura,* el otro porque la contradice, niega su torre de marfil y la instala en el mundo de los hombres, es decir, en el que suele llamarse «extra-literario» o «metaliterario» como circunloquio de lo político.

Carlos Fuentes ha reconocido este diálogo múltiple de su novela. Por ejemplo, el diálogo con la Revolución Mexicana de 1910: «De la Revolución viene todo. Casi no hay nada que no provenga de ese período de nuestra historia. Incluso podría decir que hay acontecimientos del pasado de la revolución que existen y se justifican gracias a ella. La Revolución Mexicana constituye no sólo el presente, sino también el pasado y el futuro». En cuanto a los diálogos eminentemente literarios, los de *Gringo viejo* con la «novela de la Revolución» son si no explícitos, claramente asumidos. Fuentes lo reitera fuera del texto, diciendo: «A lo largo de la literatura ha habido muchos homenajes intertextuales... No hay libro que no provenga de otros libros. Este hecho se esconde a menudo, porque lamentablemente aún subsiste un culto decimonónico a la originalidad. En *Gringo viejo* yo rindo homenaje a Azuela, a Guzmán, a la novela de la Revolución» [9].

En una entrevista que, como todas las de Fuentes, es un ejercicio brillante de análisis y auto-análisis, en que el autor no acostumbra ahorrar ninguna interpretación se refiera a la literatura o a la política, a la obra ajena o a la propia, sin embargo Fuentes se niega a responder a una pregunta clave, y con esa negativa subraya más, si es posible, la condición dialógica de *Gringo viejo.* La pregunta que Felipe Navarro le plantea dice así: «Uno de los personajes de su novela podría ser considerado como una criatura de fronteras, por ser el que intenta establecer un puente entre dos culturas, la norteamericana y la mexicana. Me refiero a Harriet Winslow, la maestra de Washington tras-

---

[8] Cit. por TODOROV, *op. cit.,* p. 98.

[9] FELIPE NAVARRO, «La violenta comedia mexicana» (entrevista con Carlos Fuentes), *Crisis,* N.º 48, noviembre, 1986, pp. 41 ss. Al reconocimiento de Fuentes habría que añadir *Palinuro de México,* de Fernando del Paso, donde Bierce aparece nombrado como el «gringo viejo».

ladada al desierto mexicano. Las relaciones con el general Arroyo son tormentosas, y se saldan por un fracaso. ¿Esto significa que el diálogo entre ambos países es un imposible?»

Carlos Fuentes contesta/no contesta: «Eso lo voy a dejar en sus manos. Yo no lo voy a decir. Queda a criterio del lector».

Lo que Fuentes dice y calla señala quizá más poderosamente, por su omisión, el objetivo si se quiere «metaliterario» y clave de *Gringo viejo,* un objetivo planteado dentro de una concepción liberal de la literatura, que indica su valoración positiva y hasta necesaria dentro de una posibilidad de diálogo internacional. De esta manera, si por un lado *Gringo viejo* se dirige hacia su propia cultura, abrevando en el código común de la Revolución Mexicana, haciendo de la Revolución Mexicana la caja de resonancia significativa de su novela, por otro lado la novela, lejos de agotarse, busca en otro nivel, la propuesta de un diálogo con la profunda *otredad* de la cultura norteamericana. La mirada hacia esa otredad no es meramente pragmática o política; como pocos escritores contemporáneos, Fuentes mismo es el puente entre ambas en la misma medida en que no se resigna a optar por una en desmedro de la otra. Refiriéndose a que Ambrose Bierce en rigor fue sólo el origen para componer un «personaje» distinto al modelo, un personaje con el cual obviamente simpatiza mucho, Fuentes extiende ese sentimiento hacia el país de Bierce: «Detrás de esto, está la simpatía con Estados Unidos, porque la novela establece la frontera y también el daño que nos han hecho. Nuestro vecino del Norte es admirado por muchos de nosotros, de ahí que lamentemos la forma cómo se conduce» [10].

De un modo peculiar —que la crítica hispanoamericana suele olvidar cuando estudia nuestra literatura— *Gringo viejo* desarrolla su diálogo cultural e instala su voluntad dialógica, su palabra. Me refiero a su traducción y publicación en inglés, y por ende a su fortuna editorial, de crítica y de lectores, dentro de la cultura norteamericana. *Gringo viejo* se transforma así en *Old Gringo,* pasa a ser un *best-seller* nacional en los Estados Unidos, lo cual es decir mucho para una obra latinoamericana. Este es un buen ejemplo de la posibilitación de su diálogo cultural. Al cual se suma el proyecto (anunciado incluso desde antes de su edición en español) de llevar *Old Gringo* al cine, en una producción de Jane Fonda, en la cual esta misma actriz encarnaría

---

[10] *Id. Ibíd.*

a Harriet Winslow. De estos y muchos otros modos, *Gringo viejo/Old Gringo* gana terreno en su encomienda dialógica para acceder a la cultura norteamericana y proponerse ella misma, la novela, como su concomitante *otredad.*

En la década del 80, la política exterior de los Estados Unidos ha sido el máximo ejemplo de la ausencia de diálogo respecto a América Latina, sustituyendo esa posibilidad por el enfrentamiento. La posibilidad (y el deseo) de abrir un nuevo frente bélico al modo de Viet-Nam en Nicaragua, o el acoso económico hacia México (que Fuentes ha satirizado alucinantemente en su novela *Cristóbal Nonato,* 1987), son realidades siniestras y no profecías siniestras. Este es el contexto natural y necesario, y en él debe leerse *Gringo viejo/Old Gringo:* como un intento de restaurar el diálogo perdido o nunca existente hasta ahora a lo largo de la historia.

Como todos los libros de Fuentes, *Gringo viejo/Old Gringo* está elaborado en dos planos simultáneos: el de la historia y el del mito. Es parte del estilo de Fuentes ampliar la significación novelesca a un nivel poético y muchas veces mítico, y es en este nuevo nivel de resonancias que sus obras alcanzan un reconocible timbre de voz. Adviértase, en la novela, la insistencia en vocablos e imágenes que tienen más allá de su sentido denotativo, un valor simbólico, o mítico o emblemático. Me refiero ante todo a las imágenes reiteradas de la *frontera,* sea ésta la frontera real que divide a los dos países, como la frontera «interior», mental o espiritual, de la cual se habla expresamente. O las imágenes del camino y el desierto. Imágenes todas que, sin apartarse de un simbolismo común, son poderosas convocatorias para el lector. Bierce cruza una frontera que no es solamente la frontera física y política entre dos naciones, cruza una frontera cultural y metafísica, que es frontera entre pasado y futuro, entre vida y muerte. Y no sólo Bierce lo hace, también Harriet Winslow y Tomás Arroyo, cada quien a su modo y diferentes fronteras, pero constantemente aquella frontera que conduce a la *otredad,* al otro, a lo antagónico, a lo que está enfrente o enfrentado.

Para México, la de Estados Unidos es la frontera por antonomasia, no la que lo separa de Guatemala y Belice. Y es por eso que Fuentes recuerda en *Gringo viejo/Old Gringo* el odio histórico de los

---

[11] JORGE RUFFINELLI, *op. cit.,* pp. 123-125.

mexicanos por los Estados Unidos, en especial desde el gran despojo de su territorio en 1848. El discurso político se desprende con relativa facilidad del cuerpo novelístico: es el que habla de las *diferencias* y las amplifica hasta el motivo del odio, pero al mismo tiempo promueve la contemporización, el diálogo, y si no el entendimiento profundo que no es posible ni por decreto ni por expresión de buena voluntad, al menos la necesidad de respeto por los demás, ese respeto tan ausente en la atribulada contemporaneidad del continente latinoamericano en sus relaciones con los Estados Unidos. Con las varias instancias de su discurso político y cultural explícito dentro del cuerpo de la novela, Fuentes ejerce la función del intelectual reflexivo cuya perspectiva, más amplia que la del estricto narrador realista, le permite abrir juicios e interpretar a su país, la relación cultural y política con otros países, o percibir cómo esa historia se convierte en mito (ejemplo: el *odio* de los mexicanos). Lo que me interesa destacar dentro de este proceso es que el motivo del «odio a los gringos» se ha *mitificado* al transformarse en una constante, separada ya de su origen histórico. Aquí lo mítico no contradice a lo histórico, simplemente en su densificación temporal, y por ello Fuentes, como un buen profesor de economía política, presenta el siguiente diálogo didáctico sobre las relaciones del imperio y sus vecinos del patio trasero:

«—Tu padre se fue a Cuba y ahora tú te vas a México. Qué manía de los Winslow con el patio trasero.

»—Mira el mapa del patio trasero: Aquí está Cuba. Aquí está México. Aquí está Santo Domingo. Aquí está Honduras. Aquí está Nicaragua.

»—Qué vecinos incomprensibles tenemos. Los invitamos a cenar y luego se niegan a quedarse a lavar los platos».

En *Gringo viejo* este odio a los gringos toma cuerpo expresamente en varios momentos y se hace tácito en otros, por ejemplo con la designación despectiva «gringo-viejo» o con la condición anonimizadora de la muerte del «gringo» a manos de Tomás Arroyo. Y sin embargo, el discurso político de la novela sería incompleto si no se contemplara otra intención ajena a la de exacerbar ese rasgo de la memoria «atávica» o mítica del mexicano, es decir, la necesidad de convivir hoy con la mala experiencia del pasado, compartir el mundo y sus regiones con todas las diferencias que puedan existir (y existan) entre individuos y países. En este sentido, creo que la novela se dirige —bajo la forma ideal del lector implícito— al gobierno de los Estados

Unidos, a la opinión pública, a los sectores liberales de la sociedad civil.

La fábula se da claramente con la historia de Harriet Winslow. Ella es una maestrita que llega a México desde Estados Unidos para educar y enseñar a los hijos de una familia mexicana de la burguesía rural. Pero al llegar se entera de que esa familia, como muchas otras durante la violencia revolucionaria, ha abandonado la hacienda, se ha marchado huyendo. De todos modos, Harriet intenta cumplir sus cometidos, que son poco menos que existenciales, educando a los mexicanos, corrigiéndolos en sus costumbres, sean niños o adultos; enseñándoles, entre otras cosas, el respeto a la «propiedad privada». Sin embargo, Harriet como personaje se transforma y al fin aprende su lección: que un norteamericano (un gringo) no tiene nada que enseñarle a un mexicano: sus mundos son diferentes, sus códigos de cultura también, y la voluntad pedagógica, aún inspirada en las mejores intenciones civilizatorias y catequizadoras, está de sobra. Cuando una vez muerto el gringo viejo, Harriet cruza de regreso la frontera llevando el cadáver del hombre como si se tratara del de su padre, los periodistas la asedian y una de las preguntas más importantes que le hacen es: «¿No quiere que salvemos a México para la democracia y el progreso, señorita Winslow?». A lo cual ella responde: «No, no, yo quiero aprender a vivir con México, no quiero salvarlo». Y Harriet recuerda que el Gringo viejo le dijera: «... que en México no había nada que someter y nada que salvar. Esto es lo que nos cuesta entender a nosotros, porque nuestros antepasados conquistaron la nada mientras que aquí había una raza civilizada. Eso me lo contó mi padre después de la guerra de 1848. México no es un país perverso. Es sólo un país diferente».

Hasta aquí me he referido a la cualidad dialógica de la novela de Fuentes, es decir, a su texto como *respuesta* a una pregunta implícita, y como *pregunta* a una respuesta que sólo a posteriori los lectores podrán dar. Para concluir, quiero referir brevemente un ejemplo de tales respuestas, un ejemplo circunstancial del tipo que el estudio académico casi nunca percibe y deja pasar. Tanto como al dialogismo de la novela según Bajtin, me refiero ahora a la teoría de la recepción, de la cual también Bajtin ha sido un precursor. Y cito un pequeño

---

[12] Conti, «Question Man», *San Francisco Chronicle,* 21 de enero de 1987, p. 44.

ejemplo significativo de la recepción de *Old Gringo* más allá de la recepción especializada, más allá de la lectura del crítico o del estudio académico.

En el *San Francisco Chronicle* del 21 de enero de 1987, una columna cotidiana («Question Man», by Conti) les pregunta a siete lectores elegidos al azar, «What's the Last Book You Read?» Gavin Walker, 28, hotel sales manager, en Richmond, San Francisco, responde: «The Old Gringo. It's by a Mexican author. I wanted to read something indicative of Mexico because I plan to travel there. I enjoyed it. The interaction between Americans and Mexicans».

La respuesta de estilo escueto, como es usual, me parece enormemente rica. El nombre del autor se ha disuelto en el interés mismo de la obra, como si importara más lo que ésta (o el autor a través de ella) realmente propusiera. La intención del lector es pragmática (prepararse para viajar a México), pero al mismo tiempo perceptiva o más profunda que la meramente turística. Y advierte, con sagacidad, que el significado de *Old Gringo* es el de presentar una interacción entre norteamericanos y mexicanos. Como si se hablara de un puente entre ambas culturas, como si se hablara finalmente de un *diálogo*. Y al leer esta novela, el lector lo ha aceptado, ha comenzado a participar, está dialogando.

Susan C. Schaffer
University of California, Los Ángeles

El gringo viejo como héroe quijotesco

En *Gringo viejo,* Carlos Fuentes parte de dos imágenes —el espejo y la frontera— para narrar la historia de un anciano que sufre una crisis de identidad. Esta crisis impulsa al gringo a seguir la pauta de otro ente ficticio, el famoso hidalgo Don Quijote, que emprende un viaje solitario y arriesgado hacia lo desconocido, hacia el descubrimiento de su propio ser. No es una coincidencia, entonces, que cuando el gringo viejo sale para su aventura mexicana, lleva con él un ejemplar de *Don Quijote de la Mancha.* Seguramente Fuentes le provee este libro a su protagonista para hacer resaltar el parentesco que éste tiene con el héroe de la obra maestra.

Casi es superfluo indicar que Carlos Fuentes es un gran admirador de Cervantes, pues el mexicano ha rendido homenaje al arte cervantino de muchas maneras. Entre ellas, en 1972 elaboró un libro sobre el tema que se titula *Cervantes o la crítica de la lectura,* y en años más recientes escribió el ensayo introductorio a una nueva traducción en inglés del *Quixote* [1]. De modo que no debe sorprendernos que se encuentren tantas alusiones directas a la obra del siglo XVI en *Gringo viejo.* Hasta la descripción física del gringo recuerda a la del Caballero de la Triste Figura:

> Todos lo miraron raro: periodista no parecía, dijo siempre el corone-lito Frutos García; cómo no iban a mirarlo así a un viejo alto, flaco, de pelo blanco, ojos azules, tez sonrosada y arrugas como sur-

---

[1] CARLOS FUENTES, *Cervantes o la crítica de la lectura* (México: Joaquín Mortiz, 1976), y MIGUEL DE CERVANTES SAAVEDRA, *Don Quixote of Mancha,* introducción de Carlos Fuentes (New York: Farrar, Straus and Giroux, 1986).

cos de maizal, con las piernas colgándole más abajo de los estribos.
... Frutos García dijo que así miraban los cabreros y las maritornes
a don Quijote cuando metió las narices en sus aldeas, sin que nadie
lo invitara, montado en un rocín desvencijado con su lanza contra
ejércitos de brujos[2].

Pero los paralelos van más allá de lo físico. *El alter ego* de Ambrose
Bierce imita casi todos los pasos de don Quijote: abandona su vida
previa, crea una nueva identidad, adquiere un caballo y cruza la
frontera entre la realidad y la ilusión. Como el hidalgo, que encarna
los ideales de la caballería, el gringo pone a un lado su interés en las
letras para abrazar el noble oficio de las armas. Asimismo, a medida
que deshace agravios en México, inventa a su propia Dulcinea, la
humilde maestra Harriet Winslow, para tener a quién dedicar sus hazañas militares.

Estas semejanzas entre la creación de Cervantes y la de Fuentes
son superficiales. Pero si nos adentramos en la sicología de los dos
protagonistas, nos topamos con otros lazos menos obvios que vinculan
al gringo y a don Quijote. En esta ponencia propongo hacer una comparación sicoanalítica de estas dos figuras literarias, valiéndome no
sólo de las investigaciones de los renombrados sicólogos Carl Gustav
Jung y Erik Erikson, sino también de dos estudios sicoanalíticos de
*Don Quijote: The Individuated Self. Cervantes and the Emergence
of the Individual,* de John G. Weiger (1979), y el libro de Carroll
B. Johnson, *Madness and Lust. A Psychoanalytical Approach to Don
Quixote* (1983)[3].

El hecho de que los dos caballeros inicien su jornada durante el
estío nos da una clave respecto a lo que les motiva a explorar un
territorio desconocido. Obviamente ambos tienen en común su edad
avanzada (don Quijote es un cincuentón y el gringo un setentón,
pero dada la diferencia de cuatro siglos no hay una brecha muy notable entre sus edades). Pese a que la edad adulta avanzada suele verse
como un período de estabilidad, los sicólogos contemporáneos man-

---

[2] FUENTES, *Gringo viejo* (México: Fondo de Cultura Económica, 1985),
28. Todas las referencias a la novela que siguen son de esta edición.

[3] JOHN G. WEIGER, *The Individuated Self. Cervantes and the Emer-
gence of the Individual* (Ohio, Ohio U. Press, 1979), y CARROLL B. JOHN-
SON, *Madness and Lust. A Psychoanalytical Approach to Don Quixote* (Los
Ángeles: University of California Press, 1983).

tienen que, al contrario, esta etapa de la vida puede ser muy turbulenta. Según la teoría del desarrollo del ego de Erik Erikson, el hombre pasa por muchos momentos decisivos a lo largo de su vida. Dos de ellos suceden durante la segunda mitad de la vida del hombre y pueden volverse verdaderas crisis, sobre todo si el hombre no se siente establecido ni en su trabajo ni en su vida casera. Erikson describe el primero de estos momentos decisivos como un conflicto entre la generatividad (esto es, un sentido de haber llevado a cabo algo de importancia o de haber aportado algo al porvenir) y un sentimiento de estancamiento o fracaso personal. La segunda crisis ocurre durante lo que Erikson llama la última etapa en la vida del adulto y representa la lucha entre un sentido de integridad y un sentido de desesperanza. Es importante notar que Erikson insiste en el parecido que tienen estos dos conflictos, típicos del adulto maduro, con otro que da origen al tormento del adolescente: el conflicto entre la intimidad y la enajenación [4].

Muchos críticos del *Quijote,* entre ellos Johnson y Weiger, han señalado que la vida de Alonso Quijano, antes de la creación de su nueva identidad, se caracteriza por la frustración y el fracaso. Víctima de su título de hidalgo, don Alonso no conoce otra actividad que el ocio. Nunca ha tenido la oportunidad de producir algo o de contribuir a la comunidad. Y, más trágicamente, don Alonso es un hombre sin amor. No tiene ni amigos, ni esposa, ni familia inmediata. Sin duda, el hidalgo lamenta su existencia estéril. De igual manera, el gringo se considera un fracasado. Es, en sus propias palabras, «un viejo amargo», «un despreciable reportero remuevelodos al servicio de un barón de la prensa tan corrupto como aquellos a los que yo denuncié en su nombre» (GV, 69). Además, debido a su misantropía y su desprecio hacia las instituciones sociales, el ex-periodista sólo ha sido «temido y odiado» (GV, 70), nunca querido. Incluso su propia familia no pudo soportar su negativismo y su falta de atención (sus dos hijos se suicidaron, su hija se niega a verlo y parece que su resentida mujer ha muerto en la pobreza). Frente a esta condición de bancarrota personal, tanto el gringo como don Quijote optan por cambiar su vida radicalmente. Los dos se transforman en caballeros andantes que va-

---

[4] ERIKSON, E. H., «Identity and the Life Cycle: Selected Papers», *Psychological Issues,* 1959.

gabundean por el mundo en busca de encuentros vitales con héroes como Amadís de Gaula y Pancho Villa.

En términos jungianos, el viaje que emprenden estas dos figuras literarias refleja el proceso de la individuación. Como ya hemos visto, el catalizador que pone en marcha este proceso es la crisis de identidad que padece el viajero que ha puesto en duda la autenticidad de su ser. Según Jung, sólo mediante este proceso puede el individuo unir su inconsciencia y su conciencia, su interior y su exterior, para llegar a ser un hombre íntegro [5]. Pero la búsqueda del autoconocimiento le obliga al viajero a hacer frente a sus verdaderos miedos, deseos y necesidades. Jung mantiene que para facilitar este encuentro con el ser instintivo hace falta tener una imaginación activa porque la creatividad ayuda a vencer la inutilidad [6]. Las experiencias que tienen el gringo y don Quijote durante sus viajes encajan bien con esta noción del proceso de la individuación. Por cierto, la vida que estos dos se crean después de la emergencia de sus nuevas identidades nace, en gran parte, de sus fantasías. La locura del hidalgo le permite inventar situaciones en las que puede poner a prueba su hombría y su masculinidad. De manera parecida, aunque menos extrema, la activa imaginación del gringo le ayuda a proyectar nuevas realidades. Por ejemplo, el anciano encuentra en «los ojos de melancolía negra» de una humilde campesina chispas de amor y de admiración (GV, 21). Y, para el gringo, los cactos del desierto son como los molinos de viento quijotescos ya que ve en sus «agresivas espinas» las bayonetas de soldados españoles (GV, 23). Propensos a ver todas las posibilidades y ambigüedades del nuevo mundo que les rodea, el gringo viejo, así como don Quijote, ha comenzado el movimiento hacia la cristalización de una personalidad más auténtica y realizada.

Como mencioné anteriormente, el proceso de la individuación en el adulto —la búsqueda de la intimidad, la generatividad y la integridad— se asemeja al desarrollo del carácter del adolescente. El mismo Jung ha señalado que durante este proceso «el ego se vuelve más infantil y primitivo; el hombre se convierte en un joven. ... El hombre pueril... se identifica... con los hechos del antaño, así com-

---

[5] CARL G. JUNG, *The Integration of the Personality* (New York: Farrar and Rinehart, 1939). Todas las traducciones de las citas que siguen son mías.

[6] ANIELA JAFFÉ, *The Myth of Meaning* (New York: G. P. Putnam's Sons, 1971), 76.

pensando su propia falta de poder en el presente. Vive en el pasado
y vive también los antiguos ideales» [7]. Esta es una buena descripción
de don Quijote tal como está en la primera parte de la novela. El
mero acto de superar la asfixia de su vida anterior rejuvenece al hidalgo. Y lo mismo le sucede al gringo. Para éste, el viaje hacia el sur,
aunque aparentemente para ocasionar su propia muerte, le brinda al
periodista dos posibilidades. Primero, le permite resucitar los valores
del pasado que tanto añora, puesto que en su imaginación sus aventuras en México reflejan las de «las ciudades de oro, las expediciones
que nunca regresaron, los frailes perdidos, las tribus errantes...» (GV,
20). Y, segundo, le facilita la negación de su vejez. Poco después de
cruzar la frontera, el gringo dice con regocijo: «Mis ojos brillan más
que cualquier estrella. Nadie me verá decrépito. Siempre seré joven
porque hoy me atrevo a volver a ser joven. Siempre seré recordado
como fui» (GV, 22).

Este retorno a la juventud responde al anhelo del viajero de recobrar la virilidad y de aseverar la hegemonía individual. Así como
don Quijote tiene su poder creativo usurpado por los duques en la
segunda parte del *Quijote,* el gringo ha sido manipulado por sus jefes
Hearst y Stanford. La impotencia del gringo frente al poder de estos
ricos le obliga a ver su ingenuidad y su ceguera. Confiesa ser «un
hombre que creyó ser dueño de su destino... mientras que mi amo y
señor de la prensa canalizaba mi furia para... sus masivas cuentas
de banco. Oh, qué idiota fui» (GV, 73). Mediante el recobro de una
actitud joven, el gringo y don Quijote se creen capaces de corregir
los errores del pasado. En este sentido, es evidente que la reivindicación forma una parte importante de lo que les da impulso al gringo
y a don Quijote a levantar armas. Un fuerte sentido de justicia impele
al caballero cervantino a defender los derechos de los oprimidos y a
'desfacer todo género de agravio'. El gringo también se siente moti-
vado a luchar por un sentido de justicia, pero, al mismo tiempo, hay
otra fuerza motriz detrás de sus actos. Un sentido de culpabilidad
le lleva al gringo a participar en la Revolución Mexicana porque así
puede ayudar a los mexicanos a recuperar las tierras robadas de Hearst
y Stanford. Y en un nivel aún más personal, quiere vengar la invasión
y la ocupación norteamericana de 1847, en las que colaboró su propio padre.

---

[7] JUNG, *The Integration of the Personality,* 91-92.

Los actos de sacrificio personal de don Quijote y el gringo sirven para resolver el conflicto que los dos sufrían anteriormente entre la generatividad y la inutilidad. Pero no bastan las hazañas militares para conducir a don Quijote o al gringo hacia un entendimiento completo de su ego. Tienen que lidiar con otra lucha eriksoniana entre la intimidad y el aislamiento. Mucha evidencia en la crítica del *Quijote* pone de manifiesto la falta de amor que experimenta Alonso Quijano antes de su metamorfosis. Don Quijote es un señor que ignora lo que es tener una relación amorosa con una mujer. Como resultado, Unamuno propone que la locura de don Quijote es producto de sus impulsos de amor reprimidos [8]. Johnson lleva esta idea un paso delante y mantiene que el caballero se ve obligado a escaparse de su casa porque necesita sublimar sus deseos libidinosos hacia su sobrina [9]. Es decir, don Quijote lucha contra enemigos imaginarios para desplazar, en parte, sus impulsos sexuales. Sólo de esta manera logra convertir sus anhelos eróticos en una conducta más apropiada.

A pesar de haber tenido una esposa e hijos, el gringo tiene mucho en común con el héroe cervantino respecto a esta cuestión de la intimidad. Al igual que don Quijote, el ex-periodista «no entendía bien qué cosa era el amor» (GV, 98). No obstante, el viaje a México despierta en el gringo sentimientos que ha reprimido durante muchos años. En cuanto conoce a Miss Winslow se enamora de ella, pero debido a una gran diferencia de edad, el anciano procura controlar su atracción física hacia la gringa. Sigue el modelo de don Quijote, pues sublima sus verdaderos sentimientos al inventar un amor ideal. La disyunción que existe entre Aldonza Lorenzo y Dulcinea refleja la que existe entre la maestra Harriet y la dama proyectada por el gringo. Éste ha estado enamorado del espejismo de su propia invención: «... desde que te conocí has estado viviendo una segunda vida, y has amado sin saberlo, en los mil fragmentos de mis propios sentimientos y mis propios sueños. Hasta en los espejos del salón adonde entraste sin mirarte vanidosamente, como si entraras a un sueño olvidado: hasta allí vivías y eras amada sin saberlo» (GV, 135).

Puesto que ni don Quijote ni el gringo pueden perseguir el amor físico por razones éticas, los dos encuentran la manera de remplazar

---

[8] MIGUEL DE UNAMUNO, *Our Lord Don Quixote* (Princeton: Princeton University Press, 1967).

[9] JOHNSON, *Madness and Lust*.

sus relaciones eróticas con lo que los sicólogos llaman las relaciones síquicas. En el caso del Caballero de la Triste Figura, vemos este proceso de sublimación reflejado en la amistad duradera que se desarrolla entre don Quijote y Sancho Panza. Explica Johnson: «Sancho es con quien don Quijote alcanza el nivel máximo de madurez síquica y aprende a ser una persona» [10]. El gringo también se realiza por medio del contacto íntimo que establece con otros seres humanos en México, pero en su caso busca estos lazos en la forma de una familia en vez de amigos. Así es, entonces, como re-crea a su familia, sustituyendo a sus hijos perdidos por Tomás Arroyo y Harriet. Casi desde el principio de su relación con Arroyo, el gringo siente un amor paternal hacia el joven general. Y, en escenas como la de «la fiesta de las balas», funciona como un padre que le enseña a su hijo adoptivo a respetar la vida humana y a gobernar con justicia. Asimismo, la diferencia de edad entre ambos, junto con la virilidad superior del general, exigen que el gringo trate a Harriet como su hija. Al anciano se le dificulta hacer esto, pero poco antes de su muerte, logra reconciliar sus sentimientos conflictivos hacia Harriet; desencanta a su dama y la ve por primera vez tal como es: «... ella había cambiado para siempre, eso le decía el abrazo... de esta linda mujer que pudo ser su mujer o su hija, pero no fue nada de eso, sino que fue ella misma, por fin» (GV, 140).

Mediante el descubrimiento de su propio valor y de su capacidad de amar, don Quijote completa el proceso de la individuación y se reconoce como un hombre íntegro capaz de establecer nexos con la naturaleza y con el prójimo. De igual manera, el gringo se da cuenta de que la «conciencia fragmentada» (GV, 134) que sufrió durante casi toda su vida sólo se ha curado gracias al amor propio y al amor a los demás. México le ha despertado de su letargo y le ha hecho ver «la dignidad de la naturaleza como la última alegría de la vida». Ahora el anciano está verdaderamente listo para morir porque sabe que «su conciencia errante ... [está] ... cercana a la unidad final» (GV, 139).

Carlos Fuentes ha llamado al *Quijote* «una aventura de la desilusión» [11]. Pero Henry Levin insiste que la gran novela de Cervantes no es la historia de una derrota: «Sería un error creer que el prin-

---

[10] *Ibíd.*, 200.
[11] FUENTES, *Cervantes of la crítica de la lectura*, 80.

cipio quijotesco es negativo sólo porque funciona a base de la desilusión. Es más bien un registro del desarrollo personal, un índice de la
madurez. Sus desventuras incidentales pueden ser consideradas como
hitos en el camino hacia la autoconcienciación» [12]. Si nos aproximamos
a la sicología de los héroes de *Don Quijote* y *Gringo viejo,* descubrimos que tanto a don Quijote como al gringo les hace falta recobrar
su integridad perdida; les hace falta verse capaces de generar algo
valioso y dignos de tener relaciones íntimas con otros seres humanos.
Así, pues, sus viajes representan una búsqueda vital de la autenticidad. Y, felizmente, el viaje del gringo le concede la misma salvación que alcanza el caballero andante al final del *Quijote.* Fuentes
hace el siguiente resumen de su aventura en México: «Se sintió liberado al cruzar la frontera en Juárez, como si de verdad hubiera
entrado a otro mundo. Ahora sí sabía que existía una frontera secreta dentro de cada uno y que ésta era la frontera más difícil de
cruzar, porque cada uno espera encontrarse allí, solitario dentro de sí,
y sólo descubre, más que nunca, que está en compañía de los demás» (GV, 143).

---

[12] HARRY LEVIN, «The Quixotic Principle: Cervantes and Other No-
velists», in *The Interpretation of Narrative: Theory and Practice,* ed. M. W.
Bloomfield (Cambridge: Harvard University Press, 1970), 65.

Georgina García-Gutiérrez

Cristóbal nonato[1]: profecía apocalíptica,
experimentación lúdica, crítica certera

> ... qué lengua hablará el niño en
> Makesicho Dee Eff, qué aire respirará
> el niño en la región más transa del
> ídem?...

1. APOCALIPSIS: 1992

La proverbial curiosidad de Carlos Fuentes, muy extrema por cierto,
encamina su escritura a descubrir lo oculto y así rompe disfraces,
vuelve transparentes las opacidades del ser, decir, actuar, destapa la
otra historia[2]. En *Cristóbal nonato,* este afán múltiple y obsesivamente desenmascarador de la realidad, se radicaliza y acentúa el lado
mágico esotérico, para revelar lo que no existe todavía: el futuro.
¿Qué esconde el porvenir de México, su historia no escrita? La novela, de plano en el terreno de la anticipación, juega a responder las
preguntas y Fuentes da un paso adelante en el empeño de manifestar
lo ignoto[3]. Se trata, singularmente, de suprimir las máscaras del tiempo que vendrá y de la indagación en aquello encubierto por los próxi-
mos años. Antes, el escritor escudriñó el pasado de México o los momentos decisivos de la historia y exhumó los misterios del árbol ge-

---

[1] CARLOS FUENTES, *Cristóbal nonato,* Fondo de Cultura Económica,
México, 1987 (Colección Tierra Firme).

[2] Cf. «Lo oculto y lo aparente» en mi libro *Los disfraces: la obra mestiza de Carlos Fuentes,* El Colegio de México, México, 1981, pp. 149-196.

[3] *Idem.*

nealógico del país. Ahora, inquieto por la situación conflictiva del presente [4], investiga qué depara el destino a su patria y descorre los velos del mañana. Esta insólita revisión de los arcanos del futuro, ensancha la perspectiva de Fuentes ante el continuo del tiempo y dirige su literatura hacia la profecía. Es como si el autor se colocara en donde es posible la contemplación de lo sucedido y lo venidero y profiriera un oráculo con la finalidad de expurgar el texto histórico. Como si Jano jugara a neutralizar sus predicciones por el hecho de expresarlas e hiciera valer el conjuro: nombra para exorcizar [5]. Advertencia lúdica porque ya en la selección de la perspectiva que abarca lo inexistente y su visión allende el ahora, comienza el juego, ante todo adivinatorio. Un juego que resulta un *tour de force* de la imaginación literaria de altos vuelos, del ilusionar para prevenir, de la experimentación técnica y formal otra vez, del juego políglota con el lenguaje. Se fantasea con el español para mostrar cómo se transformará en algo distinto, semejante al México del futuro, indefenso ante lo extranjero. Las influencias serán internas, el náhuatl, y externas, inglés, francés, alemán... Las ramificaciones lingüísticas futuras se encuentran en toda la novela: «divertimentos» verbales, acuñación o apoderamiento de vocablos y expresiones novedosas, diversas jergas que se convertirán en otras lenguas. Se trata de hallazgos lúdicos del mestizaje probable del español de México a través de la exploración creadora, de romper barreras idiomáticas en la línea de James Joyce [6]. La lengua nacional se desmembrará igual que México será mutilado. Como en *La región más transparente,* en *Cristóbal nonato* existe la necesidad de inventariar todas las variantes del habla mexicana [7] y

---

[4] Así como *La región más transparente* y *La muerte de Artemio Cruz* pueden considerarse las novelas críticas del «milagro mexicano», así *Cristóbal nonato* correspondería a la denuncia de los porqués de la crisis. Las tres novelas cumplen esta función y muchas más.

[5] Por ejemplo, el homenaje a Fernando Benítez, que cumple 80 años en 1992 y aparece como personaje. La novela hace votos por la llegada de ese cumpleaños. También se menciona a García Márquez, al mismo Fuentes.

[6] Hay homenajes, deudas, referencias a varias obras fundadoras de la escritura de Fuentes. Se alude al *Ulises,* se emparenta con la novela y con muchas más. Destaca la lectura de *Tristam Shandy.* Fuentes admira a Laurence Sterne, se ha ocupado de su novela. *Cristóbal nonato* está emparentada en más de un sentido con *Tristam Shandy.*

[7] Cf. mi «Introducción» a la edición crítica de *La región más transparente,* Cátedra, Madrid, pp. 9-83 (Colección Letras Hispánicas).

además de imaginarlas. Quizá el caos lingüístico, las confusiones, es indicio de que se llegará a otra Babel.

Cristóbal nonato indaga de nueva cuenta en las posibilidades del género novelesco a partir de la experiencia asimilada de *La región, La muerte de Artemio Cruz, Terra nostra,* por mencionar tres hitos en la búsqueda narrativa de Fuentes. En ella, suma de la producción anterior, culminan tendencias representativas. El «radicalismo» se observa en la forma, en la virulencia de sus censuras políticas, ideológicas, en el sentido del humor. Este, en *Cristóbal nonato,* es un recurso para desenmascarar con mayor efectividad y para volver la crítica más detonante. Un humorismo que invade todo el texto: sarcástico, irónico, juguetón, lucidísimo. Recorre, pues, la gama entera de la risa, del «pensar en lo mismo que reír» y va de la burla refinada, la vulgar, a la procacidad, lo soez, el insulto violento. Omnipresente, valga insistir, en el modo de narrar: símbolos, la caracterización de personajes, los juegos léxicos, sintácticos, la selección de quién narra, en dónde narra y para quién narra. El contrapeso de la risa, de la jovialidad y la travesura, para describir el horror de la década siguiente. La novela descubre a la caricatura como el verdadero rostro del mañana y advierte que México quedará irreconocible si no se aleja de su ruta hacia lo grotesco. Se perderá como país y dejará de ser la patria mexicana. Nación perdida, patria irrecuperable son preocupaciones centrales de la novela y sus vaticinios: el apocalipsis de 1992. Jano provoca carcajadas porque entrevé desastres. Sus visiones son terribles desde la perspectiva bipolar, omnisciente, de ahí que para la revelación elija el paliativo del tono antisolemne, joven, crítico hasta el furor, irreverente (igual al del principio de la carrera de Fuentes. Tan joven, primigenio, anterior a la historia y en el mismo origen como el foco o voz narrativa que lo emite: Cristóbal nonato. El narrador de mirada penetrante, voraz, traspasa cualquier cubierta, aun la que lo circunda. Disecciona al oír y registra todo. Cristóbal posee un olfato siempre alerta, analítico, que reconoce matices, tonos raros y puede interpretar las perversiones olfatorias de los personajes. Su agudeza sensorial y el entendimiento maduro, dispuesto al conocer constituyen una paradoja. Cristóbal relata desde la oscuridad y el encierro totales, en la cueva protectora que es el cuerpo de su madre. Habla desde antes de implantarse en ella, o sea, antes de su concepción biológica. La novela es narrada por un ente que se va configurando paso a paso como ella. Cristóbal observa el proceso de su gestación y el irse haciendo el texto y los delinea con minuciosidad. La creación de la vida y la creación artística con las sendas reflexiones sobre ambas, identificadas, simultáneas. Se revela desde el centro creador cómo se crea y aparecen símbolos, lenguajes especializados (por ejemplo, la terminología científica acerca de la vida intrauterina) y hasta una especie de un *Deus ex machina* dentro de un huevo, en posición fetal en una fiesta de cumpleaños. Cristóbal es un ser que está siendo creado y el creador ilusorio de la novela. Se asemeja al futuro porque tampoco existe para los contemporáneos: va a nacer. No tiene existencia para el mundo real, el aparente, el de los sentidos, él que percibe en demasía. La paradoja es polisémica. Cuando en las líneas finales de la novela aparece Cristóbal ante los demás, cesan sus funciones narrativas y simultáneamente, su vida oculta, su ser adivino, hacedor de acertijos, charadas, predicciones. La odisea del encuentro de Cristóbal y el óvulo, que integra la primera identidad dualista o par de la serie de parejas platónicas, es de hecho el primer viaje del ser humano. Más riesgoso y aventurado que el de Colón, según se hace notar *ab ovo*. Los paralelismos, analogías, son parte del juego calidoscópico entre épocas históricas, actividades, arte y vida. Los viajes, descubrimientos, en todos los planos, los ciclos históricos, míticos, naturales, estructuran la complejidad temporal. Durante los nueve meses de la gestación, por Cristóbal hablará la inocencia, dirán la memoria, el conocimiento y penetración de la vista ilimitados. Todo lo que se pierde al nacer que trae consigo el término de esos poderes, la amnesia, el abrir los ojos para cerrar la vista, el comienzo de la biografía visible. En medio del desmoronamiento de un mundo que ya no da para más, sin que su voz sea oído en el tiempo de la decadencia que es el suyo, Cristóbal profetiza. Este monólogo interior por antonomasia es un diálogo, con «Elector, sus mercedes», por demás imposible. Habla a partir del 6 de enero hasta el 12 de octubre de 1992. La profecía se hace en el futuro, el presente del narrador, para el pasado. El aviso es para el lector de ahora, el que antecede a Cristóbal en el tiempo. Se vaticina para los antepasados. Los numerosos sentidos del texto, los juegos de espejos en el tiempo se dan también en esta relación entre la escritura y su correspondiente lectura. Se trastocan los tiempos de la predicción, de la emisión y la recepción, o sea, del cuándo se escribe o se lee. De modo que la novela además de estar construida con elementos de una profecía, de ser adivinatoria, pide una lectura literal de índole profética a los lectores que la lean antes del 6 de enero de 1992 (aunque sus prevenciones trasciendan la literalidad y a este juego). Baste recordar el significado griego de profeta, *prôfetês,* narrador de lo que vendrá, para caer en la cuenta del intrincado juego que *Cristóbal nonato* establece en todos los ámbitos narrativos[8]. Toda profecía, sin considerar su ingrediente religioso también presente en la novela, se caracteriza por el uso de la primera persona al igual que la literatura propiamente apocalíptica. Ésta se vale de un seudónimo que debe ser el nombre de una persona notable del pasado. En *Cristóbal nonato* se encuentran estos requisitos, pues es la biografía del futuro atribuida a quien se llamará igual que el descubridor de América. *Apokalipsis* significaba revelación, quitar el velo, destapar, algo que indudablemente Fuentes ha venido haciendo desde *Los días enmascarados.* El giro hacia el porvenir para exponer lo que esconde es propio de esa avidez investigadora y su derivación lógica más reciente. Los rudimentos proféticos, explícitos en la selección de su «autor», y las predicciones catastróficas, inscriben de entrada a *Cristóbal nonato* en la literatura apocalíptica. No sólo en la de anticipación en la línea de Orwell a quien tanto se alude con el uso de una fecha clave del futuro, sino por innumerables rasgos característicos. Hay alusiones muy nutridas, imágenes, metáforas y secuencia de acciones que recuerdan a las profecías bíblicas. *Cristóbal nonato* es asimismo una relectura del Antiguo y del Nuevo Testamentos de los que selecciona motivos o en los que se inspira para imaginar la destrucción en 1992. *Verbi gratia,* los Four Jodiditos (el Huérfano Huerta, el Jipi Toltec, el Huevo, la niña Ba) que forman un conjunto de Rockaztec, hacen referencia a los Jinetes del Apocalipsis.

La novela gira en torno a la celebración del advenimiento del quinto centenario de la llegada de Cristóbal Colón a América. De nuevo, una fecha importante sirve a Fuentes para aglutinar significados, crear símbolos y como dispositivo para desencadenar acciones. La novela arranca de la concepción de Cristóbal para que participe en el concurso conmemorativo y finaliza con su nacimiento en el momento exacto en que empieza el día 12 de octubre. La convocatoria, para salvar a la patria, fue lanzada por el gobierno que todavía a principios

---

[8] No puedo menos que recordar el acertado, espléndido título del libro de LILIANA BEFUMO BOSCH U y ELISA CALABRESE, *Nostalgia del futuro en la obra de Carlos Fuentes* (Ed. Fernando García Cambeiro, Buenos Aires, 1974) (Colección Estudios Latinoamericanos).

de los noventa se sostiene tambaleante en el poder, a base de concursos, malabarismos rituales, la violencia de movimientos de masas dirigidos a su antojo, y los consabidos delirios demagógicos. El gobierno crea héroes, heroínas, se vale de lo que sea para adormecer y engañar. Aquí el simbolismo es riquísimo y su crítica muy acertada, pues la imaginación de Fuentes exagera en las mismas pautas y en la lógica irracional de un gobierno que se extralimita por costumbre, que miente para gobernar. Fuentes desenmascara los mecanismos de ese poder en decadencia y muestra sin ropajes el estilo de mando que conducirá a México a la ruina. Crea personajes simbólicos tal como lo haría el gobierno para manipular atavismos culturales y así surge Nuestra Señora Mama Doc, encarnación de los ideales mexicanos. El símbolo de la madre, la prostituta, la virgen, pura imagen de lo contradictorio, supuestamente la mujer al poder (con ella se le da atole con el dedo a esta participación real, todo queda en manipulación y mentira como la cúpula transparente que se dice cubre la ciudad). El simbolismo caprichoso es tan propio de la literatura apocalíptica como el pronosticar el fin de una época igual que *Cristóbal nonato,* que asimismo insinúa un cambio de piel para México a partir del aniversario histórico. Es sabido que las predicciones resultan no sólo del éxtasis, sino de la inspiración literaria y del sentido común con que se observen eventos y situaciones. En el caso de Fuentes hay que subrayar que su peculiar visión de la realidad se nutre de información histórica, que la historia es uno de sus intereses primordiales, así como los nexos entre ésta y el género novelesco. También está su avidez de lector literario y de toda clase de libros que también alimentan su conocimiento de la realidad con datos, reflexiones de la filosofía, sociología, políticas. Hay que contar igualmente su capacidad de análisis, la imaginación desbordada y la facilidad para sintetizar. Todo le ayuda a construir fantasías futuras. Para revelar lo que encierra el porvenir, curiosamente «enmascarando» con símbolos como un mago que ilusionara para desilusionar, sólo lleva hasta sus últimas consecuencias el modelo de desarrollo y el sistema político que empezó a criticar en sus primeras novelas. Los estertores agónicos de México, provocados por la corrupción, ineficiencia y el saqueo, pueden ser previstos por Fuentes porque ha profundizado en la época en que se encaminó al país hacia ellos. *La región más transparente* y *La muerte deArtemio Cruz* denuncian el trasfondo de la coyuntura en que se eligió para México el desarrollo económico a ultranza, el progreso, la industrialización, la sociedad urbana. Aunque sean en el plano de la especulación literaria, las proyecciones de Fuentes hacia el futuro histórico se basan en el conocimiento del pasado. La perspectiva de Jano no es gratuita, ni arrebatadas sus conjeturas. 1992 marca el fin de un ciclo histórico. Para América se acabará el predominio de Occidente, que vino por el Océano Atlántico, porque toca el turno a la utopía correspondiente al Océano Pacífico. Pero mientras, en México habrá conmociones, la destrucción purificadora y dolorosa para resurgir (el Acapulcalipsis, por ejemplo). Se acabará la época que gente como Artemio Cruz cimentó. Su herencia para Cristóbal es terrible. En *Cristóbal nonato* la capital de México se está convirtiendo en otra Babilonia, será la ciudad más grande del mundo. Como en *La región,* Fuentes penetra en los misterios de la ciudad de México y renueva el pacto que lo ha convertido en uno de sus principales cronistas, de los más compenetrados, quizá el más constante y eficaz. *Cristóbal nonato* pone en evidencia las no tan improbables transformaciones que esperan al país y a su cancerígena, macrocefálica ciudad. Consigna la aparición de la nueva burguesía del boom petrolero, la desaparición progresiva de la clase media, el engrosamiento de los estratos ínfimos, las generaciones perdidas, sin mañana. Por cierto, que los niños, los adolescentes, los jóvenes, son fundamentales en *Cristóbal nonato* como reflejo de la población mexicana y como contrapeso a los augurios negativos, igual que el sentido del humor. La vida que se está haciendo en Cristóbal y la juventud optimista, que pulula en lo que resta del país, compensan la visión de la muerte, de la depredación y la inconsciencia ecológica. Ciudad y país heteróclitos, vistos desde muy arriba para poder abarcarlos, para trazar las nuevas fisonomías. La perspectiva panorámica se asemeja en la amplitud a la que adopta el escritor ante el tiempo. México y la ciudad son vistos desde los edificios más altos y modernos, todavía no descritos en *La región* (Federico Robles contemplaba la ciudad a sus pies a través de una ventana); desde la altura cambiante del diablo que transporta a los personajes (las referencias literarias y los homenajes están por todo *Cristóbal nonato*); desde el helicóptero que vuela sobre un México con otros límites, invadido, vendido a los intereses económicos extranjeros; destruido por los crímenes ecológicos y económicos. Otra vez Fuentes encuentra soluciones técnicas para poder observarlo todo, decirlo todo. En *Cristóbal nonato* avanza en el retrato de la historia de México, en su proyecto vital.

2. LA ASIGNACIÓN DE LA LECTURA COYUNTURAL

¿Cómo se leen *La región más transparente* y *La muerte de Artemio Cruz,* ahora, en el contexto del México conflictivo? ¿Cuál sería la lectura propuesta por esta época? En otras palabras, ¿cómo pueden leerse desde la crisis del país que ellas recrearon gracias a la disección límite realizada por una vocación que ligó escribir y ser? La relación entre literatura e historia es polivalente, recíproca, de vasos que se comunican a tiempo y a destiempo como sucede con las novelas de Fuentes: la realidad le da la razón a la literatura. La otra historia es predictiva y este es el momento justo en que sale a la luz esa faceta de las novelas. Es claro que si se compaginan con el presente de México queda en evidencia el aspecto augural, premonitorio de la historia. Si se leen en conjunción con la desastrosa realidad mexicana, queda de manifiesto la actualidad de *La región más transparente* y de *La muerte de Artemio Cruz,* cuando cumplen 29 y 25 años de haber sido publicadas. Actualidad que no tiene que ver con sus indiscutibles méritos literarios, ni con sus sitios destacados en las letras hispánicas, ni siquiera con su calidad de *best sellers,* sino con su sensibilidad a las zonas neurálgicas de una nación y sus habitantes. El tiempo ha cumplido los malos agüeros que pueden deducirse de su crítica. El futuro literario prefigurado en las novelas por medio del tiempo circular, sus repeticiones, se ha convertido en el presente de México. Las dos aluden a un porvenir catastrófico y definen las causas de la crisis actual en la medida en que el país sí tomó el rumbo que ambas enjuician. *La región* y *La muerte* ahondan en el nacimiento forzado de México a la modernidad, examinan sus antecedentes históricos: la revolución traicionada. También captan el surgimiento de la nueva clase media y de la nueva burguesía (curiosamente, *Cristóbal nonato* registra el proceso a la inversa). Sorprenden a la ciudad de México en el principio de la devastación en aras de lo moderno y de la especulación de bienes raíces (*Cristóbal nonato* la describe después de haber sido sacudida por el terremoto del 85, dominada por los autos, sufriendo las consecuencias de varias décadas de desorganización urbana, de falta de planes, de destrucción sistemática). La confrontación de una lectura que va y viene de las novelas al presente real, encuentra el acierto de la línea de auscultación y desenmascaramiento. Ha aumentado la carga crítica. Leídas ahora, en este contexto, cuando pueden observarse los resultados previstos por sus análisis de los problemas nacionales y sus orígenes, muestran la cercanía del intelectual ensible, del artista lúcido, con el profeta. Por desgracia, *La región más transparente* y *La muerte de Artemio Cruz* pueden leerse como profecías cumplidas.

Hay una tendencia profética en la literatura de Carlos Fuentes que el tiempo ha descubierto. Entonces, una lectura que coteje el presente real con *La región* y *La muerte,* como objetos de conocimiento, se encuentra con la coincidencia entre el ahora que se vive en México y el futuro que presuponen. Es una lectura que en cierto modo les asigna el carácter profético que de cualquier manera es observable, y producto de su polisemia. Las dos novelas se ocupan de una época que parece llegar a sus postrimerías. *Cristóbal nonato* cuenta ese fin e integra el tríptico sobre el principio, el desarrollo y el final de una época. Es significativo que Artemio Cruz haya muerto experimentando todos los síntomas de la corrupción física, cubierto de excrementos, en el momento en que México nacía a la vida moderna. Así, desde la concepción, Cristóbal es «bañado» por las heces que caen del cielo sobre sus padres. Nacerá en un México agonizando por la corrupción. El país se muere como Artemio Cruz y por causa suya. *Cristóbal nonato* complementa el ciclo abierto por las otras dos novelas sobre el destino de México. Según la última novela del tríptico la crisis estaría a punto de cerrar un ciclo. Hay que esperar que sirvan sus exorcismos y que *Cristóbal nonato* cumpla sus predicciones de un posible futuro esperanzador. Que se cumplan sus votos del descubrimiento de un Nuevo Nuevo Mundo.

El cuentista

Amaryll Chanady
Université de Montréal

La problematización del pasado en «Estos fueron los palacios»

En la colección de cuentos *Agua quemada*, vuelve un tema frecuentemente tratado en la obra de Fuentes: el del pasado, que no se presenta aquí como ineluctable, o aun amenazador, como en «Chac Mool» y «Por boca de los dioses», sino como una edad de oro perdida para siempre y recreada nostálgicamente por el hombre de la gran metrópoli moderna. Federico Silva, en «Las mañanitas», evoca las mañanas frescas y perfumadas de la ciudad de México que le recordaban el lago desaparecido de la capital azteca, mientras que su barrio, vuelto «irrespirable, intransitable», le presenta cotidianamente el «patético escenario cosmopolita de una gigantesca aldea» [1], hasta que unos ladrones lo asesinan. En «El día de las madres», el general Vicente Vergara recuerda con placer su pasado con su esposa y como jefe respetado y temido en la revolución mexicana, y considera a su hijo como un «güevón que se encontró con la mesa puesta» (p. 21). «El hijo de Andrés Aparicio» relata la decadencia de una familia en un barrio perdido, donde la única manera de sobrevivir es explotando brutalmente a los demás, o tratando de crear la ilusión de una vida mejor, como lo hace la madre de Bernabé, que mantiene un «vocabulario decente» (p. 101) usado por nadie, pone un mantel en la mesa, e insiste en seguir los cánones de cortesía. El marido, por su lado, pensaba siempre «en las montañas del Sur, en un pueblo perdido sin carretera ni teléfono, donde el tiempo lo medían las estrellas» (p. 100). En «Estos fueron

---

[1] *Agua quemada* (México-Madrid-Buenos Aires: Fondo de Cultura Económica, 1981), p. 72. Todas las citas serán tomadas de esta edición, y las páginas indicadas entre paréntesis en el texto.

los palacios», el objeto principal de nuestro análisis, la nostalgia se hace un verdadero himno al pasado.

Esta idealización se explica en parte por la distinción que establece Fuentes en una entrevista con Sylvia entre el «registro de la exactitud» y el «registro de la verdad»: «yo hablo de un México que yo imagino, no de un México real: no es un México mensurable, no es un México exacto, pero es un México verídico»[2]. La verdad «es la verdad de la imaginación» (ibíd., p. 83), no sólo la del escritor que, como Balzac y Dickens, inventa unas ciudades de las cuales la imagen, aunque ficticia, es la única que perdurará para generaciones de lectores, sino también la de cada hombre, cuando, siendo capaz de captar los «subterráneos», no acepta un tiempo puramente lineal. Como dice Fuentes en la entrevista, para tener un presente y para tener un futuro, hay que tener un pasado (ibíd, p. 94).

Pero la memoria del pasado, necesaria para el desarrollo de una identidad propia y una vida espiritual, se convierte en una recreación nostálgica del pasado en Agua quemada. Esta colección de cuentos, considerada por Fuentes como «una especie de elegía»[3], lamenta un mundo perdido para siempre, como lo hacen las palabras de Alfonso Reyes citadas en parte en el epígrafe a Agua quemada: «¿Qué habéis hecho de la región más transparente, qué habéis hecho de mi alto valle metafísico, por qué está empañado, por qué está lleno de una niebla amarilla, por qué está lleno de un polvo de muerte?»[4]. En «Estos fueron los palacios», aún más que en los otros cuentos del «cuarteto narrativo», el discurso establece explícitamente un marcado contraste entre un pasado idealizado y un presente decadente. Aquí, el pasado no contribuye a vivir un presente más enriquecedor: es una alternativa al presente. Por un lado, están los hermanos de Luis, que viven en el presente y no tienen memoria; por el otro, el falso lisiado Luis, que huye del presente refugiándose en una silla de ruedas y en su imaginación.

Para el adolescente Luis, su vieja amiga Manuela, aunque pobre, es una «reina vieja y solitaria» (p. 46) que simboliza un pasado idílico,

---

[2] Entrevista realizada por Sylvia Fuentes, titulada «Estos fueron los palacios», en Espejo de escritores, dir. por Reina Roffé (Hanover, N. H.: Ediciones del Norte, 1985), p. 88.

[3] Entrevista, p. 92.

[4] Esta cita, más larga que la del epígrafe a Agua quemada, es referida por Fuentes en la entrevista con Sylvia Fuentes, p. 92.

porque había sido criada en una gran casa señorial. Otros habitantes del barrio, sin embargo, la consideran como una «vieja chiflada» con dedos amarillos y pelos en el mentón, «amortajada por el polvo entre octubre y abril, y entre mayo y septiembre hecha una sopa» (pp. 46-47). Esta doble focalización, además de relativizar la opinión de Luis, introduce una problematización de puntos de vista que será significativa para la interpretación global del cuento. Pero al nivel explícito del discurso, el pasado es idealizado, y el presente condenado. Los antiguos palacios venidos a menos y ocupados por familias pobres, son una fuente constante de admiración nostálgica para Luis, y el catalizador de esta efusión es Manuela: «Cuando ella sube por la escalera de piedra, sólo entonces, imagino que éste fue un gran palacio, mamá, que aquí vivieron señores muy poderosos y ricos hace mucho tiempo» (pp. 46-47). El entusiasmo de Luis («Imagínate, estos fueron palacios», p. 51), contagia a Manuela, quien, en su fantasía, transforma con él el edificio malgastado en casa señorial, un «palacio limpio, austero, noble [...] con la fuente rumorosa en el centro» (p. 51), y «salones olorosos a cera y barniz» (p. 52) en la planta alta. Desaparecen, en su imaginación, el expendio de lotería, almacenes de ropa barata, anuncios que desfiguran «la antigua nobleza del edificio» (p. 51), y los tenderos y fregaderos del patio. En la escena delirante del final del cuento, Luis y Manuela escuchan la música antigua del palacio e imaginan la vida alegre del pasado: «las fiestas, la música, los criados de librea llevando en alto los candelabros chisporroteantes, precediendo a las visitas las noches de baile...» (p. 65).

Los antiguos amos de Manuela son presentados como patrones perfectos: doña Clotilde es considerada como una santa por la criada, así como el cura, que los amos protegían y salvaron de la persecución. Manuela recuerda con placer la celebración de las misas clandestinas en el sótano de la casa, y su vida protegida en el gran inmueble, donde su hija Lupita podía estar tranquila en su silla de ruedas. Este pasado contrasta con su situación presente, marcada por la soledad, la pobreza y el desprecio de la gente que le reprocha el haber persuadido a su hija de que era lisiada para tenerla siempre a su lado.

Mientras que Manuel recuerda un pasado que vivió en realidad, Luis crea un pasado imaginario. Nunca había estado en la casa ancestral de Orizaba, pero imagina su fachada blanca, el olor a manglar y plátano negro, y las montañas coronadas de nieve. Piensa en su bisabuelo, que recibía libros de Europa y los leía a sus hijos durante las noches de tormenta. El contraste con su vida en la capital es doloroso: la familia ha perdido no sólo su dinero, sino también su cultura y su memoria. Los hermanos de Luis no leen, y él debe mendigar para procurarse libros. Su hermana, con ojos «de piedra, sin memoria» (p. 51), tiene tan poca vida espiritual como sus hermanos. Cuando Luis sale de paseo, le embiste «el rumor de la armada de camiones que se estrangula en la glorieta de Peralvillo. Camiones de pasajeros, camiones materialistas, mofles abiertos, humo, cláxones desesperados, un ruido imperturbable» (p. 53). De niño, un tranvía lo había agarrado, causando así su estado de desvalido en silla de ruedas, un estado que Luis prolongará artificialmente. El breve párrafo que relata el martirio de un perro por un grupo de obreros y el accidente de Luis, crea un paralelismo explícito entre el perro y el niño, que es sugerido también por el vocabulario: «tenían agarrado a un perro gris [...]»; «el último tranvía [...] lo tenía que agarrar a él» (pp. 53-54). En los dos casos, es Manuela la que se ocupa de las víctimas: venda la cola al perro martirizado, y saca al niño lisiado y solitario a pasear; también recoge a Luis cuando éste cae por la escalera. La situación de los perros abandonados y famélicos, ¿no simboliza la de los pobres de los barrios perdidos, descritos en el cuarto cuento de la colección? El paralelismo entre niños y perros es indicado en frases como ésta: «Los perros, los muchachos, todos lacerados por el sol» (p. 49). En «Estos fueron los palacios», los perros son también chivos expiatorios para hombres que no tienen otra manera de desfogar su desesperación, o cobayos que sirven para preparar una matanza entre hombres. Lo formula explícitamente Manuela cuando habla con los perros: «ya no sé si les hacen estas cosas a las pobres bestias para no hacérselas entre sí, o si sólo se entrenan con ustedes para lo que se van a hacer ellos mismos mañana [...]» (p. 55).

El discurso de este cuento, trátese de la voz del narrador o de la de Luis, crea ostensiblemente dos categorías diametralmente opuestas. Por un lado, hay el mundo pasado, donde los miembros de la familia tienen tiempo para los demás, como el bisabuelo leyendo a sus hijos, donde existe una cierta cultura, donde amos generosos tratan bien a los criados, y donde fiestas y bailes contrastan con la tranquilidad de patios llenos de verdura y fuentes, o con las largas noches bajo la lluvia tropical. Por el otro lado, está el presente, donde la única persona que tiene tiempo para el lisiado es una vieja sirvienta; casi nadie se instruye, los niños atacan a un pobre indefenso y los obreros a los perros, el sol convierte todo en polvo, y el tráfico de la ciudad moderna vuelve la vida insoportable. Esta dicotomía obvia explica el acto de Luis, para quien el accidente es un pretexto para hacer creer a todos que es lisiado .Hay un paralelismo evidente entre su condenación del presente y su rechazo de la madurez y la independecia. Se refugia entonces en el pasado imaginario, aferrándose al mismo tiempo a un estado de dependencia e irresponsabilidad infantil. Su acción le parece la única manera de escapar de un mundo inaguantable y crear otro de sueños.

Pero esta prolongada infancia artificial no puede durar. Cuando Luis, ya adolescente, asiste al maltrato de su vieja amiga por los curas, que la echan de la Catedral, despierta su conciencia. Por primera vez hace un esfuerzo físico: «Se empujó a sí mismo, con ambas manos sobre las ruedas de la silla, hasta el sitio donde estaba tirada la vieja» (p. 57). Decide «hablar como un hombre» a su familia, subrayar la bondad de Manuela que fue la única que se ocupó de él, desmentir la inculpación de que ella había mantenido a su propia hija en una silla de ruedas por egoísmo, y finalmente criticar a su familia por haber permitido su decadencia. Esta decisión significa también el comienzo de una toma de conciencia social, que había sido preparada desde el principio por Manuela. Mientras que Luis le hablaba del pasado, ella le mostraba los terrenos baldíos y los perros hambrientos. Es ella quien afirma que los perros van a acordarse del martirio de uno de ellos, insinuando así la posibilidad de su venganza, ya sugerida en la primera frase del cuento: «Nadie le creyó cuando comenzó a decir que los perros se iban acercando» (p. 45). Al final, Luis le promete ayudar a los perros, y sale al patio para tirarles tortillas. Su silla de ruedas ya no le servirá de refugio. Después de dejarse llevar, acaso por última vez, por la embriaguez de un pasado imaginario, asumirá sus responsabilidades, sin escuchar el ruego de Manuela, quien, a pesar de empujarlo a la acción, quiere retenerlo momentáneamente: «no salgas nunca, hijito, no salgas a buscar, mejor espera [...]» (pp. 65-66).

Tenemos una situación típica del *Bildungsroman*: el pasaje de la niñez a la madurez y una iniciación a la vida adulta. El simple rechazo del presente es sustituido por una aceptación de la ineluctabilidad del tiempo y la decisión de luchar por mejorar el presente; la parálisis (física y emocional) cede a la acción, y la inocencia artificial desaparece ante una toma de conciencia social. La evasión hacia un pasado imaginario y la seguridad de la niñez, aunque agradables, deben ceder el paso al desarrollo, tanto en el plano político-social como en el plano psicológico y físico. Aunque el recuerdo del pasado es necesario para descubrir su identidad y enriquecer su vida espiritual, no es posible volver al pasado.

Pero en este cuento se trata sólo al nivel superficial de la sustitución de un pasado considerado como edad de oro por un presente decadente, el cual es necesario, sin embargo, aceptar. La idealización del pasado, tal como aparece en el discurso de Luis, es subvertida por varios acontecimientos de la trama explícita y la diégesis hipotética. Una descripción de la casa ancestral en Orizaba funciona como una imagen icónica y metafórica, una *mise en abyme* de la problematización del pasado: «[...] de frente era una fachada blanca con ventanas enrejadas y por detrás se derrumbaba hacia un barranco podrido [...]» (p. 50). El contraste aparente entre la pobreza y la soledad de Manuela en el presente y su vida pasada como criada bien tratada y contenta del general Vergara, es relativizado en un plano más implícito por el contraste entre el parecer positivo y el ser oculto negativo en el pasado mismo. El rechazo de Manuela por la sociedad es causado precisamente por el «barranco podrido» del pasado. Si no se hubiera sentido amenazada por la «mala fama» del general y su «hijo gatero» (p. 63), no habría decidido salvar a su hija de sus amos con la estratagema de convencerla de que era paralítica: «La Manuela la sentó allí para protegerla, no por necesidad de compañía, una criada siempre está sola por el solo hecho de ser criada, no, sino para salvarla de esos apetitos, esas miradas. [...] con una lisiada nadie se atrevería, daría asco, vergüenza [...]» (p. 63). Sólo quiso salvarla «del mal destino de una hija de criada cuando es guapa [...]» (p. 63). Manuela, abandonada por el padre de Lupita, quería evitar el mismo destino para su hija. Cuando explica a Luis que su amor fue «amor de criada, a oscuras, a tientas, rehusado, nocturno, hecho de una sola palabra repetida mil veces. —No... no... no... no...» (p. 66), insinúa que esta relación, no totalmente consentida, fue un abuso de poder, acaso por el general o por su hijo. Es significativo que su alabanza lacónica de Vergara («Fue generoso, p. 52) contraste con su elogio sin reserva de doña Clotilde y el padre Téllez, a quienes considera como santos. La «fachada blanca» de la generosidad del amo hacia las criadas esconde evidentemente un lado menos positivo. Además, la despedida de la criada por Vergara, que fue «como si quisiera matarla» (p. 53), demuestra su egoísmo y falta de conmiseración hacia la vieja sirvienta sin familia.

La idealización del pasado es tan manifiesta en el cuento a causa del predominio de la focalización de los recuerdos de Luis. El muchacho contagia a Manuela con su entusiasmo, pero la evocación idílica del pasado viene casi siempre de él: «era él quien imaginaba la ciudad como había sido en la Colonia, él quien le contaba a la vieja cómo se había construido la ciudad española [...]» (p. 48). Ella, por su parte, habla de los perros abandonados. Una indicación más nítida de la distancia que separa la evocación del pasado por Manuela y los recuerdos imaginarios de Luis, es el hecho de que la «vieja hacía un gran esfuerzo por recordar lo que el muchacho le contó y luego imaginar, como él y con él, un palacio señorial [...]» (p. 51). Sus propios recuerdos, que «no tenían nada que ver» (p. 52) con los de Luis, le causan una pena nunca superada cuando piensa en su despedida repentina de «la casa donde trabajó toda su vida, hasta que se hizo vieja» (p. 52).

La diferencia esencial entre los recuerdos de Luis y los de Manuela es que Luis crea sus recuerdos en su imaginación a partir de fotos, tarjetas postales y viejas cartas de la casa ancestral de Orizaba: «él nunca había estado allí, por eso tenía que imaginarlo todo, los balcones, la lluvia, la montaña, el barranco, los muebles de una casa rica de entonces [...]» (p. 61). Se trata de una recreación idílica de un pasado nunca conocido directamente. Lo puede evocar sin pena, porque nunca ha conocido una vida diferente de la que tiene en la capital. Por el contrario, sus padres, que están más cerca del pasado de Orizaba, evitan toda evocación de él. Luis, que no ha perdido nada, se entusiasma por un pasado imaginario, una verdadera utopía, donde se puede refugiar. Pero a Manuela, como a la madre de Luis, le duelen los recuerdos de un pasado que han vivido realmente, aunque Manuela idealice el suyo hasta cierto punto. La diferencia de clase entre los dos distingue también su pasado del de la familia de Luis. Mientras que el bisabuelo de Luis era rico, tenía una gran casa y leía revistas europeas, Manuela era una simple criada, sin vida de familia normal, posiblemente abusada sexualmente por el patrón, y tan preocupada por la seguridad de su hija en una casa de hombres mujeriegos que recurre a la solución extrema de hacer creer a todos que su hija es lisiada. Cuando Luis imagina cómo fue su casa de la capital en el pasado, con salones resplandecientes en la planta alta y la servidumbre en la baja, es comprensible que Manuela deba hacer un gran esfuerzo para recordar lo mismo que él. Mientras Luis evoca una vida mejor, Manuela se da cuenta de que una vida mejor, al menos para ella, es imposible sin cambios sociales.

Además de problematizar progresivamente el pasado idealizado, el cuento problematiza el carácter de Luis. Éste es presentado durante casi toda la narración como víctima de un accidente, condenado a pasar su vida entera en una silla de ruedas: «siempre me dirán niño porque nunca creceré mucho, estaré sentado en mi silla haciéndome todavía más chiquito hasta morirme [...]» (p. 58). Los niños lo tratan cruelmente en la escuela, su propia familia no se preocupa mucho por él y le prohíbe ver a su única amiga, Manuela. Cuando sabemos al final que Luis puede caminar, no lo podemos condenar completamente; el niño sensible y ansioso de leer se refugia en la imaginación porque no puede aceptar la estrepitosa vida en la metrópoli, y su propia familia pobre, con la cual tiene pocas afinidades: «miró la cara de su padre, derrotada por la fatiga, la carita dormida de Rosa María, una niña sin recuerdos, las caras estúpidas de sus hermanos, el imposible orgullo, el temor altivo del hermoso rostro de su madre [...]» (p. 60). Pero Luis no es sólo una pobre víctima; es vicariamente cruel cuando se deleita con el martirio que los muchachos infligen a los perros: «Siempre que voy al llano y miro cómo maltratan a los perros siento gusto» (p. 58). Su explicación de que «si no fuera por ellos, a [él le] tocaría la paliza» (p. 58) indica más que la simple cobardía: constituye una subversión de la inocencia aparente de su mundo imaginario, y de la idealización del pasado identificado con una vida rica y cómoda. Una vida protegida, con los placeres de la lectura y la tranquilidad, puede ocultar un lado negativo —la despreocupación por los sufrimientos ajenos y hasta un goce sádico ante el dolor de los más desvalidos.

Aunque «Estos fueron los palacios» es una bella elegía para una ciudad transformada por el tiempo, una ciudad descrita por Fuentes en la entrevista como «color de rosa, azul [...], una ciudad quieta [...]» [5], la ambigüedad de la dicotomía pasado/presente ostensiblemente sencilla del discurso exige una participación activa y crítica del lector, y no sólo un entusiasmo nostálgico por un pasado perdido.

---

[5] Entrevista, p. 89.

Nilsa Muñoz de Sotomayor
Mississippi State University

La significación de los números en
Cantar de ciegos y *Cuerpos y ofrendas*

Los símbolos numéricos son indudablemente significativos en los relatos y novelas de Carlos Fuentes. Figuran en primera plana en varios cuentos de sus colecciones *Cuerpos y ofrendas* y *Cantar de ciegos*.

Los números 3 y 9 sirven como símbolos sexuales, el 69 es la reencarnación, la magia y el mito el 13 y el 7, por ejemplo.

En «Aura», de *Cuerpos y ofrendas,* la presencia de los números comienza al principio con el anuncio que lee Felipe, el protagonista. Todo lo que ofrece este anuncio es muy tentador para él, especialmente los tres mil pesos mensuales que le pagarán. Esto puede ser un presagio de lo que realmente le espera: una situación triangular entre Aura, Consuelo y él. El número 3 tiene su estampa sexual en lo que ocurrirá entre estos personajes. El cuerpo de Consuelo, que se va aviejando, proyecta el espíritu de Aura en la mente de Felipe. Estas tres partes se manifiestan a través de la novela (Evans, 1112).

Carlos Fuentes se sirve de otro múltiplo de 3 para expresar su reacción negativa hacia los Estados Unidos. Cuando Felipe coge las treinta monedas de cobre para pagar el pasaje del camión que lo llevará a la casa de Consuelo, hay una alusión a las treinta monedas que significan traición en la Biblia. Al apretar estas monedas, Felipe hace un puño —puño que representa el desafío del izquierdismo, del coraje hacia el capitalismo y los yanquis imperialistas. De esta manera, el puño significa la traición económico-político-histórica entre los Estados Unidos y México. Con esto, Carlos Fuentes expresa su insatisfacción hacia México también, porque acepta esta situación económico-política ante los Estados Unidos.

Al encontrarse frente a la vieja mansión, Felipe se confunde con las «nomenclaturas revisadas y superpuestas» (*Cuerpos y ofrendas*, 126). Al frente de la casa aparecen los números de antes y los de ahora haciendo honor al concepto de doble que Fuentes usa con frecuencia. El 13, un número siniestro en general, se repetirá varias veces. Aparece, en primer lugar, junto al 200. Al caminar por el callejón techado son 13 los pasos que tiene que dar. La mala suerte, significado común de este número, será interpretada como el tema del demonio y las fuerzas del mal que encontrará con Aura y Consuelo. El elemento sexual, la muerte, la reencarnación están representados aquí con el número 69, que existía antes del 815 en la entrada de la casa de Consuelo. Este número, Cáncer en el zodíaco, es repetido indirectamente mediante la manija de la puerta que recuerda al perro Cancerbero que guarda la entrada del infierno (Ramírez, 289). El cáncer que consume a Consuelo en su vejez, puede ser representativo de un comienzo nuevo: la reencarnación. Consuelo transmite la parte joven de su vida al cuerpo de su «sobrina».

Esta joven, que lleva un nombre con significado de polos opuestos, se asemeja al buitre al alimentarse del cuerpo de Consuelo y a la vez es sublime. Esto nos recuerda el signo universal chino: el Yang-Yin. Es la clasificación que dice que el universo está compuesto de fuerzas opuestas, correspondiendo a la dualidad de los sexos, el bien y el mal, la vida y la muerte, el hombre y la mujer. Todo lo cual se ve en «Aura». El Yang-Yin aparece más significativamente en el número 69, posición sexual, ya que Felipe le hace el amor a Aura-Consuelo, a la vida y a la muerte.

El 6 simboliza la creación, pero también como múltiplo de 3 es la señal del demonio, dejándose ver de nuevo los polos opuestos de Aura-Consuelo. Lo divino, que incluye las imágenes de Cristo, María, San Sebastián y Santa Lucía, está contrapuesto con lo demoníaco que aparece en forma de demonios sonrientes (*Cuerpos y ofrendas*, 136). Mientras Aura encarna misteriosamente el bien, Consuelo se ha entregado a la brujería. El tema del bien y el mal vuelve a aparecer cuando Felipe lee lo que ha escrito el general sobre Consuelo: «Consuelo, pobre Consuelo... también el demonio fue ángel, antes...» (*Cuerpos y ofrendas*, 156). A las seis de la tarde, Felipe se sorprende por la inundación de luz en su recámara cuando Aura abre la puerta. Tenemos de nuevo los polos opuestos, ya que Felipe, siguiendo a

Aura, está en la oscuridad, y es entonces cuando presencia este deslumbramiento.

El número 3 también tiene un enfoque sexual en «Las dos Elenas». Elena hija, que piensa que «lo moral es todo lo que da vida y lo inmoral todo lo que quita vida» (*Cantar de Ciegos,* 13), interpreta esto para su propia satisfacción. Le dice a Víctor, su marido, que si una relación entre tres le da vida y alegría, sería moral. Piensa que sus relaciones mejorarían al tener ella dos amantes. Esto es irónico, pues como se insinúa en el cuento, Víctor ya tiene su «ménage à trois» con Elena madre y Elena hija. Este libertinaje sexual en Elena hija la lleva a decirle a Víctor que irá al estudio de Alejandro a tomar café y luego a comer. Más tarde vemos que Alejandro, con su estudio en el Oliver de los Padres, es el protagonista de «Fortuna lo que ha querido», cuento que sigue a «Las dos Elenas».

En «La muñeca reina», Amilamia significa abatimiento, persona sin espíritu, sin carácter. La niña puede representar a México, país tan próximo al «gran coloso del Norte». Esta amiguita de Carlos en su infancia estaba llena de vida, pero cuando él la ve después de quince años, está deformada en una silla de ruedas. Esta deformación puede representar la situación mexicana, venida a menos y empobrecida en su economía y en su política.

Cuando Carlos regresa al parque donde él y Amilamia jugaban, se da cuenta que todo lo que existió en su memoria ha cambiado de tamaño, color y textura, en su realidad del presente. Lo que fue entonces se disolvió en lo que es en el presente. Al tener que «descender en tres zancadas la elevación...» (*Cantar de ciegos,* 32) podemos entender que está en la mitad del camino de regreso a la casa de Amilamia, ya que aquí el 3 podría significar el principio, la mitad y el final de su viaje. También se observa el uso de los opuestos en el descenso y la elevación.

La mamá de Amilamia está constantemente jugando, acariciando y rozando su camándula o rosario —un rosario de tres 10, con significado de la Trinidad, quizás como penitencia por lo que le ha pasado a Amilamia. «El golpe de la cruz del rosario contra el cuerpo de la mujer...» (*Cuerpos y ofrendas,* 44) recuerda los «mea culpas» cuando uno se golpea tres veces en el pecho, señalando a la mamá de Amilamia como culpable ante la situación paralítica de su hija.

En «Fortuna lo que ha querido», Alejandro, amigo de Elena en «Las dos Elenas», ha decidido mantener dos lugares para vivir. De acuerdo con Pitágoras, este número 2 es el principio de lo malo que está de acuerdo con el segundo día del segundo mes del año. Así, con sus 22 años, Alejandro personifica la maldad. Al cumplir los 33, edad en que Jesucristo murió, tenía una mujer para cada día de la semana, quizás para ayudarlo psicológicamente a crear su obra como pintor en los mismos días en que Dios creó el mundo. A esta edad es acusado de «negarse a sí mismo, de darle la espalda al país y de plagiar descaradamente el Pop Art» (*Cantar de ciegos*, 68). Acusaciones similares le han dirigido a Carlos Fuentes sus propios paisanos.

En «Vieja moralidad», el número que se destaca es el 3. Son tres tías las que se llevan a Alberto, para supuestamente criarlo como «un caballerito decente y cristiano» (*Cantar de ciegos*, 79). Su sobrino gozará de una educación, pero de una educación carente de decencia. Gozará de una enseñanza que jamás había conocido viviendo con su abuelo y la mujer que tenía como amante. Este trío de tías son blancas, casi amarillas, y visten de negro —colores que significan la maldad, la falsedad y la traición—. En España, los ejecutores o verdugos se visten de rojo y amarillo. El amarillo es asimismo el color de la envidia, el negro representa el pudor a la vez que la falsedad (Evans, 259-260). Aquí todos los atributos de estos colores se practican con el «inocente» Alberto. El número 3, emblema sexual para Freud, funciona en conjunto con los colores negativos. Las tres tías con nombres de beatas —Milagros, Angustias y Benedicta— están muy lejos de serlo. Benedicta, que «a todas horas se pasa un pañuelo de encajes por la punta de la nariz» (*Cantar de ciegos*, 77) y se seca los ojos con el mismo, es la que seduce a Alberto. Aquí el 3, siendo Benedicta la tercera tía, simboliza los tres enemigos del hombre: el mundo, el demonio y la carne. Benedicta, el mismo demonio (Evans, 112), es la única que no se ha casado, seduce a Alberto, y se amanceba con él, abandonando su religión y la iglesia. A veces, en penitencia aparente, «llora y grita y se hinca ante el crucifijo con los brazos abiertos» (*Cantar de ciegos*, 90). No obstante, sigue con la educación de Alberto. Al final, la tía Milagros quiere que el niño pase algunos días con ella. Alberto se da cuenta de que «en el rancho hay más moralidad» (*Cantar de ciegos*, 91), pero aparentemente le gusta la situación, porque escribe repetidas veces a su abuelo, aunque nunca se decide a mandar la carta.

Estas tres hermanas parecen emparentadas con las tres hermanas raras de Macbeth. Las brujas cantan «Thrice to thine, thrice to mine, and thrice again to make up nine...» (Shakespeare, I-iii), haciendo alusión también a que hay nueve ríos en el infierno (Brewers, 786).

La trilogía sexual va más allá en el cuento «A la víbora de la mar». Este relato, con un fuerte ataque a los Estados Unidos, Inglaterra y México, refleja el producto de una sociedad en decadencia con un triángulo sexual entre los personajes Isabel, Harry y Jack.

Los números se repiten a lo largo del cuento. Lovejoy, un camarero, habla con Jack, otro camarero que está de vacaciones en el mismo barco en que trabajan los dos. Jack le dice a Lovejoy: «Eres la sirena más repulsiva de los siete mares, horrendo, viejo, calvo, miserable Lovejoy» (*Cantar de ciegos,* 145). La alusión a una mujer peligrosa y hechicera insinúa que Lovejoy aparentemente es homosexual. Los siete mares son los siete pecados capitales —avaricia, lujuria, ira, gula, envidia, orgullo y pereza— que se verán a lo largo del cuento. Los nueve mil dólares que Lovejoy codicia tanto son un múltiplo de tres, equivalente a los nueve ríos del infierno. La Sra. Jenkins, Mrs. Jenkins, que es una maestra de escuela de Los Ángeles, hace un viaje por mar cada tres años. Este personaje funciona de acuerdo con el pensamiento clásico de los griegos y los romanos, que creían que podían manipular todos los aspectos de la vida —el nacimiento, el desarrollo y la muerte—. Eran llamados crueles porque no les importaban los deseos de nadie. Mrs. Jenkins personifica su país, ese país que también es criticado por tratar —y en muchas ocasiones lograr— de controlar los destinos de otros países. El número 3 se repite cuando están juntos los «tres viejos» (*Cantar de ciegos,* 177) y Mrs. Jenkins canta el himno de los Estados Unidos en español. Utilizando este personaje, Fuentes lanza una fuerte crítica al vecino del norte. Incluidos en este ataque están los siguientes estamentos: el racismo que existe en este país, el «star sistem», una crítica a la iglesia, a las prisiones, al gobierno por sufragar guerras ajenas, una denuncia de la Casa Blanca; total, un ataque completo al sistema político, económico, cultural y social de los Estados Unidos.

El número 3 se encuentra de nuevo cuando Charlie está tomando tres bebidas de color negro, rojo y verde, que son «los colores nacionales de alguna nación aún no liberada en los labios» (*Cuerpos y ofrendas,* 183).

Al final, cuando Harry y Jack están hablando, Harry le dice que sólo le quedan tres días para llegar a Miami. Ambos traman escaparse con el dinero de Isabel para poder vivir como príncipes por tres o cuatro meses sin tener que trabajar (*Cuerpos y ofrendas,* 207).

Como he señalado, los números en la obra de Carlos Fuentes son usados muy frecuentemente para ignorar. El autor utiliza mucho los símbolos y los mensajes en clave para expresar la temática de sus novelas y cuentos. Los ha utilizado también para explicar su creación de Aura —«Seven, yes seven days were needed for divine creation: on the eighth day the human creature was born...» (*World Literature to Today,* 531-539).

Los usa asimismo en conjunto con sus mensajes, con sus pensamientos y para comunicar el sentir de los Estados Unidos hacia su país y hacia toda la humanidad.

El dramaturgo

M. Isela Chiu-Olivares
Utah State University

Orquídeas a la luz de la luna y la identidad mexicana

Octavio Paz, en *El laberinto de la soledad,* nos dice que para el hombre «la singularidad de ser... se transforma en problema y pregunta, en conciencia interrogante», y continúa afirmando que «a los pueblos en trance de crecimiento les ocurre algo parecido. Su ser se manifiesta como interrogación: ¿qué somos y cómo realizaremos eso que somos?» [1]. Esta pregunta se refleja en las obras narrativas del mexicano Carlos Fuentes, en las que el tema de la identidad es un común denominador. Así, es uno de los temas principales en su obra de teatro *Orquídeas a la luz de la luna,* publicada en 1982, y en la cual Fuentes presenta diferentes aspectos del problema de la identidad.

En *Orquídeas a la luz de la luna* el autor desarrolla el proceso de búsqueda de identidad que experimentan las dos personajes principales, quienes adoptan la personalidad de las famosas actrices del cine mexicano Dolores del Río y María Félix. Una constante adaptación de diversos papeles, así como una serie de actos rituales y la creación de un mundo ficticio forman parte de los elementos que emplea Fuentes en la creación de un drama que encierra múltiples significados. *Orquídeas a la luz de la luna* se une a otras obras de la literatura mexicana en general, y de Fuentes en particular, que son expresión del problema de la identidad nacional.

El crítico Lanin A. Gyurko, en su excelente artículo sobre la obra de Fuentes *Orquídeas a la luz de la luna,* dice: «Fuentes continues his masterful exploration of a theme that has preocupied him since his very first collection of short stories, *Los días enmascarados* (1954)

---

[1] OCTAVIO PAZ, *El laberinto de la soledad,* 3.ª edición (México: Fondo de Cultura Económica, 1973), p. 9.

that of the relationship between individual and national identity» [2].
En este estudio analizaremos las estrategias utilizadas por el escritor
para la presentación del tema predominante.

En la obra encontramos un elemento metateatral por medio del
cual se nos presenta la situación de usurpación de personalidad. Las
dos protagonistas que han adoptado la identidad de las actrices mexicanas María Félix y Dolores del Río son, en realidad, dos mujeres
chicanas que residen en Venice, California, o sea, que las dos están
desempeñando otro papel dentro de la obra. Las primeras acciones
de las dos mujeres exponen un problema de identidad individual que
más adelante, en el desarrollo de la obra, vemos que está ligado a la
relación entre éste y la identidad nacional como Gyurko menciona.
En la primera parte de la obra hay un diálogo entre las dos mujeres,
las cuales constantemente están tratando de convencerse a sí mismas
y a los demás de que son María Félix y Dolores del Río, y por lo
tanto niegan su verdadera personalidad. Esta insistencia en adoptar otra
personalidad refleja el deseo de evadir su realidad y establecer una identidad distinta. El diálogo de María y Dolores refleja su preocupación
por el hecho de no ser reconocidas por su público como María Félix
y Dolores del Río. Al comenzar la obra, Dolores, que ha estado sentada frente al público por treinta segundos, pierde su seguridad y llena
de terror y gimiendo le dice a María: «No me reconocieron» [3]. Esta
acción de Dolores es la primera de una serie de actos que simbolizan
el problema de la identidad que se desarrolla en la obra. Es muy
importante para Dolores y María no sólo el convencerse a sí mismas
sobre la identidad que han decidido adoptar, sino también el que
los demás, en este caso el público, las acepte como tales. Una definición de la identidad personal de Erik Erikson, iniciador de las teorías
sobre la identidad personal, expresa: «The conscious feeling of having
a personal identity is based on two simultaneous observations: the
perception of selfsameness and continuity of one's existence in time
and space and the perception of the fact that others recognize one's

---

[2] LANIN A. GYURKO, «Cinematic Image and National Identity in Fuentes' *Orquídeas a la luz de la luna*», *Latin American Theater Review,* Spring,
1984, 17 (2), p. 5.

[3] CARLOS FUENTES, *Orquídeas a la luz de la luna* (Barcelona: Seix Barral, 1982), p. 12. Las siguientes referencias a páginas se tomaron de esta
edición.

sameness and continuity» [4]. A esta luz, la insistencia de los personajes en el reconocimiento del público es comprensible.

El problema de la identidad se intensifica en el momento en que las protagonistas rememoran las diversas películas en las cuales participaron las actrices. Esta referencia contribuye a la distorsión de la imagen que cada una tiene de sí misma, a la distorsión de la imagen que la una tiene de la otra y a la que la gente tiene de ellas. A María Félix, por ejemplo, se le conocía como «la devoradora de hombres», especialmente por la película *Doña Bárbara,* mientras que la imagen de Dolores del Río era la de la «abnegada mujer mexicana», la típica indiecita. María dice de sí misma: «Yo, la devoradora; yo, la bandida; yo, la monja alférez; yo, la china poblana; yo, la cucaracha» (p. 24). Dolores le responde: «La mujer sin alma» (p. 24). En esta forma las dos protagonistas se enfrentan no sólo a su propio problema de identidad, sino al que les presenta la vida de las dos actrices cuyas identidades han usurpado.

Es importante notar el elemento metateatral de la obra en la que las participantes que están actuando adoptan los diversos papeles que fueron desempeñados por Félix y Del Río. El salto de una realidad a otra, la realidad de la obra que están representando y la de las películas en las que trabajaron las actrices, es parte del elemento metateatral, y subraya la búsqueda de identidad que experimentan las protagonistas. Esta mutación constante de papeles se realiza por medio del continuo cambio de vestuario que hace María. La ropa es símbolo de las diferentes personalidades adoptadas por las actrices en el pasado, y por las protagonistas del drama en el presente. Además, se añade un aspecto más del problema de la identidad al mencionar las diferencias entre las imágenes que el público tiene de las dos luminarias y lo que ellas dicen es su verdadera personalidad.

> MARÍA.—... A mí, cuando me lanzaron, me fabricaron una biografía oficial que no era la mía. Ni mis orígenes, ni mis matrimonios, ni mi hijo. Nada. La leí asombrada. Yo era otra. Mi vida se había esfumado (p. 83).

---

[4] Citado en ALAN DUNDE'S, «Defining Identity through Folklore», en *Identity: Personal and Socio-Cultural: A Symposium,* ed. Anita Jacobson-Widding (New Jersey: Humanities Press, Inc., 1983), p. 238.

Es tal la confusión de la realidad, la inhabilidad de saber cuál es la verdadera identidad, que María pregunta: «¿Quihubo pues? ¿Vivimos en la vida o en la pantalla?» (p. 32).

La referencia a las películas realizadas por directores norteamericanos en las cuales actuó Dolores del Río agrega un aspecto más a la diversidad de imágenes proyectadas, pues en estas películas se creó una imagen falsa de la actriz mexicana. Carl J. Mora, en su libro *Mexican Cinema: Reflections of a Society, 1896-1980,* dice refiriéndose a las producciones de esa época: «The great majority of representations» of Mexicans or Mexico on American screens were distinctly negative» [5]. Al igual que a María Félix en México se le inventó una biografía muy distinta a la suya, a Dolores del Río se le presentó como lo que no era en Hollywood. Carl J. Mora dice lo siguiente al respecto:

> In keeping with a long-establisned American tradition by which any Latin American and especially Mexican, with positive personal attributes was perceived as being «Spanish» so too did Dolores's billing tout her as a «Spanish actress». Quite possibly also, the continuing uneasy relations with Mexico might have persuaded studio publicists that it would not do for them to go out of their way to inform the moviegoing public that their newest glamorous property hailed from that troublesome neighbor full of rampaging Indian bandits [6].

Considerando la situación de Dolores del Río en Hollywood podemos ver el conflicto que experimentan los dos personajes de Fuentes al tratar de adoptar una identidad tan compleja. Esta variación de imágenes de las actrices mexicanas y la de las protagonistas de su obra, es una de las estrategias a las que recurre Carlos Fuentes para presentar la complejidad que encierra la identidad nacional, que en este caso es la identidad mexicana.

Como hemos dicho, las protagonistas de *Orquídeas a la luz de la luna* son en realidad dos chicanas que después de probar suerte en Hollywood y fracasar se han jubilado en Venice, California. Por medio de la verdadera identidad de ellas se muestra en la obra el proble-

---

[5] CARL J. MORA, *Mexican Cinema: Reflections of a Society, 1896-1980* (Berkeley: University of California Press, 1982), p. 24.
[6] Ver CARL J. MORA, p. 26.

ma de identidad de gran parte de las personas de origen mexicano que radican en los Estaos Unidos. La actitud de estas dos mujeres al asumir la identidad de las dos actrices mexicanas se puede explicar en diferentes formas. A nivel individual, después de haber fracasado en Hollywood, comprendemos el porqué de su deseo de hacerse pasar por María Félix y Dolores del Río, ya que estas actrices triunfaron realmente en el cine, y esta última logró el éxito en Hollywood. Otro aspecto de su actitud refleja el deseo de encontrar su identidad cultural debido al rechazo de una cultura ajena. Sobre ese rechazo las protagonistas dicen:

> MARÍA.—Aquí no es tu sitio.
> DOLORES.—¿Qué?
> MARÍA.—Lo mismo nos dijeron en la frontera (p. 48).

La reacción que las chicanas han tenido ante el rechazo es semejante a la reacción del «pachuco» respecto al cual Octavio Paz dice lo siguiente: «A pesar de que su actitud revela una obstinada y casi fanática voluntad de ser, esa voluntad no afirma nada concreto, sino la decisión —ambigua, como se verá— de no ser como los otros que lo rodean» [7]. Sin embargo, al contrario del «pachuco», quien, según Paz, «no quiere volver a su origen mexicano», las protagonistas de *Orquídeas a la luz de la luna* se aferran a ese origen. Además de querer aparecer como Dolores del Río y María Félix, el mundo que han creado dentro de su departamento incluye varios objetos que les recuerdan sus raíces: el mobiliario se compone de muebles mexicanos rústicos, flores de papel y alcancías de barro en forma de marranitos.

Hacia el final de la obra, María piensa que ha sido abandonada por Dolores y ordena un banquete que se convierte casi en un rito en preparación para la muerte. Este banquete incluye todo tipo de platillos mexicanos de diversas regiones. Por medio de la comida, María trata de aminorar la nostalgia por la patria y aferrarse a sus raíces. En la escena del banquete se empieza a escuchar la canción mixteca, que dice: «Qué lejos estoy del suelo donde he nacido. Intensa nostalgia invade mi pensamiento, y al verme tan sola y triste cual hoja al viento, quisiera llorar, quisiera morir de sentimiento». La comida, como la música de los mariachis, son elementos a los que

---

[7] Ver OCTAVIO PAZ, p. 13.

el mexicano que vive en el extranjero recurre como lazo de unión con su cultura. El antropólogo Alan Dunde, en su artículo «Defining Identity through Folklore», señala que «one of the ways individuals define their own identity is through folklore» [8]. En la obra de Fuentes las películas de las dos actrices mexicanas son igualmente tan importantes como la comida y la música en el intento de mantener la identidad, pues como María lo expresa: «... En nombre de ellas, aferradas a ellas, a sus películas, porque sin ellas no tenemos manera de volver allí, a la tierra que perdimos Dolores...» (p. 103).

A través de las estrategias empleadas por Fuentes en la presentación del tema predominante en *Orquídeas a la luz de la luna,* se hace evidente que la complejidad de sus personajes refleja la complejidad de la identidad mexicana. Refiriéndose a su obra el propio Carlos Fuentes ha dicho:

> My work is probably becoming less and less «Mexican»... I've been living outside my country for a long time. Maybe I've paid my nationalistic dues by now. Nonetheless, even in «Orchids» there is an element of identification with Mexico [9].

A esta opinión podemos agregar que a pesar de que el autor cree que su trabajo se está haciendo menos y menos mexicano, en *Orquídeas* el elemento «mexicano» es todavía un elemento muy dominante. Nuevamente surge el tema de la identidad que encontramos en la mayoría de sus obras anteriores, y nuevamente el escritor demuestra un magistral manejo de las diversas estrategias que emplea en la creación de su obra.

---

[8] Ver DUNDE, p. 236.

[9] ARTHUR HOLMBERG, «Carlos Fuentes turns to Theatre», *New York Times-Supplement* (June 6, 1982), p. 12.

Myron I. Lichtblau
Syracuse University

Teatralidad e ilusión en *El tuerto es rey*

No nos sorprende que Carlos Fuentes haya hecho una incursión al teatro, pues, como apunta muy bien Richard Reeve[1], se destacan en sus novelas magníficas escenas de gran efecto dramático. Ni tampoco debe sorprendernos su predilección por el teatro del absurdo, pues el sutil enlace de la realidad y la irrealidad marca también ciertos aspectos de su novelística. En *El tuerto es rey*[2], Fuentes no sólo crea un teatro absurdista, sino que, según críticos como Mike Midrovic[3], hace una parodia o mofa del mismo, una burla irónica del teatro del absurdo que es evidente al lector desde el comienzo de la obra. Pero la línea entre la burla de lo absurdo y lo absurdo mismo es muy tenue, sobre todo cuando se trata de un tipo de teatro cuya representación vacila entre figuras de carne y hueso y símbolos o arquetipos de ellos. *El tuerto es rey* parte de una realidad, entra en una ilusión de la realidad, y acaba por envolverse en otra realidad más espantosa aún. Lo importante aquí no es tanto si en verdad tenemos un teatro del absurdo o *takeoff* de éste, como si la obra produce en el lector una experiencia absurdista. Midrovic cree que la obra no logra crear esta experiencia, y en efecto la terminación sugiere la muerte de este tipo de teatro[4].

---

[1] RICHARD REEVE, «Reseña del volumen *Los reinos imaginarios: Todos los gatos son pardos* y *El tuerto es rey*», in *Revista Iberoamericana*, 78 (enero de 1972), p. 170.

[2] *El tuerto es rey* (México: Joaquín Mortiz, 1970). Todas las citas en el texto se refieren a esta edición.

[3] MIKE MIDROVIC, «*El tuerto es rey*», in *Latin American Theater Review*, Spring, 1972, pp. 85-86.

[4] *Op. cit.*, p. 85.

Esencialmente, *El tuerto es rey* es una ambigua dialéctica entre Donata y su criado, el Duque, mientras aquélla espera la vuelta de su marido, que se encuentra afuera por unos días probando su suerte en un casino de juego. La escena es un salón Segundo Imperio que ha gozado de mejores días, y los dos protagonistas, ciegos, se practican una forma de mutuo sadismo verbal, desconociendo el uno la ceguera del otro. Hablan de mil cosas, discuten acerbamente otras mil, hacen el amor, se odian y se quieren a la vez, se abusan el uno del otro, todo en un esfuerzo por frustrar la voluntad del otro y avasallarlo. La descomunal contienda ocurre en un ambiente de alta tensión emocional, pues es inminente la llegada del marido, aquella figura enigmática que recuerda al Godot de Sartre.

Wendy Farris dice que *El tuerto es rey* «dramatizes the absence of a central figure of authority and the fictions people create to fill the vacuum» [5]. Fuentes mismo nos ofrece una explicación de identidad simbólica del marido: «¿Quién es este señor que todo lo ve y todo lo sabe, este gran ausente que tan severamente fija las reglas de conducta de su casa y luego abandona a quienes la habitan a todas las tentaciones de la libertad?» [6]. La relación entre el Duque y Donata es tan explosiva y cambiadiza que llega a lo absurdo. En tanto que Donata recrimina al Duque por haber sido un vagabundo, un nadie, cuando su marido lo encontró en la calle y lo trajo a su casa, el Duque admite que muy pronto sintió compasión por ella, «no gratitud, ni rencor, ni indiferencia, sólo una infinita piedad. Piedad por la que se apiadaba de mí» (p. 89). Aunque el marido quiere que el Duque sea el compañero de su esposa, el Duque convierte sus deberes en una obligación moral de cuidarla, de hacerse cargo de ella, de ocuparse íntegramente de ella. Pero cuando el Duque le amenaza a Donata con salir de la casa, ella responde que será su lazarillo y «el testigo de su eterna impostura» (p. 114). Con rabia, Donata exclama: «Admitirás que sin mí no eres nadie, implorarás mi presencia y mi auxilio. Sin mí no puedes valer en el mundo —existes porque yo te nombro, yo te conduzco. Eres la criatura de mi capricho —crees que me cuidas— necio, has venido al mundo para que yo te cuide» (p. 115). Este concepto de la interdependencia de dos personas, de la ambigüedad de

---

[5] WENDY B. FARIS, *Carlos Fuentes* (New York: F. Ungar Publishing Co., 1983), p. 83.

[6] «Prólogo del autor», en *El tuerto es rey*, op. cit., pp. 7-8.

quién es el fuerte y quién es el débil en una relación, es un tema frecuente en el teatro latinoamericano, manifestándose en obras como *Los siameses,* de Griselda Gambaro, y en *Nada menos que el piso 16,* de Maruxa Vilalta. Pero Donata espera la protección de su sirviente, en tanto que éste, en aparente antítesis, también busca la protección de su ama. Esta mutua dependencia produce la tensión dramática y a la vez conduce a la situación absurda de una igualdad social no igual. Faris dice muy acertadamente que el nombre mismo de «Duque» sugiere la similitud entre el ama y el sirviente, y que los dos buscan la comunicación y la satisfacción emocional[7].

Ama y criado tienen sus juegos: juegos absurdos, como el juego de la torre, el juego de cuidarse, el juego de los pronombres, el juego de los sueños. El Duque dice que su propio sueño no es de él, que sueña un sueño ajeno. Donata, en cambio, afirma que cada vez que sueña, inventa algo nuevo, mientras que el sueño del Duque es una «cárcel que gira sobre sí misma». A lo cual, el Duque responde que «el sueño de Donata se convierte en mi sueño y mi sueño en el de la señora» (p. 24). Lo del sueño continúa absurdamente, con las palabras de Donata: «Quieres encerrarme en tu sueño», y las del Duque: «Si sueño algo distinto cada noche, alguna vez había de soñar tu maldito sueño de las estatuas» (p. 25).

Donata y el Duque, en su absurda condición, son capaces de discutir sobre las cosas más triviales, como, por ejemplo, si su marido se fue hacía seis días o siete. La aparente lógica de que se vale el uno y el otro para justificar su opinión contrasta con lo absurdo de la reyerta. Discusiones acaloradas y agrias hay también sobre las obligaciones del jardinero y sobre las zarzamoras, o si el marido le ha escrito una carta a Donata.

Cosas extrañas aparentemente sin explicación ocurren en la casa durante la ausencia del marido —les cortan el agua, el lechero ya no deposita botellas en el umbral, el carnicero no les quiere más como clientes. Muchos de los elementos absurdos en la obra parten de las acciones mismas de los personajes y no necesariamente de una condición o situación absurdista. En una ocasión parece que el Duque encuentra algo y actúa como si tuviera un sobre entre las manos. Incluso lo esconde detrás de la espalda. Cuando Donata le pregunta al Duque si le ha escrito su marido, responde que no, pero al público abre

---

[7] FARIS, *op. cit.,* p. 83.

en silencio el sobre imaginario y mete los dedos en él resignadamente. Y mientras que Donata explica que antes cuando su marido era soldado, le escribía diariamente, el Duque vacía el contenido del sobre y lo arroja sobre unos periódicos.

Otro aspecto de la teatralidad de *El tuerto es rey* es el uso del espejo como ilusión y todo el valor simbólico que esto implica. La ironía del espejo en que se miran dos ciegos es una ironía absurda en que participan el Duque y Donata con una crueldad sadística y maquiavélica. Primero, Donata niega que haya espejos en la casa, pues su única felicidad es «repeler mi propia imagen, sentirme imantado por el asco de un espejo cercano» (p. 78). Cuando el Duque le obliga a tocar la superficie rugosa del espejo, que en realidad es una vulgar roca, una piedra ágata, la señora se lastima. Luego, toca la superficie lisa y pregunta al Duque la razón de esta tortura, pues no sirve un espejo si uno no puede mirar en él. A lo cual el Duque responde que la señora no puede observarse y sin embargo el espejo refleja fielmente la señora. «Al no poder mirarse a sí misma», afirma el criado con picardía, «usted se vuelve menos que el espejo —el espejo sí la mira a usted. ... El espejo deja de ser estéril, y es usted la que se convierte en un hueco, inexistente sin el espejo que antes no existía si usted no lo miraba» (p. 79). El juego conlleva una autoironía, ya que el Duque también es ciego y lo que dice a Donata igualmente puede referirse a sí mismo.

La violencia añade otra dimensión a la teatralidad. Cuando Donata, atormentada hasta no poder más, se zafa fieramente del Duque, recoge un bastón y empieza a pegarlo contra las espaldas de su inquisidor. Es dolorosa esta escena en que se pelean dos ciegos; el bastón de Donata a veces cae sobre el Duque y otras veces no da más que el aire.

Lo absurdo se equivale a veces al enloquecimiento. La violencia se torna cariño. En una curiosa escena, un ballet que es lucha y encuentro amoroso, Donata y el Duque empiezan a disputarse las sobras de los platos. Sale Donata victoriosa, le arrebata la comida, le arroja una pieza y los dos caminan en cuatro patas, gruñendo. El Duque se incorpora, atarantado, se dirige al armario, saca una capa de plumas y la coloca sobre sus hombros.

Una vez, Donata le reprocha a su criado por no haber preparado la cama, como es su obligación. El Duque explica que amaneció cubierta de tierra todo. Luego, en una de las escenas más horripilantes, el Duque extrae un lobo muerto del armario, lo arrastra al centro del escenario, y comienza a destriparlo con un cuchillo de cocina. Y mientras Donata le explica al Duque que anoche su cama no tenía la misma temperatura que el resto de la casa, éste sigue con su propio recuento de lo ocurrido. Parece que el lobo pasó todo el día echado en la cama, habiendo entrado del huerto.

La figura del hombre de polvo es tal vez el elemento más absurdista de toda la obra y tiene relación con la carta que espera Donata de su marido. Por la tarde, Donata se entera de que en efecto ha llegado la carta y que el Duque la abrió sin su permiso. El criado afirma que la carta no contenía más que un poco de polvo. Pero cuando Donata toca la cama, aparece sobre ella la figura de un hombre desnudo, como en un sueño o muerto. Donata revela la figura masculina, hecha de polvo. Simbólicamente, el Duque explica que el hombre de polvo le va a garantizar que nunca estará sola: «Basta respirar para que esta fragilidad total regrese al aire y a la tierra de donde llegó» (p. 122), dice el Duque recordando los comienzos y el fin de cada hombre. Donata trata de agarrar a la figura de polvo con las manos y se lleva el polvo a la boca mientras el Duque echa un grito de dolor. La señora permanece con el brazo de polvo entre las manos abiertas. Impresionante es la penúltima escena de la pieza, en que el Duque se guía a bastonazos por la sala, llega a las ventanas del proscenio, desciende a la platea y sale por la izquierda. Y al mismo tiempo, Donata anda a ciegas con el polvo entre las manos, llega al proscenio, baja también a la platea y avanza a lo largo del pasillo, implorando a su criado que no la abandone. Por fin, sale del teatro reunida con el Duque, con su seductor, su protector, su guía, y a la vez su guardián y su tutor.

La última ilusión es la que ocurre en los momentos finales de *El tuerto es rey*, cuando el mismo personaje del Duque, con la misma barba rubia pero con un parche sobre un ojo, regresa a casa en la figura del marido después de haber ganado en la ruleta. Ha comprado para Donata un collar de concha nácar y espera que ella le reciba con brazos abiertos como le corresponde a una esposa. Pero queda atónito al ver que la casa está vacía y que Donata y el Duque le han traicionado y huido juntos. Faris cree que en efecto el Duque, en su último juego, asume la personalidad del marido, anticipando tal vez lo que se anhela. En su angustia, el Duque-marido llama a su esposa Marina, vale decir la Malinche. Unos minutos después, llegan los Guerrilleros y cuando el comandante le pregunta «¿Qué hace usted aquí?»,

éste contesta que «esta casa es mía» (p. 126). «Pruébalo», grita el
Comandante, y en esto el Duque-marido se vuelve confuso, clama:
«No, no es mi casa, no es la mía», y empieza a invocar locamente a
los criados, a Marina, al Duque mismo, a sus hijos, para que le ofrez-
can al oficial una explicación. Los guerrilleros, barbudos, camuflados,
como pieles de serpientes, le rodean al Duque y le amenazan, mientras el Comandante, en su piel de lobo, continúa el *leit motiv* de este
animal. En un sentido, como bien indica Richard Reeve, la historia
de Donata y el Duque no es más que el cuento de Adán y Eva, quienes, después de haber pecado, esperan la ira y el castigo de Dios [8].
Mas en este caso el castigo de Dios va dirigido al marido, que tenía
la imprudencia de dejar sola a su esposa mientras se divertía jugando
a la ruleta. El hecho de que el Duque y el marido son los mismos
actores confunden la situación aún más, pero al mismo tiempo hace
más vital la sustitución de un personaje por otro.

Para concluir: *El tuerto es rey* es de difícil clasificación y de aún
más problemática significación. El elemento absurdista no hace la obra
ni mejor ni peor de lo que en verdad es. Pero tampoco es lo absurdo
un elemento gratuito o violentado; su función está ligada a la inheren-
te ambigüedad de la condición humana con respecto a su percepción
de la realidad y a su afán de trascender esta realidad en la forma de
ilusiones, sueños, ensueños, y toda clase de recursos fantasmagóricos.
La trágica historia de Donata y el Duque es la historia de toda relación ostensiblemente bien definida y equilibrada, pero en efecto anti-
tética y confrontante; es la historia de la búsqueda de la identidad
mediante el dominio sobre otro ser humano; en fin, es la historia del
hombre en su fundamental conflicto.

---

[8] REEVE, *op. cit.*, p. 171.

El ensayista

Joaquín Roy
University of Miami

Poética de un discurso de Carlos Fuentes

La lectura crítica de la obra de Fuentes se ha basado predominantemente en el rastreo de su obra de ficción. Poca atención han recibido sus ensayos [1] (artículos, reseñas, crónicas, discursos e incluso las entrevistas).

1. EL DISCURSO COMO ENSAYO

«If We Had Left at Daybreak, We Would be There By Now» [2] es el título de un discurso de Fuentes, pronunciado en la clausura del año académico en la Universidad de Harvard, en junio de 1983. Constituye un trabajo significativo, porque es una síntesis lúcida y unívoca de su pensamiento político, y porque la especificidad de su expresión

---

[1] Están diseminados en publicaciones tan diversas como *Mundo Nuevo, Life en español, Vogue* y el *New York Herald Tribune,* además de *Siempre, Novedades, Revista Mexicana de Literatura* y *Novedades.* Algunas de las recopilaciones más coherentes de esta variante ensayística son las siguientes: *París: La revolución de Mayo* (México: Era, 1968), sobre la revuelta francesa; *La nueva novela hispanoamericana* (México: Joaquín Mortiz, 1969), sobre los principales escritores hispanoamericanos, como una especie de «poética» personal del «boom»; *Casa con dos puertas* (México: Joaquín Mortiz, 1970), sobre diversos escritores primordialmente norteamericanos y europeos, y *Tiempo mexicano* (México: Joaquín Mortiz, 1971), específicamente sobre la evolución de la política mexicana.

[2] Publicado por primera vez en la *Harvard Gazette* (Cambridge, Mass., June 1983). Reproducido por FUENTES en su libro *Myself with others* (N.Y.: Farrar, 1988), pp. 199-214.

en inglés concretiza más la claridad de estilo y conceptos que en su tradicional canalización en castellano debe satisfacer el necesario peaje estético. Su inclusión en una didáctica antología [3] de «ensayos» («no fícticios»), escritos originalmente en su mayoría en inglés, confirma su trascendencia lingüística. La distancia temporal desde el momento en que se dictó permite confirmar su naturaleza literaria, no lastrada por la necesidad de responder a acontecimientos actuales [4].

Como pieza literaria, este discurso atrae por sus ingredientes estrictamente literarios que transforman una serie de aseveraciones en una obra artística. Su antólogo traza, si no los rasgos precisos de su estilo (se trata de una antología de fines didácticos, no eruditos), al menos las coordenadas de su ubicación dentro de ese reino difuso, enorme, mal comprendido, que en inglés se da por llamar «non-fiction» (que en castellano se incluye —por razones no exactamente iguales— en la categoría de «ensayo»). Reconoce que los ejemplos son muestras de correspondencia, diario, autobiografía, memorias, biografía e historia, artículos y ensayos. Moffett incluye escritos de Baldwin, Thoreau, Virginia Woolf, John Kenneth Galbraith, Toynbee, Orwell, Swift y Melville.

Este discurso está ubicado estratégicamente en el último apartado o subgénero, llamado «cogitation» [5]. Para generar una composición escrita todo autor efectúa básicamente una de estas cuatro operaciones: recordar, investigar, imaginar y razonar [6]. Hace uso de cuatro

---

[3] JAMES MOFFETT, *Points of Departure: An Anthology of Non-Fiction* (N. Y.: New American Library, 1985), pp. 430-447.

[4] El propio antólogo que incluyó «In We Had Left» considera: «This cogent argument is also a speech delivered in person to a particular audience on a particular date *in reaction to 'current events'*» (p. 430).

[5] Los demás son «interaction», «notation», «recollection», «investigation».

[6] Estas direcciones nucleares coinciden, con ciertas variantes, con las propuestas por otros textos de uso similar. ENID GOLDBERG, en *How to Write an Essay* (Glenview, Ill.: Scott, Foresman, 1981), propone nueve «modos»: «narration, description, example, definition, comparison and contrast, classification and division, cause and effect, process analysis, and persuasive argument». DEANNE K. MILAN y NAOMI COOKS RATTNER, en *Forms of the Essay* (N. Y.: Harcourt, Brace, Jovanovich, 1979), sin embargo, los reducen a cuatro (reconocidas como «pautas tradicionales retóricas»: «Narration, description, exposition, argument and persuassion» (más similares a las categorías de Moffett), pero también se extiende a ofrecer dos más a las que califican de no tradicionales: «Observing and Reporting», y

facultades: sensación, memoria, imaginación y razón (que actúan también al unísono) [7]. Del recuerdo de acontecimientos se pasa a la investigación sobre los mismos, para terminar en el razonamiento y la generación de ideas sobre los hechos. En la «cogitación» —reflexionar o meditar— se supera el contexto personal y se trasciende a la generalización ya desligada de las circunstancias estrictamente relacionadas con el autor [8]. Aunque se reconoce que todo acto de escribir estriba la manipulación de ideas, los «ensayos» incluidos en esta categoría recalcan la *explícita* exteriorización de las ideas: los hechos generan pensamiento. Allí se incluyen los escritos estrictamente llamados «ensayos», «tesis» o «teorías». Del método inductivo predominante en las anteriores subcategorías, se ha pasado decisivamente a la «deducción». Finalmente, el antólogo subdivide el contenido de esa categoría en «ensayos personales e informales» y «ensayos impersonales y formales». A los primeros los califica como «Reflexión» y a los segundos «Tesis» [9]. El discurso de Fuentes, naturalmente, pertenece a la primera, que incluye ejemplos de «columnas» periodísticas como las de Orwell [10], «ensayos personales», reseñas de libros [11], editoriales [12], y «propuestas irónicas», como una magistral de Jonathan Swift [13]; la pieza de Fuentes es la representante de «speech» [14].

«Profiles». Otros manuales universitarios ofrecen variantes de estos esquemas: KARL ZENDER y LINDA MORRIS, *Persuasive writing* (N. Y.: Harcourt, 1981); SHERIDAN BAKER, *The essayist* (N. Y.: Harper and Row, 1981), y CAROLINE SHRODES, CLIFFORD JOSEPHSON y JAMES R. WILSON, *Reading for rhetoric* (N. Y.: MacMillan, 1975).

[7] MOFFETT, p. 2.
[8] MOFFETT, p. 5.
[9] MOFFETT, p. 373.
[10] «Revenge is Sour» (1945), pp. 380-384.
[11] CONRAD AIKEN, «An Anatomy of Melancoly» (1923), pp. 412-418.
[12] «The Burning of the Dead» (*New Orleans Times-Democrat,* 1884), pp. 418-422.
[13] «A Modest Proposal» (1729), pp. 422-430.
[14] Milan y Rattner incluyen como ejemplo, no de una especial categoría, sino del imprescindible «estilo» de todo ensayo (véase más adelante el tratamiento de este concepto en los rasgos concretos del discurso de Fuentes) el famoso discurso de Martin Luther King, «I Have a Dream», del que se recuerda convenientemente que fue redactado a mano la noche anterior del histórico 28 de agosto de 1963, horas antes de ser expresado de viva voz a la multitud congregada ante el Lincoln Memorial de Washington.

Moffett, en las escuetas líneas de introducción al discurso, señala perceptivamente que el autor se adapta a las circunstancias (el modo oral de emisión del discurso); por lo tanto, tiene en cuenta la preceptiva oratoria y la asimilación de las ideas a través del oído [15]. Repara en la parcelación de los párrafos en líneas cortas (aspecto que ampliamos más adelante), y en la repetición redundante (y eficaz) de palabras, al tiempo que recalca los binomios «yo-esto» y «yo-ustedes», que le recuerdan el tono del género epistolar [16]. Pero estas ligeras pinceladas (aunque esclarecedoras y certeras) no son suficientes.

Ante la ausencia de exploraciones explícitas y precisas sobre la faceta ensayística de la creación de Fuentes, conviene acudir a campos tangenciales al ensayo literario para desbrozar cuáles podrían ser los ingredientes literarios, los que convierten el mensaje comunicativo (como el contenido en el discurso de Fuentes que nos ocupa) en literatura. Teniendo en cuenta la afinidad con los ejemplos de esa antología, será necesario, también, prestar atención a la teoría de la comunicación periodística.

2. POÉTICA DEL DISCURSO

Esta pieza oratoria cumple con todas y cada una de las características de la tradición norteamericana del «speech making» [17]. Ahora bien, se necesita ampliar el horizonte teórico para aprehender los parámetros

---

[15] Remito al esquema ofrecido por SCHOLES y KLAUS en su clásico *Elements of the Essay* (N. Y.: Oxford University Press, 1969) con la particularidad siguiente: si el ensayo es el método más directo por el que el mensaje va desde el autor al lector sin intermediarios (narrador, personajes, actores), en su variante del discurso para ser pronunciado de viva voz, la conexión con los asistentes es todavía más directa: se ve a la vez que se oye al «autor»; se percibe una de las dos explicitaciones de superficie de la lengua (el habla, en lugar de la escritura).

[16] MOFFETT, pp. 430-431.

[17] Recomiendo la consulta somera de una obra popular: JACOB M. BRAUDE, *The complete art of public speaking* (N. Y.: Bantam Books, 1970). Allí se establecen algunas reglas básicas para el éxito de este tipo de discursos: preparación, acentuación de los aspectos positivos, magnanimidad, sinceridad, simplicidad, especificidad («al grano»), entusiasmo, saber cuándo se debe finalizar (pp. 6-7).

completos de este complejo ejemplo literario. Adapto, a estos efectos, conceptos literarios y aplicaciones prácticas a muestras literarias similares al *corpus* objeto de nuestro estudio [18]. He aquí los rasgos —las «técnicas»— más sobresalientes que se dividirían en dos subcategorías: globales y específicas. Las primeras atañen al conjunto de la redacción de los ensayos o a su contenido; las segundas son, en rigor, técnicas de escritura. De las generales destaco éstas:

a) *Temática concisa, tratamiento amplio y documentación*

El tema de este discurso son las relaciones entre los Estados Unidos y América Latina. Como ensayista, nada impide que un escritor trate aspectos políticos. Ningún subtema de la actualidad que al autor le parezca crucial para entender la más extensa evolución de la civilización contemporánea, queda fuera de este tipo de ensayo-discurso, pero la actualidad política prima: concretamente, las relaciones interamericanas del momento.

El autor necesita una documentación que respalde su argumentación, pero que no se confunda con la erudición. En la tradición del ensayista, sin limitarse por las barreras de la especialización, Fuentes ya había dejado una precisa definición en las palabras preliminares a su volumen compacto sobre el México contemporáneo:

> No he pretendido escribir un texto frío, objetivo, estadístico o totalizante sobre nuestro país; he preferido dar libre curso a mis obsesiones, preferencias y pasiones de mexicano, sin desdeñar ni la arbitra-

---

[18] La primera es un intento de construcción de una poética del artículo de opinión («La poética del columnista», *Actas del Congreso sobre el Ensayo Hispánico,* Isaac J. Lévy y Juan Loveluck, eds., Columbia: University of South Carolina, 1984, pp. 63-80. La segunda es un ejercicio práctico y pionero de un solo ensayo (DAVID LAGMANOVICH, «Un ensayo de Ernesto Sábato: 'Sobre los dos Borges'», *Homenaje a Ernesto Sábato,* ed. Helmy Giacomán, New York: Las Américas, 1973, pp. 273-293. En un trabajo que, con ligeras variantes, se convirtió en capítulo de un libro reciente, *ALA: Literatura y periodismo* (Madrid/Londres: ALA, 1986), 133 p., me propuse compartir los hallazgos de una encuesta que, por razones de injusto privilegio como director literario de una revista de pensamiento y periodismo, *Opiniones Latinoamericanas,* publicada por ALA (1978-1980), se había distribuido a los más destacados practicantes del género del artículo de opinión que responde en sus rasgos generales a los discursos en cuestión.

riedad ni la autobiografía. Búsquese aquí, entonces, menos el rigor que la vivencia y más la convicción que la imposible e indeseable objetividad [19].

En su discurso, aunque hace frecuentes referencias a políticos, pensadores y artistas mexicanos, no puede esperar que los asistentes a una ceremonia de graduación (y mucho menos eso se puede esperar de los invitados a un banquete) dispongan de una imposible pausa para consultar diccionarios o enciclopedias. Pero no les golpea con la impresión de insulto por no conocerlos. Al contrario, les sugiere que da por descontado que los conoce. El discurso, sobre todo si se hace ante un público diverso, en el que se mezclan especialistas, miembros notables de la política y el comercio, y simples invitados, es un arma de doble filo. Si en el ensayo transfigurado de artículo de opinión en autor debe ir con sumo cuidado de no insultar a sus lectores con un bajo nivel intelectual de su trabajo, ni tampoco atosigarlos con un nivel demasiado alto de erudición, en el discurso el problema se multiplica, pues no se sabe cómo serán las circunstancias, el ambiente, los asistentes precisos.

Convertir —o simultanear— un discurso de graduación o de banquete en una pieza literaria, además de ser un documento político, es solamente privilegio de los hombres de estado que al mismo tiempo son escritores; intelectuales y políticos. Saber hacerlo, además, en un ambiente casi totalmente ajeno a la realidad latinoamericana, en otra lengua, es algo reservado no solamente a un puñado de escritores con un grado de experiencia, cultura y diplomacia suficiente. Lanzar palabras al viento, en inglés, bajo las circunstancias anteriormente descritas, y después comprobar cómo esas líneas llegan a ser adoptadas como piezas de la literatura, en cualquier lengua, es un privilegio que solamente Carlos Fuentes puede disfrutar.

b) *Estilo «personal e intransferible»,* como las condiciones de un documento de identidad. Es una característica muy acusada de la prosa de ficción y en los ensayos y artículos de Fuentes. En este tipo de discursos, el tono es tajante, lleno de autoridad, libre de muletillas justificantes («en mi opinión», «me parece», «probablemente», «en la

---

[19] «Nota del autor», prólogo a *Tiempo Mexicano* (México: Joaquín Mortiz, 1972), p. 7.

mayoría de los casos»), persuade al lector desde la primera línea, la primera frase pronunciada. La comprensible poda que ha ejercido Fuentes sobre su escritura no es, paradójicamente, evidente. Sí, por el contrario, es más explícita la aparición de palabras (concretamente, ciertos pronombres personales, en un contraste maniqueo del continente) que se repiten cíclica y rítmicamente al principio de los mini-párrafos [20] (disciplinadamente consecutivos de «If We Had Left»:

> *You* are not the Soviet Union.
> *We* shall...
> *We* have...
> *You* suffer too much...
> *You* seem to have...
> *We* hope to have...
> *We* also have... (IF, 434).

> *We* are a balkanized polity...
> *We* are and we are not...
> *We* are Indian...
> *We* received the legacy... (IF, 437).

> *The* complexity
> *This* is our...
> *The* issues...
> *They* are finally...
> *They* are bedeviled...
> *They* have to do... (IF, 438).

> *We* are true children...
> *We* are now moving...
> *We* must solve...
> *We* must assimilate...
> *We* need time...
> *We* also need patience.
> Both *ours* and *yours* (IF, 438-439).

c) *Sintaxis simple, fluidez coloquial*. Al contrario de la complicación sintáctica de otros ensayistas (lamentablemente doblados sin adap-

---

[20] Aunque, naturalmente, hay decenas de casos semejantes, recordemos que ése es el principio de todos los párrafos finales del discurso de Martin Luther King, «I have a dream»: el *crescendo* se sustenta con la repetición del pronombre «I», luego sustituido por «Let freedom ring».

tación en conferenciantes), la prosa de Fuentes en estos dos casos sorprende por su sencillez (sobre todo si el lector ha sintonizado previamente con la diferente escritura de su ficción). La naturaleza del discurso pronunciado de viva voz obliga al tono dialogante.

d) *Extensión corta.* En los artículos de opinión no debe sobrepasar las 500 palabras, y no debería tener más de diez folios en los discursos, susceptibles de ser leídos en un tiempo máximo de media hora. Estos discursos de Fuentes, son adaptables a las necesidades de espacio de los diarios, y se pueden transformar (como frecuentemente lo ha hecho el autor) en artículos de opinión de reducida extensión. Las diez páginas pueden verse subdivididas en una serie de tres artículos, pero en bloque conservan toda su personalidad de discurso oral, y clásico ensayo (en su forma escrita).

3. TÉCNICAS ESPECÍFICAS

Aparte del uso imperceptible de unas técnicas más prevalentes (exageración, paradoja, adjetivo-disculpa, autocorrección) en el artículo de opinión impreso directamente en páginas de diarios, otras resultan más obvias y constituyen el entramado fundamental de esta especial vertiente de su arte.

a) *Título provocador* que atraiga la atención del lector, una vez el discurso pasa a la forma escrita: «If We Had Left at Daybreak We Would be There by Now». Este discurso se desglosa en una *frase inicial* efectiva, que a su vez se amplía en el *lead,* el encabezamiento desarrollado por el periodismo norteamericano: una trampa que atraiga su atención. En el discurso, se une con la tradición norteamericana de «ambientar» las conferencias. Los observadores superficiales no ven que la anécdota [21] (el chiste a la americana), es en realidad (si lo efec-

---

[21] Esta técnica está ya codificada en los textos norteamericanos que tienen como objetivo principal la didáctica del arte de escribir ensayos universitarios: «the task of writing a first draft will be far easier if you come up with a lively and interesting introduction... you could start with an anecdote» (ENID A. GOLDBERG, *How to Write an Essay,* p. 26). Braude

túa un buen escritor u orador) una variante del *lead* del periodismo norteamericano, y por lo tanto una técnica estilística del nuevo ensayismo latinoamericano que, sin prejuicios, ha sabido adoptar todo lo bueno que el país del norte le puede ofrecer, sin que por ello refrenen sus críticas hacia otras facetas no tan honorables. Este es el caso de Carlos Fuentes.

Naturalmente, hay una gran diferencia entre las ocurrencias proferidas gratuitamente *antes* del discurso (no como *parte* del mismo), que no tienen nada que ver con el tema a tratar y que se efectúan simplemente para hacer el ambiente más amigable, y las que, por el contrario, son una introducción crucial sobre la tesis que se va a exponer. Un orador hábil (un ensayista avezado) conoce la diferencia. Pero también resulta más importante no dejársela ver a la audiencia.

En «If We Had Left at Daybreak...» el «lead» magistral es el siguiente:

> Some time ago, I was travelling in the state of Morelos in Central Mexico, looking for the birthplace of Emiliano Zapata, the village of Anenecuilco.
>
> I stopped on the way and asked a campesino how far it was to that village.
>
> He answered me: «If you had left at daybreak, you would be there by now».

---

considera esta parte como imprescindible pieza de un triángulo ortodoxo formado por la introducción, el cuerpo principal del discurso y la conclusión (pp. 16-17), que serían una simplificación de las cinco partes de la retórica tradicional: introducción, aseveración, argumentación, refutación y conclusión. Así, invita Braude: «An electrifying beginning to bring your audience to immediate attention will help to win them over». Es más, el autor dedica 163 de las 188 páginas del libro a una antología de anécdotas, citas y frases célebres para ser usadas como «lead». Sheridan Baker incluye en su manual el discurso de Douglas MacCarthur en West Point en 1962, titulado «Duty, Honor, Country», que al parecer fue improvisado y solamente más tarde se transcribió directamente de la grabación. El antólogo, antes del texto, menciona el «opener» de MacCarthur: «As I was leaving the hotel this morning, a doorman asked me, 'Where are you headed for, General?' And I replied 'West Point', he remarked, 'Beautiful place. Have you ever been there before?'». A renglón seguido, el militar norteamericano se centró en el tema del discurso alrededor de las tres palabras del título (p. 16).

El mensaje general es que todos los hombres tienen relojes diferentes; el mensaje particular es que la imposición de políticas uniformes invita al fracaso.

b) *Ritmo*. Consiste en una cadencia distinta de la propia del verso, que se puede mostrar si se separan en «líneas» los párrafos. No son «versos», pero su identidad recuerda el funcionamiento ed la métrica libre. En el caso del discurso de Harvard, en su versión escrita, el efecto es mucho más obvio, ya que el propio autor parcela los naturales párrafos en cortas y tajantes «líneas», visualmente perceptibles. Aunque este método está presente en todo el texto-discurso, se hace más evidente hacia el final:

> We both made history of this Hemisphere.
> We must both remember it
> We must both imagine it
>
> ....
>
> We may be here on this hemisphere for a long time
> Let us remember one another
> Let us respect one another.

e) *Correlación*. Consiste en una serie de razonamientos, casi siempre duales, para respaldar una tesis, mediante el confrontamiento [22] de afinidades y diferencias. Fuentes usa esta técnica en combinación con alguna de las anteriores («estilo» y «ritmo»):

> You are not the Soviet Union.
> We shall be the custodians...
> We have memory on our side.
> You suffer too much from historical amnesia.
> You seem to have forgotten...

---

[22] La preceptiva universitaria norteamericana (como la propuesta por Goldberg) convierte esta técnica en eje de una categoría completa del ensayo: el de contraste y comparación. Milan y Rattner hacen lo propio, pero como una subdivisión de la variante de «exposición». Obsérvese que el discurso de Fuentes reúne en los mismos fragmentos dos técnicas que para Milan y Rattner están diferenciadas en dos subcategorías: comparación-contraste y analogía. Por la primera se resaltan las diferencias, mientras que por la segunda se señalan similaridades en tipos aparentemente irreconciliables.

> We hope to have persuasion...
> We also have our own growing strategic preocupation... (IF, 434).

d) *Recapitulación*. Es una característica general de la prosa de Fuentes, método didáctico que apenas se nota y que le da un respiro al lector. En los discursos se exterioriza por la repetición organizada para conservar la atención de la audiencia:

> The United States and Latin American will remain
> We may be here on this hemisphere for a long time.

d) Un *final* que sea un *regreso al principio*.

Su uso más espectacular es el broche con que cierra magistralmente el discurso:

> Let us walk together outside the night of repression and hunger and intervention, even if for you the sun is at high noon and for us at a quarter to twelve (IF, 447).

Esto resumen una porción central de todos sus postulados: hay dos culturales asimétricas, asincrónicas, que tienen que reconocer esta realidad y que se deben entender, incluso si la mutua comprensión se debe llevar a cabo a las doce menos cuarto... o a las doce y media...

Martha Elena Vernier
El Colegio de México

Escritura lateral: ensayos de Carlos Fuentes

Después de releer las antologías de ensayos de Carlos Fuentes, me detuve en los dedicados a Cervantes [1] por razones fáciles de explicar: porque abarcar en el espacio breve de estas cuartillas esa serie no innumerable pero sí nutrida de páginas, cuya diversidad corre pareja con los tiempos que vive el autor y los intereses que le reclaman, hubiera sido, por lo menos, atrevida; porque Cervantes, su obra y su significado, tanto como España y su destino, aparecen con frecuencia en sus ensayos y narrativa, y porque hay en esas páginas temas que ahora mismo comienzan a efervescer y se habrán caldeado lo suficiente cuando llegue el momento. Me refiero al no muy lejano aniversario de la aventura colombina, que removerán una vez más los posos de la peculiar relación española-americana, que no llegaron a asentarse en cinco siglos [2].

Ese año 92 del siglo xv, saturado de acontecimientos, cuenta con uno que sólo gramáticos y literatos sacan a relucir, simplemente porque les atañe. Según reza el colofón de la primera gramática castellana oficial, ésta se terminó de imprimir el 18 de agosto de 1492, a poco de iniciado el viaje que terminó en descubrimientos y conquistas. Su autor, Antonio de Nebrija, cuenta en el breve y lúcido prólogo que, preguntado por la reina católica qué utilidad tenía una obra como ésa, «el obispo de Ávila me arrebató la respuesta, y respondiendo por

---

[1] *Cervantes o la crítica de la lectura,* Joaquín Mortiz, México, 1976. Tampoco hablo aquí de todos los capitulitos del ensayo; sólo de aquellos que tratan la «crítica de la lectura».

[2] Cuando escribí estas líneas, no tenía noticia de su última novela, *Cristóbal nonato* (Fondo de Cultura Económica, México, 1987), irónica y polémica narración alrededor de ese aniversario.

mí, dixo que después que vuestra Alteza metiesse debaxo de su iugo muchos pueblos bárbaros y naciones de peregrinas lenguas, y con el vencimiento aquellos ternían necessidad de recebir las leies que el vencedor pone al vencido, y con ellas nuestra lengua, entonces, por este mi Arte, podían venir en conocimiento della...»[3].

Conviene no interpretar demasiado estas frases de buen diplomático, porque ese argumento ambicioso y sin pérdida es una lección histórica que Nebrija expone líneas antes en su prólogo. Un argumento más artístico que político hubiera previsto, junto con los inevitables yugos y leyes, el dominio no menos duro pero sí más perdurable de la lengua y sus creaciones, como en efecto sucedió.

A poco de establecido el comercio activo entre España y sus colonias, aún no aplacada la conquista, el libro español formaba parte de la carga mercante que llegaba a América, cruzaba bajo la mirada burocrática y a menudo poco escudriñadora del visitador, y se difundía por las costas y entrañas del imperio. En dos capítulos de su ameno y meticuloso inventario, *Los libros del conquistador*[4], Irving Leonard sigue la ruta hacia América y en América de la primera edición del *Quijote,* que salió de España el mismo año de su impresión. Sólo dos años después, en 1607, las figuras del caballero y el escudero formaron parte de un juego de sortija en un remoto y áspero pueblo minero del Perú, ubicado en una planicie «tan desolada y abierta como la tierra de la mancha» (*ibíd.,* p. 294), para gusto y diversión de la pequeña comunidad.

Ese es el Quijote del regocijo, el que tiene una historia «tan clara —explica el bachiller Carrasco— que no hay cosa que dificultar en ella: los niños la manosean, los mozos la leen, los hombres la entienden y los viejos la celebran..., y finalmente... es del más gustoso y menos perjudicial entretenimiento»[5], algo que no puede dejarse de advertir en ese jocundo (palabra de Marcel Bataillon[6]) resumen de las aventuras que comentan y explican amo y criado en los primeros capítulos de la segunda parte.

---

[3] *Gramática de la lengua castellana,* ed. A. Quilis, Editora Nacional, Madrid, 1980, pp. 101 ss.

[4] Fondo de Cultura Económica, México, 2.ª ed., 1979, caps. 19 y 20.

[5] Uso la edición de Luis Murillo, Castalia, Madrid, 1978; la cita, t. 2, p. 64.

[6] «Un problema de la influencia de Erasmo en España. El *Elogio de la locura*», en su libro *Erasmo y el erasmismo,* trad. J. Pujol, Editorial Crítica, Barcelona, 1977, p. 371.

Pero este libro, «constante en su eficacia seductora», dice Américo Castro, así como es causa de diversión y mueve a risa, provoca también, quizá por eso mismo, «íntima melancolía» y «profundo meditar» [7], reacción que la lectura transmitió a la iconografía antigua y moderna del Quijote.

Más que en la risa, la exégesis abunda en la melancolía y en la meditación, y creo que se justifica afirmar que por ese rumbo se hallan las reflexiones de Carlos Fuentes, quien, vuelto ahora crítico de oficio que lee para escribir, encuentra en la novela un proyecto de crítica cervantina en la creación y en la lectura, y un Quijote que alienta ideas erasmistas. Esto, como se sabe, no es nuevo; los ahora apenas numerables estudios cervantinos dan poco lugar a pensar en mucha novedad, y tanto la lectura en el Quijote, como la razón y función de su locura, cuanto la génesis erasmiana alimentaron centenares de devotas páginas y no menos de largas y finas, aunque también firmes polémicas. Pero ese no es motivo —se me dirá con razón— para que cada lector deje de explorar las reacciones que en él provoca la novela, y menos un novelista tan prolífico como éste del que ahora hablamos.

«Aunque el tema central [de estos ensayos] es Cervantes y su obra —dice Fuentes al cerrar su advertencia—, no por ello dejo de revisar, a guisa de recordatorio..., diversos aspectos de la vida de España en la época que históricamente se inscribe entre 1499 y 1598, y literariamente se escribe entre dos fechas que recogen el pasado, radican el presente y anuncian el futuro: la publicación de La Celestina, en 1499, y la del Quijote, en 1605». Ya en el texto (p. 36) afirma que esas páginas son una «rama» de su novela Terra nostra, afirmación de la que no cabe dudar, no sólo por la afinidad de los temas (me pregunto si las líneas que copié arriba no podrían considerarse como sumarísimo argumento de su novela), cuanto porque hay algunas líneas casi textuales desprendidas de esa obra; aunque esas coincidencias, como saben quienes frecuentan las páginas de Fuentes, son voluntarios recursos de su escritura, manera de unirla en secuencias sin interrupciones.

La suma de motivaciones expuestas en las líneas que se leen arriba puede parecer excesiva para el centenar de páginas que forman el

---

[7] En su artículo «La estructura del Quijote», en la recopilación-homenaje Semblanzas y estudios españoles, Princeton, 1956, p. 222.

librito si olvidamos que se trata de ensayo, fórmula noble que exige juicio, pero no definición, cuyas virtudes son el intento, la exploración. Quizá por eso creo advertir diversos significados en lo que Fuentes llama aquí crítica. El adjetivo griego del que proviene esta palabra de uso tan amplio en nuestro oficio, significa 'capaz de discernir, juzgar'. Quiero entender así la palabra cuando Fuentes la usa al comenzar estos ensayos, porque de otra forma me sería difícil entender el sentido de las últimas líneas de la página 15, en donde dice que en el *Quijote* se nos ofrece «una crítica de la lectura que se proyecta al mundo exterior, pero también y sobre todo... una crítica de la creación narrativa contenida dentro de la obra misma: crítica de la creación dentro de la creación».

Pero no se discierne sin conocimiento, otro significado que puede tener aquí «crítica», y que se manifiesta, creo, en esa capacidad de fusión que Fuentes atribuye a Cervantes: fusión de pasado (sustancia de la locura del caballero) con presente (la realidad que la locura intenta desplazar, o mejor, transformar). El primero corresponde —para Fuentes— a formas literarias anteriores (la épica y las novelas de caballerías), el segundo a la renovación que impone Cervantes a su ejercicio novelístico. La naturaleza de esa fusión, dice Fuentes, es ambigua y «convierte la novela en un proyecto crítico» (p. 31). Debo confesar que en su contexto me parecía anacrónica esa «fusión ambigua», la cual, como confirmando mis dudas, parece corregida pocas líneas más abajo; en éstas, «fusión» puede convertirse en «combinación» entre el tributo que el *Quijote* rinde al orden épico, definido por Fuentes como «servidumbre ambigua de la novela moderna», y la ruptura con el mismo, que conforman el «proyecto crítico», cuyo único medio de expresión es la palabra (p. 32). Por haberlo conseguido, «Cervantes es el primer novelista que radica su crítica de la creación dentro de las páginas de su propia creación, *Don Quijote*. Y esa crítica de la creación es una crítica del acto mismo de la lectura» (p. 33). Estas líneas repiten, con pocas variantes, las de p. 15, y me devuelven a 'discernimiento, juicio, conocimiento', pero añaden 'arbitrio', porque algunas después (p. 35) Fuentes las amplía hasta darles, creo, el sentido que deben tener: esa crítica es un «combate cultural», situado en el Renacimiento y la Contrarreforma, que expone todas las posibles lecturas del texto de la novela.

Fuentes encuentra, por lo menos, seis formas de lectura desde las que puede entenderse la gestación y razón de la obra. A riesgo de excederme en la interpretación, quiero presentarlas de la manera siguiente: la lectura que inicia el libro y causa la locura (locura libresca, quizá); la que, en el tránsito del imaginar al hacer, convierte a Alonso Quijano en Don Quijote, inventor y protagonista de sus aventuras; la de una realidad por él imaginada, que se impone a la realidad de los demás; la del conocimiento de su vida, impresa como novela y leída como tal; la que absorbe el mundo que le rodea en el mundo creado por él, no tanto porque es ilusorio, cuanto porque es genuinamente ilusorio; y por fin, la de la pérdida de su ilusión, regreso de Alonso Quijano.

Esta serie —en la que con variantes y expresión diversa muchos han buscado el valor y originalidad de la novela— sintetiza en el texto de Fuentes la lucha de Cervantes por acordar en su literatura, que es crítica por lo menos en el *Quijote* (también, creo, en sus novelitas), lo rescatable de la vieja herencia con la historia que le toca vivir y le reta constantemente. «Nueva realidad de papel, dice Fuentes, la literatura dice las cosas del mundo, pero es ella misma una nueva cosa en el mundo» (p. 93).

Para alcanzar su propósito, afirma Carlos Fuentes, Cervantes se «embarca en la nave de Erasmo», la de la locura. Diré a mi vez que Fuentes sube aquí, como en otras partes de su ensayo[8], a la nave de Américo Castro (o de su escuela), cuya fervorosa defensa del erasmismo cervantino es bien conocida y se ha discutido ya bastante. Fuentes encuentra «... tres grandes temas [erasmistas] en el centro nervioso del *Quijote:* la dualidad de la verdad, la ilusión de las apariencias y el elogio de la locura» (p. 67).

Cita Fuentes, para confirmar el primer tema, algunas líneas de un capítulo del *Elogio* en donde se dice que, como los silenos de Alcibíades, las cosas humanas tienen dos caras. Es de lamentar que la cita sea tan breve y no tan exacta como debiera[9]; el texto que copia Fuentes dice «caras opuestas», pero leyendo ese capítulo 29 de la Moria

---

[8] Véase en especial la parte quinta, pp. 36-44, que trata sobre la triple herencia de España, tema caro a Américo Castro.

[9] Quizá se deba a que estas líneas, y las que menciono abajo, son traducción de una traducción. El texto del *Elogio* que cita Fuentes está en inglés, según la bibliografía que cita al final del libro. Tampoco es muy ortodoxa su manera de citar: une, por medio de la palabra «añade», dos textos muy separados en el *Elogio,* el primero del cap. 29, el segundo del 45; véase p. 67.

advertimos que no se trata de caras a modo de Jano, sino diferentes, una interna y otra externa, una contenida en la otra. Esta cualidad compaginaría mejor con el argumento de Fuentes, que atribuye, con razón, a las figuras del caballero y el escudero, a más de heterodoxia, verdad legítima: «el primero habla el lenguaje de los universales y el segundo el de los particulares, el caballero cree, el escudero duda, y la apariencia de uno es diversificada, oscurecida y opuesta por el otro. Si Sancho es el hombre real, participa, sin embargo, del mundo ilusorio de Don Quijote. Pero si Don Quijote es un hombre ilusorio, no deja, por ello, de participar del mundo de la pura realidad de Sancho» (p. 67). No es, pues, una doble verdad, sino una y otra verdad, como las muestran los silenos —que Alcibíades usa en *El banquete* para sustentar su argumento—, pequeños sátiros representados en bulto, que abiertos presentan imágenes diferentes a las de su exterior.

Para ilustrar el segundo tema, cita Fuentes un texto extremadamente fragmentario del *Elogio* (cap. 45), que prefiero copiar en su versión más amplia, porque en ella se entiende sin dificultades «la ilusión de las apariencias»: «Yerran los que piensan que la felicidad del hombre radica en las cosas. Más bien depende de la opinión que se tenga de ellas. Tan grande es la oscuridad y tanta la variedad de las cosas humanas que nada claro podemos conocer de ellas... Y si algo llega a saberse, no raras veces choca con la alegría de la vida. En definitiva, el espíritu del hombre está hecho de tal manera que capta mejor la apariencia que la realidad». Añadiré a esta cita otra (del cap. 62), que Erasmo toma de una sátira de Horacio: «Donde no hay hechos, lo mejor es fingirlos» [10].

Dice Fuentes que la sexta forma de lectura, la de la desilusión, corresponde al episodio de los duques, donde «el Quijote es despojado de su fe en el instante mismo en que el mundo de sus lecturas le es ofrecido en el mundo de la realidad» (p. 79), es decir, cuando el viejo caballero se topa con la historia. Concuerdo con Fuentes en que ese episodio es el punto de inflexión de la novela, y que después de él Don Quijote entra en la realidad de su tiempo con sus bandoleros, sus imprentas y sus moriscos expulsos. Pero también, si interesa aquí la filiación erasmista de Cervantes, conviene advertir que en la

---

[10] Cito por la versión de P. Rodríguez Santidrián, Castalia, Madrid, 1984.

larga estancia de Don Quijote con los castellanos se expresa mejor toda la gama de las manifestaciones de la Moria: la ilusión (que correspondería a la insania), la estupidez y la bufonería [11]; éstas son principio y sustancia de la novela y el negarlas le da fin. En esos tipos de locura, la insania que representa Don Quijote y la bufonería que representa Sancho adquieren categoría superior ante la estupidez de los que buscan la diversión en la fe ilusa del primero y la fe interesada del segundo.

En todo caso, y Fuentes lo hace constar, Alonso Quijano no es el único loco ni el único iluso de su siglo en procura de la edad de oro, en la cual, dice la Moria (cap. 32), no se necesita justicia, porque no hay maldad, ni conocimiento, porque el hombre no imagina indagar más allá de su condición.

No hay empresa más utópica que la de procurar justicia y también amor; en ella se escribe, según Fuentes, la novela de la desilusión, y quizá podamos decir que también la del fracaso, expuesta a la intriga de innumerables curiosos que la leerán a su manera, y deberán concluir con la opinión de la cabeza encantada, que resume así el episodio de la cueva de Montesinos: «hay mucho que decir: de todo tiene».

---

[11] Véase el artículo de M. Bataillon citado en nota 6, quien las destaca sobre todo para la segunda parte del *Quijote*.

Opera omnia_____

Juan Carlos Lértora
Skidmore College

M. Bakhtin/C. Fuentes: teoría y práctica

«... el más importante pensador soviético en el dominio de las ciencias humanas, y el más grande teórico de la literatura del siglo xx», según Todorov (T. Todorov, *Mikhail Bakhtine. Le Principe Dialogique*, p. 7; traducción mía). Bakhtin ha propuesto uno de los marcos teórico-conceptuales más amplios y ricos en sugerencias para la comprensión del fenómeno literario, en general, y para el surgimiento y consolidación del género narrativo, en particular.

Bakhtin postula que la novela como género no se desprende de la tradición épica, seria y elevada, sino de géneros menores que coexisten con ella y que constituyen manifestaciones literarias cómico-serias, como la sátira menipea y los diálogos socráticos, que gozaban de menor prestigio que la corriente épica. El discurso del héroe épico está en coincidencia ideológica con el sistema de creencias de la comunidad, mientras que el discurso del personaje de novela explora inquisitivamente las múltiples dimensiones de la realidad, enfrentándose a menudo a los discursos que sostienen la convención.

Al rastrear el nacimiento del género narrativo en esta vertiente, Bakhtin propone que participan dos subtextos en la configuración del género: uno, que constituye una práctica social comunal —el carnaval—, y el otro, una práctica literaria que sería la representación lingüística del primero en la obra de ficción —el realismo grotesco.

Ritual comunitario, el carnaval surge en la Antigüedad, atraviesa la Edad Media y alcanza su culminación durante el Renacimiento, para desaparecer casi por completo a fines del siglo XVII. Si bien es posible encontrar celebraciones carnavalescas desde el siglo XVIII hasta hoy, es también cierto que éstas parecen estar desprovistas de su carácter festivo original para convertirse en representación sarcástica si no grotesca, despojadas de su sentido celebratorio de cambio, de muerte y resurrección.

Antes de la transformación que el espíritu carnavalesco experimenta en el Romanticismo, su esencia estaba constituida por la total ausencia de leyes, la reinversión del orden y las jerarquías que regulaban la práctica cotidiana, una total familiaridad en el trato entre los participantes, la existencia de coronaciones y descoronaciones bufonas, el uso de máscaras y disfraces para celebrar el cambio y la transformación, el travestimiento, la anulación de distancias entre actores y espectadores, en la vida predominaba el principio de contradicción, el encuentro de elementos antitéticos, rasgos éstos que parodiaban el lado serio y formal de la existencia diaria (*Rabelais and His World*. Para una buena complementación sobre los componentes del carnaval que describe Bakhtine, véase Alexander Orloff, *Carnival*).

Constituyentes propios del carnaval, de acuerdo con la visión de Bakhtin, son su carácter de incompletud, de ambigüedad, de proceso en constante movimiento y transformación, en suma, de «monde à l'envers». Lo importante de retener en esta somera descripción es que el principal ímpetu del ritual carnavalesco es el de cuestionar la certeza de la pretendida verdad oficial para hundirla en la ambigüedad, en la ambivalencia de todo; «el carnaval y lo grotesco tienen el efecto de hundir la certidumbre en la ambivalencia y la incertidumbre, como resultado de su énfasis en las contradicciones y la relatividad de todos los sistemas clasificatorios. Es por esto que la máscara es tan importante a ambas formas» (Katerina Clark and Michael Holquist, *Mikhail Bakhtin,* 304; mi traducción); de hecho, uno de los principios «ideológicos» del carnaval es el de que todo lo que existe tiene su contrapartida jocosa; todo es, así, posible de ser parodiado.

Perdida la práctica ritual comunal, la novela asume y recrea la esencia del carnaval, que es la contradicción y la reinversión de jerarquías como principios generadores, de manera que el espacio del texto deviene lugar de encuentro de diversas modalidades de comunicación, a semejanza de las que tenían lugar en la plaza pública; el texto narrativo, ente anticanónico por excelencia, es el terreno en que se confrontan diversos registros discursivos de signo divergente y que no se excluyen entre sí.

En la comprensión bakhtiniana, la novela potencia al máximo las fuerzas centrífugas del lenguaje, diferenciándose, así, del lenguaje centrípeto, unitario, del lenguaje oficial y de poder que se propone a sí mismo depositario de la verdad, de la no ambivalencia. Caracterizada por una constante búsqueda de nuevas modalidades de expresión, sistema en permanente transformación, la novela, en cuanto «expresión lingüística, está *orientada hacia el otro,* hacia el auditor, incluso si ese otro está ausente» (Todorov, *Mikhail Bakhtine. Le principe dialogique,* 287; mi traducción). La coexistencia de distintos tipos discursivos de idéntico estatuto corresponde a la noción de heteroglosia postulada por Bakhtin, y que «refiere a la condición objetiva del lenguaje marcada por una pluralidad de perspectivas y valores, prácticas ideológicas que están en contacto desafiante entre sí» (LaCapra, *Rethinking Intellectual History,* 312; mi traducción). La manifestación de la heteroglosia en la novela está encarnada en el discurso de los personajes, y expresa la oposición de visión de mundo cuyo origen se encuentra en el marco más amplio de la heteroglosia social; la novela se concibe, desde esta perspectiva, como la representación de lo que en la realidad califica al lenguaje social, su carácter no unitario sino estratificado. El texto narrativo deviene ideologema, en el sentido que Bakhtin confiere al término: «El hablante de la novela es siempre, en uno u otro grado, un *ideólogo,* y su discurso es siempre un *ideologema.* Un lenguaje particular en la novela es siempre un modo particular de ver el mundo... Es precisamente como ideologemas que el discurso se convierte en objeto de representación en la novela» (M. Bakhtin, *The Dialogic Imagination,* 333; mi traducción); en tal sentido, «La aceptación de un texto como un ideologema determina el propio procedimiento de una semiología que, estudiando el texto como una intertextualidad, lo piensa, así, en relación con (los textos de) la sociedad y la historia» (Julia Kristeva, *El texto de la novela,* 16); de esta manera el texto de la novela está en abierto diálogo con otros textos y sistemas que informan la cultura, y es ahí donde se concreta en cuanto manifestación significativa de carácter *intencional:* «El dominio de la ideología coincide con el de los signos: ellos se corresponden mutuamente. Ahí donde se encuentra el signo, se encuentra también la ideología. *Todo lo que es ideológico posee un valor semiótico»* (Bakhtine, *Le Marxisme et la Philosophie du langage,* 27; mi traducción; subrayado en el texto).

En la novela, las diversas instancias discursivas que coexisten sin identificarse no son absorbidas por el discurso del narrador básico, que controla y manipula los componentes del mundo representado, y los personajes están concebidos como una (toma de) posición discur-

siva sobre el mundo; así, «el lenguaje de cada personaje posee su
propio sistema de creencias, puesto que cada uno es el discurso de
otro en el lenguaje de otro» (M. Bakhtin, *The Dialogic Imagination*,
315; mi traducción), en tanto que el discurso autorial «es discurso
a propósito de otro discurso, palabra *con* la palabra y no una palabra
sobre la palabra de otro (no un metadiscurso como lo entendemos);
los discursos contrarios *están reunidos* (en el texto), pero no *identificados,* no culminan en un yo estable que sería el *yo* del autor mono-
lógico» (Kristeva, «Une Poétique ruinée», en M. Bakhtine, *La Poétique
de Dostoievski,* 15; mi traducción).

El reconocimiento del «otro» como productor de discurso en el
espacio del texto es aspecto central en la comprensión que Bakhtin
ofrece de la novela, pues permite concebirla como diálogo con otros
textos y sistemas culturales y, también, en el interior del texto la participación de distintos actos de habla que manifiestan diversos modos
de percepción sin que ninguno de ellos posea rango de privilegio,
incluido el hablar del narrador.

Es precisamente el carácter ontológicamente autónomo del discurso
de personaje enfrentado a otros discursos de igual condición y jerarquía lo que marca la condición polifónica del texto narrativo, polifo-
nía que no es únicamente un conjunto de voces, sino «pluralidad de
voces y de conciencias independientes y distintas», supone «una multiplicidad de voces 'equipolentes' en el interior de una sola obra» (*La
Poétique de Dostoievski,* 32, 69; mi traducción), voces que constituyen en sí sujetos de su propio discurso, y no objeto del discurso
narrativo-autorial. El reconocimiento del otro como instancia produc-
tora de discurso lleva a Bakhtin a postular la importancia del discurso
referido, propio de la novela moderna. «El discurso referido, es el
discurso en el discurso, la enunciación en la enunciación, pero es, al
mismo tiempo, un *discurso sobre el discurso, una enunciación sobre la
enunciación* (*Le Marxisme et la Philosophie du Langage,* p. 161; mi
traducción; subrayado en el texto), discurso que mantiene su autonomía estructural y semántica. Es este juego de discursos coexistentes
el que hace que todo enunciado se relacione a enunciados anteriores,
generando relaciones intertextuales de todo tipo.

Al asumir la novela todos estos elementos el espacio textual se
carnavaliza, en ella se representa lo esencial de la práctica comunal,
que es la parodia desentronizante de convenciones y sistemas vigentes,
para privilegiar el espíritu de transformación potenciando un juego de

máscaras y travestis discursivos que se convierten en eje del lenguaje narrativo, confiriéndole esa condición de «alegre relatividad» con que lo define Bakhtin.

Discurso paródico y de transgresión es el soporte estructural del segundo subtexto formulado por Bakhtin, el del realismo grotesco; festivo y celebratorio desde su origen, el grotesco del carnaval sufre un ostensible cambio durante el Romanticismo asumiendo una condición sombría, grave, y perdiendo el carácter positivo de sus inicios; en todo caso, el principio que anima el grotesco es la degradación de todo lo elevado y espiritual (de ahí la enorme importancia que tienen imágenes corporales referidas a actos humanos reputados no siempre de modo positivo, como la defecación, el vómito, el lenguaje soez y abusivo, la descripción detallada de relaciones eróticas, etc.), el reverso de lo sublime cuya función es «consagrar la libertad inventiva, permitir la combinación de una variedad de elementos diferentes y su relación, liberar del punto de vista predominante sobre el mundo, de convenciones y verdades establecidas, de clichés, de todo lo que es vulgar y universalmente aceptado. Este espíritu del carnaval ofrece la oportunidad de tener una nueva mirada sobre el mundo, de comprender la naturaleza relativa de todo lo que existe, y de entrar en un orden de cosas completamente nuevo» (*Rabelais and His World,* 34; mi traducción); en suma, «vida al revés» de lo usual.

Indudablemente una comprensión del fenómeno narrativo postulada en estos términos permite una lectura distinta de la narrativa hispanoamericana, en particular de aquella que, como la de Fuentes, surge en momentos de marcado conflicto político social, de deseo de ruptura del canon vigente, de transformación y renovación, o, como el mismo Fuentes lo expresara al teorizar sobre sobre la «nueva novela»; «Nuestras obras deben ser de desorden: es decir, de un orden posible, contrario al actual», para postular «el lenguaje de la ambigüedad: de la pluralidad del significado, de la constelación de alusiones: de la apertura» (Carlos Fuentes, *La nueva novela hispanoamericana,* 32).

En la escritura de Fuentes está impreso de modo natural ese «espíritu carnavalesco», así como las imágenes que configuran el lenguaje específico del realismo grotesco en sus dos manifestaciones, festiva y grave. En general, la narrativa de Fuentes puede entenderse como una puesta en práctica de las categorías conceptuales postuladas por Bakhtin sobre la literatura carnavalizada, coincidencia de percepción del fenómeno narrativo; no hay sino que retener la importancia y función que tiene la máscara, no sólo en su sentido simbólico existencial, sino referida al ser mejicano, cuya identidad constituye una búsqueda (¿o rechazo?) constante; la máscara es tal vez el principal sujeto semiótico en la narrativa de Fuentes, que se manifiesta revestida no sólo de las connotaciones que tenía en la versión festiva del ritual carnavalesco, celebratoria de la transformación, sino también en la versión postromántica: la máscara oculta algo secreto, a veces vergonzoso, no una identidad de una sola factura, sino otras máscaras, de manera que la autenticidad es imposible de alcanzar. Es este juego de máscaras que confiere a los personajes de Fuentes un valor múltiple, no maniqueo, se trate del doble en *Terra nostra,* o el cinismo de un Federico Robles o la imagen dual del Mismo y el Otro encarnados en Artemio Cruz, o el intento de conocerse a sí mismo y al otro, a la vez que ocultarse a través de sucesivas máscaras, de los personajes de *Cambio de piel,* entre múltiples otros ejemplos. La coincidencia de percepción se manifiesta también en el tratamiento del personaje como otro «yo» cuyo discurso es autónomo y en sí significativo —piénsese por ejemplo en la multiplicidad de discursos de personaje que gozan de total autonomía, donde no existe una instancia narrativa que sancione uno u otro como depositario de la verdad, en *La región más transparente,* o *Cambio de piel*—, o el discurso travesti, que descorona los postulados ideológicos que sostienen el lenguaje y el pensamiento oficiales de la Revolución Mexicana, en *La muerte de Artemio Cruz:* «Sí —suspirarás y le pedirás un fósforo a Padilla—, veinte años de confianza, de paz social, de colaboración de clases; veinte años de progreso, después de la demagogia de Lázaro Cárdenas, veinte años de protección a los intereses de la empresa, de líderes sumisos, de huelgas rotas» (p. 16), o en la descoronación discursiva sobre el lenguaje oficial de la religión católica, en *Cambio de piel:* «¿Qué tal si el guerito J. C., nuestro primer rebeldazo, hace las paces con Roma y los fariseos y se dedica a jugar al tute con Iscariote como en una película de nuestro Buñueloes o le entra al comercial jabonero con Pilatus Procter & Gamble?» (p. 263), o las imágenes referidas a las funciones corporales en *La muerte de Artemio Cruz,* centrales al discurso grotesco, la importancia del travesti en *Zona sagrada,* la dispersión del significante en constante mutación, que impide la fijeza del significado y por tanto la pretendida unicidad de la identidad es inaprehensible, la ambivalencia de los personajes, el discurso irracional e incoherente, representativo del discurso del loco, la pluralidad de estilos y voces, identidad simbólica de vida y muerte en Artemio Cruz, agonía que expresa los momentos sucesivos de muerte y renacimiento celebrados en el carnaval, etc.

No parece arriesgado sostener que la narrativa de Fuentes, quizá más que otras expresiones de la novela hispanoamericana contemporánea recrea, con el objeto de una búsqueda de renovación incesante, el espíritu propio del ritual carnavalesco y se propone a sí misma como sostenido intento de liberación.

Juan Manuel Marcos
Oklahoma State University

La fuente de Borges, el Borges de Fuentes, las fuentes de Fuentes

Cada día somos más conscientes de que el ejercicio de la lectura crítica es una vivencia abierta, que nos invita a crear nuestras propia construcción del texto, a llenar eso que Iser llama brecha o blancos del texto. Nuestros horizontes de expectativa han cambiado. Hemos aprendido, con Fish, que las estrellas no están en el texto, que no nos emocionamos con las estrellas del Temuco juvenil de Neruda, sino con las de nuestra propia juventud, al leer y disfrutar el poema 20. Hemos aprendido, con Jauss, que la vieja polémica de Benjamín y Adorno sobre el oyente regresado y la reproductibilidad mecánica de la obra de arte ya está superada; que debemos releer segmentos del discurso supuestamente ilustrado, como el de Kant, como una respuesta alternativa a la Ilustración, que ya estaba presagiada en los jesuitas como Luis de Molina, Gabriel Vásquez, Roberto Belarmino, Juan de Mariana y, por supuesto, el gran Francisco Suárez: la «ejemplaridad» moral es la condición de la «crítica del gusto» y la condición de ese hermoso pacto social que es la comunicación artística. Y hemos aprendido sobre todo, nosotros, los hispanistas, que la vida es hermosa, que la utopía es hermosa y que nuestra América es hermosa, a condición que la describamos con el lenguaje apropiado, con el color, la temperatura y la emoción de que ella es digna, como nos ha enseñado nuestro gran padre Martí.

Carlos Fuentes no sólo es uno de los más destacados buscadores de ese nuevo lenguaje latinoamericano (lector de sílabas que preceden a la gramática del conquistador, pero que se funden con ella), sino tal vez el que con más claridad, dentro del boom, ha expresado su estatuto ideológico: su clásico ensayo *La nueva novela hispanoame-*

ricana [1] es como la biblia no oficial de esos narradores como García
Márquez, Vargas Llosa y el propio Fuentes, que alcanzaron notoriedad
internacional en los sesenta, y de los críticos que les ayudaron a consagrarse en el medio académico. En este libro, Fuentes recalca la pa-
ternidad borgiana sobre el discurso del boom:

> Esta prosa deslumbrante [de Borges], tan fría que quema los labios,
> es la primera que nos relaciona (*relative:* pariente, prosa de vecindad
> y parto, también), que nos saca de nuestras casillas, que nos arroja
> al mundo y que, al relativizarnos, no nos disminuye, sino que nos
> *constituye* [subrayado de Fuentes] (p. 26).

Desde luego, sería ridículo discutir la importancia de la obra de Borges. El problema es que, para Fuentes, «Latinoamérica carece de lenguaje» (*ibídem*), y solamente *después* de Borges (y de sus discípulos,
como los del boom), se *constituye* dicho lenguaje. Esta afirmación
reduce implícitamente a Sor Juana Inés de la Cruz, Hernández, Martí,
Vallejo o Neruda a la categoría de latinoamericanos sin lenguaje o de
escritores sin latinoamericanidad. En realidad, la obra de Borges anticipa un aspecto esencial del desarrollo de la narrativa hispanoamericana como una respuesta periférica al discurso de la Ilustración. Updike
había intuido esa actitud, aunque de manera algo nebulosa: hay una
constelación de atributos estoicos que, según él, se muestran reflejados
en el hemisferio austral por el autor argentino de una forma espan-
tosamente invertida. En esa línea, de Man advirtió el sentido paródico
del personaje Pierre Ménard como un reflejo invertido del anti-ego de
Valéry (es decir, Monsieur Teste) y todo el juego de ironías que ello
implica. Y Barth se acercó más a la solución del enigma al indicar
que, cuando los personajes se convierten en lectores o autores de su
propia ficción, nos recuerdan el carácter ficticio de la existencia. El
discurso de Borges consiste paradójicamente en una manifestación de
repudio del logocentrismo occidental que está en la base de toda empresa neocolonial, en los prejuicios étnicos contra los pueblos perifé-
ricos y contra la participación de las propias minorías centrales. Los
cuentos de Borges simbolizan el fracaso del mito ilustrado, especialmente, como indican Horkheimer y Adorno, en su forma más deca-

---

[1] CARLOS FUENTES, *La nueva novela hispanoamericana* (México: Joaquín
Mortiz, 1976, 5.ª ed.; 1.ª ed. 1969). Las referencias a este libro se indicarán entre paréntesis en el texto.

dente: el positivismo [2]. Bajo el imperio ideológico del positivismo se pretendió excluir como un tabú maldito todo lo que representara una *otredad* para el proyecto neocolonial (gauchos, negros, indios, mujeres, homosexuales, revolucionarios). Pero la naturaleza, representada por los compadritos, los forajidos y hasta los monstruos de Borges, desata sus fuerzas vengadoras y anuncia que lo *otro* es invencible. Borges nunca llegó a ser muy consciente de que la magia desempeña un profundo papel integrador en las mal llamadas «culturas primitivas». Sin embargo, esta especie de semi-conciencia, cuya metáfora biográfica sería la semi-visión que el gran escritor padeció en su vida madura, no le impidió simbolizar en sus deslumbrantes elogios del coraje y el erotismo de toda lucha desinteresada las vías para superar poéticamente el pacto de represión y civilización argumentado por Freud como un mal necesario para el progreso [3].

Ahora bien, Fuentes señala oportunamente que «la gran ausencia en la prosa de Borges es de índole crítica». Insiste, sin embargo, en atribuir a Borges nada menos que haber creado la posibilidad del paso del «documento de denuncia a la síntesis crítica de la sociedad» en la literatura de América Latina. Sin duda el escritor mexicano no se imaginaba en 1969 hasta qué punto esa ausencia iba a empañar la trayectoria cívica del autor argentino. Jaime Alazraki ha denunciado el apoyo brindado por Borges a los generales, y no encuentra que su maestría literaria pueda salvarlo del todo de un severo juicio ético [4]. Las lacras y los conflictos económicos y políticos latinoamericanos parecen impregnados, en su obra, de un pesimismo fatalista, invulnerable a toda opción de cambio o perfeccionamiento. Las mujeres de Borges, como la Juliana de «La intrusa», aparecen como criaturas impotentes ante una sociedad machista y cruel. Carecen de otra salida que la venganza individual, como la que ejecuta Emma Zunz, alentada exclusivamente por un odio personal. Alazraki atribuye el desembarazamiento con que la crítica nórdica ungió en seguida el deslumbrante estilo borgiano, al simple hecho de que dichos críticos, al no sufrir

---

[2] Max Horkheimer y Theodor W. Adorno, *Dialectic of Enlightenment* (New York: Herder and Herder, 1972; trad. de J. Cumming), p. 16.

[3] Cf. Herbert Marcuse, *Eros and Civilization* (Nueva York: Vintage Books, 1962), p. 157.

[4] Jaime Alazraki, ed., *Critical Essays on Jorge Luis Borges* (Boston: G. K. Hall, 1987), p. 5. Las demás referencias a este libro se indicarán entre paréntesis en el texto.

las vivencias lacerantes de la realidad latinoamericana, podían fijarse más cómodamente en aspectos técnicos, sin preocuparse por la flagrante insensibilidad social del autor. Así no puede sorprendernos que Hartman haga una lectura del personaje de Juliana como un mero dato interno de la organización narrativa de Borges (p. 126), o peor aún, que Steiner encuentre el salvaje asesinato de la muchacha como un símbolo poético de la fraternidad y de la reconciliación de Borges con su propia cultura (p. 124). Estos paradigmas borgianos se han reproducido en figuras como Santa Sofía de la Piedad, Eréndira y Ángela Vicario, en los relatos de García Márquez, y en numerosos personajes femeninos de Vargas Llosa, y otros miembros y epígonos del *boom*. La escritura borgiana del *boom* es *minotáurica* [5]. Dice Alazraki: «Como Asterión, el minotauro de su narración, que escoge el ordenado espacio que ha encontrado en una construcción humana al verse enfrentado al caos del mundo..., Borges ha hecho una elección semejante: enfrentado al caos del mundo, ha escogido el orden de la biblioteca» (p. 3). Alazraki repudia las atrocidades de la dictadura militar en nombre de «Occidente» (p. 5) y la figura de los intelectuales que buscan la mutilación cultural latinoamericana de todo elemento no occidental o de lo que Occidente ha sancionado como «civilizado» (p. 7). Coincide así con la oportuna denuncia, hecha por Claudio Guillén, del peligro de «perpetuar ademanes europeocéntricos, traduciendo a formas de pensar occidentales» los conceptos poéticos de culturas no occidentales, «como quien concede títulos de nobleza». Guillén concluye llamando la atención sobre esfuerzos teóricos como los de Edward Said, a quien atribuye el valor de haber arrancado «las máscaras culturales del colonialismo» [6].

Para Fuentes, pues, el hispanoamericano carecía de lenguaje antes de Borges. ¿Y los españoles? «Para el español», dice Fuentes, «el problema no es poseer una lengua, sino des-poseerse de ella, renunciar a ella, hacerse extranjero a su lengua, recobrar un desamparo que, de nuevo, convierta a la lengua en un desafío, como lo fue para Cervantes, Rojas o Góngora» (pp. 81-82). Extraña hipótesis, aparentemente,

---

[5] Véase el desarrollo de este concepto en mi «*Yo el Supremo* como reprobación del discurso histórico», *Ko'eyu latinoamericano* (Caracas), 6, 37 (1985), publicado originalmente en *Plural* en 1983, y reproducido en otras publicaciones.

[6] CLAUDIO GUILLÉN, *Entre lo uno y lo diverso* (Barcelona: Grijalbo, 1985), p. 154.

pues sin duda Cervantes y Rojas y Góngora también fueron españoles, y nadie que haya disfrutado de los poemas de García Lorca dirá que Góngora está muerto, ni nadie que haya disfrutado de esa magnífica carnavalización de la burguesía franquista que es *Tiempo de silencio* dirá que Cervantes está muerto. No lo están, ni para los españoles, ni para nadie.

En otro lugar del clásico fuentiano el lector perpicaz se llevará una sorpresa aún mayor: para Fuentes, la lengua literaria española carecía de juegos de palabras antes de Cabrera Infante. Dice el narrador mexicano:

> Cabrera no es sólo el primer maestro latinoamericano de esa categoría central de la lengua inglesa, el *pun* o calambur; al crear su propio *Spunish language,* castiga al castellano con todas las extrañezas en las que puede renovarse, reconocerse y contaminarse; pero, al mismo tiempo, destruye la fatal tradición de univocidad de nuestra prosa (p. 31).

¿«Unívocos» Santa Teresa, Gracián, el padre Mier? ¿Cómo es posible afirmar que antes del autor de *Tres tristes tigres* no existían un Quevedo o una Sor Juana, que ya en el título de *Los empeños de una casa* americanizaba el gongorismo del Calderón de *Los empeños de un acaso*? ¿Sólo los ingleses eran capaces de crear juegos de palabras hasta que Cabrera llegó a Londres y nos enseñó a escribir con gracia?

La estrategia que subyace en estas operaciones de hiperbolización de los méritos literarios de Borges o de Cabrera Infante, es bastante obvia: lo que el escritor mexicano quiere decirnos es, primero, que no hay literatura latinoamericana aceptable para el mercado internacional antes que el *boom* (o sea, Borges, sus discípulos como Fuentes, y los epígonos de sus discípulos, como Cabrera Infante); y segundo, que tampoco la novela peninsular tendrá derecho a dicho mercado a menos que imite la retórica del *boom,* como lo hace Juan Goytisolo. De esa manera no sólo se silencia una rica tradición precedente, sino también se margina a otros autores, como Arguedas, Rulfo o Roa Bastos, que en los mismos años buscaban un lenguaje menos narcisista y una trayectoria personal más comprometida que la de Borges o Cabrera Infante con los conflictos sociales del continente.

Es imprescindible subrayar que el concepto de post-boom no significa en modo alguno una hostilidad o un antagonismo. En ese caso, sería mejor usar el término «anti-boom». Ni Alazraki ni la nueva crítica del post-boom tienen la intención de prolongar la actitud de los llamados «parricidas». Todo lo contrario. Post-boom significa simplemente un desarrollo más abierto de las potencias descubiertas por los maestros de los sesenta. Entre esos maestros están sin duda Borges y Fuentes, que se merecen reconocimiento y respeto. Pero el intento de Manuel Puig, Isabel Allende, Saúl Ibargoyen, Eraclio Zepeda, Mempo Giardinelli, Antonio Skármeta, Luisa Valenzuela, Elena Poniatowska, Helena Araújo y muchos otros escritores actuales por superar las limitaciones de esos maestros también debe ser objeto de estudio y admiración. Para estos nuevos narradores, el lenguaje ya no es más una excusa para el ejercicio narcisista de la orfebrería verbal, sino un desafío para la recreación estética de los géneros populares y la hibridación lingüística de los grupos y regiones marginales y fronterizos. La mujer adquiere en estas nuevas obras un protagonismo digno y crítico de las estructuras patriarcales de la sociedad. Y la tradición *entera* de nuestra lengua literaria, desde Cervantes y Sor Juana hasta Lorca, Rulfo y Roa Bastos, se reincorpora en ellas con la riqueza y la fertilidad que le corresponde.

No neguemos a Fuentes ni a Borges, como *La nueva novela hispanoamericana* negó sus propias fuentes. Nos necesitamos todos. Hay una colectividad que nos reclama y a la que no podemos renunciar ni renunciaremos jamás. No vamos a ceder a Fuentes ni a Darío al enemigo.

Francisco Prieto
Universidad Iberoamericana, México D. F.

Carlos Fuentes: densidad moral y realidad social de México

La obra de Carlos Fuentes incide en la experiencia poética de la degeneración, tanto social y política como humana. Y como es Carlos Fuentes, ante todo, un novelista, sus novelas de índole social y política suelen encarnarse en personajes, es decir, conllevan un tratamiento de situaciones humanas concretas o, dicho de otro modo, la estructura de esas novelas se gesta a partir de ciertas existencias singulares.

De hecho, hay otras dos vertientes en la obra de Fuentes que nos remiten al relato fantástico —*Aura* sería el mejor ejemplo, pero también «Una familia lejana», el cuento «Muñeca Reina» y, en cierto sentido, «La cabeza de la hidra»—, pero también a una especie de narración abstracta y hermética emparentada en más de un sentido con el movimiento francés conocido como «nouveau roman», donde se insertarían «Cumpleaños» y «Zona sagrada».

En todo caso, la mayoría de la obra de Fuentes obedece a las características descritas anteriormente y aun así una clasificación es difícil, ya que estamos ante un virtuoso capaz de mostrarse y metamorfosearse con los ropajes más diversos. Así, y desde una perspectiva exclusivamente formal, podría establecerse un paralelismo entre *La región más transparente* y *Manhattan Transfer, Las buenas conciencias* y *Doña Perfecta* (u otras novelas galdosianas inscritas en el realismo crítico)...

Fuentes, además, ha sido capaz de desarrollar obras tan personales y llenas de hallazgos como *La muerte de Artemio Cruz* y *Cambio de Piel.* ¿Qué decir de *Terra Nostra*, donde todas las vertientes del novelista se encuentran?

Creo, sin embargo, que el desarrollo fenomenológico de un proceso de degeneración es común a Fuentes, encontrándose de uno u otro modo en todas sus obras. Como resulta que el novelista nació en 1928, recién iniciada la primera guerra cristera y en vísperas de la rebelión vasconcelista, ambos movimientos populares, que pusieron a prueba e hicieron tambalearse a la organización política preludiada por el general Obregón y diseñada por el presidente Plutarco Elías Calles hasta consolidar el sistema que hasta hoy rige en nuestro país, y resulta, asimismo, que era Fuentes un niño de diez años cuando el general Cárdenas consumara la expropiación petrolera, puede decirse que la adolescencia del escritor transcurre a partir del gobierno de Manuel Ávila Camacho, esto es, cuando para los diversos estudiosos de la historia de México la revolución concluye, señalan unos, o se interrumpe, aclaran otros. Mas sucede que Carlos Fuentes ha pasado buena parte de su niñez y adolescencia en distintos países sudamericanos y en los Estados Unidos por ser hijo de diplomático, lo que, según sus mismas palabras, le hizo «perder ciertas raíces y ganar determinadas perspectivas» (cfr. *Tiempo Mexicano,* Ed. Joaquín Mortiz, México, 1971, p. 63 de la sexta edición). En todo caso, vivir fuera sabiéndose pertenecer a otra realidad que, en buena medida, se encuentra en la propia casa, cuando esa realidad es conflictiva se vuelve una presencia que a un poeta en ciernes no puede sino avivarle la imaginación y despertarle el sentido del compromiso: cada regreso a «casa» era reabrir forzosamente los ojos, deslumbrarse, escandalizarse...

Pero el tema que nos ocupa es la problemática sociopolítica mexicana según nos la permiten conocer las obras de Fuentes. Y como la obra de este autor es tan abundante como compleja y prolija, permítaseme establecer una hipótesis que señale los límites de este trabajo y facilite su comprensión. Creo, sin temor a equivocarme, que hay en el novelista una obsesión determinante por la degeneración espiritual del individuo que está en la base de la densidad de su obra literaria al coincidir con la circunstancia de la decadencia de la sociedad desde la cual escribe. En otras palabras, si *La muerte de Artemio Cruz* es la conjunción perfecta de cuanto acabo de señalar, *Aura* es la experiencia poética más honda que yo conozca en que se plasma, como en la pintura negra de Goya, una atmósfera de disolución y desesperanza, mientras que, por su parte, *Gringo Viejo* constituye una exploración implacable en el individuo que asume su propia e indefectible corrupción y la asume vivenciándola hasta el final que estaba desde el principio. Curiosa y profunda coincidencia con *Artemio Cruz,* novela que se inicia y termina con la muerte de la criatura fracasada.

Pues bien, la hipótesis anunciada se complementaría con que la historia de México durante la segunda parte del siglo xx se caracteriza, precisamente, por un proceso de deterioso moral, de modo que el escritor se vuelve un médium para la comprensión del fenómeno desde situaciones vitales.

Ahora bien, si Carlos Fuentes tiene, a juicio mío, dos precursores en la generación anterior de novelistas en lo que toca al proceso descrito, a saber, José Revueltas y Rafael Bernal, hay una diferencia fundamental que distingue a Fuentes, aparte de otras consideraciones formales, y que consiste en la carencia de densidad ética. En otras palabras, Revueltas y Bernal, marxista el uno y católico el otro, si bien no son ni por asomo escritores de tesis, animan sus obras con la intensidad dramática de aquellos que, posesos de la fe, dejan hablar a la vida, pues son también artistas, y de la confrontación entre existencia y convicción personal suele surgir la luz en la penumbra; la paz del reconocimiento del misterio; hacerse un espacio la piedad en el concierto de voluntades destructivas. En otras palabras, el compromiso de la persona frente a ese otro que emana de la autonomía de su vida de artista —no han elegido a sus personajes ni sus temas, sino en cuanto los fueron asumiendo— genera la densidad moral de sus obras. Mas resulta que ni Revueltas ni Bernal lograron una obra tan compleja, variada y extensa como la realizada por Fuentes hasta el momento, cuando aún no alcanza los sesenta años. Por otra parte, si la degeneración individual y colectiva es una de sus obsesiones, ésta refleja no sólo el pasado reciente de México, sino el mundo moderno y, además, el eclecticismo y pragmatismo de sus personajes principales es correspondiente a las tendencias dominantes en la vida social y política de México, categorías que caracterizan, por cierto, a un sinnúmero de individuos de los diversos sectores de nuestras clases medias. Podemos, entonces, aventurar la hipótesis que estamos ante un narrador contemporáneo que nos permite acceder, mejor que ningún otro, al conocimiento del México contemporáneo.

Debemos, sin embargo, encontrar estas afirmaciones en la obra de Fuentes. Y lo que me parece más significativo al respecto es la evolución de Jaime Ceballos, el protagonista de *Las buenas conciencias*. Porque Jaime Ceballos, a quien el autor ha prestado una sensibilidad fina y despierta que le lleva no solamente a establecer una hermosa amistad con un chico de la clase baja y marginal, sino a profundizar una relación con un perseguido a quien protege y, lo que es más, a

asumir al nivel de la conciencia su inquietud religiosa al tiempo que
se ha impregnado de los valores reales o imaginarios de su medio familiar, Jaime Ceballos, digo, concluye con una especie de iluminación
repentina que le lleva a negar su agonía y afirmar:

> «No he tenido el valor. No he podido ser lo que quería. No he
> podido ser un cristiano. No puedo quedarme sólo con mi fracaso;
> no lo aguantaría; tengo que apoyarme en algo. No tengo más apoyo
> que esto: mis tíos, la vida que me prepararon, la vida que heredé
> de todos mis antepasados. Me someto al orden, para no caer en la
> desesperación. Perdón, Ezequiel; perdón, Adelina; perdón, Juan Ma-
> nuel» (cfr. *Las buenas conciencias,* F. C. E., 4.ª edición, 1969, p. 190).

Consciente de que su madre había muerto miserablemente después
de haber sido orillada a la prostitución por una familia que nunca la
aceptó, consciente de la injusticia que pesaba sobre su amigo Juan
Manuel, consciente de que su tío había denunciado y condenado
para siempre al fugitivo Ezequiel, Ceballos, que no abandona sus creencias religiosas puesto que confiesa su desengaño al Cristo, lejos de
caer en esa impotencia a la que Fuentes pudo haber dado el hálito
trágico de la desesperación, Ceballos, digo, «supo entonces que sería
un brillante alumno de Derecho, que pronunciaría discursos oficiales,
que sería el joven mimado del Partido de la Revolución en el estado,
que se recibiría con todos los honores, que las familias decentes lo
pondrían de ejemplo, que se casaría con una muchacha rica, que fun-
daría un hogar: que viviría con la conciencia tranquila» (cfr. *op. cit.,*
p. 190).

No se trata, claro está, que este crítico pretenda que el autor hubiera escrito otra novela; se trata de constatar la moral laxa impe-
rante en el país y que Carlos Fuentes nos da un tanto abruptamente
en su segunda novela; en uno de sus relatos, por tanto, de aprendi-
zaje. Relato maravillosamente contado en tercera persona y donde la
vida interior de los personajes en ningún momento hace que se des-
dibuje la acción, «Las buenas conciencias» concluye de un modo con-
vincente sólo por razones extra-literarias.

Y me interesa particularmente dicha novela, por varias razones
que enuncio de inmediato:

1. *Las buenas conciencias* patentiza un ahondamiento en la vida
interior, el inconsciente y la pasión que engendra la actividad intelec-

tual que difícilmente se encuentran en la novela mexicana. En esto, Fuentes se emparenta con la tradición de la novelístico europea.

2. *Las buenas conciencias* desenmascararía, con su final inesperado y novelísticamente inverosímil, una especie de puesta en escena de la conciencia, si no fuera porque el relato rebosa vitalidad expresiva y precisión en todas sus vertientes.

3. El modo en que tan fácilmente Ceballos resuelve su vida haría pensar que toda su angustia, que cristaliza unas pocas páginas antes del final era una mascarada, pero resulta que el Ceballos que se nos queda, con el que seguimos viviendo una vez cerrado el libro, es precisamente el anterior al que cierra el libro y que el autor nos había presentado, fiel a su resolución, en una novela anterior *La región más transparente*.

Entonces la pregunta que se hace el crítico es la siguiente:

¿Por qué Carlos Fuentes ha concluido su obra de esa manera?

Y como el crítico es más que tal crítico, un novelista que ahora, en este momento, hace crítica y que, por tanto, sólo puede acercarse a otro novelista movido por la simpatía, se atreve a sugerir que el escritor cedió a un impulso de verismo social que terminó por dañar a la novela en su afán de ser fiel a la realidad. En todo caso, ¿por qué después de haber realizado una novela experimental que siendo tal es una obra lograda, como *La región más transparente,* escribe nuestro autor un libro tan ligado a la novelística realista del siglo XIX como *Las buenas conciencias*? Asunto éste que no deja de tener interés cuando sabemos que Carlos Fuentes, en su ensayo sobre la nueva novela hispanoamericana escribió: «lo que ha muerto no es la novela, sino precisamente la forma burguesa de la novela y su término de referencia, el realismo, que supone un estilo descriptivo y sicológico de observar a individuos en relaciones personales y sociales» (cfr. *La nueva novela hispanoamericana,* Ed. Joaquín Mortiz, 6.ª edición, p. 17).

Creo que hay una dificultad para estudiar a Carlos Fuentes que ningún otro novelista que yo haya leído presenta, dificultad que consiste en la diversidad. Porque Carlos Fuentes, que parece capaz de escribir lo que quiera, de lo que quiera y como quiera, no es un artesano de la literatura, un escritor de oficio, sino un artista, capaz de múltiples desdoblamientos, de bautizar nuevas e ignoradas realidades, de hallar belleza en el horror, de producir deleite, cualidades éstas que se manifiestan, quizá como en ninguna de sus creaciones en

«Aura», novela que, por otra parte, vendría a ser la contrapartida estilística de «Las buenas conciencias».

Aura, historia que se desarrolla envolviendo al lector en una atmósfera enrarecida, situándolo en el corazón de ese punto donde la realidad y el deseo, la claridad y el misterio se funden, no sólo constituye una experiencia poética que ahonda en la aniquilación del hombre, desgarrado como vive entre lo ilimitado de sus sueños y la contingencia que le impone la carne, sino que es para nosotros, hispanoamericanos, una novela social donde se esencializan las obsesiones de Fuentes. En efecto:

El autor se refiere al protagonista en segunda persona al modo que inventara Butor, procedimiento ya empleado por él en *La muerte de Artemio Cruz,* y que en este caso habla directamente al lector al tiempo que el escritor se desdobla en él, de modo que lo vuelve un ente simbólico con resonancias universales. El tú narratario me vuelve, de inmediato, yo-otro. Pues bien, Felipe, el protagonista, un historiador joven, es un hombre sin ocupación precisa, un desempleado lleno de posibilidades que no se concretan, un hombre, por tanto, sumido en la identidad inestable. Una criatura como tantísimas otras en la sociedad moderna; como tantísimas más en un país como México.

Y he aquí que este hombre, que acude movido por un anuncio en el periódico a la busca de un empleo cuyo anuncio en el periódico es un retrato hablado suyo —¿de qué ha vaciado al hombre medio la sociedad contemporánea sino del reconocimiento a su persona más que a su quehacer, desesperado como vive, pues éste niega a aquella?—, ese hombre, digo, acude a esa cita en el centro de la ciudad donde pensaba que nadie vivía, adonde sólo se iba de compras, o al teatro, de paseo... Y entra ese hombre en una casa sombría habitada por dos mujeres, la tía Consuelo y su sobrina Aura, la vieja y la joven. A ese hombre se le encarga desentrañar y completar el manuscrito del general Llorente, marido de Consuelo que murió sin ver terminadas sus memorias. En esa casa sin luz, donde debe trabajar sin salir de ella la reconstrucción histórica que de México había hecho el general, el protagonista siente la atracción de Aura. ¿Y cómo se nos muestra Aura sino como una joven bella pero mustia, con una sensualidad contenida que es necesario despertar? Ese hombre, el protagonista, va a desentrañar el pasado del general, de una etapa de ese país suyo que se desdibuja para renacer a la vida en el presente de una mujer que ignora su energía, encerrada como vive en una casa sin luz tan próxima al centro histórico de un país.

Toda la novela de Fuentes contiene un discurso soterrado pero vivo que es una presencia constante del nacimiento posible, el verdadero, que surgiría de las cenizas del pasado. *Aura* parte de un mundo de circunloquios, de diálogos secretos, de ocultamientos que preludian el cambio de piel, anuncio de un nuevo ser, la ruptura... Mas cuando Felipe, finalmente, amanece al lado de Aura, la joven, la sobrina, promesa del alba, se percata con horror de que hunde su cabeza y sus ojos abiertos en el pelo plateado de Consuelo. Queda sólo la esperanza, irremediablemente distante, de que Aura volverá, que ella Consuelo, la hará regresar junto con él, Felipe, el protagonista, que queda atrapado en un ayer sin vida que cercena toda posibilidad de reconstrucción de sí.

Este mundo viejo que devora toda posibilidad de afirmación de sí y va pudriendo todos los brotes, incide en la obsesión de nuestro novelista por la corrupción. Es interesante, a este respecto, recordar cómo en su obra teatral *Todos los gatos son pardos,* el mundo viejo de los aztecas conoce el cénit en el esplendor, y el mundo nuevo que simboliza Cortés se va impregnando, progresivamente, de los gérmenes de descreimiento que acabarán por destruirlo. Cómo no evocar en este momento la farsa escénica *Orquídeas a la luz de la luna,* donde las dos grandes estrellas de la llamada época de oro del cine mexicano sostienen un largo diálogo en plena decadencia, y ésta a un nivel tal que el lector (y el espectador también, puesto que Fuentes señala que pueden ser caracterizadas por dos hombres) presiente que se trata de dos alienadas cuya inestabilísima identidad las ha llevado a vivirse como Dolores del Río y María Félix. Importa, para el tema que aquí nos ocupa, que Del Río y Félix no sólo significan en el texto (y en la vida real) dos tipos de mexicanidad que se desarrollan a la par que la Revolución Mexicana y que llegaron a ser en el cine norteamericano y europeo, respectivamente, la representación de ese otro mundo: exótico y disecado, atrayente y amenazador. En todo caso, Fuentes las hace vivir como sombras de sí mismas, carcomidas por la nostalgia y la pretensión, ridículas y enternecedoras, cual sombras que sólo serán símbolos para una sociedad vaciada de proyecto, sociedad magníficamente encarnada por el tercer personaje de la pieza, el «fan» metamorfoseado en periodista (o viceversa) que las aborda.

Y es que así como hay dos mundos estéticos en Carlos Fuentes, el uno más o menos ligado al realismo crítico y el otro a la literatura fantástica, ambos están conectados no sólo por el demonio de la corrupción, sino por ese otro que giraría en torno a una realidad de significados ambiguos y múltiples que sería México y por un tratamiento que muestra una moralidad en un frágil equilibrio. En efecto:

México es parte nuclear en la obra de Fuentes y no a la manera en que Graham Greene es inglés aunque sitúe buena parte de sus novelas en ultramar; México es para el novelista una hembra a la que se encuentra ligado, con quien comparte la vida y está en él, pero que se le resiste y lo burla. Fuentes es, al mismo tiempo, un producto del México contemporáneo. Como otros novelistas, quizá la mayoría, quedaron atrapados para siempre en vivencias radicales de la infancia, como en otros esas vivencias no conocieron la luz sino merced a situaciones límites vividas en la juventud, la obra de Fuentes parece provenir de un extrañamiento profundo en casa, una casa que ha parasitado desde siempre y de la que conoce todos los rincones. Me explico:

Como señalé en un principio, la vida del escritor va con el proceso de modernización del país. Pocas novelas mexicanas describen tan bien ese proceso como *La región más transparente*, obra donde prácticamente todos los personajes perciben el mundo como lucha y reivindicación sólo resarcidas en el aniquilamiento del prójimo; donde otros parecen vegetar hasta que un día la muerte les llega de un modo casual, irracional, y luego se nos revela que no hay tal casualidad, que han vivido en una sociedad necrofílica, que llevan la muerte dentro pero ésta puede aparecérseles a la vuelta de cada esquina. Y la mirada del novelista es de asombro. Como sus personajes cosmopolitas, como el mismo Fuentes narrador de «La cabeza de la hidra» y «Una familia lejana» él es de natural un hombre moderno, y no un converso al modernismo, como Artemio Cruz o Federico Robles; un hombre con energía en superávit, amante de la vida, ¡tan distinto a esos mexicanos antiguos de las narraciones de Rulfo para quienes la realidad es a un mismo tiempo concreta y metafísica, enraizada en la culpa, fincada en una inmanencia que no es tal, pues sus voces entonan siempre una plegaria! Y es que los personajes de Fuentes parecen no tener ataduras y la voz del autor guiarlos por los caminos más distintos.

Ese sentido de destino, de culpabilidad, de desmerecimiento y resentimiento, el autor lo ve críticamente y a distancia. Es la realidad contra la que ha luchado, a la que no se ha sometido, que le ha sido deparada. De ahí que en *La región más transparente* nos revela una inteligencia prodigiosa capaz de mostrar las capas más diversas de una ciudad que en boca de uno de los personajes, no ha merecido que se le haga una canción. Fuentes, que no vive desde dentro como un mandato moral, la existencia como una carga o un misterio, muestra una connaturalidad sorprendente con la moral laxa mexicana en lo referente a la sexualidad. Y es que es Fuentes un hombre de su tiempo, de esta segunda mitad del siglo xx, que como el mexicano paradigmático que describe Octavio Paz en *El laberinto de la soledad,* es bastante más libre y pagano que el español —como heredero de las grandes religiones precolombinas— y que, por tanto, no condena al mundo natural (cfr. *El laberinto de la soledad,* F. C. E., 3.ª edición, 1973, p. 33). Lo que a Fuentes repugna e intriga es la carencia de un ordenamiento social que posibilite un proyecto colectivo, proveniente, si nos fiamos de sus personajes, de una necesidad demostrativa de éxito que se manifiesta por el aplastamiento del prójimo; pero todo lo maneja el escritor en el ocultamiento o disimulamiento de un posible conflicto interior que sus criaturas nunca enfrentan. Hay en sus personajes mestizos, tales como Robles y Artemio Cruz, pero también Norma Larragoiti y el militar Arroyo, una necesidad de venganza, venganza contenida siempre, que espera el momento en que, más allá de todo riesgo, pueda explotar y verterse a plenitud. Norma Larragoiti, criolla por fuera que oculta sus orígenes, al repudiar a Robles cuando éste entra en bancarrota, parece repudiarse a sí misma, echar en cara al marido todo el odio contra ella misma. He aquí una situación paralela a la de Artemio Cruz con respecto al nuevo conquistador, el nuevo extraño o el norteamericano, es decir, gringo.

Y Carlos Fuentes, que ha sabido describir a los nuevos jóvenes de las clases medias urbanas como atrapados radicalmente en los modos de vida, pueriles y ahistóricos, los ha sabido situar también en medio de una sociedad que no pueden ver pero que los observa paciente y aun obsequiosa, como preparándoles una muerte el día menos pensado a la vuelta de una esquina cualquiera. Así, en el guión cinematográfico que hiciera película Juan Ibáñez, *Los caifanes,* aparecen nítidamente tres mundos que parasitan un mismo país, pero que sólo superficialmente se han tocado y cuyo encuentro sólo puede preludiar la destrucción y la soledad: los nuevos ricos que se dicen ciertas cosas que quieren ser íntimas y profundas en inglés cada vez que se topan con el extraño, o sea, el mestizo, el indio; los mestizos de la clase baja, lúdicos o ladinos si no ambas cosas a un mismo tiempo; los intelectuales que observan pero están fuera del juego vital propuesto por los unos y por los otros.

Lo que sucede con Carlos Fuentes es que no puede sufrir con sus personajes, de ahí que sus obras no alcancen la dimensión de lo trágico, que proviene siempre de la densidad ética del autor. La angustia, la desesperación de las obras de un Mauriac, Faulkner, Sábato o Kundera no se encuentran en los libros de Carlos Fuentes. No puede sufrir con ellos, aunque los ha visto y recreado en su entorno y su lenguaje. Muy alejado del medio tono nacional como antes que él quizá sólo Vasconcelos y, en cierta medida, Revueltas lo han sido antes de llegar a la generación de los nacidos en los cuarentas, quienes como él no sienten el resto del mundo como lo otro, lo extraño o lo indeseable, pero que a diferencia de él el México tradicional les es en buena parte extranjero, y a diferencia de él también quisieran comprenderlo y en sus sueños imaginar amarlo. Muy alejado, en fin, de la indignación de una *angry generation* (Agustín, Sainz, Manjarrez...), Carlos Fuentes se vuelve el escritor indispensable para comprender el México medular sobre el cual se asienta el presente. Y, para ello, quiero analizar brevemente dos historias que componen un volumen de cuatro, me refiero a «Agua Quemada».

«El día de las madres» es una esencialización de una problemática que perturba a Fuentes y que es un retrato sorprendente y revelador del México actual. En esa historia se trenzan tres vidas que nos refieren a tres generaciones: El general Vergara, su hijo y su nieto. El general había sido una fuerza bruta, una energía en expansión que en alguna medida sigue siéndolo en su vejez y a quien han refrenado la revolución hecha gobierno y la edad. Ese hombre salido de las entrañas del pueblo para penetrar en la perpetración definitiva de un México ligado al mundo moderno, ese hombre a quien la guerra, y con ella la rapiña, hicieron a un mismo tiempo revolucionario y ladrón, hombre de sociedad, potentado; incómodo y satisfecho a un mismo tiempo, es el hombre que llega a reflexionar con palabras ya elaboradas y a decir: «Después del amor a la Virgen y el odio a los gringos, nada nos une tanto como un crimen alevoso, así es, y todo el pueblo se levantó contra Victoriano Huerta por haber asesinado a don Panchito Madero» (cfr. *Agua quemada*, F. C. E., 1.ª edición, 1981, p. 16). El general Vergara habla con el nieto, se dirige constantemente al nieto, que ni odia ya a los gringos ni siente devoción especial por la Virgen Madre, y ese viejo, ligado al general Calles y anticlerical, no niega al nieto que le había bautizado con el Jefe Máximo de padrino, ya que el bautismo está ligado a tener nombre (como, por otra parte, el Partido Oficial es identificado por la mayoría de los campesinos de México con el gobierno sin más) y asimismo, dirá al nieto que la Virgen de Guadalupe es una virgen revolucionaria. Entonces el nieto, azorado, preguntará al abuelo que cómo si gracias a él no fue a una escuela religiosa le sale con esas cosas y el abuelo que lo que pasa es que la Iglesia, en realidad, sólo sirve para bien nacer y para bien morir.

Retrato magnífico del eclecticismo nacional, Fuentes va entrelazando la relación de las generaciones: si el nieto es un muchacho fascinado por la vida de acción, cargada de sentidos, del abuelo que le va haciendo patente lo triste y plano del mundo que le ha tocado en suerte, al tiempo que disfruta de ese mundo que es el de cualquier otro adolescente del mundo desarrollado, su padre, el hijo del general Vergara, es el hombre que sistemáticamente niega el mundo del que proviene y no solamente quiere que su muchacho haga como él una carrera universitaria, sino que pase algunos años en una buena escuela de los Estados Unidos. Pulcro, con un refinamiento que se impone, el padre, que no sabe de guerra ni de asesinatos como el abuelo, es un empresario que practica el fraude y la explotación guardando hasta el extremo las apariencias. Pero entre el abuelo y el padre hay una historia de odio acumulado y medido: si el primero acabó casándose con Clotilde, lo hizo sometiéndola por una necesidad irracional de casar con mujer de una clase social superior, de distinta procedencia; si el segundo se casó con una muchacha que había sido reina del carnaval de Mazatlán, el viejo se dedicó a zaherirla con pretextos diversos, como ese de que no daba los pechos a su nieto y era en el fondo una puta para amargar la vida al hijo con eso otro de que no se imponía a la mujer; cuando ésta acaba entendiéndose con otro, será asesinada por el abuelo y el padre y sobre ello el silencio y las formas que se guardarán siempre, aun cuando el nieto llega a saber la verdad, aun cuando llega a sincerarse con él su abuelo. Cuando el relato concluye el día de las madre, con los tres hombres frente a las tumbas de las dos mujeres, todo se pasa como si nada grave hubiese turbado jamás a esa familia.

Finalmente, «El hijo de Andrés Aparicio» es un relato que nos muestra el proceso de cómo el hijo de un hombre digno de origen humilde termina convertido, sin mayores problemas de conciencia, en sujeto a sueldo del tipo que ocasionó la destrucción de su padre y le orilló, a su madre y a él, a llevar una vida de penurias; sujeto a sueldo en una banda paramilitar de jóvenes que hizo su aparición en México en 1968 y entró en escena de nuevo en 1971, destinada a golpear y matar a estudiantes e inconformes. La insensibilidad moral del hijo de Andrés Aparicio es contada mediante una prosa límpida y en un estilo puro y clásico que resalta la imposibilidad del novelista ante estos hechos de la cotidianeidad mexicana: el sacrificio de Andrés Aparicio, que enfrentó a los poderosos para salvar a su gente, fue tan inútil como la gesta de Zapata, la masacre de Topilejo o, más recientemente, Tlatelolco.

México se presenta a lo largo de la obra de Carlos Fuentes como un país que ha ido cambiando de piel, pero cuya entraña permanece idéntica hasta anular todo sentido de movimiento y transfiguración. Como señala Ixta Cienfuegos, la gran criatura simbólica creada por Fuentes como centro referencial de *La región más transparente,* mestizo que es un español demasiado callado o un indio en exceso puntual en sus razonamientos:

> «Nací y vivo en México, D. F. Esto no es grave. En México no hay tragedia: todo se vuelve afrenta» (cfr. *La región más transparente,* F. C. E., 8.ª edición, 1984, p. 19).

La muerte de Artemio Cruz, general de la Revolución, hombre de negocios, es la negación de la tragedia y el apogeo de la afrenta. Su palabra había sido «la chingada» que se lo llevó finalmente a él como antes a tantos otros.

Hombre contemporáneo desde la raíz, inmerso en un país antiguo, este escritor ha iluminado el vacío de la modernidad instalada a contrapelo de la tradición. Como lo ha hecho fuera de la intensidad moral de la fe, en ello reside la objetividad de su visión y la tristeza sin fondo de su obra. Mas como el mundo hegemónico sucumbe progresivamente en la identidad inestable (vaciamiento de los valores sustentantes cívicos y religiosos, mestizaje cultural creciente por las nuevas tecnologías informativas y de recreación, asentamientos masivos de inmigrantes de diversas procedencias...) la obra de Carlos Fuentes adquiere una importancia singular.

Rafael Sánchez Sarmiento
Universitá Degli Studi di Urbino

La literatura de Carlos Fuentes: la otra realidad

Hay otros mundos, pero están en éste.
PAUL ELUARD.

Hablar en pocas palabras de la obra de Carlos Fuentes y de su concepto de la literatura es tarea difícil, debido a la amplitud y riqueza de sus textos. De cualquier modo, creo necesario señalar primero que si por algo se ha caracterizado el a veces mal entendido «boom» de la novela hispanoamericana, ha sido por la creación de un lenguaje y formas de decir propios, que, lejos de reproducir la realidad, la distorsionan y ponen en tela de juicio. Y ello con la creación de estilos nuevos que rompen con la novela «realista». O con palabras de Mario Vargas Llosa:

> La novela deja de ser «latinoamericana», se libera de esa servidumbre. Ya no sirve a la realidad, ahora se sirve de la realidad [1].

Pionero en esta tarea fue Macedonio Fernández (1874-1952) con sus ideas a propósito de la novela experimental, que luego habrían de recoger Jorge Luis Borges y Julio Cortázar, entre otros. Pero será *Cien años de soledad,* de Gabriel García Márquez, la novela que destierre definitivamente el realismo para recuperar el mundo del mito y de la ficción.

Si Julio Cortázar escribe *Rayuela* o las múltiples combinaciones de

---

[1] En JEAN FRANCO, *Historia de la Literatura hispanoamericana* (Barcelona, 1981, Ariel), p. 337.

la imaginación, Borges crea un mundo de laberintos, espejos y fantasmas, convencido de que «la literatura, como el sueño, supone una extensión de la memoria y de la imaginación» [2]. Si Vargas Llosa saca a la luz obras como *La casa verde* o *Conversación en la catedral*, inventando una nueva realidad [3] («la vida es una mala literatura», decía en una conferencia), Ernesto Sábato escribe *El túnel* y *Sobre héroes y tumbas,* donde se puede decir que los personajes viven «una realidad distinta a la que desdichadamente les rodea, una realidad a menudo de apariencia fantástica y demencial, pero que, cosa curiosa, resulta ser finalmente más profunda y verdadera que la cotidiana» [4].

En este sentido, la labor de Carlos Fuentes es fundamental por la creación de una «nueva novela» en la que el aspecto literario (las literaturas anglosajona y francesa; la incorporación de técnicas cinematográficas; la riqueza lingüística) se une al de la crítica social (la historia y cultura mexicanas). Pues como él mismo dice: «Inventar un lenguaje es decir todo lo que la historia ha callado» (*La nueva novela hispanoamericana,* 30) [5]. Sin salirse de los límites de México, Carlos Fuentes revisará la historia de su país con el fin de entender el presente. Una historia que parte del pasado prehispánico y que termina en el momento actual pasando por toda la sucesión de gobiernos y dictaduras y por el período clave de la revolución de 1910.

El autor manifiesta su inconformismo individual en unas páginas que, además de tener otros valores, constituyen un reflejo de la realidad socio-histórica. Pues recordando a G. Lukacs:

La existencia en la sociedad reificada de una cierta capa social... en la cual se desarrolla un malestar afectivo y no conceptualizado frente

---

[2] JORGE LUIS BORGES, *Borges oral* (Barcelona, 1985, Bruguera), p. 13. En una de las muchas entrevistas que Borges concedía, dijo: «... la literatura no es menos real que lo que se llama realidad», en ORLANDO BARONE, *Jorge Luis Borges y Ernesto Sábato. Diálogos* (Buenos Aires, 1977, Emecé), p. 57.

[3] Sobre este aspecto, véase J. MIGUEL OVIEDO, *Mario Vargas Llosa, la invención de una realidad* (Barcelona, 1977, Barral).

[4] ERNESTO SÁBATO, *Sobre héroes y tumbas* (Barcelona, 1969, Planeta), pp. 463-464.

[5] Todas las citas de las obras de Carlos Fuentes corresponden a las ediciones reseñadas al final de este trabajo y se expresarán mediante el título de la obra y número de la página correspondiente a continuación de la cita entre paréntesis.

al proceso creciente de reificación, malestar que constituye, en ese caso particular, el fundamento social indispensable a la creación de toda obra literaria [6].

Carlos Fuentes nos presenta unos personajes resultado de esos condicionamientos históricos y de los que se podría decir exactamente lo mismo que él señalaba acerca de los de Buñuel, que «viven una búsqueda del ser auténtico a lo largo y ancho de las selvas subjetivas y los océanos sociales» (*Casa con dos puertas,* 198). En efecto, son personajes enajenados que se sienten presos en una red de la que no pueden escapar. Algunos vivirán anclados en el pasado con las añoranzas y recuerdos que hacen imposible su conciencia del momento presente: De don Federico Silva, el protagonista de «Las Mañanitas» (*Agua quemada*), se dice:

La cara de Federico Silva era como el perdido perfume de la antigua laguna de México, casi un fantasma (*Agua quemada,* 74).

Son seres que viven de recuerdos que ya no pueden ser realizados de nuevo, pues ello llevaría a la propia destrucción: Federico Silva muere asesinado de la misma manera que Filiberto en «Chac Mool» (*Cuerpos y Ofrendas*), es aniquilado por la estatuilla india [7]. Del lado contrario, pero dentro del mismo círculo, viven los que intentan olvidar el pasado y «nacer de nuevo cada día»: Claudia Nervo, la famosa actriz de *Zona sagrada,* «es dueña del eterno presente» (*Zona sagrada,* 177). Norma, la esposa de Robles en *La región más transparente,* decidida a romper e ignorar su pasado y a fabricarse un puesto en la nueva escala social. Beto, en *La región más transparente,* apenas se atreve a comunicar a Gladys sus pensamientos:

¿De qué te hablo si no tengo recuerdos? Sólo me acuerdo de mi mamacita, y cada día como que se me borra más su cara, y sólo me acuerdo del último día, qu'es cuando mi cara se borra (*La región más transparente,* 329).

---

[6] GYORGY LUKACS, *Teoría de la novela* (Barcelona, 1971, Edhasa), p. 195.
[7] Sobre el tema del pasado que no ha muerto, véase el excelente estudio de Elio Alba-Buffill (bibliografía). Lo que allí se dice puede ser aplicado a todos los personajes que viven de su pasado.

De uno y otro lado, éstos serían los testigos de la revolución: aquellos que fueron aplastados y los que consiguieron medrar a costa de la nueva situación:

> ... a todos nos desquició la revolución, a unos para bien y a otros para mal. Había una manera de ser rico antes de la revolución y otra después (*Agua quemada*, 61-62).

Podríamos decir que en el medio se encuentran los que, siendo conscientes del momento que viven, luchan por salir pero acaban siendo aplastados: Manuel Zamacona, el intelectual de *La región más transparente*, que muere asesinado poco después de explicar a Robles que:

> No se trata de añorar nuestro pasado y regodearnos en él, sino de penetrar en el pasado, entenderlo, reducirlo a razón, cancelar lo muerto —que es lo estúpido, lo rencoroso—, rescatar lo vivo y saber, por fin, qué es México y qué se puede hacer con él (*La región más transparente*, 393).

El mismo Rodrigo Pola («hurgaba tesoneramente en su imaginación», *La región más transparente*, 432), incapaz de salir de sí mismo y de comprender la realidad que le rodea, termina casándose con Pimpinela y poniéndose al servicio de la clase dominante. El protagonista de «Un alma pura», Juan Luis, quien, escapando de la realidad de México y «en busca de un espejismo» (*Cuerpos y Ofrendas*, 121) se marcha a Suiza convencido de romper con su pasado y empezar una nueva vida. Acaba suicidándose y es Claudia —la joven que representa su unión con México, con su pasado— la que va en busca del cadáver para volver con él a México. De cualquier modo personajes incomunicados:

> Aquí caímos. Qué le vamos a hacer. Aguantarnos, mano. A ver si algún día mis dedos tocan los tuyos (*La región más transparente*, 146).

Personajes que han perdido la conciencia de sí mismos. Artemio Cruz mata a Pedrito, su posible hermano gemelo, y en sus últimas palabras dice: «Yo no sé... no sé... si él soy yo...» (*La muerte de Artemio Cruz*, 315). Todos han venido adoptando un disfraz, una máscara diferente según el papel que han debido interpretar: La máscara de una falsa moralidad: Benedicta en «Vieja moralidad» (*Cuerpos y Ofren-*

das) o Isabel en «A la víbora de la mar» (*Cantar de ciegos*). La máscara del profesor erudito: Felipe Montero en «Aura» (*Cuerpos y Ofrendas*). La del triunfo: Claudia Nervo. Los disfraces de Filiberto en «Chac Mool» o los de don Gamaliel en *La muerte de Artemio Cruz*. Pero también la máscara que el curso de la historia ha venido cubriendo el verdadero perfil del mexicano de modo que:

> ... cada personaje es otro, él y su máscara, él y su contrasentido, él y su propio testigo contrincante y victimario dentro de él (*Cambio de piel*, 309).

Como las lagartijas que el niño observa en el patio de la tía Benedicta:

> cuando uno las mira se ponen del color de la piedra o del árbol para disfrazarse. Pero yo les conozco el truco y no se me escapan... Todo el chiste es no perder de vista los ojos, porque eso no lo pueden disfrazar» (*Cuerpos y Ofrendas*, 93).

Al igual que no se puede disfrazar el rostro reflejado en el espejo que, en la mayor parte de las ocasiones, nos revela nuestra cara oculta. Todos los personajes de Carlos Fuentes pasan por un momento crucial en el que se ven reflejados en el espejo y delante de él viven los momentos más decisivos y auténticos de sus vidas [8]: Artemio Cruz apenas inicia su confesión, dice: «Soy este viejo con las facciones partidas por los cuadros desiguales del vidrio» (*La muerte de Artemio Cruz*, 9). Rodrigo, cuando oye la verdad de su vida de labios de Norma, «hubiese querido un espejo» (*La región más transparente del aire*, 466).

Reconocerse en el espejo sería como aceptarse a sí mismo, superar la frontera que existe dentro de cada uno:

> Hay una frontera que sólo nos atrevemos a cruzar de noche —había dicho el Gringo Viejo—, la frontera de nuestras diferencias con los demás, de nuestros combates con nosotros mismos (*Gringo Viejo*, 13).

---

[8] Sobre el tema de los espejos, Borges, en un diálogo con Sábato, dice: «En Inglaterra hay una superstición popular que dice que no sabremos que hemos muerto hasta que comprobemos que el espejo no nos refleja», en Orlando Barone, *op. cit.*, p. 197. Los de Fuentes son personajes muertos que tan sólo una vez han vivido una verdadera existencia delante del espejo.

Lo contrario lleva al aislamiento, a la soledad, a erigir «el templo como defensa» [9], a la «zona sagrada»:

> Se traza un círculo y la epidemia no lo penetra. La zona sagrada me aísla y me continúa: afuera queda lo profano (*Zona sagrada*, 32).

Pero el círculo abarca toda la ciudad de México:

> ... éste sólo es un lugar de exilio para los extraños, no una casa propia... Tú también eres prisionera del país... venimos aquí a refugiarnos, a enmascararnos (*Cambio de piel*, 327).

Y como ocurre en las películas de Buñuel, los personajes de las novelas de Fuentes son marionetas que se mueven presas entre dos mundos: el de la apariencia y el de la realidad. A menudo caen en estados de semiinconsciencia, en sueños, como modo de evasión a la realidad que les es ajena. De Felipe Montero, su autor dice:

> Caes en ese sopor, caes hasta el fondo de ese sueño que es tu única negativa a la locura («Aura», *Cuerpos y Ofrendas*, 147).

Hacer que ambos mundos coincidan lleva a la desilusión: «La Muñeca Reina» comienza con el hallazgo de un libro de la niñez que el protagonista encuentra y que representa su pasado, sus sueños de infancia. Decidido a restacarlos, va en busca de Amilamia y la realidad le confirma que la encantadora niña se ha convertido en una vieja repelente. Todo ha sido como:

> el barniz que cubre ciertos cuerpos entrevistos primero en los sueños y después en la decepcionante realidad de la primera función de ballet a la que somos conducidos (*Cuerpos y Ofrendas*, 63).

Precisamente ésta fue la confusión de Guillermo («He estado viviendo mi vida como si fuese un libro», *Zona sagrada*, 156). Su error fue crear una totalidad, «vencer esa realidad fragmentada creando su equivalente literario» (*Cambio de piel*, 197), convencido de que es posible «fijar para siempre el pasado, devorar en seguida al presente y car-

---

[9] Palabras de Carlos Fuentes en Elio Alba-Buffill: «En torno a *Zona sagrada*, de Carlos Fuentes», en *Actas del VII Congreso de la Asociación Internacional de Hispanistas*, II (Roma, 1982, Bulzioni), p. 176.

garse con todas las inminencias del futuro» (*Cambio de piel*, 197). Su error fue reconocerse en el libro, emprender la aventura quijotesca y asimilarlo para sí creando su zona sagrada. Sin embargo su madre, Claudia Nervo, tan sólo una vez, ante la presencia de la muerte personificada en el cura Gombrowicz, se da cuenta de que «todo tiene que ser algo más de lo que parece, o la vida no tendría chiste» (*Zona sagrada*, 146).

Carlos Fuentes y su mundo literario

— Que existe algo más, una realidad escondida, oculta por la costumbre de lo cotidiano (*Terra nostra*).

— Que el arte, la literatura, una novela, «manifiesta lo que el mundo aún no descubre y quizás jamás descubra en sí mismo» (*Cambio de piel*, 261).

— Que la literatura no debe entenderse como reflejo de la realidad, sino como lucha contra esa realidad:

> La vida y el arte son una lucha con la realidad aparente que nos exige para que ella sea la realidad verdadera que nosotros seamos lo que deseamos, que la reformemos, afirmemos (*Cambio de piel*, 76).

— Que el artista es «... un hombre que ve, escucha, imagina y dice: un hombre que niega que vivimos en el mejor de los mundos» (*La nueva novela hispanoamericana*, 95).

Cervantes y *Don Quijote,* Borges y su «sueño deliberado», Cortázar y el mundo de *Rayuela,* Vargas Llosa y su empeño totalizador, Carlos Fuentes o el verdadero rostro que oculta la máscara.

Leo en Bertolt Brecht:

> Los hombres actúan según su hambre y reciben sus enseñanzas de la muerte... Todo cuanto se hace creer a los hombres y todo cuanto les evita la reflexión no les produce hambre ni les evita la vista de la muerte.

BIBLIOGRAFÍA

ELIO ALBA-BUFFILL: «En torno a *Zona sagrada* de Carlos Fuentes», en *Actas del VII Congreso de la Asociación Internacional de Hispanistas*, II (Roma, 1982: Bulzioni), pp. 175-181.

FERNANDO GARCÍA NÚÑEZ: «La imposibilidad del libre albedrío en *La cabeza de la hidra*, de Carlos Fuentes», en «Cuadernos Americanos», I (México, 1984), pp. 227-235.

GEORGE HUACO: «Sociología de la novela: La novela mexicana, 1915-1965», en *Revista de Literatura hispanoamericana*, V (Venezuela, 1974: Universidad de Zulia), pp. 61-68.

JEAN FRANCO: *Historia de la literatura hispanoamericana* (Barcelona, 1981: Ariel).

JULIO CORTÁZAR: «El escritor y su quehacer en América latina», en «Cuadernos Americanos», II (México, 1983).

JOHN REED: *México insurgente (La revolución de 1910)* (Madrid, 1985: Sarpe).

MAURO WALTER y ELENA CLEMENTELI: «Carlos Fuentes» en *Los escritores frente al poder* (Barcelona, 1975: Luis de Caralt), pp. 175-191.

Todo Fuentes

L. Teresa Valdivieso
Arizona State University

Bibliografía de/sobre Carlos Fuentes (1981-1985) *

ALAZRAKI, JAIME: «*Terra Nostra:* Coming to Grips with History». *World Literature Today,* 57.4 (1983): 551-558.
— «Theme and System in Carlos Fuentes' *Aura*». *Carlos Fuentes: A Critical View.* Brody, Robert and Charles Rossman, eds. Austin: U. of Texas P., 1982. 95-105.
ALCORTA, JOE H.: «Escritores marginales del teatro mexicano: Estudio crítico de los dramas de Reyes, Azuela, Arreola, Paz y Fuentes». *DAI,* 41.12 (1981): 5115A-5116A.
ANADON, JOSÉ: «Entrevista a Carlos Fuentes (1980)». *Revista Iberoamericana,* 49.123-124 (1983): 621-630.
— «Entrevista a Carlos Fuentes». *Sin nombre,* 13.2 (1983): 24-34.
BARY, DAVID: «Poesía y narración en cuatro novelas mexicanas». *Cuadernos Americanos,* 234.1 (1981): 198-210.
BENEVENTO, JOSEPH J.: «An Introduction to the Realities of Fiction: Teaching Magic Realism in Three Stories by Borges, Fuentes, and Márquez». *Kansas Quarterly,* 16.3 (1984): 125-151.
BLACK, JOEL D.: «Paper Empires of the New World: Pynchon, Gaddis, Fuentes». *Proceedings of the Xth Congress of the International Comparative Association.* Anna Balakian y otros autores, eds. New York: Garland, 1985. 3 tomos. 3: 68-75.
BOLDY, STEVEN: «Fathers and Sons in Fuentes' *La muerte de Artemio Cruz*». *Bulletin of Hispanic Studies,* 61.1 (1984): 31-40.
BOLING, BECKY JO: «*Terra Nostra:* Historia del deseo». *DAI,* 43.10 (1983): 3329A-3330A.
BRASHEAR DE GONZÁLEZ, ANN: «La novela totalizadora: Pynchon's *Gravity's Rainbow* and Fuentes' *Terra Nostra*». *Káñina,* 5.2 (1981): 99-106.
— «'La novela totalizadora': Pynchon's *Gravity's Rainbow* and Fuentes' *Terra Nostra*». *DAI,* 44.10 (1984): 3057A-3058A.
BRODY, ROBERT and CHARLES ROSSMAN, eds.: *Carlos Fuentes: A Critical View.* Austin: U. of Texas P., 1982.

---

* Esta bibliografía completa las publicadas anteriormente por Richard Reeve.

BRUSHWOOD, JOHN S.: «*Los días enmascarados* and *Cantar de ciegos:* Reading the Stories and reading the Books». *Carlos Fuentes: A Critical View*. Brody, Robert and Charles Rossman, eds. Austin: U. of Texas P., 1982. 18-33.

— «Sobre el referente y la transformación narrativa en las novelas de Carlos Fuentes y Gustavo Sainz». *Revista Iberoamericana*, 47.116-117 (1981): 49-54.

CARTER, JUNE: «El otro en Fuentes' *La muerte de Artemio Cruz*». *Prismal/ Cabral*, 6 (1981): 35-44.

COSTA, LUIS: «Patterns of Discovery and Conquest in Carlos Fuentes' *Terra Nostra*». *Exploration*, 9 (1981): 23-41.

CUERVO HEWITT, JULIA: «La vida de la muerte en *Aura*, de Carlos Fuentes». *Selected Proceedings: 32nd Mountain Interstate Foreign Language Conference*. Gregorio Martín, ed. Winston-Salem: Wake Forest U., 1984. 103-112.

DÁVILA, LUIS: «Carlos Fuentes y su concepto de la novela». *Revista Iberoamericana*, 47.116-117 (1981): 73-78.

DAUSTER, FRANK: «The Wounded Vision: *Aura, Zona sagrada*, and *Cumpleaños*». *Carlos Fuentes: A Critical View*. Brody Robert and Charles Rossman, eds. Austin: U. of Texas P., 1982. 106-120.

DAVIS, MARY E.: «On Becoming Velázquez: Carlos Fuentes' *The Hydra Head*». *Carlos Fuentes: A Critical View*. Brody, Robert and Charles Rossman, eds. Austin: U. of Texas P., 1982. 146-155.

— «The Twins in the Looking Glass: Carlos Fuentes' *Cabeza de hidra*». *Hispania*, 65.3 (1982): 371-376.

— «The Haunted Voice: Echoes of William Faulkner in García Márquez, Fuentes, and Vargas Llosa». *World Literature Today*, 59.4 (1985): 531-535.

DÍAZ, NANCY GRAY: «Metamorphosis from Human to Animal Form in Five Modern Latin American Narratives». *DAI*, 45.2 (1984): 513A.

DIXON, PAUL B.: «*La muerte de Artemio Cruz* and Baroque Correlative Poetry». *Hispanófila*, 28.3 (1985): 93-102.

FARIS, WENDY B.: «Without Sin, and With Pleasure: The Erotic Dimensions of Fuentes' Fiction». *Novel: A Forum on Fiction*, 20.1 (1986): 62-77.

DURÁN, GLORIA: «The Fuentes' Interviews in Fact and in Fiction». *Mester*, 11.1 (1982): 16-24.

— «Dolls and Puppets as Wish-Fulfillment Symbols in Carlos Fuentes». *Carlos Fuentes: A Critical View*. Brody, Robert and Charles Rossman, eds. Austin: U. of Texas P., 1982. 173-183.

— «Orchids in the Moonlight: Fuentes as Feminist and Jungian Playwright». *World Literature Today*, 57.4 (1983): 595-598.

— «Waiting for Father and Putting Up with Mother: An Iconoclastic View of Carlos Fuentes' *El tuerto es rey* (The One-Eyed Man is King)». *Mester*, 13.1 (1984): 30-39.

DURÁN, MANUEL: «Carlos Fuentes as an Art Critic». *Carlos Fuentes: A Critical View*. Brody, Robert and Charles Rossman, eds. Austin: U. of Texas P., 1982. 193-199.

FARIS, WENDY B.: «'Desyoización': Joyce/Cixous/Fuentes and the Multi-Vocal Text». *Latin American Literary Review,* 9.19 (1981): 31-39.
— «Cities and Towns: The Development of a Collective Voice». Anna Balakian y otros autores, eds. *Proceedings of the Xth Congress of the International Comparative Association.* New York: Garland, 1985. 3 tomos. 3: 3-13.
— *Carlos Fuentes.* New York: Ungar, 1983.
— «The Return of the Past: Chiasmus in the Texts of Carlos Fuentes». *World Literature Today,* 57.4 (1983): 578-584.
FILER, MALVA E.: «Variaciones sobre el tema de la culpa en *Cambio de piel* y *Sophie's Choice*». *Proceedings of the Xth Congress of the International Comparative Literature Association.* Anna Balakian y otros autores, eds. New York: Garland, 1985. 3 tomos. 3: 227-232.
— «A change of Skin and the Shaping of a Mexican Time». *Carlos Fuentes: A Critical View.* Brody, Robert and Charles Rossman, eds. Austin: U. of Texas P., 1982. 121-131.
— «Los mitos indígenas en la obra de Carlos Fuentes». *Revista Iberoamericana,* 50.127 (1984): 475-489.
FORSTER, MERLIN: «Carlos Fuentes as Dramatist». *Carlos Fuentes: A Critical View.* Brody, Robert and Charles Rossman, eds. Austin: U. of Texas P., 1982. 184-192.
FOUQUES, BERNARD: «Escritura y diferencia: *Cambio de piel,* de Carlos Fuentes». *Cuadernos Americanos,* 262.5 (1985): 223-231.
FRANCESCATO, MARTHA PALEY: «Distant Relations: Chronicle of Various Close Readings». *World Literature Today,* 57.4 (1983): 590-594.
FREEMAN, CHRISTINE: «Speaking the Silent Mutiny of the Muted: Narrative Heresy in Fuentes' *Terra Nostra* and Pynchon's *Gravity's Rainbow*». *DAI,* 45.10 (1985): 3127A.
FUENTES, CARLOS: «On Reading and Writing Myself: How I Wrote *Aura*». *World Literature Today,* 57.4 (1983): 531-539.
FUENTES, SYLVIA: «Carlos Fuentes: Estos fueron los palacios». *Espejo de escritores.* Roffe, Reina, pref. Hanover, Holanda: Ediciones del Norte, 1985. 81-104.
GARCÍA-GUTIÉRREZ, GEORGINA: *La región más transparente.* Madrid: Cátedra, 1982.
GERTEL, ZUNILDA: «Semiótica, historia y ficción en *Terra Nostra*». *Revista Iberoamericana,* 47.116-117 (1981): 63-72.
GLANTZ, MARGO: «Fantasmas y jardines: *Una familia lejana*». *Revista Iberoamericana,* 48.118-119 (1982): 397-402.
GLAZE, LINDA: «La distorsión temporal y las técnicas cinematográficas en *La muerte de Artemio Cruz*». *Hispamérica,* 14.40 (1985): 115-120.
GONZÁLEZ ECHEVARRÍA, ROBERTO: «*Terra Nostra:* Teoría y práctica». *Revista Iberoamericana,* 47.116-117 (1981): 289-298.
— «*Terra Nostra:* Theory and Practice». *Carlos Fuentes: A Critical View.* Brody, Robert and Charles Rossman, eds. Austin: U. of Texas P., 1982. 132-145.
GYURKO, LANIN A.: «The Image of Cortés in Fuentes' *Todos los gatos son pardos*». *Káñina,* 5.1 (1981): 55-69.

— «Self and Double in Fuentes' *La cabeza de la hidra*». *Ibero-American Archiv,* 7.3 (1981): 239-264.

— «*La muerte de Artemio Cruz* and *Citizen Kane:* A Comparative Analysis». *Carlos Fuentes: A Critical View.* Brody, Robert and Charles Rossman, eds. Austin: U. of Texas P., 1982. 64-94.

— «Identity and the Double in Fuentes' *Una familia lejana*». *Ibero-Amerikanisches Archiv.* 9.1 (1983): 15-58.

— «Novel into Essay: Fuentes' *Terra Nostra* as Generator of *Cervantes o la crítica*». *Mester,* 11.2 (1983): 16-35.

— «Two Visions of Moctezuma: Monterde y Fuentes». *Hispanic Journal,* 4.2 (1983): 111-134.

— «Cinematic Image and National Identity in Fuentes' *Orquídeas a la luz de la luna*». *Latin American Theater Review.* 17.2 (1984): 3-24.

— «Time, Myth, and Fate in Fuentes' *Aura* and Wilder's *Sunset Boulevard*». *Káñina,* 8.1-2 (1984): 145-164.

HELSPER, NORMA: «*Terra Nostra:* A Historical Novel for Our Times». *La Chispa'82.* Harry Kirby, ed. Baton Rouge: Louisiana State U., 1984. 112-121.

HOLT, CANDACE: «*Terra Nostra:* Indagación de una identidad». *Revista de Estudios Hispánicos,* 17.3 (1983): 395-406.

HUSSEY, BARBARA LEE: «From Spatiality to Textuality: The Disappearance of the City in the Modern Novel». *DAI,* 41.8 (1981): 3566A.

IVASK, IVAR: «Carlos Fuentes Issue». Introd. *World Literature Today,* 57.4 (1983): 529-530.

JANSEN, ANDRÉ: «Carlos Fuentes y la guerra del petróleo». *Explicación de textos literarios,* 9.2 (1981): 183-191.

JIMÉNEZ, MARILYN: «The Incarcerated Narrator: A Study of the Narrative Situation in Samuel Beckett's *Watt* and Carlos Fuentes' *Cambio de piel*». *DAI,* 44.1 (1983): 161A-162A.

JOSEPHS, ALLEN: «The End of *Terra Nostra*». *World Literature Today,* 57.4 (1983): 564-567.

KADIR, DJELAL: «Carlos Fuentes: Culpable inocencia y profeta del pasado». *Revista Iberoamericana,* 47.116-117 (1981): 55-61.

KAPSCHUTSCHENKO, LUDMILA: «*La muerte de Artemio Cruz, Zona sagrada, Cambio de piel:* Expresión literaria del laberinto de la existencia». *La Chispa'81.* Gilbert Paolini, ed. New Orleans: Tulane U., 1981. 141-148.

KNIGHT, THOMAS J.: «The Setting of *Cambio de piel*». *Romance Notes,* 24.3 (1984): 229-232.

KOLDEWYN, PHILLIP: «Mediation and Regeneration in the Sacred Zones of Fiction: Carlos Fuentes and the Nature of Myth». *Journal of Latin American Lore.* 7.2 (1981): 147-170.

— «*La cabeza de la hidra:* Residuos del colonialismo». *Mester.* 11.1 (1982): 47-56.

KOOREMAN, THOMAS E.: «Reader Interest in *Aura:* A search for Confirmation». *In Honor of Boyd G. Carter: A Collection of Essays.* Laramie: Dept. of Modern and Classical Languages, U. of Wyoming, 1981. 25-34.

KRAUS, GEORGINA: «The Use of Hands in *La muerte de Artemio Cruz*». *ULULA*, 1 (1984): 35-37.

LARSON, ROSS: «Archetypal Patterns in Carlos Fuentes' 'La muñeca reina'». *Mester*, 11.1 (1982): 41-46.

LEAL, LUIS: «Realism, Myth, and Prophecy in Fuentes' *Where the Air is Clear*». *Confluencia*, 1.1 (1985): 75-81.

— «History and Myth in the Narrative of Carlos Fuentes». *Carlos Fuentes: A Critical View*. Brody, Robert and Charles Rossman, eds. Austin: U. of Texas P., 1982. 3-17.

LEVINE, SUSAN F. and STUART LEVINE: «Poe and Fuentes: The Reader's Prerogatives». *Comparative Literature*, 36.1 (1984): 34-53.

— «The Pyramid and the Volcano: Carlos Fuentes' *Cambio de piel* and Malcolm Lowry's *Under the Volcano*». *Mester*, 11.1 (1982): 25-40.

LOWER, ANDREA: «La unidad narrativa en *La muerte de Artemio Cruz*». *Tinta*, 1.3. (1983): 19-26.

LUGO-FILIPPI, CARMEN: «*La muerte de Artemio Cruz y La modificación*». *Revista de Estudios Hispánicos* (PR), 8 (1981): 11-23.

MAC ADAM, ALFRED J.: «Carlos Fuentes: The Burden of History». *World Literature Today*, 57.4 (1983): 558-563.

MAGNARELLI, SHARON: «Women, Violence, and Sacrifice in *Pedro Páramo* and *La muerte de Artemio Cruz*». *Inti: Revista de Literatura Hispánica*, 13-14 (1981): 44-54.

MARTÍN, JOSÉ LUIS: «Presencia del simbólico 'dragón verde' en la narrativa de Carlos Fuentes». *Revista de Estudios Hispánicos* (PR), 8 (1981): 41-48.

McBRIDE-LIMAYE, ANN: «Constructing the 'New World' in the Works of Carlos Fuentes». *Comparative Civilizations Review*, 12 (1985): 44-67.

MENTON, SEYMOUR: «La obertura nacional: Asturias, Gallegos, Mallea, Dos Passos, Yáñez, Fuentes y Sarduy». *Revista Iberoamericana*, 51.130-131 (1985): 151-166.

MEYER-MINNEMANN, KLAUS: «Narración homodiegética y 'segunda persona': *Cambio de piel*, de Carlos Fuentes». *Acta literaria*, 9 (1984): 5-27.

MIMOSO-RUIZ, DUARTE: «Images de la mort dans la littérature latino-americaine: L'Example d'Alejo Carpentier (*Le Siècle des Lumières*, 1962; *L'Harpe et l'ombre*, 1979) et de Carlos Fuentes (*Terra Nostra*, 1979)». *La Mort en toutes lettres*. Gilles Ernst, ed. Nancy: PU de Nancy, 1983. 271-281.

MROCZKOWSKA, JOANNA PETRY: «Geografía simbólica en *Terra Nostra*, de Carlos Fuentes». *Revista Iberoamericana*, 51.130-131 (1985): 261-271.

NIETO, EVA MARGARITA: «El problema de la juventud eterna en tres hechiceras en *The Second Ring of Power*, *La mulata de Córdoba* y *Aura*». *La Palabra*, 4-5.1-2 (1982-1983): 81-91.

OLIVEIRA, CELSO DE: «Carlos Fuentes and Henry James: The Sense of the Past». *Arizona Quarterly*, 37.3 (1981): 237-244.

PARSONS, ROBERT ALLEN: «Shared-Identity Characterization in the Novels of Carlos Fuentes». *DAI*, 43.1 (1982): 176A.

PEDEN, MARGARET SAYERS: «The Arduous Journey». *The Teller and the*

Tale: Aspects of the Short Story. Wendell Aycock, ed. Lubbock: Texas Tech P., 1982. 63-85.

— «Forking Paths, Infinite Novels, Ultimate Narrators». *Carlos Fuentes: A Critical View.* Brody, Robert and Charles Rossman, eds. Austin: U. of Texas P., 1982. 156-172.

— «A Note on an Early Published Fragment of *Terra Nostra*». *Mester,* 11.1 (1982): 75-80.

— «A reader's Guide to *Terra Nostra*». *Review,* 31 (1982): 42-48.

— «Voice as Function of Vision: The Voice of the Teller». *World Literature Today,* 57.4 (1983): 572-577.

PEÑA, LUIS H.: «Escritura del paisaje y paisaje de la escritura: Fuentes y Rulfo». *Cuadernos de ALDEEU,* 1.2-3 (1983): 393-398.

PHILLIPS, RACHEL: «Marina/Malinche: Masks and Shadows». *Women in Hispanic Literature: Icons and Fallen Idols.* Beth Miller, ed. Berkeley: U. of California P., 1983. 97-114.

POPE, RANDOLPH D.: «*Las buenas conciencias,* de Carlos Fuentes, y *Las afueras,* de Luis Goytisolo: Correspondencia en la nostalgia». *Revista canadiense de estudios hispánicos,* 7.2. (1983): 273-289.

POTVIN, CLAUDINE: «La política del macho en *La muerte de Artemio Cruz*». *Canadian Journal of Latin American & Caribbean Studies,* 9.17 (1984): 63-74.

RAMÍREZ, AIDA ELSA: «*Una familia lejana:* Exorcismo de la herencia y conciencia de culpa: Nostalgia del ser en la naturaleza y el tiempo». *Revista de estudios hispánicos* (PR), 8 (1981): 35-40.

REEVE, RICHARD M.: «Fuentes' 'Chac Mool': Its Ancestors and Progeny». *Mester,* 11.1 (1982): 67-74.

— «The making of *La región más transparente:* 1949-1974». *Carlos Fuentes: A Critical View.* Brody, Robert and Charles Rossman, eds. Austin: U. of Texas P., 1982. 34-63.

— «Selected Bibliography (1949-1982)». *World Literature Today,* 57.4 (1983): 541-546.

ROSSIGNOL, MICHEL: «La Mise en scène de l'escriture dans *Terra Nostra,* de Carlos Fuentes». *Imprevue,* 2 (1984): 143-144.

RUFFINELLI, JORGE: «Las ciudades perdidas de Carlos Fuentes». *Texto crítico,* 10.28 (1984): 114-121.

SAINZ, GUSTAVO: «Carlos Fuentes: A Permanent *Bedazzlement*». Tom Lewis, trad. *World Literature Today,* 57.4 (1983): 568-572.

— «Carlos Fuentes: Un deslumbramiento permanente». *Confluencia,* 1.1 (1985): 69-74.

SALCEDO, FERNANDO F.: «Los 'monjes': Personajes claves en *Cambio de piel,* de Carlos Fuentes». *Hispanófila,* 25.75 (1982): 69-82.

SIEMENS, WILLIAM L.: «Celestina as *Terra Nostra*». *Mester,* 11.1 (1982): 57-66.

SINNIGEN, JOHN H.: «El desarrollo combinado y desigual y *La muerte de Artemio Cruz*». *Cuadernos hispanoamericanos,* 396 (1983): 697-707.

SPRINGER, ALICE GERICKE: «An Iconological Study of the New World in Carlos Fuentes' *Terra Nostra*». *DAI,* 46.8 (1986): 2309A.

SWIETLICKI, CATHERINE: «*Terra Nostra:* Carlos Fuentes' Kabbalistic World». *Symposium,* 35.2 (1981): 155-167.
— «Doubling, Reincarnation, and Cosmic Order in *Terra Nostra*». *Hispanófila,* 79 (1983): 93-104.
TEJERINA-CANAL, SANTIAGO: «*La muerte de Artemio Cruz* y Ortega: Texto e intertexto». *La Chispa'85.* Gilbert Paolini, ed. New Orleans: Tulane U., 1985. 349-360.
TITIEV, JANICE GEASLER: «Witchcraft in Carlos Fuentes' *Aura*». *Revista de Estudios Hispánicos,* 15.3 (1981): 395-405.
TITTLER, JONATHAN: «Cambio de zona/Piel sagrada: Transfiguration in Carlos Fuentes». *World Literature Today,* 57.4 (1983): 585-590.
— *Narrative Irony in the Contemporary Spanish-American Novel.* Ithaca: Cornell UP, 1984.
TOUS, ADRIANA L.: «*Aura:* Lo mítico en Carlos Fuentes». *Festschrift José Cid Pérez.* New York: Senda Nueva de Eds., 1981. 275-280.
VALLES SIFRE, HÉCTOR RAMÓN: «España subvertida: La agonía al otro lado del Eros en *Terra Nostra*». *DAI,* 44.12 (1984): 3703A.
VILLAR, LUIS: «Retórica y revolución en *Tiempo mexicano*». *Selecta,* 5 (1984): 122-128.
VILLAR, LUIS MANUEL: «Carlos Fuentes: Literature and Society». *DAI,* 43.7 (1983): 2359A-2360A.
— «Imagen de los sindicatos en *La muerte de Artemio Cruz*». *Discurso literario,* 1.1 (1983): 79-93.
VIQUEIRA, ILEANA: «*Aura:* Estructura mítico-simbólica». *Revista de Estudios Hispánicos* (PR), 8 (1981): 25-33.
WENS, MARÍA CELMINA VAN DER: «La influencia de la lingüística en la teoría de Carlos Fuentes sobre la contemporaneidad del novelista latinoamericano». *Issues in Language: Studies in Honor of Robert J. Di Pietro.* Marcel Denesi, ed. Lake Bluff, Illinois: Júpiter, 1981. 148-161.
WIESS, JASON: «An Interview with Carlos Fuentes». *The Kenyon Review,* 5.4 (1983): 105-118.
WILSON, JERRY W.: «Steinbeck, Fuentes, and the Mexican Revolution». *Southwest Review,* 67.4 (1982): 430-440.
WING, GEORGE GORDON: «Some Remarks on the Literary Criticism of Carlos Fuentes». *Carlos Fuentes: A Critical View.* Brody, Robert and Charles Rossman, eds. Austin: U. of Texas P., 1982. 200-215.
ZAMORA, LOIS PARKINSON: «A Garden Inclosed: Fuentes' *Aura.* Hawthorne's and Paz's 'Rappaccini's Daughter'». *Revista Canadiense de Estudios Hispánicos,* 8.3 (1984): 321-334.
ZEITZ, EILEEN M.: «La muerte. Una nueva aproximación a *Aura*». *Explicación de textos literarios,* 12.2 (1983-1984): 79-89.

EDITORIAL PLIEGOS

EN PREPARACIÓN

GIACOMAN,

HOMENAJE A Carlos
Fuentes